Ludwig Kleeberg · Wege und Worte

Wege und Worte

Erinnerungen an Rudolf Steiner
aus Tagebüchern und Briefen

von

Ludwig Kleeberg

Mit vier Faksimiles

J. CH. MELLINGER VERLAG STUTTGART

3. Auflage 1990

Gesamtherstellung: H. Mühlberger GmbH, Gersthofen
Einband-Gestaltung: Wolfgang Marquardt, Stuttgart
ISBN 3-88069-248-3

INHALT

Gewidmet dem Andenken

meiner Eltern
Ernst Kleeberg † 17. 2. 1924
Barbara Eva Kleeberg † 3. 11. 1939

meiner mütterlichen Freundin
Sophie Stinde † 17. 11. 1915

meines Freundes und Gönners
Dr. Ludwig Noll † 21. 6. 1930

meines mystischen Freundes
Dr. Hans Hoese † 24. 5. 1915

meines Jugendfreundes
Dr. Hans Bunge † 14. 11. 1959

meiner treuen Lebensgefährtin
Luise Kleeberg † 19. 2. 1960

VORWORT ZUR I. AUFLAGE

An eine Veröffentlichung der nachfolgenden Schilderungen war ursprünglich nicht gedacht. Sie waren — wenn auch in anderer Form — lediglich für die Familie und die Kinder des Verfassers bestimmt — mit der Anordnung, daß die zugrunde liegenden Briefe, Tagebücher und Hefte niemandem zur Einsichtnahme oder Verwendung ausgeliefert werden sollten. Diese Anordnung schloß auch ein handschriftliches Buch ein, in welchem meine Erinnerungen an Rudolf Steiner aufgezeichnet sind. Aus diesem ist das vorliegende Buch hervorgegangen.

Es handelt sich jedoch nicht um nachträgliche Erinnerungen, sondern um die unmittelbare Aufzeichnung von Eindrücken, Erlebnissen, Gesprächen, welche jeweilig in einem regelmäßig geführten Tagebuche erfolgte. Freilich hätte ich diesem Tun eine noch größere Sorgfalt gewünscht. Es erging mir später wie dem Hirtenbuben in der Sage, der es beklagen mußte, daß er nicht mehr der Kostbarkeiten mitgenommen. So hieß es, sich mit dem vorhandenen Reichtum begnügen.

Jene Aufzeichnungen liegen in der Zeit einer verhältnismäßig frühen Bekanntschaft mit Rudolf Steiner, sowohl was die Stufe der von diesem eingeleiteten Kulturbewegung als auch das Alter des Verfassers betrifft. Die erstere befand sich im Jahre 1904 in den Anfängen, dieser in einem Alter von nicht viel über 18 Jahren, das man als jugendlich bezeichnen kann.

Es wird zu erzählen sein, wie ich mit Rudolf Steiner in Verbindung kam und ein ausführlicher Brief von ihm, den ich noch nicht kannte, überraschend an mich gelangte. Das war im Jahre 1904. Bis zum Jahre 1916 reichen meine Aufzeichnungen über Rudolf Steiner und meine unmittelbaren Beziehungen zu ihm. Es ist viel in diesen Jahren geschehen. Insofern Rudolf Steiner an dem teilhatte oder teilnahm, mag es Interesse seinetwegen beanspruchen. Vieles aus dem persönlichen Leben des Verfassers mußte dargestellt und sogar enthüllt werden. Und es mag zweifelhaft erscheinen, ob nicht aus solchem Grunde dieses Buch besser ungeschrieben geblieben wäre. — Aber ich erwarte, weithin unbekannt zu sein. Dagegen schien es mir, als trete Rudolf Steiners Persönlichkeit in ihrer menschlich-persönlichen Art hervor. Diese sollte dargestellt werden. Das konnte nur in der Form persönlicher Erinnerungen geschehen.

So mag es denn für einen heutigen Leser, gehöre er dem Alter oder aber der Jugend an, von Interesse sein, wie vor mehr als 20 Jahren ein junger Student zu Rudolf Steiner stand, wie dieser jenem mit vollem Verständnis entgegenkam, und wie Rudolf Steiner vor 23 Jahren zuerst in einem Kreise von Studenten sprach. — In der Darstellung ist vielfach in die kleinen Einzelheiten gegangen worden — vielleicht mit einer allzu großen Liebe zum Kleinen. Aber man bedenke, daß es auf die Persönlichkeit Rudolf Steiners gerichtet war und den Ausbau seines Lebenswerkes tragen half — und daß auch das Kleine um seinetwillen geschah, und daß er vom Kleinen getragen wurde. Denn ohne dieses ist auch der Große und Mächtigste nichts.

Dieses sind Erwägungen, welche folgten, als der Entschluß einer Veröffentlichung gefaßt war. Es ist gesagt, daß an eine solche zuvor nicht gedacht worden ist — diese vielmehr außerhalb der Gedanken stand. Erst als Herr Walter Kühne zu Ostern 1928 in Kassel weilte, überzeugte er mich von einer Berechtigung, diese Erinnerungen zu veröffentlichen, und riet mir, mich an Herrn Rudolf Geering, Basel zu wenden. Dieser stimmte freudig zu, die Herausgabe zu übernehmen, und so schrieb ich dieses Buch für weitere Kreise.

Nicht ganz leichten Herzens.

Oberlahnstein, den 20. Juni 1928

Ludwig Kleeberg

VORWORT ZUR II. AUSGABE

Mehr als 30 Jahre waren verflossen, ehe an den Verfasser das Verlangen herantrat, eine neue Ausgabe dieses Buches zu veranstalten, welches Berichte und Mitteilungen wiedergibt der ersten, frühesten Zeit von Rudolf Steiners Wirken im Dienste der weltweiten, anfänglich theosophischen, später anthroposophischen Bewegung. Genau auf den Tag nach 14 Jahren, am 57. Geburtstag des Verfassers, erging an diesen ganz unvermittelt wie ein Blitz aus unheiterem Himmel die Stimme eines wohlbekannten hochbedeutenden Mannes, von Lic. Emil Bock. Er hatte den Aufenthalt des Verfassers, der sich zu Wetzlar im Exil befand, ausfindig gemacht und schrieb ihm in trübster Zeit am 5. Nov. 1942:

„Sie werden sich wundern, nach so langen Jahren wieder etwas von mir zu hören. Der Grund ist der, daß ich in den letzten Wochen darauf verfiel, Ihr Buch einmal wieder zu lesen. Nach seinem Erscheinen hatte ich es mit großer Spannung in einem Zuge gelesen. In den Zwischenjahren war ich nicht mehr dazu gekommen. Als ich es jetzt wieder las, hatte ich das unmittelbare Bedürfnis, Ihnen einen Gruß zu senden. Je weiter die Zeit vorwärtsschreitet, um so dankbarer muß man den hohen Wert Ihrer Aufzeichnungen empfinden, und zwar nicht nur deshalb, weil die Zahl der Menschen, die das alles auch miterlebt haben, jetzt schon sehr zusammengeschmolzen ist. Ich weiß nicht, ob Sie oft ein Echo bekommen haben. Sicher ist mir aber, daß in der Zukunft noch manch einer einen wertvollen Dienst durch das Buch erfahren wird, auch durch die Lebendigkeit und die offenherzige, auch gegen die eigene Person objektive Menschlichkeit der Darstellung.

Von dem Schreiber dieses Briefes ist hier wohl angedeutet, daß er um all das weiß, was dem Buche „Wege und Worte“ als Negativum zugerechnet werden könnte, aber er steht dem mit positivem Verstehen gegenüber. Möchten auch die künftigen Leser diese Einstellung haben und bedenken, daß der Verfasser, als er den Inhalt und den zum Ausgang hin schmerzhaften und leidvollen Weg von Tag zu Tag erlebte, ein nicht ausgereifter, unfertiger junger Mensch war, dem aber gleichwohl Rudolf Steiner seine Gunst schenkte.

Die wesenhafte Berechtigung, das Buch neu erscheinen zu lassen, besteht in der Tatsache, daß es noch eines der wenigen Erinnerungsbücher ist, welches von der Frühzeit der Wirksamkeit Rudolf Steiners berichtet, als der Kreis seiner Freunde und Schüler noch recht klein war und das Verhältnis, das er zu ihnen hatte und sie zu ihm, ein heute schier unfaßbar nahes und vertrautes, ja fast familiäres war. Unter diesen Schülern war der Verfasser um 1904 der weitaus Jüngste.

Die Verhältnisse um 1904 waren fast idyllisch zu nennen und hielten sich so einige Jahre auch in Kassel bis in die Zeit hinein, da im Leben des Verfassers die am Ende des Buches erwähnte Katastrophe eingetreten war, und er das letzte eigentliche Gespräch mit Rudolf Steiner hatte (Ende Januar 1912). Bis dahin stand Rudolf Steiner unter keinem ausgemachten angespannten Zeitdruck — wie die privaten Möglichkeiten und persönlichen Beziehungen verhältnismäßig störungslos und ausgiebig waren. So war der Verfasser häufig in Rudolf Steiners Gesellschaft — allein und mit anderen zusammen. Hast und Hetze gab es da nicht. Erlebnisse und Gespräche wurden den Tagebüchern anvertraut, welche glücklicherweise die Ära des 1000jährigen Reiches überstanden. Es muß noch einmal ausdrücklich betont werden, daß dieses Buch nicht — wenigstens nur zu einem geringen Teile — auf Erinnerungen beruht, welche 12—24 Jahre nach den Ereignissen in das Gedächtnis zurückgezwungen wurden, sondern auf unmittelbaren, noch vorliegenden Aufzeichnungen, die auch den Satzstil dieses Buches geprägt haben; außerdem auf Briefen von Marie von Sivers, Sophie Stinde und Rudolf Steiner selbst.

Eine beträchtliche Verbesserung kommt dem Buche jetzt dadurch zugute, daß — bis auf einige Ausnahmen, auf welche der Verfasser nicht verzichten mochte — die begreiflicherweise im Erstdruck abgekürzten Vornamen, welche das erste noch vorhandene Manuskript ausgeschrieben enthält, hier nunmehr voll erscheinen. Die weitaus meisten der genannten und erwähnten Persönlichkeiten weilen nicht mehr unter den Lebenden, sondern in der Welt der Wahrheit. Sie gehören der Geschichte an.

Arolsen/Waldeck, den 19. Februar 1961

Ludwig Kleeberg

ANFÄNGE UND VORGESCHICHTE 1900—1903

Das menschliche Bewußtsein ist nur das gerade beleuchtete Stück eines unendlichen Gewebes, dessen Fäden nach rückwärts in das Dunkel der Vergangenheit verlaufen. Dort sind Ausgänge, Verknüpfungen und Lösungen angelegt. Kunstvolle, bald rätselhafte, bald lesbare Verzettelungen beschäftigen den nachdenklichen Betrachter und stellen ihm stets neue Aufgaben. Wer sie auflöste, wäre ein Meister. In unseren Gedanken und unseren Taten lebt und webt unsere Vergangenheit. Wir wissen nicht darum. Unser Wissen würde uns entweder unglücklich oder — unwissend machen. Die Vorsehung hat einen wohltätigen Schleier über unsere Vergangenheit wie über unsere Zukunft gebreitet. Die erste offenbart sich in den zu dieser Welt mitgebrachten Anlagen und bereitet durch deren Entwicklung die zweite. Unser Lernen ist nicht von ungefähr. Indem es an die in unserem Wesenskern vorhandene Summe von Fähigkeiten und Eigenschaften anknüpft, erweckt es schlummernde Vergangenheit. So zeigte Plato in seinem „*Menon*", daß alles Lernen eine Anamnesis, eine Wiedererinnerung sei; so auch sprach Novalis die tiefe Erfahrung aus: „Wie kann ein Mensch Sinn für etwas haben, wenn er nicht den Keim davon in sich hat? Was ich verstehen soll, muß sich in mir organisch entwickeln; und was ich zu lernen scheine, ist nur Nahrung, Inzitament des Organismus." *) Unmittelbar sorgt das Leben für die Bedingungen, unter denen sich Keime zu entwickeln vermögen. Auch treten die Lehrer hinzu, welche der durchschnittliche Bildungsgang anstellt — wenn sie nicht eher hindern als fördern. Glücklich, wer zuletzt einen Menschen fand, der den Schüler verstand und sicher leitete.

Noch war ich halbbewußt und lebte im Dämmerlichte des Daseins. Die Rätsel der Jugend wachten auf. Alte Zeiten wurden jung. Es war wie ein Erwachen aus einem Traum; so, wie es ist, wenn der Blick am frühen Morgen sich auf die neue, im Licht erscheinende Umgebung richtet. Nur die nachherige Betrachtung kann begreifen, was unbegriffen war. Es war alles unklar und schwankend, das Wort noch tastend und unbeholfen, fast

*) Novalis-Schriften, herausgegeben von J. Minor (Jena 1907) II, Seite 114.

stammelnd. Und doch war das kleine, persönliche Leben bewegt von einem gewissen kräftigen Zug zu einem unbekannten wohlbekannten Ziel. Zuerst hin zu jenen wunderbaren, leuchtenden Sternen, die ich lieb gewann und die mir gar nicht fremd erschienen. Dann in die Frühepochen unserer Erde, in die alte Atlantis, in die Vorzeit der germanischen Heimat, in Iran, in Altägypten und Altgriechenland: dahin war die Sehnsucht der Seele gewandt. Das Ziel lag — rückwärts in der Vergangenheit — sonderbar! Dorthin strebte die Seele. Alte Weisheitslehren erschienen wohlvertraut. Mozarts „Zauberflöte" vermittelte sie künstlerisch-musikalisch und begeisterte für die Idee edlen Menschentums, wie in anderer Weise Beethovens „Fidelio". In die bewegte, ungeklärte Welt schien jetzt das helle Licht Lessingscher Gedanken hinein, blitzartig: der „Nathan"; und die theologischen Schriften kämpften mit scharfgeschliffenem Stahl für Freiheit und Wert des Glaubens und die Reinheit des Christentums gegen Pfäfferei und Philistertum. Alle Zeiten wogten durcheinander, und auf dem wildbewegten Meere schwankte das Schiff mit dem unbestimmten Ziele zu einem Himalaja und Himavat. Woher, wie Rückert so schön sagte, der Himmel und die Heimat ihren Namen hat.

Denn weit im Hintergrunde stand Indien, gewaltig, unendlich und ewig. Die geheimnisvolle Sanskritsprache und deren verschlungene Schrift zog mich an. Die Lehre Buddhas offenbarte ihre Vorzüge in Rhys Davids klarer Darstellung. Aber ein Andachtsbuch war Rückerts „Weisheit des Brahmanen". Wo blieb gegen solche Hoheit das Christentum? Ich meinte das in der Kirche und in den Kirchen verdunkelte Christustum. Wo war auch in der Vielheit der sich befehdenden Meinungen die Wahrheit? Sie schien von Mißbräuchen und dem Schutt der Jahrhunderte ganz überdeckt. Und hinter den Wolken strahlte und leuchtete das Christuslicht. Unter den Christen aber war Christus nicht. Er schien sich mir da zu zeigen, wo um Wahrheit und Freiheit, Fortschritt und Menschheitswohl gekämpft wurde. Und das geschah immer wieder gegen die Kirche. So protestierte ich gegen die Kirche, auch gegen die selbst protestierende, im Namen des Christentums. War aber Christus ein Menschheitsfürst, so standen ihm der Königssohn von Kapilavastu und der große Prophet von Mekka nicht als Gegner feindlich gegenüber, sondern als Gegenbilder friedlich-freundlich neben ihm. Von der kunstvollen Hand eines Freundes gezeichnet, waren ihre drei Bilder lange die Weihe meiner bescheidenen Schülerbude. — Die mit ihnen verknüpften Vorstellungen waren naturgemäß sowohl unvollständig als auch verworren. Aber sie waren die Stufen redlichen und angestrengten Suchens — mehr unter eigenem Stern als dem irgendeines Führers. Dieser fehlte. So blieb ich Autodidakt. Allen Autoritäten hatte ich abgesagt. Sie erschienen mir zu jeder Zeit verdächtig. Schön und wahr sagte Goethe, es sei besser auf eigenen Wegen falsch, als auf fremden richtig zu wandeln. Das letztere ist bequemer, führt auch schneller zu dem Ziele und macht klugrednerisch, aber —.

Metaphysisch und ethisch erschien mir der Buddhismus allen Ansprüchen am meisten Genüge und Befriedigung zu geben. Das System war geschlossen und denkerisch wohl begründet. In ihm fand auch jene Anschauung von der Wiederkunft eine wichtige Stelle, die mir, ich weiß nicht woher, vertraut war. Sie leuchtete mir bereits früh ein. Überhaupt: woher die menschliche Seele? in welchen geheimnisvollen Zuständen befindet sie sich, wenn man von Hypnose und Somnambulismus sprach? was verbarg sich hinter diesen Fremdwörtern? — Da geschah es, daß — ich war eben 16 Jahre alt — zu Ende Januar (29., 30., 31.) 1902 in meiner Heimatstadt Kassel drei Vorträge gehalten wurden, über deren Inhalt ich nur aus der Zeitung erfuhr. Denn der Besuch öffentlicher Veranstaltungen war durch die Schulordnung des Gymnasiums streng verboten. Jene Vorträge waren als „Theosophische" bezeichnet, und Redner war Herr Richard Bresch aus Leipzig. In dem engen Rahmen eines Zeitungsberichtes erschien da eine neue Welt. Das war eigentlich das Land, nach dem ich lange suchte. Da war, was lange gefühlt wurde, ausgesprochen. Es war, als schaute ich durch das kleine Fenster einer Alpenhütte in die herrliche und erhabene Welt der Berge hinaus. So dieser knappe Zeitungsbericht, der sorgfältig aufbewahrt und wieder und wieder studiert wurde. Da traten mir zum ersten Male die Begriffe Reinkarnation und Karma auf und weckten ein lang verhaltenes Echo. Hier wurde eine Welterklärung gegeben, die befriedigte. Das Menschenleben erhielt hier Sinn. Das Schicksal erschien nun nicht mehr grausam, sondern gerecht; nicht mehr sinnlos, sondern sinnvoll. Der Eindruck jenes Berichtes war tief und nachhaltig und weckte den lebhaften Wunsch, mehr zu erfahren. Am Ende hieß es: Herr Bresch sei zu weiteren Auskünften und zur Übermittlung einer Schrift bereit. So schrieb ich denn an ihn und erhielt umgehend eine Antwort, die vernünftigerweise dahin lautete, daß für mich als Schüler seine Vorträge doch nicht geeignet seien. Was das Studium des Sanskrit beträfe, über das ich ihn zugleich befragt, so hinge das sehr von meiner Anlage für Sprachen im allgemeinen ab; jedenfalls sei hier für Forscher noch ein ungeheures Gebiet.

Die erbetene Schrift erhielt ich also nicht vom Verfasser selbst, an den ich mich gewandt. Wohl aber gelang es einem etwas älteren Freunde, irgendwie sich in deren Besitz zu setzen. Dieser Freund — Hans Bunge mit Namen — teilte meine orientalischen Interessen, freilich mehr im Sachlichen als im Sprachlichen. Er war im übrigen künstlerisch hochbegabt, hatte eine schöne Stimme und zeichnete vortrefflich. Er war es auch, der die drei erwähnten Bilder der großen Religionsstifter für mich angefertigt hatte. Außerdem verfügte er bereits über mehr Reife und Erfahrung als ich. Ihm verdankte ich in der Folge die Richtung meines Lebensweges. Es war in der Zeit, da Herr Bresch die theosophischen Vorträge in Kassel hielt, von denen oben die Rede war, als Hans Bunge einem Gespräch zuhörte, welches sein Vater *) bei Tische mit einem befreundeten Pfarrer des Unterneustädter Bezirkes hatte. Der Geistliche beklagte sich, daß schon das Heidentum in Kassel Eingang gefunden habe; es gebe hier eine Gemeinde von Buddhisten, welche an die Seelenwanderung glaubten, und eine Frau aus seiner Gemeinde habe sich ihnen angeschlossen. Es war dies zufällig eine frühere Bekannte von der Mutter meines Freundes. Da ihr Name genannt worden war, begab sich mein Freund in den nächsten Tagen zu der Dame, die nicht wenig über den Besuch und seine Begründung erstaunt war, und trug ihr den noch erstaunlicheren Wunsch vor, in eine der Zusammenkünfte jener buddhistischen Gemeinde (welche tatsächlich eine Gruppe von Theosophen war) mitgenommen zu werden. Zuletzt gab sie seinem eindringlichem Bitten nach. Dies war insofern möglich, als mein Freund Hans erwachsener aussah als etwa ich und gewandter war im Umgang. So gelang ihm tatsächlich unverhältnismäßig früh, in diese älteste Kasseler theosophische „Loge" eingeführt zu werden. Zu Hause gab er, wie er mich erst vor wenigen Jahren in einem genauen Bericht wissen ließ, zur Erklärung seiner abendlichen Abwesenheiten an, er sei bei mir gewesen — wobei immer die Gefahr bestand, daß ich durch unvorsichtige Äußerungen ihn verriete — oder noch sicherer: er gab das Ziel überhaupt nicht an. Mir berichtete er dann, jedoch nicht immer, über die theosophischen bzw. vermeintlich buddhistischen Zusammenkünfte. Eines Tages zeigte er mir am Auetor einen hochgewachsenen Herrn mit weitem, wehendem Mantel und dunklem Bart, den Vorsitzenden dieser für mich geheimnisvollen Gemeinschaft von Weisen. Seine Erscheinung verband sich fortan mit meinen Vorstellungen von Theosophen. So stellte ich mir später auch Dr. Rudolf Steiner vor, ehe ich ihm einige Jahre später in München persönlich gegenüberstand. Jenen Herrn erkannte ich ebendort, wo er sich zufällig aufhielt, bei einem Vortrage Dr. Steiners zu Anfang Januar 1905, in dem Kasseler Arzt Dr. Ludwig Noll wieder, meinem hochverehrten späteren Freund und Gönner, der einmal mit ein letzter ärztlicher Berater Dr. Steiners sein sollte. Um die Jahrhundert-

*) Vater Bunge war Regierungslandmesser und der Erbauer ganzer Häuserreihen von Beamtenwohnungen. Eine Straße in Wilhelmshöhe ist nach ihm benannt worden.

wende bestand sonach in Kassel eine theosophische Loge, wie die damals übliche und beliebte, an die Freimaurerei angelehnte Bezeichnung lautete, und in ihr hielt Rudolf Steiner wohl in der ersten Hälfte des Jahres 1902 einen Vortrag. In einem diesbezüglichen Brief an Dr. Hübbe-Schleiden *) (30. Juli 1902) nennt er rühmlich deren Leiter Dr. Ludwig Noll, während er Bresch wegen seiner buddhistischen Tendenz als verwirrend bezeichnet **). Mutatis mutandis war es die gleiche Schwierigkeit, welche die ersten christlichen Gemeinden erregte und bewegte: ob der Weg zum Christus durch und über das Judentum zu gehen habe. — Im letzten Brief des Jahres 1902 (15. Dezember) schreibt Rudolf Steiner demselben: Kassels Loge mache große Sorge — und stellt einen Besuch zu Anfang Januar 1903 in Aussicht ***), von dem jedoch nichts bekannt ist. Offenbar ist diese erste Kasseler Loge inzwischen eingegangen.

Zu der genannten Gruppe fand ich natürlich keinen Zugang, versuchte ihn auch nicht, weil meine Jugend und Rücksicht auf die Schulgesetze es verhinderten. Einen wertvollen Ersatz bot mir die Broschüre des Herrn Richard Bresch, welche mir der Autor verweigert hatte, die aber Hans Bunge von seiner Bekannten bekam und mir schenkte. Sie wurde mir ein teuer behütetes Vademecum für die folgenden Jahre und wird von mir — samt jenem ersten, zerlesenen Zeitungsbericht im „Casseler Tageblatt und Anzeiger" vom 4. Februar 1902 — als kostbare Andenken aufwahrt. Beiden ja sollte ich die Bekanntschaft mit Rudolf Steiner verdanken. Die für mich so wichtige, 22 Seiten enthaltende kleine Schrift, welche in meine Hände im Frühjahr 1902 gelangte, war noch in der Zeit vor der Begründung der Theosophischen Gesellschaft (Oktober 1902) geschrieben und erschienen; die bestehenden deutschen Gruppen der Deutschen Theosophischen Gesellschaft werden als zur „Sektion Europa der allgemeinen theosophischen in London" gehörend bezeichnet, wie in dem durch Graf von (sic!) Brockdorff unterzeichneten instruktiven Nachwort zu der Broschüre mitgeteilt wurde. Sie war überschrieben: „Theosophie und die okkulte Lehre." Über dem Titel befand sich ein wunderbares Symbol: eine Schlange, die sich in den Schwanz beißt — in deren Mitte zwei sich verschlingende Dreiecke (das Hexagramm) — darin die *crux ansata* (Kreuz mit Öhr und Öse) — darüber am Kopf der Schlange in einem Kreise die indische Svastika („Hakenkreuz") —, und über dem Ganzen schwebte die heilige Silbe *ōm* in der Sanskrit-Schrift. Dieses Siegel prangte nun auf

*) Rudolf Steiner, Briefe II (herausgegeben von Edwin Froböse und Werner Teichert, Dornach 1953), Seite 260.

**) ebenda Seite 411 Anm.: eine Charakterisierung des Herrn Bresch.

***) ebenda S. 314.

manchem meiner Schülerhefte. — Außerordentlich geschickt war die Zusammenfassung des theosophischen Lehrsystems, welches die kleine Broschüre vermittelte. Sie unterrichtete sowohl über die „Runden", Manvantaras und Pralayas, die verschiedenen „Ebenen", als auch über den Menschen und seine „Körper", über das Schicksal nach dem Tode, Reinkarnation und Karma, ja auch über jene Mahatmas, die großen Meister, welche im Geheimnis wohnen. Auch daß Gedanken in übersinnliche Formen sich kleiden und als Boten gehen, war hier nicht übergangen. Wo blieben da Entfernungen und Trennungen? Schnell eilte der Gedanke zu dem ferne weilenden Freunde, der sich magisch berührt fühlte und in seiner Seele gleichgestimmt mitschwang. Welche Perspektiven in das Weltall, von dem nur eine Sphäre den Sinnen sichtbar war, wurden in jenem Schriftchen erschlossen! Im Anhang freilich wurden noch mehr Bücher namhaft gemacht, die weitergehendem Unterricht dienten: die Werke von Blavatsky, Sinnet, Leadbeater, auch spiritistische Literatur. Angefügt war auch eine Notiz über die Deutsche Theosophische Gesellschaft, als deren Vertreter Graf von Brockdorff in Berlin NW (Alt-Moabit 97) unterzeichnete und sich zu Auskünften bereit erklärte. Ein wirklicher Graf! Das umgab die Sache mit der Glorie des Adels und der Tradition.

In dieser Periode lernte ich durch einen Zufall auch Du Prels Büchlein „Das Rätsel des Menschen" kennen. Es regte zu weiteren Gedankenentwicklungen an. Die Tatsache der Reinkarnation war mir unbezweifelbar. Es erschien mir widersinnig, daß Gott immer neue Seelen erschaffe. Diese seien vor ihrer Geburt präexistent, so wie sie postexistent nach dem Tode sein würden. War doch Christus präexistent; und es war kein Grund zu sehen, weshalb der Menschengeist gleicher Eigenschaft bar und nicht-ewig sei. Der verstorbene Mensch, die entkörperte Seele, mußte wieder einen neuen Leib annehmen. Durch die Sinne tritt die Seele mit der stofflichen Außenwelt in „Verbindung", im Gehirn ist ihr ein Zentralorgan bereitet. Aber ohne Bewußtsein ihrer Vergangenheit tritt die Seele in die körperliche Existenz ein. Aus Vergils Äneis (VI. Buch) war mir der Strom Lethe bekannt, in dem die zum Leben der Welt zurückkehrenden Seelen Vergessenheit trinken. Wie — wenn es Verfahren gäbe, einer Seele, die zur Welt kommt, das Bewußtsein ihres Vorlebens zu erhalten oder zu erwecken? — Beim Anblick des regungslos liegenden Leichnams einer befreundeten alten Frau empfand ich sichtbar das Rätsel des Todes. Das war nicht der Mensch. Der befand sich „wo ganz anders". Welches wohl die Erlebnisse eines Sterbenden waren? Wie viele Menschen waren schon gestorben. Der Tod war ein Vorgang nur für den Sterbenden — ein natürlicher, ein natürliches Ereignis („Erreichnis"), eine Verwandlung (Metamorphose), wie sie die

Natur in unzähligen Sinnbildern darbot. Er konnte somit nichts Böses, Schlimmes, Schreckliches sein. Noch hatte keiner Auskunft über das Geschehen des Sterbens gegeben, da er diesem selbst ganz hingegeben war. Aber der Tod mußte ein großes und ernstes Geheimnis enthüllen. Man mußte also dem Tode mit Erwartung, nicht mit Furcht entgegengehen. Doch der Einzelne starb und kam wieder. Und das gesamte Menschengeschlecht? wie schritt es durch die Jahrtausende? erreichte es einen Höhepunkt? was dann? Gipfel, Hochfläche oder Fall? Welches Los ist im Schoße der Ewigkeit bereit? Die großen Fragen der Zukunft und unserer Menschenbestimmung formten sich zu einer bildhaften Vorstellung: das Licht der Wahrheit, ausstrahlend von der Gottheit, blendet die Augen der Vertreter menschlicher Wissenschaften, welche zu deren Sitze zu dringen sich erkühnen.

Der Schluß war Verzicht: unser Wissen ist, daß wir nichts wissen — um zu neuem Aufschwung stets die Flügel der Seele zu erheben. Denn nicht Ruhe ist der uns gegebene Zustand, sondern Bewegung und Tätigkeit; nicht Niedergeschlagenheit und Gefühl der Ohnmacht, sondern unablässiges Streben im Bewußtsein der Ewigkeit. So wie es sich in Lessing zu lichter Klarheit durchgerungen hat („Erziehung des Menschengeschlechts").

1904

Zu Anfang März 1904 bestand ich an dem rühmlich bekannten Kgl. Friedrichsgymnasium in Kassel die Reifeprüfung mit nicht ganz 18½ Jahren (geb. 5. Nov. 1885) und sollte, nachdem Jena zuerst erwogen wurde, die heimatlich-hessische Universität Marburg der Ort erster wissenschaftlicher Studien sein: Klassische Philologie und Geschichte, dazu womöglich Sanskrit, für das ich mich schon seit früher Schulzeit interessiert hatte. Da jedoch in der Lahnstadt das Verbindungswesen nahezu das gesamte studentische Leben beherrschte, ging ich auf den Rat meines hochverehrten Lehrers, des Professors Adolf Stoll, nach München, wo ich unter der nützlichen Obhut eines 7 Jahre älteren Vetters, mit Namen Karl Otto, stehen konnte, der jetzt dem Abschluß des medizinischen Studiums zusteuerte und an dem ich seit frühesten Jugendtagen mit größter Liebe hing. In aller Geselligkeit ging ich eigene Wege. Die Schönheiten der Natur blieben mir durch seltsame Theorien von der bloßen Subjektivität der Erscheinungen verschleiert: die Welt als Täuschung, ihr wirkliches Wesen unerkennbar *).

*) Der berühmte Archäologe Ludwig Curtius hing in seiner Jugend zeitweise dem gleichen unjugendlichen Illusionismus an (s. dessen Lebenserinnerungen „Deutsche und antike Welt", Stuttgart 1958, S. 36).

Die Studien waren zum Teil interessant, zum Teil trocken, zumeist minutiös und ließen den großen Zusammenhang vermissen. Was einmal gewesen war, interessierte mich um dessentwillen nicht. Ich wollte Leben — nicht wissenschaftlich nur — und Weisheit. Für diese bot mir auch staunenswerte Gelehrsamkeit berühmter Professoren keinen Ersatz. Dem studentischen Verbindungsleben war ich ein abgesagter Feind. Es schien sich nur um den Alkohol als den Mittelpunkt der Gemeinschaft wie um den Gegenstand eines Kultus zu bewegen und, abgesehen von der Ablehnung jeden Fortschrittes und der Mißachtung allen sozialen Verständnisses, auf die Erwerbung von „Verbindungen" (Konnexionen) zwecks guten Fortkommens in Amt und Beruf. Rein berufliche oder Fachvereine erschienen mir philiströs. Das alles war gewiß einseitig und auch ungerecht gedacht.

Warum gab es nicht Vereinigungen, welche sich auf die Pflege der Weltanschauungen gründeten? nicht religiöse, konfessionelle, weil sie in Orthodoxie verhärteten, und auch nicht wissenschaftliche, weil sie nicht zu einem „wissenswerten Wissen" den Zugang erarbeiteten. Gab es etwa in München Vereinigungen, welche jene so vieles verheißende theosophische Weltanschauung pflegten? Je höher auch der innere Wert einer Bindung, um so höher der Wert einer Vereinigung. Unter Studenten gab es einen solchen Bund nicht. Man mußte ihn eben gründen, und jemand mußte da sein, der diese Aufgabe übernahm. Ich wollte dieser Jemand sein und empfing diesen Einfall mit jugendlicher Begeisterung. Man brauchte nur, glaubte ich, etwas Gutes und Großes ernstlich zu wollen: dem Vollbringen standen die guten Mächte des Lebens bei. Theosophia sollte unter der studierenden Jugend erscheinen und studentische Gemeinschaft erneuern. Von dort aus würde auch wieder wissenschaftliches Streben und berufliches Leben reorganisiert werden und, fast verdorrt, wieder erblühen.

In jugendlicher Sehnsucht nach echter Geisteswissenschaft befangen, ahnte ich nicht, daß ich mich inmitten eines Zentrums theosophischen Lebens und Strebens befand, wie es München damals bereits war. Jedoch drang nicht die geringste Nachricht und Kunde von einer daselbst bestehenden Gruppe zu mir, da im Sommerhalbjahr, wie ich später erfuhr, alle Tätigkeit, zumal die Veranstaltung von öffentlichen Vorträgen, ruhte und erst mit dem Winter eröffnet wurde. Immer noch besaß ich jene Broschüre des Herrn Richard Bresch als ständiges Kompendium und hatte sie nach München mitgenommen. Sie war es, welche mir schicksalentscheidend weiterhalf — zunächst ja in der Kenntnis theosophischer Lehre. Denn unter den zum Studium empfohlenen Büchern war auch eines genannt: „H. P. Blavatsky, Schlüssel zur Theosophie (Erklärung der Ethik, Religion und Philosophie)".

Das Buch hatte den Vorteil, daß es nur wenige Mark kostete. Ich bestellte es. Dieses Buch bot, dialogisch geschrieben, klug, mit scharfem Witz und in großer Vollständigkeit eine vorzügliche Einleitung in die Theosophie. Die westlichen Kulturen und insbesondere das Christentum der Kirchen kamen schlecht weg. Aber hier führte jemand die Feder, der über Wissen und Erfahrung verfügte. Später erfuhr ich, daß es eine Frau war, und was sie schrieb, war ungleich wertvoller und lebensvoller als bröckelige und trockene Philologie. Dieser Vorzug entschied über den Wert des Buches. Das bewegte Geheimnis, in welches der Mensch hineingestellt war, das Verwobensein in die Geisterwelt, die Magifizierung des Lebens: all dieses mußte das gesamte Gedanken- und Empfindungsleben tief aufwühlen. Bisher durch Schule, Erziehung, Tradition und Universität Überliefertes stand dem in eitler Dürftigkeit unbefriedigend gegenüber. Dort war etwas, für das Begeisterung möglich, vielmehr natürlich war. Es entsprach einem tiefsten Bedürfnis.

In der Flugschrift des Herrn Bresch war aber auch, wie schon erwähnt, der Name des Grafen Brockdorff genannt. An diesen nun schrieb ich kurzerhand, nachdem ich längst einen Brief entworfen, aber nicht abgesandt, sobald ich aus München nach Kassel zurückgekehrt war (Anfang August). Ich legte ihm die durchaus unbefriedigende Lage dar, die ich inmitten des studentischen Lebens empfand, und wies auf die Notwendigkeit hin, theosophische Vereinigungen ins Leben zu rufen, welche Mittelpunkte der Erneuerung sein könnten. Sicher habe er die Möglichkeit, in den deutschen Universitätsstädten Mitglieder seiner Gesellschaft für diesen Plan zu interessieren. Zunächst genüge ein Anschlag am Schwarzen Brett der Universität, um Gleichgesinnte zu sammeln. In München jedenfalls bestehe eine studentische Vereinigung, wie ich sie mir dachte, noch nicht. —

Nach wenigen Tagen schon erhielt ich eine Antwort von Graf Brockdorff. Er schrieb:

„Ich finde es hoch erfreulich, wenn Jüngere sich an die Theosophie halten, um geistig vorwärtszuschreiten. Es muß aber die materielle Arbeit nicht zurückstehen. Ihre Erwartungen kann ich freilich nicht erfüllen. Seit zwei Jahren habe ich die Arbeiten und Geschäfte unserem Generalsekretär für Deutschland, Herrn Dr. Steiner, Berlin W, Motzstraße 17, übergeben, da meine Gesundheit dies verlangte, und habe mich hier in Algund bei Meran ganz zurückgezogen. Zunächst habe ich an die Expedition des Vâhan geschrieben, damit Sie die Adresse des Vorstandes in Kassel, resp. eines Mitglieds erfahren. Herr Dr. Steiner ist im August verreist und deshalb in Berlin alles geschlossen, auch die Bibliothek der Deutschen Theosophischen Gesellschaft, sonst hätten Sie von dort am besten Hilfe erhalten. Sekretär ist Frl. von Sivers und Bibliothekar Frl. von Rosen, alle Motzstraße 17 Berlin W. — Wie ich aus Ihrem Schreiben ersehe, wollen Sie in München weiterstudieren, da wenden

> Sie sich zunächst an Herrn Deinhard, Ingenieur und theosophischen Schriftsteller, er ist vor einiger Zeit umgezogen, wohnte bis jetzt Georgenstraße 13 in München. Er hat, glaube ich, aber mit Studenten nicht immer angenehme Erfahrungen gemacht, wundern Sie sich nicht, wenn er vorsichtig Ihnen gegenüber verfährt."

Graf Brockdorff machte mich noch auf die Bibliothek der Deutschen Theosophischen Gesellschaft aufmerksam, die er vor acht Jahren errichtet habe, und die günstige Möglichkeit, dort zu abonnieren. Wünschte mir im übrigen besten Erfolg.

Gleichzeitig mit dem Briefe des Grafen Brockdorff langte auch der „Vâhan" an. Es war die Zeitschrift, die Herr Richard Bresch redigierte und die noch in Rudolf Steiners eigener Zeitschrift „Lucifer-Gnosis" merkwürdigerweise als die einzige theosophische Zeitschrift deutscher Zunge laufend angekündigt wurde. Freilich war sie ganz auf die Richtung Blavatsky-Besant-Sinnet-Leadbeater eingestellt. Aber von einer andern wußte man noch nicht. In jedem Fall war der „Vâhan" sehr belehrend und reichhaltig. Er verlief sich einige Jahre später in einem furchtlosen, aber auch fruchtlosen Kampfe, den Herr Bresch gegen Annie Besant und die Theosophische Gesellschaft um des sogenannten *de la Fuente*-Vermächtnisses willen führte. Dieser Kampf wurde zum Streit, bei welchem der „Vâhan" seine Direktion verlor und im Gestrüpp der Worte hängen blieb.

Auf den Grafen Brockdorff mich berufend, wandte ich mich nunmehr an Herrn Deinhard in München und bat ihn, sich meines Planes anzunehmen. Aber offenbar war er nicht von dessen Ernsthaftigkeit und Ausführbarkeit überzeugt; denn eine Antwort erfolgte nicht. Anders Frl. Marie v. Sivers, an die ich am 24. August 1904 schrieb. Dr. Rudolf Steiner war, wie ich wußte, verreist. Ich trug ihr meine Absichten vor und regte an, Vorbereitungen bis zum Beginn des Wintersemesters (Ende Oktober) zu treffen. Es kam darauf an, an den deutschen Universitäten Studenten zu sammeln, die in der theosophischen Weltanschauung eine tiefere Begründung ihres Studiums und ihrer Lebensführung suchten, wie sie in jener das Ziel ihrer Arbeit erkannten. Die Notwendigkeit solcher Gruppen oder Vereinigungen stützte ich durch harte Urteile über das landläufige Studententum. Demgegenüber hieß es nur: radikal sein, d. h. an die Wurzeln gehen und von hier aus entweder ausrotten oder ausheilen, was krank und schadhaft ist. Da lief mancherlei Ungeschicklichkeit mit unter, in Worten und Taten. Denn das Tun war ohne weitgreifende Erfahrung vorschnell und übereilt, die Darstellung des Gewollten zweifellos unbeholfen und schülerhaft, die ganze Weite aber dessen, was Theosophie genannt wurde, von mir noch nicht entfernt geahnt, geschweige denn begriffen. Alle diese

Mängel, welche wohl die Jugend erklären wie entschuldigen mochte, konnten einem vorgeschrittenen Menschen nicht verborgen sein, der ihnen seinerseits ein ruhiges Verständnis und die Anerkennung guten Willens entgegenbrachte.

Der Brief, den mir nun Ende August (30.) die Post übermittelte, erschien wie eine Weihnachtsgabe. Marie v. Sivers schrieb darin:

„Bestrebungen wie diejenigen, denen Sie in Ihrem Briefe Ausdruck geben, sind mit großer Freude zu begrüßen. Sie legen aber ganz gewiß denjenigen, die sie ins Leben rufen wollen, große Opfer auf. Schon abseits zu stehen und nicht mitzutun, ruft bald Schwierigkeiten hervor — wie anders, wenn man energisch etwas Neues aufbauen will. Und doch liegt allein hierin der einzige Weg zum Fortschritt. Wenn Sie den Mut haben, die Schule der Enttäuschungen durchzumachen, die jeden erwartet, der das Bessere will, die aber auch den Charakter stärkt und den endlichen Sieg herbeiführt, so sind wir in jedem Falle bereit, Ihnen in jeder Hinsicht zu helfen. Auch wir erblicken in der akademischen Jugend das Bollwerk der Zukunft. ‚Aber' — wie mir Herr Dr. Steiner eben schreibt, dem ich Ihre Intention mitteilte: ‚was für Berge von Hindernissen in deutschen akademischen Kreisen zu durchdringen sind für unsere Weltauffassung, das ahnt der nicht, der diese Kreise nicht ganz genau kennt'.

„Ich glaube, daß sich etwas vom Mute des Helden für denjenigen gehört, der hier als Pionier eingreifen will. Aber das Ideal ist hoch. Wer bereit ist, Spott und Verleumdung — die heutigen Waffen der Gegner — auf sich zu nehmen, der mag den Weg betreten. Für Sie würde es sich darum handeln, Gesinnungsgenossen zu finden. Sie müssen ja wissen, ob Sie darauf rechnen können. Mich will es entschieden bedünken, als ob in der heutigen studierenden Jugend das Bedürfnis nach einer höheren Weltauffassung sich geltend macht, und auch der Ekel gegen eine unsinnige Tyrannei, wie es die des Alkohols ist.

„Wenn Sie nach Berlin kommen, wollen wir gern alle näheren Punkte besprechen. Es läßt sich vielleicht ein Verband zwischen allen Hochschulen organisieren, in denen Gleichgesinnte entdeckt werden. Man muß tätig sein, dann kommen die Schüchternen herbei. Wo so eine Kraft auftritt, die alle Wissensgebiete umfaßt, wie es die Dr. Steiners ist, wo das Genie selbst lehrt, da müssen die Gebildetsten heran, die Vorbereiteten, die aber noch nicht erstarrt sind in voreingenommenen Begriffen. Ich glaube, es muß gehen; denn der Lehrer ist da, es müssen nur die fähigen Schüler kommen. Und es muß die Möglichkeit geschaffen werden, daß dieser Lehrer herumkommt; denn wo Unfähigkeit sich breitmacht, da wird die Sache diskreditiert.

„Im September wird Dr. Steiner viel abwesend sein. Wahrscheinlich vom 12. bis zum Ende des Monats. Aber am 19. und 20. wird er in München sein. Dort spricht an diesen Tagen die große englische Rednerin Mrs. Annie Besant. Das Nähere werden Sie bei der Schriftführerin unseres dortigen Zweiges: Frl. Sophie Stinde (Adalbertstraße 55) erfahren. Es ist besser, Sie richten sich an sie als an Herrn Deinhard, der weniger unterrichtet ist.

„Das wirksamste Mittel, um Ihre Bestrebungen in Fluß zu bringen, wäre wohl die Verbreitung der von Dr. Steiner herausgegebenen Monatsschrift ‚Lucifer'. Sie ist für solche intendiert, die das Denken gelernt haben und die Denkkräfte üben wollen; sie wird also von vielen ‚schwer' gefunden, und begeistert diejenigen, die das Bedürfnis haben, sich höher zu entwickeln, statt bloß unterhalten zu werden. Ich werde Ihnen nächstens Probehefte und Programme schicken, die Sie zur Verteilung unter Gesinnungsgenossen benutzen können — auch den Katalog unserer Leih-Bibliothek. Die Zeitschrift wird von dem vorgezeichneten Wege nicht abweichen. Seit ihrer Vereinigung mit der ‚Gnosis' führt sie beide Namen: Lucifer-Gnosis.

„In Berlin spricht Mrs. Besant am 16. September. Thema: ‚*New Psychology*', mit nachfolgender deutscher Übersetzung. Dann ist Dr. Rudolf Steiner natürlich auch zugegen. Er selbst wird jeden Donnerstag im Architekten-Saal, Wilhelmstraße 32/33 sprechen. Auch dieses Programm will ich Ihnen schicken.

„Und somit hoffe ich, daß bei ernstem Wollen sich doch recht viel wird machen lassen.

Hochachtungsvoll M. v. Sivers."

Aus alledem hörte ich freudig ein freudiges Ja, mit dem Unterton freilich der ruhigen Klugheit und klaren Besonnenheit, welche diesem Beginnen nottat. Wenn mir dort Unterstützung gewährt wurde und mein Plan aufgenommen wurde, konnte es nicht an der glücklichen Verwirklichung fehlen. Wer aber war Dr. Steiner, von dem hier gesagt wurde, in ihm lehre das Genie selbst — er umfasse alle Wissensgebiete? War er ein Genie, warum lehrte er nicht an einer unserer deutschen Universitäten und war durch seinen Namen in aller Gebildeten, der gelehrten wie der ungelehrten, Munde? Ich hatte auch bedeutende Professoren gehört und von anderen berühmten Vertretern verschiedener Wissenschaftszweige gelesen, sie waren gewiß kluge und weiterfahrene Männer, Meister ihres Faches oder sogar zweier oder dreier Fächer kundig. Daß hier jedoch ein Mann in aller Unbekanntheit lebe, inmitten unserer Zeit, der alle Wissensgebiete umfasse, dieses für eine Übertreibung zu halten hinderte mich nur die sonst keineswegs überschwengliche Fassung jenes Briefes, in dem solches zu lesen stand. Wer war Rudolf Steiner? Vielleicht doch eine prophetische Persönlichkeit wie Annie Besant, deren Namen mir bereits bekannt geworden war, und die jetzt in Deutschland Vorträge in englischer Sprache hielt.

Die ersten Fäden waren nun angeknüpft und schienen fest und dauerhaft. Sie kamen von und gingen nach Menschen, die mir fortan ein höheres Wissen darstellten, als Herolde eines idealen Menschentums und einer besseren Zukunft. Ich begann es als unnennbares Glück zu schätzen, daß meinem Wollen von dort Wohlwollen entgegengebracht wurde. Man nahm es ernst und verstand es, hinter allem Enthusiasmus, der vielfach zu hitzig sprudelte, für unecht Gehaltenes voreilig ätzte und verbrannte und dabei sich auf Nebensächlichkeiten ergoß — man verstand doch hinter diesem Enthusiasmus die treibende Kraft zu erkennen, die sicher aus tieferen Tiefen kam. Ich schrieb zunächst M. v. Sivers, daß es jetzt darauf ankäme, einen kleinen Kreis von Gesinnungsgenossen zu sammeln — unerschrocken inmitten der geistigen Lethargie zahlreicher Mitmenschen, ungestört durch die Vorurteile der Unwissenden, furchtlos vor dem Spott und den Verleumdungen der Gegner. Es würden ohnehin nur wenige sein, die sich im Streben nach einem höheren Wissensgut zusammenfänden, die mit Herz und Seele dabei wären und die Früchte dieses Strebens hinaustragen würden in ihren Lebensberuf. Manche würden etwas wie eine geistige Sensation suchen und sich enttäuscht wieder abwenden. — Die Theosophische Gesellschaft habe gewißlich Zweigvereine in den Universitätsstädten, wo ein Mitglied sich bereitfinden würde, dafür zu sorgen, daß ein Anschlag am Schwarzen Brett angebracht würde, der kurz Grundsätze, Forderungen und Ziele der Gesellschaft enthalte. Aber — ein guter und rechter Deutscher ist stets der Wirklichkeit oder Realität um etliches voraus, und organisiert und paragraphiert. So entwickelte ich denn im einzelnen, wie der kommende Bund aussehen und eingerichtet sein müsse, ehe denn die ersten Anfänge überhaupt in Erwartung standen: hinsichtlich Aufnahme, Eintritt, Bedingungen, Verpflichtungen. Interkorporativ durfte die Sache natürlich nicht sein (hier hieß es: entweder — oder!), auch ein Abzeichen (mit dem bekannten Siegel) nicht fehlen. Erst der Plan, dann das Haus, danach die Leute. Es ist leicht, das hinterher zu belächeln. Meine Korrespondentin war gegenüber den unfertigen Methoden jugendlichen Eifers, die sich mit einer gewissen Pedanterie vermischten, nachsichtig und verständnisvoll.

Zu Anfang September erhielt ich ein Paket von M. v. Sivers mit etwa 400 Schriften, in der Hauptsache Flugschriften der Theosophischen Gesellschaft, Ankündigungen des „Lucifer", Verzeichnisse der Schriften Dr. Rudolf Steiners, auch Pläne seiner Vorträge über die theosophische Bewegung und der Vortragsreise Annie Besants, fernerhin die Satzungen der deutschen Sektion und Bücherverzeichnisse der reichhaltigen Bibliothek der Gesellschaft. Die kostbare Gabe aber, welche die Sendung enthielt, waren sieben Hefte des „Lucifer" und zehn der erweiterten Zeitschrift „Lucifer-Gnosis". Dazu schrieb M. v. Sivers, sie freue sich über den Ernst meiner Absichten und schicke mir hier einen vollen Jahrgang vom „Lucifer", den ich freundlichst behalten möge. Weiteres werde sie schreiben, sobald der durch Annie Besants Kommen entstandene Arbeitsstrom vorübergerauscht sei. Die formelle Hochachtung wurde jetzt durch einen freundlichen Gruß ersetzt und verbessert. — So willkommen vorher der „Vâhan" gewesen, so trat doch jetzt etwas ganz Neues mit der Zeitschrift „Lucifer" auf. Hier war ein bedeutender Fortschritt in der Richtung dessen getan, was ein im modernen Europa und Deutschland lebender Mensch erforderte. Reinkarnation und Karma waren hier mit naturwissenschaftlichen, denkerischen Methoden begründet und erschlossen, nicht aus poetischer Intuition oder spekulativer Phantasie. Da war auch ein Aufsatz über die Mysterien; und manches Gute und Wertvolle von anderen Verfassern, z. B. von Wolfgang Kirchbach über Hegels Phänomenologie des Geistes. — „Lucifer-Gnosis" erschien in anderem Format und Druck. Hier machte Rudolf Steiner Ausführungen über die Vorfahren der gegenwärtigen Menschheit, über die übersinnliche Welt und ihre Erkenntnis; da waren wertvolle Abhandlungen über das Einheitsproblem der Sternbahnen (K. Geißler), die Ödipussage (R. Salinger), von Julius Engel über den Martha- und Maria-Dienst, wo in dem Abschnitt über Lazarus dessen Erlebnisse in der „Astralwelt" (nach Johannes Chrysostomus) berichtet werden und Rudolf Steiners Erklärung der Auferweckung des Lazarus als einer Einweihung eine Geistestat von weltgeschichtlicher Bedeutung genannt wird (S. 335); da wurden auch Ed. Schurés „Kinder des Lucifer" veröffentlicht; hier schrieb auch M. v. Sivers über H. P. Blavatsky und A. Besant; da erschien auch eine Reihe von Aufsätzen von L. Posadzi über St. Martin, Baader und Mickiewicz im Kampfe gegen die moderne Philosophie. Rudolf Steiner erzählte mir bei seiner ersten Anwesenheit in Kassel, diese Arbeit habe der Verfasser als Dissertation bei der Berliner Universität eingereicht, sie sei aber abgelehnt worden; er habe sie dann angenommen und in seiner Zeitschrift abgedruckt.

In dieser wurde offenbar eine neue Bahn der Theosophie beschritten. Das war Wissenschaft. Die Bezeichnung „Gnosis" schien an jene Geistesströmung zu erinnern oder sogar anzuknüpfen, die in unseren Religionslehrbüchern sowohl unvollständig und hierin noch dürftig, als auch in verzerrten Zügen dargestellt wurde. Der Vorname „Lucifer" mußte auf den ersten Blick überraschend befunden werden. Aber er bedeutete doch den „Lichtbringer", nichts sonst. Rudolf Steiner selbst erklärte ihn im ersten Hefte der gesamten Serie. — Die Zeitschrift erschien nicht regelmäßig, sondern in größeren und kleineren Zwischenräumen. Die ausgedehnte Vortragstätigkeit verzögerte die Herausgabe, zumal da Rudolf Steiner die Hefte später fast allein schrieb. Bei aller Arbeitslast aber besorgte er selbst den Versand und schrieb die Adressen auf die großen Umschläge, in denen man „Lucifer-Gnosis" erhielt. Mit Nr. 35 erschien sie nicht mehr. Zufällig besitze ich noch die Umschläge der letzten beiden Hefte, worauf er mit sorgfältiger Handschrift Name und Wohnort des Empfängers geschrieben. Er tue diese Arbeit, sagte er mir später, weil er so mit seinen Lesern in persönlicher Verbindung stehe. — — —

Inzwischen schien es, als sollte ich Bundesgenossen finden. Insbesondere fügte es sich, daß mein Freund und Mentor Hans Bunge, der im Rennen um die Meta des Maturiums hinter mir geblieben war, sich entschloß, mit mir nach München zu gehen, um ein Studium aufzunehmen, für welches damals noch nicht der volle gymnasiale Abschluß erforderlich war; mit letzterem wäre er ein vorzüglicher Kunstgeschichtler geworden. — Dazu fand sich ein dritter Freund: Rudolf Walkhoff. Und weil *tres collegium faciunt* und wir drei waren, so war das *collegium* fertig. Allerdings war der Letztgenannte bereits in einer Verbindung aktiv. Das gab schon einen Knick im Dreieck. Deshalb erschien mir das Verbindungswesen — von mir um so schärfer gesehen — als der Inbegriff der Geistlosigkeit, der Unmäßigkeit, der Verschwendung und der Raufbolderei. Ich erfuhr jetzt, was Gemeinschaften bedeuten, welche ihre Glieder, wie ich glaubte, den wirklichen Idealen der Jugend entfremden. Wir wollten es anders machen. Wie? Dazu brauchte man zu allererst — Satzungen.

Mein Freund Hans Bunge und ich dachten an einen festgefügten studentischen Bund. Gemeinsam stellten wir einen Entwurf von Satzungen zusammen, um erst einmal prinzipiell (wir Deutschen sind aus Prinzip prinzipiell und machen daraus eine Religion) das Gewollte zu erläutern und in der Vorstellung aufzubauen. Zunächst wurde der Name vorgeschlagen: „Akademische Theosophische Vereinigung" (A.Th.V.). Ihr Zweck sollte Studium der „Theosophie" sein. Deren Ziele waren, in Anlehnung an die damals im Programm der Theosophischen Gesellschaft üblichen Sätze formuliert: 1. den Kern einer allgemeinen Bruderschaft zu bilden, ohne Unterschied der Rasse, des Glaubens, des Geschlechtes, der Kaste oder Farbe, 2. anzuregen zur Vergleichung der Religionssysteme und zum Studium der Philosophie und Wissenschaft, 3. die noch unbekannten und unerklärten Naturgesetze und die im Menschen noch schlummernden Kräfte zu erforschen. Aufgenommen sollte jeder Student und jede Studentin ohne Unterschied des religiösen Bekenntnisses werden, insofern der erstere keiner Verbindung angehörte. Als allgemeine Grundsätze, die jedes Mitglied verpflichteten, wurden solche aufgestellt, die dem Charakter der Vereinigung entsprachen, dann aber auch solche, die sich auf den Alkoholgenuß und den Zweikampf bezogen. Dieser wurde mit Entschiedenheit verworfen. Die A.Th.V., die in München gebildet sein würde, sollte mit den anderen Theosophischen Vereinigungen die Akademische Theosophische Gesellschaft bilden. Damit alles vollkommen sei, fehlte auch ein kunstgerecht angelegter Zirkel nicht, in dem sich die Buchstaben A Th V verschlangen.

Inzwischen hatte ich auch mit Frl. Sophie Stinde in München Verbindung aufgenommen. Sie schrieb Ende September:

„Fräulein von Sivers erzählte mir schon von Ihnen und Ihrem Vorhaben, als sie vor einigen Tagen wegen eines Vortrages von Mrs. Annie Besant bei uns in München war. Wir freuen uns alle Ihres großen Interesses an der Theosophie, und werde ich Ihnen gerne mit allen Kräften helfen. Ich schlage nun folgendes vor: Schicken Sie mir die Adressen aller Studenten Münchens, die ein wirkliches Interesse für unsere Bewegung haben, und ich werde ihnen Einladungen zu Vorträgen (öffentlichen und privaten) zugehen lassen. Ich werde diesen Winter außerdem von 5 Uhr ab während drei Wochentagen für alle solche zu Hause sein, die theosophische Schriften haben möchten, die theosophische Aussprache oder Hilfe in Ungewißheit theosophischer Dinge wünschen. Ich würde Ihnen raten, anfangs keine zu feste Vereinigung mit Statuten usw. zu gründen. Lassen Sie sich die jungen Leute erst einmal gründlich orientieren, lesen, hören usw. Ich habe schon die Zusicherung verschiedener Vorträge für diesen Winter erhalten. Gegen die Mitte des Monats Oktober wird Dr. Franz Hartmann zu uns kommen, er hat mir einen öffentlichen Vortrag versprochen und so viele private, wie ich wünsche. Etwa am 20. oder 21. Nov. wird Dr. Steiner zu uns nach München kommen und eine Reihe von 3 Vorträgen halten: einen mehr wissenschaftlich-religiösen, einen mehr mystischen, und ich vergaß den dritten. Ich werde Sorge tragen, daß Unbemittelte freien Eintritt erhalten zu den Vorträgen. Bei Mrs. Annie Besants Vortrag war unser Saal so überfüllt, daß kaum Platz für alle war. Über 300 hatten freien Eintritt. Allerdings gibt es keinen zweiten so bedeutenden Redner auf der Welt, aber Dr. Steiner und Dr. Hartmann sind doch immerhin auch bedeutende Redner, und es wird sich für die Studenten lohnen, sie zu hören ... Sollten Sie selbst nach München kommen, so bitte ich mich an einem Nachmittag nach 5 Uhr aufzusuchen. Vormittags und vor 5 Uhr bin ich nie zu Hause; d. h. ich muß arbeiten während der Zeit und die Tür bleibt verschlossen. Irre ich mich, wenn ich glaube, daß ich Ihren Namen schon im letzten Winter unter den theosophischen Studenten in München las? Sollten Sie nicht selbst nach München kommen, so schicken Sie mir wohl bald einen Ihrer theosophischen Freunde, mit dem ich alles besprechen könnte. Ein Freitagnachmittag wäre gut. Annie Besant fand, daß München eine theosophische Zukunft habe, mehr als Berlin und die andern Städte; daß wir in München Großes wirken könnten, weil sie den geistigen Hunger da empfand. Auch sei es ein Boden für Verinnerlichung und Vertiefung, und nicht der Oberfläche."

Auf der bereits erwähnten Vortragsreise hatte M. v. Sivers die berühmte englisch-indische Theosophin begleitet. Nach Berlin zurückgekehrt, schrieb sie alsbald:

„Es wäre ein Leichtes, einen schönen Feldzugsplan zu entwerfen, wenn Sie hier wären. Wie die Sachen liegen, muß ich das Ganze Ihrer Initiative überlassen, und kann nur sagen: Suchen Sie Gesinnungsgenossen! Ich kenne das Universitätsleben nicht und habe keine Verbindung mit Studenten; ich kann nur ermöglichen, daß dort, wo sich Gruppen gebildet haben, unsere besten spirituellen Kräfte, wie Mrs. Besant und Dr. Steiner Vorträge halten und Aussprachen. Mrs. Besant selbst sprach den Wunsch aus, wenn sie wieder nach Deutschland käme, gerade in Universitätsstädten zu reden. Nun sind aber wohl nirgends größere Schwierigkeiten zu überwinden als in Universitätsstädten, wo die Professoren unumschränkte Autoritäten sind. Von innen heraus muß das Verlangen nach einem weiten Gesichtskreis sich geltend machen, und so stark werden, daß es die Wand der Vorurteile durchbricht, in die man das Denken einmauert. Aber die Jugend hat auch das Recht zu erwarten, daß geschulte Denker zu ihr sprechen, die auf der Höhe der wisenschaftlichen Bildung stehen. Von denen gibt es ja auch unsererseits nicht viele; — viele meinen es gut, und reden gut zum Volk. Wenige aber sind so ausgerüstet, daß sie das gesamte Wissensmaterial anpacken können und emporheben, noch wenigere natürlich gibt es, durch welche unversiegbar das spirituelle Leben quillt. Diese allein können unsere Bewegung vor der Trivialisierung retten. Es ist das eine Gefahr, die sich schon stark geltend macht. In Deutschland besonders, wo die Separativität bis auf die Spitze getrieben wird, ist große Gefahr vorhanden, daß wir uns in eine Menge kleinerer Gesellschaften zersplittern, die ihr Wissen nur aus Büchern schöpfen und deren Inhalt immer verwässerter und verdünnter weitergeben. Wo direktes okkultes Leben den Lehrer durchströmt, ist aber Mark und Kraft. Deswegen lege ich großes Gewicht auf die Kontinuität und den Zusammenschluß unserer Bewegung und den lebendigen Kontakt mit den höherentwickelten Individualitäten, die darinstehen. Es gehen aber viele herum, die das Personenkultus und Verstoß gegen den demokratischen Sinn nennen. Ich hoffe, Sie werden wissen, was davon zu halten ist, wenn Ihnen diese Schlagworte entgegentreten. Einige Ihrer Paragraphen beweisen es mir.

„Es wird mich freuen, Ihre Statuten durchzusehen, sie scheinen in der Idee gut angelegt. Glauben Sie, daß unsere Flugblätter mit Angabe der drei Ziele sich für das Schwarze Brett eignen, oder wollen Sie etwas Besonderes ausarbeiten? So etwas muß immer auf Kenntnis der Verhältnisse beruhen. Ich schicke Ihnen zur Ansicht das Gesuchsformular, das unsere Mitglieder unterschreiben. Wie wollen Sie es damit halten?

„Geben Sie mir die Namen der Universitätsstädte, auf die Sie Hoffnungen haben. Wir werden nur sehr langsam vordringen können, und wahrscheinlich würde eine eventuelle Vortragstournee doch den besten Anstoß geben. Die Namen und Adressen der Interessenten hätte ich gern, und Sie könnten ihnen unsere Adressen geben. Wie steht es mit Jena und Bonn? Wir haben Zweigvereine in Weimar, Düsseldorf und Köln, von wo aus man wirken könnte. Dr. Steiner wie auch Mrs. Besant werden Heidelberg besuchen. — Vor allem sagen Sie mir, wo Sie Gesinnungsgenossen haben, und was bis zum letzten Drittel des Oktobers fertig sein soll. Es tut mir wirklich leid, daß ich nicht mehr für Sie machen kann, aber ich stehe ziemlich ohnmächtig den Tatsachen gegenüber und kann nur hoffen, daß die allmähliche Verbreitung unserer Ideen tatkräftige Elemente in immer größerem Maße heranzieht. Ich hoffe vor allem auf die Überwindung des Materialismus durch die studierende Jugend. Es tut mir leid, daß Sie so lange auf diesen Brief haben warten müssen und schicke Ihnen meinen besten Gruß."

Aus den Briefen der beiden Frauen, welche mir bis dahin von Angesicht nicht bekannt waren, sprachen Persönlichkeiten mit Gesinnungen, die alles andere als phantastisch und unklar waren. Man hat später der theosophischen Bewegung oft den Vorwurf gemacht, daß sie eine weibliche sei. Mochte auch die große Zahl gerade der Frauen der Entwicklung der Theosophischen Gesellschaft zu einer solchen hin, die Theosophie über Mystik und Gefühl hinaus als Wissenschaft vertreten konnte, nicht günstig sein, und mochten sogar manche abstrusen Erscheinungen sich einstellen: so fehlte es doch offenbar nicht an Frauen, welchen ein klares, sachliches, wirklichkeitsgemäßes Denken eignete. Gerade diese beiden bewiesen es. Zumal M. v. Sivers bezeugte frühzeitiges Verständnis für die geniale Persönlichkeit Rudolf Steiners und die notwendige Wissenschaftlichkeit der theosophischen Arbeit. Es gab damals und gibt noch theosophische Gruppen, die lediglich in Harmonie, Menschenliebe, Icherkenntnis, Vervollkommnung, Atman, Brahman usw. schwelgen, und deren Zeitschriften als ein allgemeiner Gefühlebrei ungenießbar für den wissenschaftlichen Menschen des 20. Jahrhunderts sind. M. v. Sivers sah voraus, daß die theosophische Bewegung in seichtem, fadem Wasser versanden müsse, wenn nicht in sie die wissenschaftliche Methode eingeführt werde, die, alles Mystische, Verschwommene ablehnend, auch in der spirituellen Erfahrung Geltung haben muß. Wie ebenso eine vollständige Kenntnis der Wissenschaftsdisziplinen und ihres gegenwärtigen Standes nötig war, wenn nicht nur eine Kritik Sinn haben, sondern auch eine Weiterentwicklung und Fortbildung von erreichten Stufen aus mit Bewußtsein in Angriff genommen werden sollte. Ohne Rudolf Steiners Eingreifen wäre das Schicksal der theosophischen Bewegung ein anderes geworden. Die Trennung von der mit Annie Besants Namen verbundenen Richtung mußte eintreten. Aber zu jener Zeit, als Steiner in die theosophische Bewegung kam, weil, wie er sagte, er hier für spirituelle Wahrheiten empfängliche Menschen fand, war Annie Besant noch auf der Höhe ihrer Tätigkeit und stellte ihre großen Gaben in den Dienst einer großen Sache. Es hat keinen Sinn, ihre Verdienste in Abrede zu stellen und zu tun, als sei alles das nicht wahr, wie übereifrige Anhänger R. Steiners es wollen. Bevor Rudolf Steiner kam, waren die Schriften Annie Besants am meisten gelesen und waren auch in „Lucifer-Gnosis" angezeigt. Die „Theosophie" Rudolf Steiners erschien erst 1904 und bedeutete etwas ganz Neues. — Da war auch Dr. Franz Hartmann, von Fach Mediziner, der erfolgreich durch Wort und Schrift wirkte. Er ist besonders durch „Übersetzungen" der indischen Bhagavadgîtâ bekannt geworden, von denen die eine in poetischer Form erschien, die andere, in Prosa, mit Erklärungen und „Parallelstellen" aus der Bibel und den deutschen Mystikern versehen war. Sein Name, wie viel mehr noch derjenige Mrs. Besants, bedeutete die Durchgangsstufe einer die geistige Welt suchenden Geistesbewegung auf dem Boden Deutschlands. Dieser Standpunkt wurde zu einer Zeit, da man sich auf ihm befand, nicht allgemein als ein solcher erkannt. Daß er überschritten werden mußte, aus einer tiefen historischen Notwendigkeit, ist heute mehr als je Gegenstand einer Einsicht geworden, die sich den Erfordernissen und Tatsächlichkeiten einer europäisch-christlichen Kulturentwicklung nicht verschließt. Nur wenige ahnten damals, daß hier Rudolf Steiners universalgeschichtliche Mission begann. Dieses alles sei bemerkt, um die Bedeutung zu erklären, welche in den ersten Jahren dieses Jahrhunderts der Name Annie Besants, in Verbindung mit denen anderer Vertreter anglo-indischer Theosophie, besonders der H. P. Blavatsky, tatsächlich besaß.

Auch für den Schreiber dieser Zeilen. — Leider war mir nicht vergönnt, Mrs. Besant zu hören, da ich weder nach Berlin noch eigens nach München zu fahren die Möglichkeit hatte. Am besten wäre freilich auch gewesen, mit M. v. Sivers bei persönlichem Besuch Vorschläge zu dem ihr unterbreiteten Plane zu besprechen. So mußten die Gedanken in schriftlichem Verkehr mit Verzögerung ausgetauscht werden. Ihr wie Sophie Stinde konnte ich nur mitteilen, daß mir bislang keine Adressen von Interessenten bekannt seien, man sich also auf einen Anschlag am Schwarzen Brett verlassen müsse. Mein Freund hatte einen „Aufruf“ ausgearbeitet. Diesen sowie einen Organisationsentwurf, aus dem die Idee unseres Bundes hervorgehen sollte („Satzungen“), sandte ich an M. v. Sivers wie an S. Stinde.

Da bedeutete es eine große, bedeutsame Überraschung, als mir am 11. Oktober die Post einen Brief Dr. Rudolf Steiners überbrachte, dessen „Lucifer-Gnosis“ ich studierte, ohne seine bereits erschienenen, auf einem Prospekt verzeichneten Schriften zu kennen. Deren Titel flößten wohl Achtung ein, schienen aber mit Theosophie, wie sie mir bisher bekannt war, nur in losem oder gar keinem Zusammenhang zu stehen. Es waren Schriften, die sich mit Freiheit, Goethe, Nietzsche, deutscher Dichtung, Christentum beschäftigten. Mystik! Das ging. Und Faust! Das war schon Theosophie im magischen Lichte des ausgehenden Mittelalters. Jetzt lag ein Brief dieses Mannes vor mir, ganz unerwartet und ungehofft; gerichtet an einen jungen, unwissenden Studenten. Er hatte Kenntnis genommen von meinen Plänen, eine Akademische Theosophische Vereinigung betreffend. Der Entwurf der Verfassung eines solchen Bundes hatte ihm vorgelegen, worin (wie oben erwähnt) Alkohol und Duellwesen reglementiert waren. — Rudolf Steiners Brief war datiert aus Berlin vom 8. Oktober 1904 und lautete:

„Sehr verehrter Herr!

„Fräulein von Sivers möchte, daß ich Ihnen einiges schreibe über Ihre schöne Idee der Begründung einer theosophischen Studentenverbindung. Fürs erste möchte ich Ihnen sagen, daß diese Begründung ihre volle Berechtigung in den Verhältnissen unseres gegenwärtigen Geisteslebens hat. Und Sie werden sich ein großes Verdienst erwerben, wenn sie Ihre Kraft dafür einsetzen; denn der Mensch dient am besten seiner Zeit, der versteht, die in ihr liegenden

Kräfte in die entsprechende Richtung zu bringen. Unsere gegenwärtige naturwissenschaftliche Forschung ist — für den genauer Zusehenden — an einem Wendepunkt. Überall — in der Chemie, in der Evolutionslehre, in der Biologie und Physiologie — bereiten sich wichtige Dinge vor. Unsere jungen Forscher werden zwar noch eine Weile mit ihrem Urteile *hinter* der offenbaren Sprache der Tatsachen zurückbleiben. Allein es wird nicht fehlen können, daß bald die *physische Wissenschaft von unten* ihren Zusammenschluß suchen wird mit der *geistig-intuitiven* Weisheit *von oben.* Beide streben heute deutlich aufeinander hin. Ostwalds Energetik, Bunges u. a. Neovitalismus, Reinkes Dominantenlehre, Verworns Psychomonismus sind zwar noch fehlerhafte, aber doch deutlich sprechende Etappen der naturwissenschaftlichen Philosophen zu dem umfassenden Weltbild der Theosophie mit seinen eine bessere Zukunft vorbereitenden ethischen Konsequenzen. Das ist die Tendenz der Zeit. Und indem Sie in sich den inneren Ruf gespürt haben, in der von Ihnen angedeuteten Richtung zu arbeiten, haben Sie eine *wichtige* Mission auf sich genommen. Es wird mir eine Befriedigung gewähren, bei meinem nächsten Aufenthalt in München (wohl Mitte November) Sie persönlich kennenzulernen. Dann können wir so manches durchsprechen.

„Zu Ihrem Vorhaben ist also jetzt die rechte Zeit. Vor 10 Jahren wäre alles an unseren Universitäten noch verfrüht gewesen. In unserer Jugend muß sich die Schar derer vorbereiten, die in 10 bis 15 Jahren die volle Aussöhnung der deutschen Intellektuellen mit der theosophischen Weltbewegung vollziehen wird. Mit der äußeren Form, die Sie der Organisation geben wollen, bin ich im wesentlichen einverstanden. Für den Anschluß der A.T.V. *) an die T.G. **) werde ich gewiß die entsprechende Form finden. Ich werde alles tun, was Ihre Arbeit für die allgemeine theosophische so fruchtbar wie möglich machen wird; andererseits aber weiß ich, daß eine akademische Vereinigung eine gewisse Freiheit in ihrer Bewegung sich wahren muß.

„Über einige Punkte aber möchte ich Ihnen meine Meinung sagen. Erstens die Satisfaktion. Die theosophische Lebensanschauung soll den Menschen von innen heraus packen; sie soll zunächst den seelischen Mittelpunkt des Menschen ergreifen. Sie führt ihn in eine geistige Welt ein, durch die er dann von sich aus, ganz aus seiner Individualität heraus, das Richtige im Leben finden wird. Deshalb erscheinen dem Theosophen alle Spezialbewegungen peripherisch (z. B. Friedensbewegung, Antialkoholismus, Tierschutz usw.). In diesen Dingen wird der Mensch richtig handeln, wenn er durch richtiges Geistesleben seinen Charakter entsprechend geformt haben wird. Ein Student, der in der Theosophie Fortschritte macht, wird auch das Richtige finden, wenn er in die Lage kommt, Satisfaktion geben zu sollen. Er wird im besonderen Falle auch wissen, ob er sich einer anderen Verbindung anschließen solle oder nicht. Deshalb wäre es besser, Sie machten den Mitgliedern der A.T.V. nach dieser Richtung gar keine Vorschriften. *Positive* Arbeit ist bei uns die Hauptsache. Alles andere findet sich als Konsequenz. Es wird besser sein, wenn Sie von zehn Mitgliedern, die Sie bekommen, durch die Theosophie zwei gewinnen, die ein Schutz sein werden gegen das Duellunwesen u. dgl., als wenn Sie erst alle zehn ab-

*) Akademische Theosophische Vereinigung.

**) Theosophische Gesellschaft.

schrecken durch den Paragraphen von der bedingten Satisfaktion und dann *keinen* von ihnen gewinnen, also auch nicht nützen. Denn die zwei könnten gerade die besten sein, und nur im Anfang noch zu unreif, um sich zu den Grundsätzen zu bekennen, die sie später zu den ihrigen machen werden.

„Von diesem Gesichtspunkte aus möchte ich Ihnen sogar zu bedenken geben, ob Sie im Anfange nicht gut täten, den *Namen* Theosophie zu vermeiden. Mir selbst würde es natürlich die größte Befriedigung gewähren, wenn er schon heute in akademischen Kreisen durchgesetzt werden könnte. Aber man muß zum Guten das *Mögliche* tun, nicht das Absolute. Arbeiten Sie theosophisch und bereiten Sie die akademische Jugend dazu vor, später gute theosophische Persönlichkeiten zu geben, so haben Sie die Hauptsache getan. Doch das muß natürlich ganz in Ihre Hand gegeben werden. Finden Sie, daß der Name Theosophie nicht zu viele Vorurteile erweckt, so wählen Sie ihn. Wir werden ganz Hand in Hand mit Ihnen arbeiten, auch wenn Sie nötig fänden, erst durch einen andern auf diesen vorzubereiten. Und ich werde in jedem Falle die Form für einen Anschluß Ihrer Vereinigung an die T.G. suchen können.

„Wir werden an den Universitäten, an denen wir können, den Anschlag am Schwarzen Brett fördern. Darüber wird Ihnen Frl. v. Sivers noch schreiben. Ich werde Mitte November in München zwei Vorträge halten, den einen mehr nach der mystisch-ethischen Seite hin, den andern ganz wissenschaftlich. Und für Ihre Kommilitonen wird der letztere wohl einiges Interesse haben können.

„Ich werde mich herzlich freuen, die Münchener A.T.V. zu begrüßen, und zu sehen, wie groß der Fortschritt nach dem Geistigen hin seit meiner eigenen Studentenzeit geworden ist Damals wäre an eine A.T.V. wohl noch nicht zu denken gewesen. Ich werde mit Befriedigung Ihnen die Hand reichen und Ihnen sagen: Lassen Sie mich Ihren Kommilitonen sein.

„Vorläufig schönsten theos. Gruß

von Ihrem
Dr. Rudolf Steiner."

Das Vertrauen, das mir von dem außerordentlichen Manne entgegengebracht wurde, mußte meine Zuneigung zu dem Unbekannten, noch nicht Gekannten mit jener Wärme erfüllen, die ein Jugendlicher zu einem idealistischen Menschen zu empfinden fähig ist. Dieses Vertrauen klang in den Herzenston freundschaftlicher Begrüßung aus. Aber es mußte mehr noch bedrücken; denn welche Voraussetzungen wurden da bei meiner jugendlichen Unerfahrenheit gemacht, die nichts mitbrachte als Begeisterung und einigen guten Willen, durch die Schlingen von Paragraphen jedoch eine heilsame Entwicklung zu unterbinden sich ungeschickt anschickte, noch bevor diese zur zarten Realität geworden war. Welche wissenschaftlichen Umblicke auch wurden mir hier zugetraut, der kaum eben das Periskop der Wissenschaften zu handhaben die ersten Kunstgriffe erlernte. Aber der Mann, der hier sprach, dieses war mir ersichtlich, stand auf der Höhe des Wissens seiner Zeit und ersah weitere Horizonte. Die Anschauung vom

Leben im rechten Handeln, das er aus dem Mittelpunkt rechter Erkenntnis fließen ließ, mußte ein tiefliegendes Gefühl der Zustimmung wachrufen. Hier meldete sich eine neue Sittlichkeit an — die johanneisch-christliche: die Wahrheit ist es, die freimachen wird. Die Wahrheit und die geistige Welt wurde hier auf den Menschen bezogen. Und der Mensch erlebte in sich Weisheit, er lebte Weisheit, er wurde ein Wesen der Weisheit. Ich war zu unreif, um die Fülle in ihrer Ganzheit zu erfassen, die Rudolf Steiner da in wenige Zeilen drängte. Daß er ein „wunderbarer", überragender Mensch sein mußte, das empfand mein fast überschwenglich bewegtes Gefühl. Was konnte ich ihm nun entgegenbringen, wenn er nach München kam? Was war mir gegeben, zu leisten und an wirklichen, sichtbaren Leistungen darzustellen? — Begeisterung und Wollen, mehr als Klarheit und Besonnenheit, war dasjenige, was ich ihm entgegenbrachte.

Gleichzeitig mit Dr. Steiner schrieb auch M. v. Sivers und gab ihrer Freude Ausdruck, daß sie einen Brief von ihm hinzufügen könne:

> „Schön ist es, daß Sie so energisch ans Werk gehen. Können Sie sich mit den Autoritäten am Schwarzen Brett in Berlin in Verbindung setzen, so daß wir gleichsam legitimiert sein können, oder nicht? Wir wollen gern unser Bestes tun, aber vielleicht werden wir abgewiesen. Sollen wir Jena und Bonn auch übernehmen? Oder Leipzig? Das könnten wir. Sollen wir selbst den Aufruf in schönen großen Buchstaben abschreiben, oder wollen Sie ihn abhektographieren und verschicken? — Müßte nicht die Form des Zirkels etwas geändert werden? Man liest nämlich auf den ersten Blick ‚Aho' und das könnte leicht Anlaß zu Witzen geben. *T* und *A* laufen in eins über und *v* sieht *o* sehr ähnlich. Oder ist es eine Absicht? — Frl. Stinde will Ihnen gern am 23. November den Logenraum zur Verfügung stellen, damit Dr. Steiner einem etwaigen kleinen Kreise eine Ansprache halten könnte. Sie werden mir wohl mitteilen, wie Sie darüber denken. — Schade, daß der Zyklus von sechs Vorträgen, den Dr. Steiner einst über Faust gehalten, nicht gedruckt worden ist. Aber auch im kleinen Vortrag werden Sie Denkstoff finden. Schön wäre es, wenn Sie bald Dr. Steiners ‚Theosophie' vornehmen könnten — denn auf dieser Grundlage baut sich das übrige prachtvoll auf. — Ich wünsche Ihrem schönen Vorhaben alles Gelingen und freue mich, daß Sie einen Freund haben, der ebenso mutig ist. Zu zweien läßt sich leichter kämpfen und siegen. Ihnen beiden schicke ich meine besten Grüße und will noch abwarten, wie Sie sich zu den Meinungen Dr. Steiners äußern, bevor ich den Aufruf zum Schwarzen Brett bringe, falls es von uns ausgehen soll. Die Satzungen würde ich gern behalten, doch weiß ich nicht, ob Sie ein zweites Exemplar haben. Besten Gruß M. v. Sivers."

Ich antwortete Rudolf Steiner alsbald mit Dank und Zustimmung, erklärte jedoch an dem Namen Theosophie festhalten zu wollen; weil, wer in unseren Zielen seine Gesinnung und sein Streben wiedererkenne, diesem auch der Name keine Vorurteile mehr erwecken werde. Im übrigen ließ ich in meiner Abneigung gegen das farbige Studententum nicht nach, das ich in der Tat schief sah und beurteilte. Mochten auch dort Gesinnungsfreunde zu finden sein. — An M. v. Sivers schrieb nun auch mein Kamerad und erster Bundesgenosse Hans Bunge. Sein Brief war in geschickterer Weise gefaßt, als sie mir gegeben war. Unterdessen konnte es nicht ausbleiben, daß von dieser Korrespondenz mein Vater erfuhr und sie mit einigem Mißtrauen betrachtete. Denn man hatte ihm gesagt, die Theosophie sei neues Heidentum.

Zu gleicher Zeit schrieb auch S. Stinde aus München. Sie wußte, daß Rudolf Steiner mir schreiben würde. Sie habe mir allerdings nicht in den Paragraphen über das Duell hineinreden wollen, es würde ihr aber leid tun, wenn er Aufnahme fände — aus denselben Gründen wie den von Rudolf Steiner angeführten. Wirklich, so wichtig konnte mir eine Sache erscheinen, die sich nur an der Peripherie bewegte und aus einer zentralen Anschauung der Dinge ihre Lösung fand. — S. Stinde lud uns, meinen Freund und mich ein, alsbald nach unserer Ankunft in München bei ihr vorzusprechen: Donnerstag, den 20. Oktober, gegen 5 Uhr erwarte sie uns.

„Wir können dann vieles besprechen. Ich möchte Ihnen nur noch den Vorschlag machen, mit der Gründung des A.Th.V's. zu warten, bis Dr. Steiner am 21. und 22. November seine beiden Vorträge gehalten hat; vielleicht könnten Sie dann noch einmal einen privaten Vortrag von Dr. Steiner am 23. erhalten. Ich machte ihm schon den Vorschlag und stellte unsere Loge zur Verfügung — mit Genehmigung des ganzen Vorstandes — falls Sie noch kein eigenes Lokal hätten. Aber das können wir alles besprechen. Ich glaube, Sie werden hier viel Gleichgesinnte treffen. Dr. Hartmann ist nur auf zwei Tage hier und hält nur einen Vortrag in der Loge, ein öffentlicher Vortrag erwies sich jetzt nicht für rechtzeitig. — Ihr Zirkel gefällt mir sehr gut. Mit theosophischem Gruß an Sie und Ihren Freund Bunge ..."

Dieser reiste vor mir nach München. Er sollte, sobald er immatrikuliert war, unsern Anschlag besorgen; auch eine Wohnung mieten, die groß genug war, um Zusammenkünfte zu beherbergen. Daß uns die Münchener Loge zur Verfügung gestellt wurde, war freilich dankenswert. „Loge" — so sagte man damals für Zweiggruppen und deren Versammlungsräume. Der Name mußte einem Neuling weihevoll und zauberflötenhaft klingen — mozartlich, mystisch, geheimnisvoll, aufschlußreich. — Ehe ich selbst abreiste, war mir die Bekanntschaft von Rudolf Steiners Buch „Theosophie, Einführung in übersinnliche Welterkenntnis und Menschenbestimmung" geworden, das vor nicht langer Zeit erschienen war und einer vollkommen neuen Betrachtung und Darstellung zum ersten Durchbruch verhalf. Hier bahnte Rudolf Steiner seine „Anthroposophie" an. Zwar verwendete er noch die gebräuchlichen indischen Termini (in Klammern), führte im übrigen aber deutschsprachige Bezeichnungen ein. Er mußte den Umständen nach an das seinen Lesern Bekannte anknüpfen. Aber was er brachte, nicht nur das Was, sondern vielmehr das Wie, war ein Neues. Bezeichnend, wie er die Ausführungen über das Wesen des Menschen mit einem Goethe-Wort begann. In exakter Gedankenführung reihte sich Folge auf Folge, Schicht auf Schicht, Stein fügte sich fugenlos auf Stein: bis der Bau eines jeden Abschnittes einen Charakter erhielt, der zum Gesamtkunstwerk strebte — über dem sich das letzte Kapitel vom Pfad der Erkenntnis herrlich wölbte. Er bildete hier sein Goetheanum vor. Das Buch ließ eine andere Wirkung verspüren, als sie von der indischen Theosophie ausging. Er sprach ein tiefbegründetes, inneres Bedürfnis an. Wer war der Mann, der hinter diesem gedankenhohen Werke stand? In München sollte es mir vergönnt sein, vor ihm zu stehen.

An dem vorbestimmten Tage ging ich mit meinem Freunde, welcher einige Tage früher als ich nach München gefahren war, zu Frl. Stinde, die in der Adalbertstraße 55 III r. wohnte. Er war bereits dort gewesen, und ich hörte andächtig auf seine Erzählung. Uns öffnete Gräfin Pauline Kalckreuth, die Freundin und Mitarbeiterin S. Stindes. Diese empfing uns in dem großen, behaglich erwärmten, nur in der Ecke hell erleuchteten Atelierraum, wo ein Tisch mit Sitzen stand, auf diesem das Licht. Das übrige lag im Halbdunkel. Der Empfang war ein überaus herzlicher. S. Stinde war eine ungewöhnlich tatkräftige Frau, eine Natur des Willens, dazu gütig und mütterlich. Ihre Sprache hatte etwas Markiges, Kraftvolles, Urgesundes. Ihr Urteil war sachlich und fast nüchtern. P. v. Kalckreuth war still, ruhiger wirkend, mehr innerlich. Sie war übrigens Hofdame der Kaiserin Friedrich gewesen, und mancherlei Andenken an diese Zeit waren hier zu sehen. Überhaupt, in dem Raum, in dem wir uns befanden, und dem nebenanliegenden, in dem auch ein Flügel stand. Es hingen da zahlreiche kostbare Gemälde, u. a. des berühmten Pyrenäenmalers Kalckreuth, ja auch eines von Lenbach ist mir in Erinnerung. Die beiden Freundinnen waren ja selbst Beflissene der edlen Kunst der Malerei, und von ihrer Begabung zeugte manches Stück. In dieser mir neuen Welt, aus ganz anderen Verhältnissen und Umständen kommend, fand ich mich alsbald heimisch. Dieses Haus wurde mir zu einer zweiten Heimat, und S. Stinde*) wie P. v. Kalckreuth zu wahrhaft mütterlichen Freundinnen, die mir nicht nur Wohlwollen, sondern auch Nachsicht bewiesen. Es war charakteristisch für die da-

*) Eine eingehendere Würdigung dieser bedeutenden und edlen Frau zu ihrem 40. Todestag (17. Nov. 1955) in den „Blättern für Anthroposophie" Nov./Dez. 1955 von dem Verfasser.

malige Situation der Theosophie, daß okkulte Phänomene in unserem ersten Gespräche eine Rolle spielten, doch solche, über die es viel zu lachen gab. Unterdem erwähnte Sophie Stinde, daß ihr Bruder Julius, der schon damals durch seine Buchholz-Geschichten wohlbekannte Schriftsteller, von solchen Dingen und auch von Theosophie durchaus nichts wissen wolle. (Doch erfuhr ich nach Jahren aus den Nachrufen Rudolf Steiners für Sophie Stinde, daß überraschenderweise im Nachlasse von Julius Stinde, der im August 1905 plötzlich verstarb, sich Aufzeichnungen fanden, welche von seiner ernsthaften Beschäftigung mit Theosophie zeugten.) Natürlicherweise aber stand im Mittelpunkt das Vorhaben, um dessentwillen wir gekommen waren. Wir blieben zwei Stunden und gingen in einem Enthusiasmus nach unserer gemeinsamen Wohnung in der nahen Türkenstraße, der leuchtend und freudig war.

Am nächsten Tage ging Hans Bunge mit unserem Aufrufe zum Rektor der Universität, dem Mathematiker Lindemann, um die Genehmigung zum Aushang zu erwirken. Professor Lindemann las den Aufruf dreimal durch, war sehr objektiv und sagte eine Antwort „auf Montag" zu. Bis dahin versuchte mein Freund, die Träger einiger Namen anzutreffen, die ihm S. Stinde angegeben. Vergeblich. Es fing gut an. Als Hans Bunge wieder zum Rektor kam, war der Anschlag genehmigt, jedoch aus formalen Gründen der Satz beanstandet, daß wir mit der Theosophischen Gesellschaft Hand in Hand gehen wollten — weil ein studentischer Verein nicht die Gruppe eines öffentlichen sein dürfe. Wohl sei es möglich, mit einem solchen ein Kartell zu schließen. Der betreffende Passus wurde also ausgelassen und der Aufruf zum Pedell gebracht, welcher den Anschlag ans Schwarze Brett besorgte. Doch auch jetzt kam er nicht so glatt daran; denn zuvor erhielt ich eine Vorladung auf das Sekretariat, wo ein Satz beanstandet wurde, „die Vereinigung solle ihre Mitglieder auch an anderen Universitäten zählen". Die Korrektur wurde vorgenommen, und nun lautete der Aufruf, der am Schwarzen Brett erschien, wie folgt:

„Kommilitonen! Es wird beabsichtigt, eine ‚Akademisch-theosophische Vereinigung' ins Leben zu rufen. Theosophie ist die Vereinigung von Wissenschaft, Ethik, Religion und Philosophie. Sie faßt alle Religionssysteme in sich und macht es somit den Bekennern einer jeden Konfession möglich, in die hohe Moralphilosophie der theosophischen Lebensauffassung einzudringen. In diesem Sinne soll auch die A.Th.V. gegründet werden. Studenten und Studentinnen, die der Theosophie Interesse entgegenbringen, werden hiermit gebeten, sich bei stud. phil. L. Kleeberg zu melden, der für Gesinnungsgenossen täglich nachmittags von 6—7 Uhr in der Wohnung Türkenstraße 50, Gartenhaus II, links, zu sprechen ist. Es werden alsdann Tage und Stunden verabredet werden, wo für Gleichgesinnte Vorträge abgehalten werden, die eine nähere Einführung in die Theosophie und Einrichtungsvorschläge für die zu begründende ‚A.Th.V.' zum Gegenstande haben."

Dieser Anschlag ist wohl der erste seiner Art gewesen, welcher die studierende Jugend auf die neu heraufkommende „Geisteswissenschaft" aufmerksam machen sollte. Wir warteten den Erfolg ab.

Wir waren nun oft in S. Stindes gastlichem Haus. Sie gab uns englischen Unterricht an der Hand von Annie Besants Buch „Dharma", da die Kenntnis der englischen Sprache unerläßlich für weiterausgreifende Studien sei. Wir lernten nun auch Mitglieder dieses Kreises kennen. Es waren Menschen besonderer Art, mit denen wir hier durch unser Schicksal zusammengeführt wurden; Menschen, die draußen nicht bekannten Idealen nachlebten, mit der Wirklichkeit einer geistigen Welt sich vertraut zeigten, im übrigen aber auch einer heiteren Lebensfreude bei Tee und Gespräch nicht abgeneigt waren. In diesem Kreise verlebte ich meinen 19. Geburtstag und betrachtete das als besondere mir gewordene Gunst. — Da war eine junge Dame, welche die Gabe hatte — ich spielte auf dem Flügel — die Töne im Astralstoff, wie man sagte, zu sehen. Eine interessante Einladung wurde uns in Aussicht gestellt: zu Frau Helene von Schewitsch, der ehemaligen Geliebten Ferdinand Lassalles, um derentwillen er im Sommer 1864 durch eine Pistolenkugel im Duell fiel. In Anrechnung dieser Vergangenheit wollte man, wie mir Sophie Stinde anvertraute, in der Münchener Gesellschaft nichts von ihr wissen. Um sich, wie es schien, dafür eine Genüge zu tun, hatte sie einen eigenen theosophischen Kreis um sich gebildet — oder dieser um sie, denn sie war noch mit Frau Blavatsky befreundet gewesen. Innerhalb dieses Kreises hielt Dr. Steiner jeweils einen Vortrag, wenn er nach München kam. Er stellte diesem Kreise noch nach Jahren das Zeugnis aus, daß in ihm echtes Seelenstreben vorhanden gewesen sei *). Leider traten wir Frau von Schewitsch nicht näher; ich verließ ja schon vor Ostern 1905 München. Doch sahen wir sie als eine schöne alte Frau in Rudolf Steiners Vorträgen auf einem Sammetsofa an der linken Saalseite unweit des Podiums sitzend. Übrigens erschien sie mir nur alt; denn sie zählte damals noch nicht 60 Jahre **). Ihren Gatten, einen in

*) Rudolf Steiner, Die Geschichte und die Bedingungen der Anthroposophischen Bewegung und ihr Verhältnis zur Anthroposophischen Gesellschaft (1923), Dornach 1959, S. 129.

**) 1845—1911. Als ich vor einigen Jahren einer noch nie vorher gesehenen Kasseler Dame, einer Schulfreundin meiner Frau, vorgestellt wurde, überraschte und ergriff mich innerlich deren Ähnlichkeit mit Helene von Schewitsch — eine anamnesis. Ihr Bild war sonach in den dazwischen liegenden 50 Jahren nicht ausgelöscht.

München lebenden russischen Emigranten, sah und hörte ich in einer der von Tausenden besuchten Volksversammlungen, welche im Zusammenhang mit den blutigen Petersburger Unruhen in München veranstaltet wurden *). —

Ich spielte mit beachtenswerter Virtuosität Klavier und hatte außerdem ein hervorragendes Gedächtnis, so daß die Gräfin einmal, als ich auf dem Flügel im Salon nebenan spielte, die Bemerkung machte, das habe ich mir gewißlich in einem vorhergehenden Erdenleben erworben. In dieser Weise hatte ich bislang noch niemals sprechen hören, aber sie wurde mir in diesem Kreise bald selbstverständlich. Man lebte hier in weiteren Bezirken und Zusammenhängen als anderswo, und sie wurden nicht einmal als fremdartige von mir empfunden. Sie waren mir bereits wie vertraut. — Ich lernte manche sympathischen Menschen kennen.

Aber noch stand Rudolf Steiners Kommen bevor. Die Vorbereitungen wurden getroffen. Ich schrieb die Anschläge, welche in der Universität und in der Anatomie zu machen waren. Vorschriftsmäßig wurden sie mit der Unterschrift des Rektors versehen. Rudolf Steiners Vorträge erschienen jetzt am Schwarzen Brett einer Universität und zündeten dort ihr Licht an. Die Themata lauteten: „Die Wahrheiten der Theosophie und ihre Bedeutung für den Menschen" (21. November); „Steht die Theosophie im Widerspruche mit der Wissenschaft?" (22. November). Kam erst Rudolf Steiner, so durften wir auch hoffen, daß unsere Bewegung kam. Endlich — kam er. Am 21. November abends fand der erste Vortrag im Prinzensaale des Café Luitpold **) statt. Mein Freund hatte Dr. Steiner schon gesprochen und berichtete mir, wie sein Äußeres sei. Gleich darauf trat Rudolf Steiner in den Saal. Man vergißt ihn nie, diesen Anblick und diesen Blick. Ich stellte ihn mir vor wie einen Brahmanen mit großem, dunklem Barte und mit langem, weitem Mantel; so, wie sich auch die Mahatmas repräsentierten, von denen ich einmal Bilder sah. Statt dessen ein Mann, der eher einem Humanisten wie Erasmus von Rotterdam glich. Was ihn mir persönlich — laut meinem Tagebuch — sogleich bei seinem Erscheinen im

*) Es sei hier eingefügt, daß fast um dieselbe Zeit in einem ganz anderen, für das Sozialpolitische interessierten Kreise, ein später zu Erlauchtheit aufsteigender junger Student das Ehepaar von Schewitsch kennenlernte: Theodor Heuss. Die von ihr entworfene Skizze ist freilich weniger achtungsvoll als diejenige des Gatten: „um sechzig Jahre alt — ein zerfurchtes Gesicht erloschener Leidenschaften — das geschichtliche Wissen mußte sie für unser Empfinden viel älter gelten lassen ... Ich glaube, ihr Nachruhm war ihr lästig geworden — ein paar Jahre später warf sie das Leben von sich" (Theodor Heuss, Vorspiele des Lebens — Jugenderinnerungen, Tübingen 1955, S 251 f.).

**) Von dieser denkwürdigen Stätte hat Hans Carossa eine anschauliche Schilderung gegeben („Das Jahr der schönen Täuschungen", Berlin 1959, S. 21 ff.).

Saal sympathisch machte, war eine gewisse Ähnlichkeit mit meinem von mir sehr geliebten Taufpaten, einem Bruder meiner Mutter, der freilich — nur — Bauer und Bürgermeister in einem hessischen Dorfe war. Rudolf Steiner hatte Mittelgröße, schien aber groß zu sein. Sein Gesicht war bartlos, mit charakteristischer, den Denker auszeichnender Bildung, mit scharf geschnittener, etwas gebogener Nase — im ganzen edel. Das glänzendschwarze Haar war lang nach hinten gekämmt, eine Strähne hatte immer das Bestreben, auf der linken Stirnseite abzugleiten *). Unter dem Kragen trug er einen wallenden Schlips. So stand er jetzt im Saal, überschaute mit seinem Blicke die überaus zahlreiche Zuhörerschaft und bestieg die Rednerbühne. Er begann seinen Vortrag. Der Blick, zuerst nach außen gewendet, schien mitunter nach innen gekehrt. Er sprach aus einer inneren Anschauung heraus. Die Sätze formten sich unter dem Sprechen. Es war Kraft in seinen Worten. Seinen Worten wohnte die Macht inne, die schlummernde Gleichstimmung der Herzen zu erwecken. Die Herzen empfanden etwas von der Kraft, aus der diese Worte geformt waren, und fühlten jenes Band erstarken, das sie, ohne daß sie bisher davon klar wußten, mit jener Wirklichkeit einer größeren, weiteren und reicheren Welt verknüpfte, aus der heraus er sprach. Seine Rede ging zu Herzen, weil sie aus dem Herzen kam, das viel Wissen und Liebe in sich trug. Eine unverkennbar österreichische Färbung der Sprache gab dieser etwas Ursprüngliches, Urkräftiges, Erdgewachsenes und sogar Liebenswürdiges. Gegen den Schluß, wogegen der Anfang langsam, fast zögernd war, als spreche er wie aus einem Traum, steigerte sich seine Rede zu symphonischer Macht, bis er die Krönung in einer siegreichen Schlußkadenz fand; wohl nach dem Worte Goethes:

„Von der Gewalt, die alle Wesen bindet,
Befreit der Mensch sich, der sich überwindet."

*) In dem bereits genannten Buche von Johanna Mücke und Alwin Alfred Rudolph über Steiners Wirksamkeit an der Berliner Arbeiter-Bildungsschule (1899—1904) wird der charakteristischen Locke gedacht: „Manchmal löste sich eine Strähne seines glatt über den Kopf gezogenen schwarzen Haares und fiel ihm über das Gesicht, und mit einem energischen Schnicken, das wie ein Befehl war, schickte er sie wieder an ihren Platz." Nun sprach Rudolf Steiner in einem seiner Münchener Vorträge, die ich zuerst von ihm hörte, auch von der bewußten Einwirkung des Ichs auf den Ätherleib und der Umwandlung von Gewohnheiten, wobei er als Beispiel die bewußte Veränderung der Handschrift gab, als auch eines Mannes erwähnte, der die Angewohnheit gehabt habe, den Kopf heftig zurückzuwerfen, diese Marotte jedoch mit Absicht und Willen beseitigt habe. Indem er dies sagte, lächelte er bedeutungsvoll. Sophie Stinde sagte mir dann, daß Dr. Steiner mit diesem Manne sich selbst gemeint habe.

Dieses Wort, von ihm gesprochen, erklang tatsächlich wie ein Ruf aller guten Mächte an die ringende und kämpfende Menschenseele. —

Rudolf Steiner sprach am ersten Abend in populärer Weise über die grundlegenden „Wahrheiten der Theosophie", über Reinkarnation und Karma. Jeder Mensch hätte ihn verstehen können. Er wollte ja ein neues Verständnis begründen und diese Lebenstatsachen nicht von der Phantasie und dem mystischen Gefühl aus, sondern mit dem klaren Denken und der wissenschaftlichen Methode begreifen, wie der unverbildeten, ursprünglichen Vernunft und ihrem Bewußtsein heute mit Gedanken vorzuschreiten gegeben ist. — Nach dem Vortrage hatte ich die Freude, Herrn Dr. Steiner zu begrüßen. Zum ersten Male. Eine Bestimmnis für das ganze Leben. Am folgenden Tage trafen wir uns — mein Freund und ich — erwartungsvoll bei S. Stinde. Rudolf Steiner kam und sprach uns Anerkennung aus für unseren Plan, Theosophie in die Welt der Studenten zu tragen, und sagte seine Unterstützung zu. Hier muß ich schon eine Bemerkung des Bedauerns darüber einflechten, daß ich nicht über diese erste Unterredung genauere Aufzeichnungen gemacht habe. — Nachher erschien Herr Thomassin, ein ehemaliger katholischer Theologe, der mit Rudolf Steiner bei Tisch die Unterhaltung führte. Von dieser verstand und behielt ich wenig. Nur ein Satzbruchstück ist in der Erinnerung haften geblieben, gesprochen von Dr. Thomassin zu Rudolf Steiner: „... als Sie noch Hegelianer waren ..." Sodann fragte ich ganz bescheidentlich nach einem bedeutenden Mystiker, den er mir empfehlen könne; Rudolf Steiner nannte den „Cherubinischen Wandersmann" des Angelus Silesius — ein mir völlig unbekannter Name — und fügte zu den anderen gewandt hinzu, daß er dieses Buch deutscher Mystik gern einmal herausgeben möchte. Rudolf Steiner ruhte dann eine Weile, während wir anderen blieben. Mein Freund schrieb den „Aufruf" ab und gab ihn abends vor dem Vortrage Rudolf Steiner.

Dr. Steiner sprach über Theosophie und Wissenschaft. Anschließend las er den „Aufruf" vor und hob eingangs hervor, wie erfreulich es sei, daß die theosophische Bewegung Platz greife in der akademischen Jugend. Hier antwortete ihm Beifall aus der wieder zahlreichen Zuhörerschaft. Mit Wärme trat Dr. Steiner für eine Sache ein, die ihm am Herzen liegen mußte. Der Ruf war ergangen. Mochte er gehört werden! Nach der Diskussion, die folgte — es wurden Fragen aus dem Publikum gestellt — stand man im kleinen Kreise zusammen. „Der Mann weiß alles": das war der Eindruck, den ich empfing. Mit wenigen Worten viel gesagt. Selbst wenn einem unwissenden und unerfahrenen Studenten zu imponieren leicht gewesen wäre. Aber Rudolf Steiner „imponierte" gar nicht, weil er nicht prunkte. Sondern gerade, weil er sich und alles natürlich gab und das Ur-Natürliche aufzurufen verstand, deshalb war er von Anfang an bewundernswert. Aber nicht nur Verwunderung, sondern auch Bewunderung ist der Anfang der Erkenntnis. Weil sie erlebt wird an der großen Persönlichkeit eines Lehrers, die sichtbar gewordene Wissenschaft und sogar Weisheit ist. Hier aber stand ein ganz großer Lehrer.

Am nächsten Abend sollten wir Rudolf Steiner wieder hören. Diesmal nicht öffentlich; denn der Münchener Zweig hatte uns — meinen Freund Hans Bunge und mich — einstimmig als Freunde aufgenommen. Am Morgen dieses Tages (23.November) ging Rudolf Steiner zum Rektor der Universität, um für unser Werk etwaigen amtlichen Widerstand beseitigen zu helfen. Wie er nachher berichtete, stehe Professor Lindemann unseren Bestrebungen wohlwollend gegenüber. Dieser habe auch Professoren der Theologie gefragt, welche nichts gegen die Theosophie einzuwenden gehabt. So hatte sich Rudolf Steiner auch in dieser Richtung bemüht. Am Abend begleiteten wir ihn in die „Loge", wo bereits die Mitglieder versammelt waren. Die Zusammenkünfte fanden in einem nicht allzu großen Zimmer des Hauses Adalbertstraße 49 statt. (April 1906 siedelte der Zweig in Nr. 55 über.) Es fanden nicht viel mehr als 3—4 Reihen Stühle darin Platz, betrug doch die Anzahl der Mitglieder wenig mehr als zwanzig. Davor stand ein Tisch mit einem Stuhl für den Vortragenden oder Vorlesenden, links davon ein Sessel für die ehrwürdige Vorsitzende, Frl. Rosa von Hofstetten. Seitlich an der Wand war ein dreiarmiger Leuchter befestigt. An der Wand hinter dem Tisch waren angebracht: das mir wohlbekannte Siegel der Theosophischen Gesellschaft, davon links das Sinnbild der geflügelten Sonne mit den zwei Aspisschlangen, wie es sich über dem Eingang ägyptischer Tempel der Ptolemäerzeit (und auch in Mozarts „Zauberflöte") befindet, allerdings mit dem altindischen Sakralwort Saccidananda für das höchste Brahman versehen *), und rechts ein langhalsiger Vogel Phoenix mit dem Spruchband „Alles fließt". Weiter rechts hinüber hingen nebeneinander die Bilder von Helena Petrowna Blavatsky, Annie Besant und Rudolf Steiner, sodann zwei Zeichnungen von Leopold von Kalckreuth. Vergessen sei auch nicht ein großer eiserner Ofen, der an der vorderen Wand zwischen den erwähnten Bildergruppen stand. Um ihn saßen wohl nach Schluß einige Mitglieder im Gespräch beieinander. So also sah eine theosophische Loge aus — sah die älteste Münchner Loge aus, klein und bescheiden, aber sie umschloß für mich eine Welt an Weite, Reichtum und Schönheit. „Loge" war der übliche und beliebte Ausdruck, doch ist bemerkenswert, daß in Rudolf Steiners Zeitschrift „Lucifer-Gnosis"

*) sat = Sein, cit = Denken, ânanda = Wonne, Seligkeit.

und den in Berlin herausgegebenen kleinen Flugschriften wie sogar schon in der Bresch-Broschüre stets die Bezeichnung „Zweig" gebraucht wurde.

An diesem feierlichen Abend sprach Rudolf Steiner über das Gemeinschaftsleben der theosophischen Logen. Es bilde sich innerhalb des Kreises inmitten aller eine Gemeinschaftsseele, in die sich ein Wesen höherer Art hinabsenke, gemäß dem Christusworte: „Wo zwei oder drei versammelt sind in meinem Namen, da bin ich mitten unter ihnen." — Noch fand eine Fragenbeantwortung statt. Dann verabschiedete man sich von Rudolf Steiner. Als letztem reichte er mir mit Herzlichkeit die Hand und sagte: „Auf Wiedersehen nächsten Januar; ich werde dann unter Ihnen sprechen." — Damit waren Tage vorübergegangen, deren Bedeutung über mein ganzes kleines Leben hin die Seele ergriff. Für Rudolf Steiner, dem ich begegnet war, empfand ich unsägliche Begeisterung, Verehrung und Liebe — Liebe zu dem herrlichen, großen Mann, aus dessen Augen unendliche Güte blickte, und den ich als neuen, lieben Freund gewonnen hatte, wie ich das in etwas überschwenglicher Weise meinem Tagebuch anvertraute.

Nach seiner Abreise erhielt ich eine Einladung zu Herrn L. Deinhard, dem, wie er mir schrieb, Rudolf Steiner von meinen Bestrebungen erzählt hatte. Er freute sich denn auch darüber, daß diese von München ausgingen, wie die theosophische Bewegung von hier ausgegangen sei. Weiter fragte er, wie ich mir die Einrichtung der geplanten Vereinigung dächte. Anstatt Rudolf Steiners „Theosophie" empfahl er mir Hübbe-Schleidens „Diene dem Ewigen". Rudolf Steiner sei noch zu jung in der Bewegung. Zum Schluß sprach er den Wunsch aus, mich bald wiederzusehen. Aus dem Gespräche ging auch hervor, daß er mit dem Rektor bekannt war. S. Stinde, die am Morgen auch bei Herrn Deinhard gewesen war, riet mir eine gewisse Zurückhaltung an; doch sei es gut, ihn sich warmzuhalten, da er einflußreiche Freunde habe. Übrigens sei er mehr Spiritist als Theosoph. —

Nun wurde auch in der Universität ein Anschlag angebracht, welcher interessierte Zuhörer von Rudolf Steiners Vorträgen einlud, sich zu melden. Hans Bunge und ich entschlossen uns, sogar selbst Vorträge über Theosophie zu halten. Sie waren ganz im Stile der „alten" Theosophie. Als Unterlagen und Vorbilder dienten die „Lotusblüten" Franz Hartmanns, eine mehrbändige Zeitschrift, und Blavatskys „Schlüssel". Das waren gewiß die ungeeignetsten Mittel. Aber — die Fähigkeit der Unterscheidung war bei mir noch recht unvollkommen entwickelt. Sophie Stinde und Gräfin Kalckreuth hatten ihr Atelier zur Verfügung gestellt. Hier hielten wir vom 13.—19. Dezember fünf am Schwarzen Brett angekündigte Vorträge. S. Stinde unterstützte mich mit den nötigen Büchern und Ratschlägen, von denen ich nur leider den besten nicht befolgte: nach Rudolf Steiners Buch „Theosophie“ zu lehren und größtenteils vorzulesen.

„Man könnte hinterher darüber sprechen“, schrieb sie mir einige Tage vorher, „es reiht sich dann leicht eins ans andere, und man kann gelegentlich manches sagen und klarmachen, was man in Vortrag und Buch schwer wiedergeben kann — weil die Aussprache gerade das persönliche Bedürfnis der Suchenden berührt. Machen Sie sich aber nicht zu müde mit Memorieren von Sachen, lesen Sie lieber vor ... Mit Ruhe und Sich-in-andere-Versenken erreichen Sie Ihr Ziel gewiß.“

Goldene Regeln! Den ersten Vortrag nun über „Theosophie als Selbsterkenntnis Gottes im Menschen“ hielt ich selbst, ebenso den zweiten über „Reinkarnation und Karma“. Hier waren auch zwei jüdische Studentinnen und Literaten mit Namen Landsberger und Lissauer anwesend, die mir zweifellos überlegen waren — nicht nur an Intellektualität, sondern auch in dialektischen Künsten. Ersterer machte sich, bevor man zum Tee überging, an mich heran und zerkritzelte meinen „Vortrag“ unbarmherzig-zynisch, wenn auch nicht ohne Berechtigung. Beim dritten Vortrag war ein Zuhörer anwesend. Den vierten und fünften über die sog. Prinzipien hielt Hans Bunge, den sein Eintritt in eine schlagende Verbindung an einer aktiven Teilnahme zu hindern anfing.

„Aller Anfang ist schwer“ galt auch hier, und wenn auch dem guten Wollen die vollen Kräfte mangelten, so mochten — um halb mit Hölderlin, halb mit Rudolf Steiner zu reden — die Götter dort ergänzen, was hier wir sind. Wie Rudolf Steiner dreinsichtig einmal einen jüngeren unter seinen Schülern tröstete, fügen die höheren Mächte wirklich den gutwilligen, aber mangelnden Kräften hinzu, was ihnen dahier fehlt.

Dieser Anfang war nicht sehr ermutigend. Aber man sagt dem Hessen eine gewisse Beharrlichkeit und Hartnäckigkeit nach, die zum Eigensinn werden kann. Im Grunde, weil er an den Sieg des Rechten und des Guten glaubt — unbeirrt durch Widerwärtigkeiten, Wechselfälle und — nicht zuletzt — Gegnerschaft, die sich aus mangelndem Verständnis und üblem Wollen erheben.

Noch auch möchte zum Jahresabschlusse einiges über die Münchener Loge als Gemeinschaftsgebilde damaliger Zeit gesagt werden, zumal da Rudolf Steiner einer merkwürdigen und leicht auffallbaren Eigenart Erwähnung tat *). Der weitaus größte Teil der Mitglieder war nämlich adeligen Standes. Eine Liste jener Zeit, in welcher auch ich verzeichnet bin, zählt 23 Namen auf, von denen nicht weniger als 16 mit dem

*) In den schon genannten Vorträgen über die „Geschichte und die Bedingungen der Anthroposophischen Bewegung“ S. 97 f.

Prädikat „von“ ausgezeichnet und nur sieben bürgerlich sind. Als einmal im Atelier Sophie Stindes das Gespräch auf soziale Dinge kam, meinte Gräfin Kalckreuth, es sei übertrieben, unsere Loge die aristokratische zu nennen, aus welchem Grunde manche Leute ihr nicht beitreten wollten. „Man schloß“, sagt Rudolf Steiner (a.a.O.) mit Bezug hierauf, „nicht irgendeine menschliche Allüre aus.“ Denn — wie er zuvor ausführt: „Diese Bewegung war von vornherein darauf angelegt, allgemein-menschlich zu sein.“ Tatsache war eben, daß gerade in dieser Loge in keiner Weise das Adelsprinzip — nicht einmal ein Dr.-Prinzip — sich geltend machte, sondern wirklich nur allein das Menschliche galt und alle Mitglieder verband. Hätte etwa nun der Grundsatz gelten sollen, den Trägern von Adelsnamen die Zulassung zu beschränken oder zu erschweren? nur um den Schein von Demokratie zu wahren? und also in ganz undemokratischer Weise die Gleichheit von Mensch und Mensch aufzuheben? so hätte das geheißen, den Teufel durch Beelzebub auszutreiben. Daß in diesem Münchener Zweige jenes starke, innige Gefühl der Zusammengehörigkeit lebendig war, von dem bereits gesprochen wurde, beweist zur Genüge, daß weder Adelshochmut noch bürgerliches Minderwertigkeitsgefühl aufkam *). Es war wirklich Raum für alle möglichen „Allüren“. Gewiß aber können bürgerliche und proletarische Vorurteile nicht weniger mächtig und — verfehlt sein. Ob in Zusammenhang mit solchen eine zweite theosophische Loge durch Herrn Joseph Elkan sich bildete (Febr. 1905), weiß ich nicht; es ist aber möglich. Nach einem Jahr schloß sie sich als Loge II der älteren „aristokratischen“ an und wählte deren Mitglied Baronin Emmy von Gumppenberg, welche zum Ehrenmitglied ernannt wurde, zum 2. Vorsitzenden.

1905

Noch im alten Jahre erfuhr ich, daß Rudolf Steiner bald wieder nach München zurückkehren werde, und schon galt es, Vorbereitungen zu treffen, Einladungskarten zu schreiben und Anschläge in der Universität zu machen. Am 6. Januar sprach Rudolf Steiner in dem Münchener Zweig.

Es war an diesem Tage das Christgeburtsfest der ersten Christenheit. Die Kerzen am Weihnachtsbaum brannten, desgleichen am dreiarmigen Leuchter.

*) Zu jener Zeit wurde eine Anekdote über den berühmten Maler Franz v. Lenbach erzählt. Als dieser, in den Adelsstand erhoben, gefragt wurde, wie er sich jetzt fühle, sagte er: „Herrlich! göttlich! aber die letzte Nacht bürgerlich — das war fürchterlich!“ Sie bezeichnet treffend, wie man zu diesen Dingen innerlich in München stand.

Die Vorsitzende, Fräulein v. H., eröffnete den Abend mit einfachen, schlichten Worten. „Liebe Brüder und Schwestern!" begann sie. Sie sprach die Gefühle aus, welche diesen Kreis von Menschen, zumal an diesem Tage, bewegten. Damals war in der Tat ein Gemeinschaftsbewußtsein in der Theosophischen Gesellschaft lebendig, das in einer Zeit äußeren Wachstums in die Breite nicht im gleichen Verhältnis zunahm. Rudolf Steiner selbst hielt eine Ansprache über die Ziele der Theosophie: Vervollkommnung der Persönlichkeit und Wirken für das Wohl der Menschheit. Kein Mensch könne nehmen, ohne zu geben. Je mehr ihm gegeben sei, desto mehr werde von ihm gefordert. Dann Fragenbeantwortung — z. B. hinsichtlich der Französischen Revolution, die meine Gedanken sehr beschäftigte. Er verglich sie einem Lichte, das keinen Schatten habe. Erst dadurch, daß sich Körper zwischen uns und das Licht stellten, entstünde der Schatten. Je heller das Licht, um so dunkler der Schatten. Ich stellte durch meinen Freund Hans Bunge die Frage, ob jemand Karma auf sich lade, wenn er das Karma eines anderen erfülle, indem er ihm schade. Hierbei dachte ich an einen hohen Gerichtsbeamten, der ein Mitglied meiner Familie, wie ich glaubte, zu hart und zu Unrecht zu Gefängnis verurteilt hatte. Rudolf Steiner antwortete: „Gewiß! Stellen Sie sich folgendes vor: eine glühende Kugel läuft über diesen Tisch, so wird sie alles versengen. Nun lassen wir sie ins Wasser fallen, das Wasser wird warm, die Kugel verliert bedeutend an Wärme, so daß sie den Tisch nicht mehr verbrennt. Oder wenn Sie einen durchprügeln, so sind Sie dadurch ein anderer." So sprach er immer anschaulich und bediente sich gern der Gleichnisse, wo es sich nicht so sehr um äußere Ähnlichkeiten handelte als um die Verhältnisse einer Erscheinung auf verschiedenen Wirklichkeitsstufen. — Dann fragte mich Rudolf Steiner, welches Thema ich mir für den kommenden Montag wünschte, wo er vor Studenten sprechen wollte. Ich bat ihn, über Theosophie und Lebensgestaltung zu sprechen, und er war mit diesem Vorschlage gern einverstanden.

Wieder im Saale des Café Luitpold sprach Rudolf Steiner am 7. Januar über „Geburt und Tod im Leben der Seele" — von den drei. großen Gesetzen, die für den Körper (Reinkarnation), die Seele (Involution) und den Geist (Evolution) gelten. Am Schlusse seines Vortrages wies Rudolf Steiner darauf hin, daß er am 9., Montagabend, vor Studenten sprechen werde und gedachte noch einmal der Bestrebungen, eine Vereinigung theosophisch interessierter Studierender ins Leben zu rufen. Während dieses Vortrages hörte man in den hinteren Stuhlreihen Gepolter, und es verließen zwei Leute das Lokal. Rudolf Steiner sagte mir nachher, es seien zwei Spiritisten gewesen. Offenbar taten sie es ihren Poltergeistern gleich. — Dann wieder Fragenbeantwortung. Bevor der Abend geschlossen wurde, erläuterte er, wie sonst, die drei Ziele der Theosophischen Gesellschaft. Am nächsten Abend war ein zweiter öffentlicher Vortrag über das Thema „Weltgesetz und Menschenschicksal". Bei dieser Gelegenheit lernten wir einen anwesenden Landsmann aus Kassel, den Arzt Dr. Ludwig Noll, kennen, der mir später ein bereitwilliger Helfer und verehrter Freund werden sollte. Er war es, den mein Freund Hans mir in Kassel vor drei Jahren gezeigt hatte, als wir noch Schüler waren. Ich möge ihn, sagte er, benachrichtigen, wenn ich wieder in Kassel sei. Rudolf Steiner stellte jetzt auch in Aussicht, daß er Ende März in Kassel einen Vortrag halten werde.

Am Montag, dem 9. Januar, nun fand der angekündigte Vortrag für Akademiker statt. Im Atelier Sophie Stindes hatten sich erfreulicherweise zahlreiche Zuhörer eingefunden. Rudolf Steiner sprach von der Theosophie als einer universalen Weltanschauung, die für jeden Berufsstand von Bedeutung sei — für den Richter, den Pfarrer, den Lehrer, den Arzt usw. Aber sie enthalte nicht nur Lehren, sondern begründe auch eine neue Lebenshaltung. Nun sprach er von der Begründung einer theosophischen Akademiker-Vereinigung und legte dar, wie etwas Großes eine wahre Studentenbruderschaft sei (er sagte nicht -„brüderschaft"); jeder müsse die Zeit finden, im Kreise von Gesinnungsgenossen Belehrung zu suchen, anstatt sich Dingen zweiten Grades hinzugeben. Diesen Gedanken nahm ich zur Unterlage meiner nun folgenden Ausführungen. Dieser meiner Jungfernrede bin ich nie ganz froh geworden. Ich konnte mit ihr nicht wohlzufrieden sein. Sie steht mir in der Erinnerung als eine recht unzureichende Leistung. Wortgewandt war ich wirklich nicht. Mancher mag Rudolf Steiners Anregungen in sich empfangen und später fruchtbar gemacht haben. Zu einer Gemeinschaftsbildung kam es nicht. Konnte noch etwas geschehen? Rudolf Steiner selbst hatte nun vor Studenten gesprochen. Es war wohl zum ersten Male, daß er zu einem Kreise von Studierenden redete. — Man saß, nachdem die Gäste gegangen, in mancherlei Gesprächen, ernsten und heiteren, beieinander, wobei sich zeigte, daß Rudolf Steiner auch die Gabe des Humors zur Verfügung stand. So saß Frau v. Vacano abseits von der übrigen Gesellschaft und las in einem Buche. Rudolf Steiner sagte ihr, kaum hinsehend, in welchem Buche sie da lese. Zu dem charmanten Frl. Spengel meinte er beiläufig, sie sei ein alter Grieche. Ich hielt derartiges für nicht weniger als für Zeugnisse hellseherischer Kunst. Erst gegen 12 Uhr trennte man sich. Rudolf Steiner sagte zu mir. „Auf Wiedersehen in Kassel!" Dann: „Es wird sich schon alles machen. Nur immer arbeiten!", und ich gelobte mir, an den Zielen, welche er in seiner Ansprache bezeichnet hatte, unentwegt zu arbeiten. Hochbeglückt schrieb ich meiner Mutter nach Kassel von diesem herrlichen Abend und kündigte ihr für Ende März die Ankunft des Wundermannes an, als welcher er mir erschien (13. 1.). — Eine Freude besonderer Art wurde mir dadurch bereitet, daß er in mein Exemplar seiner „Theosophie" auf meine Bitte hin eine Widmung schrieb (s. Faksimile S. 265):

„Die Liebe zum Übersinnlichen wandelt
das Erz der Wissenschaft in das Gold der Weisheit.

Dem Kämpfer der Theosophie in den Kreisen der Studierenden, Herrn stud. phil. Ludwig Kleeberg
10. Januar 1905 Dr. Rudolf Steiner."

Ein Erfolg war in München nicht beschieden. Daß er ausblieb, sollte gleichwohl kein Grund der Entmutigung sein. Er hätte sich wohl eingestellt, wäre ich in München geblieben. Doch strebte ich in die Heimat Hessen zurück. Wohl kamen Leute der verschiedensten Art zu mir, u. a. ein Student, welcher durchaus dem Spiritismus zuneigte und mir die primitivsten Experimente zeigte. Ich selbst fand Zugang in den Verein christlicher Studenten, halb angezogen von dem regen Gemeinschaftsleben dieses Kreises, halb von dem Widerspruch gegen die christliche Orthodoxie. Immerhin vernahm ich einmal mit Befriedigung den Satz: man dürfe die Menschen nicht in Christen und Nicht-Christen einteilen, sondern in Suchende und Gleichgültige, und schrieb solche Einsicht dem Nachwirken meiner Anwesenheit zu. In diesem Kreise verlebte ich auch den Heiligen Abend, an dem ich sonst allein hätte bleiben müssen; es waren trübe Weihnachten für mich, und meine Freunde waren nach Hause gefahren. Einige Mitglieder des christlichen Studentenvereins erschienen auch in S. Stindes *theosophical room.*

In diesem stellte sich auch Herr Landsberger wieder ein und versprach, im Atelier einen Vortrag über die Mystik zu halten. Deren wie der Theosophie Phänomen betrachtete er, wie mir schien, bloß als Objekt, insofern hatte er dafür ein objektives Interesse ohne tiefere Anteilnahme. Dieses ist dann besonders der Fall, wenn die Beschäftigung nicht sowohl auf den Fortschritt geht als die Errichtung eines Podiums zum Zwecke hat, welches die eigene Persönlichkeit auf ellenhohen Sockeln größer erscheinen läßt und ihr vermehrte Bedeutung verleihen soll. Herr Landsberger besaß unverkennbar Wissen und sogar Gelehrsamkeit, aber die Dinge lagerten da wie in einem Magazin oder Warenhaus. Als er den Vortrag über Mystik gehalten hatte, sagte S. Stinde: „Den Vortrag heben Sie sich mal auf (er schmunzelte mit purpurnem Munde über das erwartete Lob, aber S. Stinde fuhr fort:), und dann arbeiten Sie ihn nochmal um, Sie werden dann vieles anders sehen." Ihre Einwendungen und Ergänzungen zu dem Gehörten wollte er freilich nicht gelten lassen. Ein andermal sprach er vor uns über Kunstgewerbe. Sophie Stinde beurteilte ihn günstiger und freundlicher als ich, der Groll auf ihn trug wegen seiner Kritik — und sie glaubte, daß er wirkliches Interesse für Theosophie habe. Auch nach meinem Weggange von München kam er oft, wie mir Sophie Stinde nach Marburg berichtete. Mit seinem gleich zu nennenden Freunde gemeinsam besuchte man die Vorträge und Versammlungen der Finkenschaft, d. h. der sog. Freien Studenten.

An dem Abend, da er seinen Vortrag über die Mystik hielt (30. 1. 05), brachte er einen Freund mit: Herrn R. G *), von dem ich anfangs glaubte, er sei wie Clemens Brentano Deutscher mit italienischem Namen, doch war er, wie ich viel später erfuhr, in Verona geboren und hatte seine Jugend in Mainz verlebt, wo sein Vater italienischer Konsul war, und er das Gymnasium besucht hatte. Sein Wesen wie seine äußere Erscheinung hatte etwas überaus Sympathisches: fromm, bescheiden und gelehrt, letzteres auf religiösem Grunde. Er wurde später ein vorbildlicher Führer der katholischen (benediktinisch, nicht jesuitisch gerichteten) Jugendbewegung und schrieb unter vielem anderen ein Büchlein, das mir als erstes unter seinem Schrifttum bekannt wurde und vom „Geist der Liturgie“ handelte, und welches eine Perle der religiösen Literatur überhaupt genannt werden kann. Es war damals eine Freude, ihm zuzuhören. Er hielt uns einen interessanten und tiefgründigen Vortrag über Dante, aus dessen Dichtung er eine Probe im musikalischen Wohlklang des Originales seiner italienischen Muttersprache gab. Vierzehn Tage später — am 17. Jan. war sein 20. Geburtstag gewesen — las uns Herr G. den 2. Gesang der Bhagavadgita, in dem bekanntlich die Wahrheit der Wiedergeburt (Wiederverkörperung) als Lösung der Not des Helden verkündet wird. Eine Aussprache schloß sich an. Sie dauerte bis Mitternacht. Ich fungierte jedesmal als Hausaufschließer und brachte den Schlüssel anderen Tages zurück. Wie Herr R. G. auch fernerhin gern bei Sophie Stinde verkehrte, davon am Schlusse dieses Jahresberichtes.

Bald nach Rudolf Steiner kam Edwin Böhme, der Redner der Leipziger Theosophen, nach München und sprach im Kollergarten über das einem Besant'schen Buche angelehnte Thema „Der Tod und was dann?“ Er war ein sympathischer Mann, sprach mit großer Anschaulichkeit und stützte seine Ausführungen durch treffende Gleichnisse. Als er über die Unterschiede der bestehenden theosophischen Gesellschaften befragt wurde, antwortete er, es sei besser, nach den Übereinstimmungen zu fragen; Unterschiede beständen nur in der Organisation, nicht in den Zielen. Er sprach auch über das Thema „Der Mensch in seinen irdischen und überirdischen Zuständen“. Ein Vortrag, den er im März in Kassel hielt, war der direkte Anlaß, Rudolf Steiner nach dort einzuladen.

*) Name bei dem Verfasser zu erfragen.

Hier sprach er weniger freundlich von der Deutschen Theosophischen Gesellschaft, innerhalb deren ja Dr. Steiner wirkte. Er selbst gehörte der von Franz Hartmann geführten „Theosophischen Gesellschaft in Deutschland“ an. Über die hier bestehenden Gegensätze war ich nicht unterrichtet, sie berührten mich auch in keiner Weise. Dr. Franz Hartmann war, kurz bevor wir nach München kamen, Gast der dortigen Loge (Sophie Stindes) gewesen und hatte in ihr einen Vortrag gehalten. So entging uns seine Bekanntschaft. Doch war in einem Gespräche, dem ich bei Sophie Stinde zuhörte, die Rede von argen Machenschaften wie Geisterphotographien (in Wirklichkeit eine seiner „Seelenbräute“, eine russische Fürstin), und auch Dr. Steiner konnte ihm okkulte Unsauberkeiten zum Vorwurf machen *). Rudolf Steiner spricht im gleichen Zusammenhange von damals bestehenden (theosophischen) „Trivialgesellschaften“. Heute weiß man, welche Kämpfe Rudolf Steiner zu führen hatte, um das Idealbild der Theosophie zu retten und zu verwirklichen. Ich durchschaute alle diese Dinge nicht und verhielt mich aus solchem Grunde durchaus unkritisch, war aber insofern von einem guten Stern geleitet, als ich mit Persönlichkeiten wie Marie von Sivers, Dr. Rudolf Steiner selbst und Sophie Stinde in nahe Verbindung kam.

Mit dem Schluß des Wintersemesters verließ ich München, um nach Marburg zu gehen. Unter der Aufsicht meines Vetters hatte ich einiges mehr an Selbständigkeit gewonnen. Es fiel mir nicht leicht, Frl. Stinde bald nach Weihnachten zu sagen, daß ich nächstens Abschied nehmen müsse, um in Marburg mein Studium fortzusetzen, wo ich dann theosophisch weiter zu arbeiten mir vorgesetzt. An diesem Abend richtete sie mir Grüße aus von Frl. Marie v. Sivers, die sie aus Berlin für mich mitgebracht, und: sie (Frl. v. Sivers) habe im Geiste das Bewußtsein gehabt, daß Theosophie nach Marburg gebracht werden müsse. In der Woche der Abreise durfte ich noch einmal bei S. Stinde sein (25. Februar). Allein. Sie gab mir wertvollste Anweisungen für mein ferneres Leben und Streben mit auf den Weg und lehrte mich einen Meditationsspruch, dessen Leuchtkraft tief in der Seele ruhende Keime zur Entfaltung und das Ich zur Anschauung bringen konnte. Es war der Spruch „Strahlender als die Sonne...“, und Sophie Stinde gab ihn mir mit wie kostbares Kleinod und hätte ihn mir nicht mitgeteilt, wäre sie nicht ermächtigt gewesen. Ein Ausblick in die Zukunft: der kommende Meister am Ende dieses Jahrhunderts werde der Lehrer des Schönen sein, wie Jesus der Lehrer des Guten war. Im Hinblick auf das Kommende möge ich mich auch mit den Künsten befassen;

*) Rudolf Steiner, Die Geschichte... S. 122 f. Siehe auch Briefe II S. 273 und 294 ff.

denn Theosophie beziehe auch die Kunst ein. Ferner: abendliche Erforschung des Gewissens — Erkenntnis der eigenen Fehler; so werde ich liebevoll gegen jedermann und tue niemand ein Leid. Zuletzt nachdenken über eine Stelle der Bhagavadgita und sich versenken in den Meister Jesus. Als ich davon sprach, wie sehr ich mich auf die bevorstehenden Ausflüge in Marburgs schöne Umgebung freute, sagte sie: das sei recht; ich möge nur jedes kleinste Blümchen beachten und geistig durchdringen. Sie wies mich auch hin auf die „innere Abteilung" der Theosophischen Gesellschaft, zu welcher auch ich einmal den Zugang finden werde. Von dieser hörte ich hier zum ersten Male. Das war der letzte Abend und der Abschied von den beiden Damen, „die ich liebe wie meine eigene Mutter" (Tagebuch). Meiner Mutter schrieb ich, daß mich allzeit ein großes Gefühl der Dankbarkeit an Frl. Stinde binden werde; ihr Haus werde für mich eine ewige Erinnerung sein, weil ich hier Herrn Dr. Steiner aus Berlin kennengelernt, einen — wie ich wohl behaupten dürfe — der bedeutendsten Menschen Deutschlands, wenn nicht der ganzen Welt — einen Mann von unglaublichem Wissen und umfassender Liebe (17. 2.).

Zuletzt nahm ich Abschied von dem kleinen, bescheidenen Raum des Münchener Zweiges, in dem sich mir eine neue Welt erschlossen — wo ich auch Rudolf Steiner hatte sprechen hören. Von diesem brachte mir die letzte Post den „Lucifer" und eine Karte:

> „Verehrter Herr Kleeberg! Verzeihen Sie, daß Sie die bestellten Lucifernummern erst heute erhalten. Ich war sehr beschäftigt. Das Januarheft erscheint in diesen Tagen. Von jetzt ab wird Ihnen alles regelmäßig zugehen. Besten Gruß Dr. Rudolf Steiner."

Sie war die Antwort auf eine bescheidene Anfrage, wie sie Rudolf Steiner von mehr ungeduldigen Lesern seiner Zeitschrift „Lucifer-Gnosis" bekam *) — in diesem Falle paradoxerweise ein höchst erfreuliches Zeichen, wie zuletzt das Nichtmehrerscheinen der Zeitschrift von ihm als solches gewertet wurde.

Am vorletzten Tage wohnte ich — der werte und weise Leser wird darüber mit Recht den Kopf schütteln — einer sog. Freundschaftsmensur bei, die meine Freunde Hans Bunge und Rudolf Walkhoff mit Säbeln ausfochten. Ich tat es aus Freundschaft und hielt den kriegerischen Vorgängen stand. Mit beiden hatte ich in der Türkenstraße 50 (Gartenhaus) ein langes Wintersemester in drei Zimmern nebeneinander gewohnt — nicht immer friedfertig. Von da hatte ich es nicht weit zu Frl. Sophie Stinde und Gräfin Kalckreuth gehabt.

*) Rudolf Steiner, Die Geschichte ... S. 132.

Sobald ich zu Anfang März nach Kassel zurückgekehrt war, zeigte ich meine Ankunft M. v. Sivers sowie verabredungsgemäß Herrn Dr. Noll an. Da wurden Vorträge des Herrn Edwin Böhme von der Leipziger Theosophie angekündigt. Abermals fragte ich in Berlin an, ob nicht Herr Dr. Rudolf Steiner nach Kassel kommen würde. Herr Böhme redete über das Thema: „Gibt es ein Leben nach dem Tode?" öffentlich am 31. März und am nächsten Abend in privatem Kreise (diesmal war eine deutliche Polemik gegen Rudolf Steiner zu verspüren); am übernächsten über „Theosophie und Christentum". Eine Teilnehmerin jenes Kreises, die mich dort einführte, mochte nicht begreifen, wie ich Rudolf Steiner über Böhme stellte. — In diesen Tagen kam die erwartete Antwort von M. v. Sivers — Rudolf Steiners Besuch in Kassel betreffend:

„Berlin, 28. März 1905. Sehr geehrter Herr Kleeberg, gern hätte ich Ihnen schon früher geantwortet. Ich wollte aber erst etwas Genaueres von Dr. Steiner hören über seine Absichten wegen seines Vortrages in Kassel. Aus Ihrem Briefe ging mir das nicht klar hervor. Ich erfahre also, daß Dr. Steiner mit einem früheren Mitglied der einstigen Loge Kassel darüber verhandelt hat, einem Dr. Noll, der ihm Näheres darüber schreiben wollte, bis jetzt aber nicht geschrieben hat. Ich glaube auch nicht, daß er es tun wird; er wird sich vielleicht nicht mit all dem befassen wollen, was drum und dran hängt. — Es ist auch sehr schwer, solch eingegangene Logen wieder ins Leben zu rufen. Denn gewöhnlich fehlte den Mitgliedern die rechte Lust und Energie — oder die äußeren Hindernisse waren zu stark. Oft wird auch solch eine Loge ein bißchen künstlich zusammengestellt und ist dann nicht lebensfähig. Die frühere Vorsitzende war eine Dame, die großen Eifer zeigte, deren Mann aber entschieden dagegen war, so daß sie ganz zurücktreten mußte. Sie schickte uns die kleine Kasseler Bibliothek, die natürlich zurückgegeben werden würde, wenn sich eine Kasseler Loge konstituierte. — Dr. Noll könnten Sie vielleicht im Adreßbuch ermitteln; ich weiß aber nicht, ob er so recht dabei ist. Ich kenne ihn freilich nicht; er sagt, er ginge bis Buddha, und weiter nicht. Ich weiß nicht, was er damit meint. Vielleicht wäre ihm eine rein buddhistische Vereinigung sympathischer."

Hier ist notwendig und sei erlaubt einzuschalten, daß mein verehrter Freund Dr. Noll immer ein vorzüglicher Kenner der Predigten Buddhas war, daß er mir aber nach Jahren noch versicherte, sich in dem obigen Sinne nicht ausgesprochen zu haben. Immerhin geben die ihm zugeschriebenen Worte die Grenze wieder, an der das Denken vieler suchender Menschen stand und stehen zu bleiben in Gefahr war. — M. v. Sivers schrieb weiterhin:

„Es freut mich, daß Sie so unerschrockenen Mut behalten haben, und, ohne auf sichtbare schnelle Erfolge zu rechnen, rüstig weitergehen wollen. Marburg lag mir öfter im Sinn diesen Winter; ich fand es sogar wie ein eigenartiges Zusammentreffen, daß Sie dahin gehen. Gewiß wird Dr. Steiner gern dort Vorträge halten, wenn Sie die Sache einleiten können. Man braucht natürlich immer jemanden, der an Ort und Stelle die Sache in die Hand nimmt. — Daß Ihre Eltern der Theosophie freundlich gegenüberstehen, ist schön für Sie. Man hat sonst oft gerade in dieser Hinsicht, in bezug auf die nächsten Verwandten, Schweres durchzumachen. — Wenn Sie glauben, daß dieser letzte Umstand es Ihnen möglich macht, in Kassel etwas zur Vorbereitung eines Vortrages zu tun, so lassen Sie mich's wissen. Es könnte der 18. April in Betracht gezogen werden, oder ein Tag in der Osterwoche. Am 17. muß der Doktor von Heidelberg zurück, nach Berlin. In der Osterwoche wird er in Köln sein, da ließe sich Kassel das eine oder das andere Mal in die Reiseroute einschieben. Wenn Ihnen das Thema ‚Die Weisheitslehren des Christentums' ein für den Dienstag in der stillen Woche (18. April) geeignetes Thema scheint (oder wie gesagt für die Osterwoche), und Sie schon einige Erfahrung haben in bezug auf die zu treffenden Vorbereitungen, so versuchen wir's halt. Bei Dr. Steiners Vorträgen wird man auf eine andere Art Publikum rechnen müssen, als bei Edwin Böhme. Kassel könnte aber oft besucht werden, weil es auf dem Wege liegt nach Köln und Bonn, und so könnte sich ein intelligentes Publikum einfinden. Ein Bibliotheksabonnent, Herr David (Akazienweg), den ich sonst nicht kenne, scheint sich für die Sache zu interessieren. — Wenn Sie also glauben, etwas machen zu können, so schreiben Sie mir bald. — Sonnabend muß ich die Rundfahrkarten lösen. Wählen Sie aber schon die Osterwoche, so kommt Kassel in eine andere Tour hinein. — Wir haben für den Monat Mai als Themen für vier öffentliche Vorträge: Die vier Fakultäten und die Theosophie:

die theologische Fakultät und die Theosophie,
die juristische Fakultät und die Theosophie,
die medizinische Fakultät und die Theosophie,
die philosophische Fakultät und die Theosophie.

Vielleicht machen wir das nächstes Jahr in Marburg. — Es wünscht Ihnen das Beste in Freundschaft M. v. Sivers. — P. S. Herzlichen Dank für das mir zugeschickte Bild, es hat mich gefreut, mir von Ihnen ein äußeres Bild machen zu können. — In der Osterwoche würde es sich um Freitag den 28. April handeln."

Damit war ein Vortrag Rudolf Steiners in Kassel gesichert. Wie er hier aufgenommen würde, war freilich die zweite, noch nicht gelöste Frage. Kassel war — und ist es teilweise noch — vorwiegend eine Stadt der Behörden und der Beamten, zahlreicher Pensionäre und der abgeschlossenen Kasten. Außerdem gibt es Industrie, Geschäftswelt, Kleinbürgertum und Arbeiterschaft — alles nach 8 Uhr abends fein säuberlich geschieden. Kaum in einer anderen Stadt spielten die „geschlossenen Kreise" oder Gesellschaften eine ähnliche Rolle. Ein auswärtiger bekannter Kabarettist glaubte auch in den mehreren Sarggeschäften, die um das Rathaus liegen, eine Art Wahrzeichen erblicken zu dürfen. Aber immerhin konnte man auf ein nicht voll erstorbenes Leben rechnen, zumal Kassel, ehemals kurhessische Residenz, zur Hauptstadt einer preußischen Satrapie emporgestiegen war, wo sich die Zentren kulturellen Lebens vereinigten.

Das Beste an Kassel war jedoch seine Altstadt und ist noch immer die vielgerühmte Umgebung der hessischen Landschaft. In letzterer waren bis vor 100 Jahren die alten Märchen lebendig, und in einem Hause der Altstadt (Marktgasse Nr. 17, Ecke Wildemannsgasse), welches mit dieser vernichtet worden ist, wurden sie von den Brüdern Grimm aufgeschrieben, ehe sie im Munde des Volkes verstummten.

Dieses Haus, in welchem 1805—1814 die Brüder Grimm wohnten, lag nur wenige Minuten von meinem Elternhaus entfernt. In der Wildemannsgasse abwärts (Nr. 46) wohnte mehr als 2 Jahrhunderte zuvor Jobst Bürgi, von Geburt ein Schweizer, den Landgraf Moritz der Gelehrte 1579 zu seinem Hofuhrmacher ernannte, der Schöpfer kunstvoller Uhren und komplizierter mathematisch-astronomischer Instrumente, die er für den Landgrafen verfertigte. Dieser Mann verstand mit Logarithmen zu rechnen vor dem Engländer Lord Napier, welcher allgemein als deren Erfinder gilt. Schräg gegenüber dem Hause der Grimms, über die Kreuzung der Marktgasse hinweg, lag in der gleichen Wildemannsgasse Nr. 15 das Haus des Wilhelm Wessel, der i. J. 1614 die ersten Schriften der Rosenkreuzer druckte: die „Fama Fraternitatis" und die „Generalreformation". Als ihn zu Beginn der 90er Jahre (1592) Landgraf Moritz in seine Dienste nahm, stellte er ihm als Werkstätte ein stattliches Haus am Altmarkt zur Verfügung (das Hupfeldsche Haus meiner Jugendzeit), schräg rechts gegenüber meinem Elternhaus. Wie er später, dank der Gnade des Landgrafen, die Druckerei in ein Schlößchen der Aue verlegte, davon wird in diesem Buche zum Jahre 1907 die Rede sein, als Rudolf Steiner die längst verschwundene Stätte genau bezeichnete, wo eine Druckerei der Rosenkreuzer gestanden habe. Jenes Schlößchen lag innerhalb eines Lustgartens, den Landgraf Wilhelm IV. der Weise (reg. 1567—1592), Sohn und Nachfolger Philipps des Großmütigen, unterhalb des Landgrafenschlosses auf einer weiträumigen Fuldainsel angelegt hatte. In diesen, den er mit beliebten Ziergewächsen versah, nahm er viele Arten medizinischer Pflanzen auf, die ihm seine in ferne Länder entsandten Kommissare zukommen ließen. Aus ihnen stellte er selbst Arzneien her, in welcher Kunst und Wissenschaft ihn seine Gemahlin Sabine von Württemberg noch übertraf. Diese edle Frau bestimmte in ihrem Testament, daß „für ewige Zeiten" den Armen von Kassel und Umgegend ohne alles Entgelt Arzneien aus der Hofapotheke zu verabfolgen seien. (Die Hofapotheke lag am Altmarkt Nr. 13, unmittelbar über meinem Elternhause.) Wir wissen, daß die medizinische Wissenschaft und die damit verbundene soziale Wirksamkeit das bevorzugte Tätigkeitsfeld der Rosenkreuzer war. Daß Landgraf Wilhelm der Weise ein Freund der Astronomie war und sich eine Sternwarte errichtete, wo er zusammen mit dem ihn

1575 besuchenden Tycho de Brahe mehrere Nächte verweilte, sei nur im Vorübergehen erwähnt. Sein Sohn Moritz der Gelehrte (reg. 1592—1627) setzte die kulturfördernde Tradition des Vaters fort. Es gab in Kassel immer — auch in den furchtbaren Zeiten des Großen Krieges — eine Atmosphäre von Spiritualität, wir hören da von Weigelianern und Rosenkreuzern. So blieb es auch im 18. und 19. Jahrhundert — bis in die Gegenwart hinein. Ja sogar in einem Dorfe unweit von Kassel gab es bis in die neueste Zeit eine Gemeinde von „Theosophen" (wie sie sich selbst nannten), welche Jakob Böhmes Schriften in ihren Versammlungen vorlasen. Die in Deutschland einzigartige Bedeutung Kassels und seiner Fürsten darzustellen, würde eine besondere Aufgabe sein. Mit gutem Grunde mochte ein Rudolf Steiner sich zu dieser Stadt hingezogen fühlen.

Kassel nahm eine bedeutende Stelle ein innerhalb der deutschen Kultur-, Musik- und Geistesgeschichte, wie sie in Deutschland einzig war. Die Stadt war seit Philipp dem Großmütigen, dem Schutzherrn Martin Luthers und der Reformation, die Residenz einer Reihe genialer Fürsten bis zum Tode des Landgrafen Friedrich II. (1785). Die oben genannten so denkwürdigen Häuser, wie auch die Stätte des alten Landgrafenschlosses wie andere Staatsgebäude, befanden sich nur wenige Minuten von meinem Elternhause in der Brüderstraße. In Kassel war Rudolf Steiner vor jetzt drei Jahren zum ersten und zum letzten Male *) gewesen. In den nächsten Jahren (1905 ff.) kehrte er immer wieder gern dahin zurück.

Nun war mir die Aufgabe zugefallen, hier in dieser meiner Heimatstadt einen öffentlichen Vortrag Rudolf Steiners vorzubereiten. War hier Boden für neue Ideen? Dieses war in der Stadt Philipps des Reformationsfürsten zu erwarten, wenn anders nicht die Reformation des Christentums mit dem Jahre des Herrn 1530 abgeschlossen und für alle Zukunft festgelegt sein sollte. Der doch jetzt kam, war auch ein Reformator weit über Martin Luther hinaus. Aber jeder Reformator stößt auf Orthodoxie aller Formationen. Kassel ist auch eine kirchliche Stadt. Wie wurde Rudolf Steiner aufgenommen? Zunächst war er noch so gut wie unbekannt. Sein Vortrag, zumal ein erster, mußte ohne großes Aufsehen bleiben. Aber doch sollte sich just in Kassel ein Kreis ausbilden, der erst klein, aber fest in sich gefügt, in stetem Wachstum zu einem Träger neuer Welt- und Menschengedanken inmitten der Kasseler Öffentlichkeit wurde — der auch in späteren Jahren sich Rudolf Steiners Wertschätzung und Zuneigung er-

*) S. den obigen Brief von Marie v. Sivers, sowie Rudolf Steiners Briefe II, S. 263 und 314.

freute. Ich selbst stand allein, als mir ein Auftrag zugeteilt wurde, den zu übernehmen ich freudig begehrte. Da Herr Dr. Noll, dem ich in Erinnerung an die Münchener Bekanntschaft zuvor geschrieben, sich schweigsam verhielt, begab ich mich sogleich zu Herrn Emil David, den mir Frl. v. Sivers in ihrem Briefe empfohlen hatte. Diesen traf ich in seinem Kontor, welches in der Bahnhofstraße lag. Er war ein freundlicher, lebhafter, kleiner Mann und der Inhaber eines gutgehenden Engros-Geschäftes für Öle und Fette und jüdischer Herkunft. Er war sehr erfreut über den Zweck meines Kommens und sofort zu Rat und Tat bereit, sagte auch finanzielle Unterstützung zu. Dies war mir sehr erwünscht, da ich annoch über keinen Vortragsetat, auch nicht über zureichende eigene Gelder verfügte. Auf seine Veranlassung ging ich in das Lesemuseum am Ständeplatz und nahm sogleich den Saal, der nicht zu groß und günstig gelegen war. Bald darauf teilte mir Herr David mit, daß der Saal im Palais-Restaurant etwas größer sei und auch 30 Mark koste. Ich fragte in Berlin bei M. v. Sivers an. Diese antwortete, daß sie nun jedenfalls Kassel in die Rundfahrkarte einschalten würde.

„Sollte aus dem öffentlichen Vortrag nichts werden, wird dann Dr. Steiner zunächst die Interessenten versammeln. Ein Saal, der 450 Menschen faßt, würde wohl nicht gefüllt werden. Ich hielte einen kleinen Saal für geeigneter — wie groß ist das Lesemuseum? Redner und Sache sind ja neu in Kassel. Über alle Details möchte ich am liebsten vom Dienstag an mit Ihnen verhandeln; jetzt habe ich noch vieles Eilige abzuwickeln. Jedenfalls setzen wir den 18. April für Kassel fest. Und hoffentlich führen Ihre Bemühungen zu einem schönen öffentlichen Vortrag. Ich will Ihnen Vorlagen für die Inserate schicken."

Es blieb also beim Lesemuseum, dessen Saal durchaus geeignet war — nach Größe und Lage —, er hatte auch das für Kassel, was man einen intimen Charakter nennt. Auch dieses Gebäude ist zerstört und abgetragen. Es stand am Ständeplatz rechte Seite, in dem stillen Straßenstumpf, in welchem sich die Wilhelmstraße über den Ständeplatz fortsetzt, gegenüber dem Kunsthaus mit Städt. Vorschule (deren Schüler ich 1892—1895 war) und unterhalb der hochgelegenen sog. Engelsburg, einer höheren katholischen Mädchenschule. Das Lesemuseum war, wie sein Name besagt, ursprünglich ein reserviertes Gesellschaftshaus. Hier hielt auch Edwin Böhme seine Vorträge. Nach 14 Tagen sprach dort ein anderer, der größer war als Böhme, als Edwin und — Jakob.

Die Vorbereitungen konnten beginnen. Es erscheint vielleicht heute in einem Stadium verbesserter Organisation und reichlicher Mittel kleinlich, sich in alle diese Einzelheiten einzulassen und sie vor einer Leserschaft auszubreiten, der sie unwichtig erscheinen können, weil sie jene Kleinarbeit nicht miterlebt hat. Denn da wurde buchstäblich jeder Schritt mit Liebe getan. Und was die geringeren Mittel betraf, so kam es darauf an, mit dem kleinsten Ausmaß möglichst viel zu erreichen. Und dies gehört ja wohl, wie man sagt, zu den Merkmalen eines Kunstwerkes. Im übrigen wollen wir hier einen Ausschnitt aus der Zeit schildern, da Rudolf Steiner den Weg in die breitere Öffentlichkeit beschritt. Alles diente dazu, ihm diesen Weg zu bahnen, auch das Unwichtige und Geringe. Ich hatte nun freilich noch keine Erfahrungen in der Organisation eines Vortrages. M. v. Sivers schickte mir deshalb zunächst Vorlagen für Inserate:

„Ich denke, es ist am besten (schrieb sie), wenn Sie sich dieser Vorlagen bedienen, die mir soeben vom Zweig Karlsruhe zugeschickt worden sind. Es ist derselbe Vortrag, und ist auch der erste öffentliche Versuch in Karlsruhe. Was die Preise für die Eintrittskarten betrifft, hält man es in den verschiedenen Städten sehr verschieden. Wir haben immer Plätze zu 1 Mark, zu 50 Pfennig und nach Belieben. Sie müssen selbst beurteilen, wie es in Kassel am passendsten ist, und ob die Kasseler für geistige Dinge Geld übrig haben. Der Lesemuseumssaal, der 150 Menschen faßt, scheint mir der geeignetste. Nähere Inhaltsangaben über den Vortrag kann ich Ihnen nicht geben; Dr. Steiner ist schon verreist und war in den letzten Tagen hier überbeschäftigt und für vieles nicht zu haben, aber es genügt wohl, wenn Sie die Annoncen und Plakate machen. — Gern würde ich für Kassel auch den 28. April in Aussicht nehmen, z. B. als Thema: ‚Die Welträtsel und der Mensch' — aber vielleicht muß man erst den Effekt des ersten Vortrags abwarten — und dann kommt auch Düsseldorf für diesen Tag in Betracht, da der Doktor am 27. in Köln ist. — Dagegen sind die darauffolgenden Tage: Sonnabend, Sonntag und Montag der 1. Mai wohl ganz ungeeignete Tage für einen öffentlichen Vortrag. Oder spielt der 1. Mai in Kassel keine Rolle? Dienstag den 2. Mai müßte der Doktor schon in Berlin sein. — Sollte eine Rekonstituierung der Loge in Aussicht genommen werden — (ich weiß ja nicht, ob sich die früheren Mitglieder melden werden; ich glaube, was damals hauptsächlich fehlte, war ein Vorstand) —, so könnte man sich vielleicht in engerem Kreise versammeln — das intime Aussprechen ist ja oft am wirksamsten. Dazu könnte entweder Mittwoch der 19. April in Aussicht genommen werden oder der 30. April. — Doch müßte ich vom 19. April schon bald Bestimmtes wissen, weil ich sonst über diesen Tag für Weimar verfüge. — Die Vorlagen (die nicht aus Berlin sind) möchte ich gern zurückbekommen und auch Ihre Kasseler Annoncen mir ausbitten; sie kommen ins Archiv. — Wir können ja nicht darauf rechnen, daß die Einnahme die Ausgaben deckt, und so ist es ganz schön, daß Herr David sich an den Auslagen beteiligen will; die Rechnung schicken Sie mir dann freundlichst zu. — Die drei Billetvorlagen (gelb, blau und Coupon) benutzen wir für unsere verschiedenen Preise. Solche Postkarten, wie die aus Stuttgart, sind ganz praktisch für Einladungen. Wäre nicht auch ein gutes Thema für den ersten Mai: ‚Schiller und die Gegenwart?' Darüber spricht Dr. Steiner in Hannover. — Für heute schließe ich und schreibe Ihnen vielleicht bald wieder — schicke wohl auch einige Drucksachen."

Diesem Brief folgte bald ein zweiter. Denn der Pläne und Vorschläge, welche M. v. Sivers, die rührige Mitarbeiterin Rudolf Steiners, da vor mir ausbreitete, waren gar zu viele gewesen; mehr als ich tragen konnte. Aber wie viel Umsicht, Vorsicht und Rücksicht gehörte zu ihren weitverzweigten Aufgaben? Welche Arbeit war ihr aufgetragen, und wie widmete sie sich diesen Aufgaben mit der Liebe und Hingabe, wie sie der Dienst einer großen und edlen Sache beanspruchte? Sie war eine vorzügliche Organisatorin. Schon in der Ausarbeitung der Reisepläne *) Rudolf Steiners war ihre Fähigkeit in dieser Hinsicht zu erkennen. Wie auch ging sie in alles einzelne ein — bei all ihrer Arbeit! Allerdings für meine Kapazität in zu minutiöser Weise. Das erkannte sie auch alsbald und schrieb:

„Neulich machte ich mir Vorwürfe, daß ich Ihnen gleich zu viel durch den Kopf habe gehen lassen, indem ich noch von anderen Dingen als vom Vortrag sprach. Besser ist's, wir bleiben bei der einen Sache. Dr. Steiner wird am 18. um 9.35 Uhr vormittags in Kassel eintreffen; Sie bestellen vielleicht im voraus ein Zimmer in einem guten Hotel, ein warmes Zimmer, und am 19. um 3.45 Uhr nachmittags reist Dr. Steiner ab nach Weimar. Sollte es Ihnen dann doch scheinen, daß das Eisen geschmiedet werden soll, solange es warm ist, könnte der 1. Mai in Aussicht genommen werden, entweder für einen öffentlichen Vortrag: ‚Schiller und die Gegenwart' (es wäre das beste Thema) oder — falls ein Anschluß geplant wird — für einen engeren Kreis. — Sie werden aber die Lage überschauen und vielleicht erkennen, daß es besser ist, es fürs erste bei einem Besuch bewenden zu lassen. Ich werde Ihnen bald an die 20 Adressen von Bekannten eines unserer Mitglieder schicken. — Den 28., 29. und 30. spricht Dr. Steiner in Düsseldorf."

Diese Adressen erhielt ich auch in einem weiteren Briefe. Zugleich fragte M. v. Sivers:

„Glauben Sie, daß es angebracht wäre, an der Kasse Lucifernummern zum Verkaufe auszulegen, dann würde ich Ihnen welche schicken. In Stuttgart wurden sie alle verkauft. — Wenn sie liegen bleiben, dann wird vielleicht Herr David sie in Gewahrsam nehmen, und sie werden dann abgehen bei einem Vortrag, der noch enger in Verbindung steht mit den darin behandelten Gegenständen. — Dr. Steiner *denkt* nicht gerade an Begründung einer Loge, da er ja nicht weiß, ob der Wunsch danach besteht. Das wird sich ergeben nach dem Vortrag. — Und dann sagen Sie bitte Dr. Steiner, ob Sie den 1. Mai zu einem Schillervortrag wünschen, oder ob Herr David vielleicht einen intimeren Abend veranstalten will. Ich muß es schon am Karfreitag wissen wegen der nächsten Rundfahrkarte. Denn sonst nehme ich einfach Retour-

*) Ein solcher genauestens von Frl. v. Sivers ausgearbeiteter Reiseplan einer Vortragstournee Rudolf Steiners befindet sich in meinem Besitz.

karte nach Köln. — Hoffentlich haben Sie nicht zuviel Schererei mit den Vorbereitungen."

Aber wenn mir etwas Freude bereitete, so waren es die Vorbereitungen für Rudolf Steiners Kommen nach Kassel. Mein Eifer war jedoch den besorgten Eltern nicht durchweg lieb. Sie fürchteten, daß mir die Theosophie etwas schaden könnte; auch sei ihnen oft gesagt worden, daß ich zu jung für die Theosophie sei. Ich war allerdings jetzt etwas über 19; aber konnte man für etwas Großes und Edles, dem die Zukunft offenbar gehörte, nur „alt" sein? War es nicht das Vorrecht der Jugend, sich für eine hohe Idee einzusetzen und, wenn es sein mußte, auch zu opfern? Zum Teufel mit der Furcht! Meinen guten Eltern, welche nach Behörden und Vorgesetzten als nach einer zweiten Vorsehung halb ergeben halb ängstlich emporschauten, war um meine glatte Laufbahn bange, wenn ich mich nicht streng auf vorgeschriebenen Pfaden ins Beamtentum hineinbewegte. Daß mir aber das Eintreten für die Wahrheit schaden könnte, mahnte mich nicht etwa zur Vorsicht, sondern flößte mir eine grenzenlose Verachtung ein gegen Philister, Mephister und Philomephister, welche unter dem Schleier der Heimlichkeit Waffen und Gift verbergen, um Freunde und Kämpfer der Wahrheit zu schädigen und sogar zu vernichten. Auch heute ist es nötig, zumal innerhalb des Lehrbeamtentums, die Verlogenheit zu kennzeichnen, welche Mannhaftigkeit und Wahrhaftigkeit der Persönlichkeit predigt und sie dann als nachteilig fürchtet und verfolgt. Daran hat sich trotz der seitdem sich ablösenden politischen Theorien und Systeme nichts oder nur wenig geändert — selbst nach 1945 nicht.

Rudolf Steiners Kommen war jetzt in nächste Nähe gerückt. „Der Doktor" — wie M. v. Sivers kurz von ihm sprach. Wirklich war bei ihm ein eitler Titel, der *honoris causa* erworben zu werden pflegt, wieder ein Ehrenname geworden, wie er es einmal gewesen. Rudolf Steiner war ein Lehrer unter den größten. Diese Erkenntnis dämmerte auch mir. Mit Liebe und Begeisterung auch für seine edle Persönlichkeit wurde alles getan, wessen es bedurfte, ihm zu öffentlicher Rede zu helfen. Zunächst suchte ich Herrn David auf und legte ihm die Entwürfe der Annoncen vor. Aber er traf keine Anstalten, die zu einer öffentlichen Bekanntmachung benötigten Beträge zu geben, und ich wagte nicht, ihm eine Andeutung seiner Zusage zu machen; er dachte wohl nicht mehr daran und setzte voraus, daß ich über Bargeld verfügte. Wer sollte die Anzeigen bezahlen? Eine kleine Schuldsumme, die an mich zurückbezahlt worden war und die mir zweckdienlich gewesen wäre, hatte meine Mutter bereits zu nützlichen Dingen des Haushaltes verwendet. So legte mir denn mein Vater aus seinem kärglichen Verdienst 11 Mark vor (so viel kosteten damals zwei Inserate in zwei

Kasseler Zeitungen) und finanzierte also Rudolf Steiners ersten Vortrag in Kassel — helfend beteiligt. Die Inserate konnten somit erscheinen, auch Karten wurden gedruckt und in Vertrieb bei einem Buchhändler gegeben. Indes wandte ich mich an M. v. Sivers um einen Vorschuß von 25 Mark, den ich auch umgehend erhielt. Zuletzt wurde auch ein Zimmer im „Kasseler Hof" für Dr. Steiner bestellt, und zwar ein warmes, wie mir aufgetragen war. Das ist so ein Bild aus der Kleinarbeit jener Tage.

Am 18. April zur bezeichneten Zeit kam Rudolf Steiner auf dem Kasseler Bahnhof an. Ich holte ihn ab — ganz allein. Freundschaftlichste Begrüßung. Ich erwartete ihn schon lange, nun war er da. Wirklichkeit. Ich begleitete ihn in den „Kasseler Hof". Dort im Eßzimmer, wo er Kaffee trank und ich ihm Gesellschaft leistete, saßen wir lange noch gegenüber und sprachen über theosophische, aber auch persönliche Dinge. Ich mußte mir Kaffee einschenken und von dem Honig aufstreichen, den es daheim nicht gab. Er erzählte mir, wie er als Schüler zuerst Kant gelesen: er hätte einen Geschichtslehrer gehabt, der unter dem Anschein, er trage vor, aus dem Lehrbuche vorlas, indes die Schüler seinem „Vortrage" im Lehrbuche folgten. Da habe er (Rudolf Steiner) die ausgerissenen Blätter der Reclam-Ausgabe Kants zwischen den Seiten liegen gehabt und Kant gelesen. — Später in Wien habe er auch Mathematik studiert: da sei es für ihn ein unbeschreibliches Erlebnis gewesen, wenn er von der Vorlesung über Differentialrechnung in diejenige über Integralrechnung ging. Aber davon verstand ich nicht viel. Auch erzählte er, wie er bei einem sehr langweiligen Professor mit noch zwei Studenten ein Privatkolleg über Pädogogik gehört habe, und alle drei hätten das Kolleg „geschunden" (d. h. kein Honorar dafür entrichtet), ohne daß es bemerkt worden sei. Im weiteren Verlauf unseres Gespräches erwähnte er, wie einmal nach einem Vortrage ein Haeckelianer ihm als monistisch-materialistisches Bekenntnis Goethes die Worte vorgehalten habe: „Edel sei der Mensch . . ." und „Nach ewigen ehernen Gesetzen . . .", worauf er ihm erwiderte: wenn man Goethe zitierte, so müßte man ihn ganz zitieren; Goethe sage nämlich im gleichen Gedichte: „Heil den unbekannten höheren Wesen, die wir ahnen." Hätte ich nur mehr, mehr aufgezeichnet aus diesen ersten Gesprächen! Aber ich sah nicht historisch voraus, sondern lebte ohne Reflexion in der Gegenwart und ging in der Gegenwart, die mich erfüllte, auf.

Wir statteten nun Herrn David in seinem Kontor einen Besuch ab. In einem kleineren Privatzimmer, wo wir uns aufhielten, bewahrte Herr David, welcher der Besitzer einer wertvollen Sammlung von Altertümern war, verschiedene solcher Kostbarkeiten auf. Er zeigte uns priesterliche Gewänder, und es setzte uns beide in nicht geringes Erstaunen, als Rudolf

Steiner über die Bedeutung und den Gebrauch dieser Gewänder eingehenden und genauen Bescheid zu geben vermochte. Ein kleines Petschaft, dessen Griff ein bronzener Napoleon war, wurde ihm von Herrn David verehrt. Dieser mochte nun gern wissen, ob Rudolf Steiner ein „Vorgeschrittener" sei. (Denn man hatte immer von „Meistern" gelesen, aber nie solch einen zu Gesicht bekommen. Da mochte die Frage sich regen: wie es mit Rudolf Steiner sei. So richtete er mit dem kindlichen Erstaunen, das seiner Natur entsprach, an Rudolf Steiner diese Frage.) Rudolf Steiner antwortete ausweichend. Das müsse man aus dem Vortrage merken, über das „Ob" spreche man nicht. Er wurde dann von Herrn David zum Mittagessen eingeladen. Zuvor ging Rudolf Steiner, wenn ich mich recht entsinne, zu Dr. Noll, den er in München kennengelernt hatte. Ich begleitete Herrn David, der mir noch seine Sammlung in seiner im Akazienweg ruhig gelegenen Villa zeigte. Auf dem Wege sprach er von seinem Plane, ein theosophisches Lesekränzchen zu begründen. Das konnte der Anfang zu einer erweiterten Gruppe werden. — —

Aber nun fiel uns ein, daß die Stühle im Vortragssaal noch keine Nummern trugen. Schnell wurden weiße Pappkartons geschnitten und zum Anbinden fertiggemacht. Es galt Eile; denn Rudolf Steiner wollte uns besuchen. Wir wohnten am Altmarkt (15), beziehungsweise in dem Teile, welcher Brüderstraße heißt — nach einer alten Kirche so genannt, im ältesten und schönsten Teile der Stadt. Mein Vater war Uhrmacher, in diesem Fache sehr geschickt, aber nicht zu Wohlstand gelangt. Er war — damals 52jährig — gebürtig aus Mühlhausen in Thüringen, einer der schönsten alten Reichsstädte, wo der Name unserer Familie schon Anno 1281 genannt wird und unser Wappen den Rathaussaal ziert. Als Thüringer war er musikliebend, hatte mancherlei Interessen und sogar einige Klassen des humanistischen Gymnasiums besucht, dem seitdem seine besondere Vorliebe galt. Keine andere Schulgattung konnte für mich in Betracht kommen. Die Mutter stammte aus dem Dorfe Grandenborn im Ringgau, dem höchsten Orte dieser nach Eisenach zu liegenden hessischen Grenzlandschaft. Unweit des Dorfes, welches mit seiner Umgebung unser Kinderparadies war, liegt die Ruine der Boyneburg, auf der Kaiser Friedrich Barbarossa gern weilte. Sie ist auch Ort mehrerer alter Sagen, von denen die Mutter gern erzählte. Meine Mutter hatte lediglich die Dorfschule besucht und verließ diese nach Ausweis des Kirchenbuches Ostern 1872 als jüngste Konfirmandin mit gutem Zeugnis. Sie war sonach bäuerlicher Herkunft, freilich Kind eines großen Hofes, eine einfache, stille und fromme, glücklicherweise auch tatkräftige Frau. Denn sie war vor die Notwendigkeit gestellt, selbst viel zu arbeiten, um die Familie durchbringen zu helfen. Rückschauend kann ich sagen, daß ich Glück in der Wahl beider Eltern gehabt habe*) — trotz oder wegen mancher Beschwernisse, welche ihre Schatten auf die Jugendzeit warfen. Der Grund, aus dem heraus ich von meinen Eltern zu sprechen richtig und wichtig erachte, ist dieser: es war da eine Familie — kleine Leute sozusagen —, aber sie hatte sich vor aller Bekanntschaft die Wertschätzung eines Dr. Rudolf Steiner erworben, der doch mit gesellschaftlich und geistig hochstehenden Menschen zu verkehren gewohnt war. — Dann war noch eine jüngere Schwester da, eine wahre Frohnatur, und das Familienganze wurde geschlossen durch einen munteren Wolfspitz mit dem klassischen Namen Tell.

Alle warteten. Ich hatte von München aus über Rudolf Steiner berichtet und nicht nur seine Klugheit, sondern auch seine natürliche Herzensgüte zu schildern gewußt. Auch eine Beschreibung seines Äußeren hatte ich gegeben. Danach mußte er unter vielen herauszufinden sein. Meine Mutter schaute aus dem Fenster nach ihm aus. Bis sie rief: „Er ist da, er kommt!" Er war es, sie hatte ihn sogleich erkannt, wie er die Straße herunterkam, in seinem dunklen Anzug, mit dem Halbzylinderhut, dem charakteristischen Schlips und den Schirm unter dem Arm tragend, derweilen er an der Häuserreihe hinaufschaute, unser Haus suchend. Das konnte niemand anders sein als „Er". Schon schritt er auch die Treppe des im Innern etwas dunklen Hauses empor, oben von uns empfangen. Er begrüßte mit der ihm eigenen Herzlichkeit meine Eltern und meine Schwester. Alle freuten sich, unser Spitz mit einbegriffen, der bei jedem der nächsten Besuche Rudolf Steiners diesem entgegen die Treppe hinabkugelte und ihn stürmisch begrüßte, indem er ihm fast bis zum Kragen sprang. Dann legte er sich wohl dem Gaste, wenn er in einem Sessel Platz genommen, zu Füßen. Rudolf Steiner behandelte das treue Tier besonders liebenswürdig, unterhielt sich mit ihm und sagte zwischen Humor und Ernst: „Nicht wahr, Tell, du warst einmal eine Katze?" Als ich ihn bei Gelegenheit des Johannes-Zyklus in München traf, fragte er unter dem Mittagessen bei S. Stinde nicht nur nach den Eltern, sondern auch nach dem Tell. Dieser erste Besuch dauerte nicht lange, allzu rasch verfloß die kostbare Zeit. Rührend war seine Anteilnahme an allem, was das tägliche Leben meines Vaters und der Mutter ausmachte. Er ließ sich von dieser über den Mittagstisch, den sie unterhielt, und die Preise unterrichten; er sprach mit dem Vater über Uhren und Uhrmacherei

*) Sie haben sogar, wenngleich bescheidenen, Eingang in die hessische Heimatliteratur gefunden, insofern der Schriftsteller und Lehrer Heinrich Ruppel im „Kasseler Sonntagsblatt" (76. Jhrg. 1954 Nr. 1) die kleine Erzählung „Was eine Backpfeife bewirkte" veröffentlichte, deren Begebenheit ich ihm mitgeteilt hatte — ein Schicksalsfall.

und erzählte, während er sie seiner Tasche entnahm, von seiner Uhr, welche er bei den Vorträgen auf das Pult zu legen pflegte, und die auch einen Fall oder dergleichen aushalten müßte. Mit der Schwester, einem sechzehnjährigen Mädchen, lachte er herzhaft. Alle hatten ihn liebgewonnen. Es kamen auch noch zwei Freunde, die von seiner Anwesenheit wußten, der eine: Hans Bunge, der andere Rudolf Walkoff, jene beiden Mensurkontrahenten; der zweite hatte einige Fragen über Spinoza auf dem Herzen. Rudolf Steiner verabschiedete sich nun von meinen Eltern, nach denen er sich aber bei diesem, seinem ersten Aufenthalt in Kassel, noch einige Male erkundigte. Nach einigen Wochen (Ende Mai) schrieb mir aus München S. Stinde:

„Dr. Steiner hat Ihre Eltern übrigens sehr liebgewonnen und erzählte so lieb von Ihren Eltern."

Er sah nicht auf Rang, Stand und höhere Bildung. Aber er spielte auch keine Herablassung und Leutseligkeit. Sein Wesen ist echt und unmittelbar gewesen. — So war Rudolf Steiner —: ein an allem teilnehmender Mensch. „*C'est un homme*" konnte in jeder guten Beziehung auch von ihm gesagt werden.

Kaum war er fort, mußte ich ins Lesemuseum eilen, um dort die Platzkarten an den Stühlen zu befestigen. Unterwegs hörte ich von dem Kassierer Günstiges über den Vorverkauf. Wir verfügten über 120—130 Sitzplätze. Davon kosteten die numerierten 50 Pfennig und die offenen 30 Pfennig. Das waren unsere Preise, ich hielt sie in der Festsetzung für Kassel für ganz angemessen. Die Vorbereitungen waren kaum beendigt, als die ersten Leute kamen. Der Saal füllte sich, es wurden mehr Sitzplätze verlangt, als vorhanden waren. Mein Vater und auch die Schwester kamen zum Vortrag, auch mein ehemaliger Lehrer Professor Stoll erschien; es war mir eine große Freude, ihn Dr. Steiner vorzustellen. Dieser war schon früh anwesend. Daß der Vortrag so gut besucht sein würde, hatte er nach seinen Erfahrungen in anderen Städten nicht geglaubt. Er begann seinen Vortrag, dessen Thema lautete: „Die Weisheitslehren des Christentums." (18..4. 1905) Von Anfang an war eine tiefe Aufmerksamkeit im Saal. Die Osterzeit war nahe. Mir erschien es bemerkenswert, daß Rudolf Steiner über das Christentum sprach, als dessen Illuminator er auftrat, während die bisherige Theosophie, wie wir sie kannten, indisierte. — Das war kein Orientalismus. In späteren Jahren wurde mir seine Sendung zunehmend verständlich. Wo Lessing von der Epoche des dritten Testaments redete, wußte ich, daß kein anderer als Rudolf Steiner dessen Künder war. Mit tiefer Ahnung schrieb Heinrich Heine gegen den Schluß des zweiten Buches seiner „Geschichte der Religion und Philosophie in Deutschland", indem er von Lessing als dem Fortsetzer Luthers spricht: „Seit Luther hat Deutschland keinen größeren und besseren Mann hervorgebracht als Gotthold Ephraim Lessing. Diese beiden sind unser Stolz und unsere Wonne. In der Trübnis der Gegenwart schauen wir hinauf nach ihren tröstenden Standbildern, und sie nicken eine glänzende Verheißung. Ja, kommen wird auch der dritte Mann, der da vollbringt, was Luther begonnen, was Lessing fortgesetzt und dessen das deutsche Vaterland so sehr bedarf — der dritte Befreier! — Ich sehe schon seine goldene Rüstung, die aus dem purpurnen Kaisermantel hervorstrahlt, wie die Sonne aus dem Morgenrot." Nur ärgstes Mißverständnis kann diese Vorausschau politisch ausdeuten. Der Befreier war da. Aber wie schon einmal standen die Autoritäten im Hintergrunde, unwissend, feindselig oder zweifelnd: bist du es, der da kommen soll? Es waren nicht die Kreise der Wissenschaft und des Kirchentums, die sich um Rudolf Steiner einfanden, sondern Seelen, oft einfache, natürliche Menschen, deren Erkenntnishunger und Wissensdurst von dort her keine Befriedigung fand. Rudolf Steiner erzählte einmal: ein Geistlicher habe ihm gesagt, was er (Rudolf Steiner) vorgetragen habe, könnten schließlich auch die Leute in der Kirche hören; er erwiderte: offenbar nicht; denn sonst wären diese Leute nicht in seinen Vorträgen. Er spräche gerade zu den Menschen, die nicht mehr in die Kirchen gingen. In der Tat hätte Rudolf Steiner höchste Dankbarkeit verdient. Denn gerade er hat vielen Menschen wieder den Zugang zu den „Weisheitslehren des Christentums" erschlossen, welchen die Kirche zu erschließen weder das Wissen noch die Kraft hatte. Sie würde aber Christus selbst bekämpfen, wenn er heute erschiene. So bekämpfte sie ihn wenigstens in einem Manne, der zu jenen unendlichen Weiten des Christentums den Weg wies, welche am Ende des Johannisevangeliums in der Ferne erscheinen.

Nach dem Vortrag dieses Abends am 18. April begaben wir uns in den „Kasseler Hof", Herr David, mein Vater, noch vier andere Herren und ich. Auch Dr. Noll war da; er stand unerwartet hinter mir und entschuldigte sich, daß er nicht geantwortet. Als wir in den „Kasseler Hof" gingen, wo Rudolf Steiner wohnte, waren wir zu beiden Seiten Dr. Steiners untergehakt — auf der linken Herr David, auf der rechten ich. Der Redner des Abends selbst hatte uns zu sich genommen. Da machte Herr David die Bemerkung, vielleicht sei er ihm (Dr. Steiner) unbequem und zu schwer. Rudolf Steiner verneinte dies freundlichst, worauf Herr David: es sei doch merkwürdig, daß man sein eigenes Gewicht nicht bemerke. Worauf Dr. Steiner: das mache der Ätherleib; dieser hebe das Gewicht auf. — Unter mancherlei Gesprächen saßen wir bis 00.30 Uhr beieinander. Am nächsten Morgen suchte ich Rudolf Steiner zum Kaffee auf. Es wurde sogleich ein neuer Vortrag auf den 1. Mai festgesetzt, dessen Thema lautete: „Schiller und die Theosophie." Der Saal des Lesemuseums wurde bestellt. Nachmittags begleitete ich Rudolf Steiner zur Bahn. Bis zur Abfahrt des Zuges verweilten wir im Wartesaal, wo er mir trotz anfänglichen Sträubens eine Tasse Kaffee dedizierte, was ich als große Gunst empfand. Um 3.45 Uhr reiste er nach Weimar ab, 2. Klasse! Das imponierte mir und ich mir selbst; denn von mir war noch kein Bekannter oder Verwandter 2. Klasse gefahren, und ich durfte vor dem Fenster draußen mit ihm sprechen. „Auf Wiedersehen am 1. Mai!"

Nun ging ich an die Abrechnung. Es stellte sich heraus, daß 77 Karten zu 30 Pfennig und 41 zu 50 Pfennig verkauft waren, das waren also 118 bezahlte Plätze. Für Kassel eine ansehnliche Zahl. Die Einnahmen betrugen somit 43,60 Mark. Die Ausgaben betrugen: Saalmiete 30 Mark, Zeitungsannoncen 22 Mark, Eintrittskarten und Kassierer 5 Mark, zusammen 57 Mark. M. v. Sivers schickte 25 Mark, wovon 11 Mark von meinem Vater ausgelegten Geldes abgingen. (Darin 10 Mark, die Herr David nachträglich geschenkt.) Ich konnte ihr 21,60 Mark nach Berlin senden, der Vortrag war also mit einem Zuschuß von 3 Mark 40 Pfennig veranstaltet worden. —

Nach Rudolf Steiners Abreise schrieb mir auch S. Stinde:

„Dr. Steiner freute sich sehr über Sie und über alles, was ich ihm von Ihnen erzählte. Wie werden Sie sich gefreut haben, ihn in Kassel zu sehen!"

So war es. Daß es gelungen war, ihn nach Kassel einzuladen und dort einen Vortrag zu veranstalten, erfüllte mich mit hoher Genugtuung.

Alsbald begannen die Vorbereitungen zum zweiten Vortrag. Denn ich hatte einen Vortrag für den 1. Mai „gewünscht". Dr. Steiner sagte gleich zu, wie schon erwähnt. Ich ging zu Herrn David, meinem Berater und nunmehrigen Freund. Geld für Annoncen hatte ich keins, deshalb bat ich ihn, mich überwindend, um 10 Mark, die er mir bereitwilligst gab, auch zog er Einladungskarten mit einem Apparat ab. Da schickte aber auch M. v. Sivers die wiederum erbetenen 25 Mark, außerdem mehrere Bücher und Hefte von Lucifer-Gnosis zur Auslage. Zugleich dankte sie für den ihr erstatteten ausführlichen Bericht.

„Es ist schön, daß in Kassel alles so gut gegangen ist. Es hängt immer sehr viel von demjenigen ab, der die Vorbereitungen in die Hand nimmt, und Sie haben Ihre Aufgabe schön erfüllt. Ich selbst hatte nicht mehr Zeit das letzte Mal, Ihnen Bücher zu schicken, da ich mich an die Herausgabe der Schillervorträge gemacht hatte. Ich hoffe, diese treffen noch rechtzeitig ein. Ich habe Ihre Adresse der Druckerei gegeben, von wo aus man sie schicken soll. Dies sind die gewünschten Lucifernummern. Wir verkaufen den Jahrgang 1—12 zu den herabgesetzten Preisen von 4,50 Mark (oder 5 Mark, wenn wir das Porto tragen beim Verschicken). Nummer 2, 3 und 4 enthalten den Aufsatz über Einweihung und Mysterien, ermäßigt zu 1 Mark für die drei Hefte. In Karlsruhe wurden sie so verkauft beim Vortrag über die Weisheitslehren des Christentums. Sonst gehen die Hefte für je 50 Pfennig. — Die Schillerbüchlein sind zu 1 Mark. — Ich lege auch einige ‚Kinder des Lucifer' von Schuré hinzu (à 3 Mark). — Wir machen uns ja nicht die Hoffnung, daß dies Werk schnell unter die Leute kommt, aber wir möchten doch, daß es nach und nach bekannt würde. — Ich lege die Rechnung für das Bücherlager bei, und trage es auch so in mein Hauptbuch ein. — Bei wem werden die Bücher liegen, wenn Sie nicht da sind? Dr. Steiner wird Ihnen wohl seine Ankunft per Karte melden. Ihnen alles Gute wünschend mit bestem Gruße M. v. Sivers."

Nunmehr trat auch Dr. Noll in die Vorbereitungen ein. Während ich an einem Abend, da er sehr spät von seinen Krankenbesuchen heimkam, ihn erwartete, las ich in den auf einem Tischchen daliegenden, von Karl Neumann übersetzten Reden Buddhas. „Buddhist!" dachte ich.

Am gleichen Tage (28. April) schrieb mir M. v. Sivers:

Dr. Steiner wird wahrscheinlich bei Dr. Noll absteigen, da er von diesem Herrn eingeladen ist. Wäre es nicht ganz gut, wenn Dr. Noll einige nähere Interessenten schon am Tage etwa um 4 Uhr zu sich auffordern würde, um eine intimere Besprechung zu ermöglichen? — Herrn David habe ich eine Lucifer-Serie 13—21 geschickt und ihn als Abonnent eingetragen. — Sagen Sie bitte den anderen, die zu abonnieren wünschten, sich direkt hierher zu wenden an Dr. Steiner oder an mich. (Ich lege in Herrn Davids Paket einige Annoncen hinein, die könnten Sie verteilen.) ... Faust wird noch einmal gedruckt werden."

Es handelte sich hier um eine kleine Schrift Rudolf Steiners über „Goethes Faust als Bild seiner esoterischen Weltanschauung", die vergriffen war. Nun kamen 50 Exemplare von Rudolf Steiners Schillervorträgen an. Es waren Berichte über einzelne Vorträge, welche Rudolf Steiner in Berlin an der „Freien Hochschule" gehalten hatte; also nicht vollständige Nachschriften. Ihr Inhalt war etwas Neues auf theosophischem Felde; denn hier ging es in die Gebiete des deutschen Geisteslebens hinein, welche seitdem gerade von Rudolf Steiner erhellt worden sind. Dieses Schriftchen nun betraf zunächst ein weiterer Brief:

„Wollen Sie bitte Herrn Dr. Steiner gleich selbst fragen, welchen Preis er für das Schillerbüchlein anzusetzen wünscht. Wir dachten zunächst an 1 Mark, weil es mehr als doppelt so dick ist wie das Faustbüchlein, das 50 Pfennig kostet. Aber nun hat es der Drucker doch nicht so hübsch ausgestattet — das Papier ist weniger gut. Vielleicht wären 75 Pfennig der richtige Preis —, oder meint er es als halbe Festgabe zu behandeln und auf 50 herabzusetzen. Bitte sagen Sie ihm, er soll prüfen und entscheiden, und melden Sie mir dann gleich per Karte seinen Entschluß, damit ich weiß, was ich hier zu tun habe. Er soll es ganz genau bestimmen, weil ich mich nicht genug darin auskenne. Bitte lassen Sie ihn vorher nicht los, und überreichen Sie ihm dabei dies Briefchen. — Es wäre wohl zu viel, Sie darum zu bitten, in meinem Vorwort, dritte Zeile von oben, das Wort d a r i n mit Tinte oder Blei in allen Exemplaren auszustreichen (zweites Wort). Es ist so dumm, wenn gleich im Anfang ein Druckfehler einem ins Auge stößt, und die Setzer sind oft so nachlässig. Ich hatte natürlich im Korrekturbogen das Wort darin ausgestrichen und statt dessen „des Vortrags" geschrieben, und sie haben beides aufgesetzt. Das läßt nichts Gutes auf den weiteren Stil schließen. Vielleicht können Sie es in zehn Minuten doch machen. Ich werde es hier allmählich auch tun. — Vieles Gute wünsche ich Ihnen in Marburg. — Es wäre schön, wenn wir diesmal ganz auf die Kosten kämen; denn nun wird Kassel doch für sich selbst sorgen, und schon dazu ist immer Logenbildung gut — dann gibt's doch etwas Geld in die Kasse, und mehr Menschen sind an der Sache beteiligt. Nächstes Jahr versuchen wir's statt dessen in Marburg ... Sollte sich eine Loge in Kassel bilden, so würde ich vorschlagen, sie ‚Schiller-Loge' zu nennen. Das wird ihr Glück bringen. Würden Sie mir noch eine Abrechnung schicken können der verkauften und der noch lagernden Bücher?"

Selbstverständlich unterzog ich mich gerne der geringen Mühe, jenen Druckfehler auszumerzen.

Die Zeitungsanzeigen waren besorgt, gemeinsam mit Dr. Noll wurden einige Adressen von Personen zusammengestellt, an die Einladungen ergehen sollten. Nun meldete sich auch Rudolf Steiner an:

„Düsseldorf, den 29. April 1905. Mein lieber Herr Kleeberg! Die Verhältnisse bringen es diesmal mit sich, daß ich Nachmitternacht in Kassel ankomme. Daher bitte ich Sie, vom Erwarten abzusehen, und mich am Montag früh im Kasseler Hof, wo ich wieder wohnen möchte, beim Frühstück 9 Uhr freundlichst zu besuchen. — Es wird mir sehr lieb sein, Sie wieder zu sehen; an Ihre l. Angehörigen und Sie selbst herzlichste Grüße von Ihrem Dr. Rudolf Steiner, zur Zeit Rath bei Düsseldorf bei Dr. Peipers, Kaiserstraße 40."

Es war nicht überflüssig, daß er bat, nicht zur Bahn zu kommen. Denn auch zur Nachtzeit würde ich es nicht verschmäht haben, ihn zu empfangen. Bezeichnend für ihn ist in dieser kurzen Benachrichtigung, daß er einen Gruß an meine Angehörigen hinzuzufügen nicht vergaß.

Zu der festgesetzten Zeit stellte ich mich im „Kasseler Hof" ein und traf Dr. Steiner bereits beim Kaffee sitzen. Wieder lud er mich zur Teilnahme ein. Wie interessant er zu erzählen wußte! Friedrich Nietzsche war erst vor wenigen Jahren gestorben. Ich wußte über ihn nur, daß seine Lektüre gefährlich für Jugendliche sei, und mir schwebte eine Zeitungsnachricht vor, welche ich noch als Schüler gelesen, wonach ein Primaner in Eisenach durch Nietzsche den Verstand verloren und sich das Leben genommen habe. Ich war überrascht, daß Dr. Steiner besagten Nietzsche gekannt. Er erzählte mir davon, wie er einmal in Naumburg Nietzsche besucht — eigentlich nur gesehen habe. Die Schwester des Philosophen habe ihm die Türe des Zimmers geöffnet, in welchem sich ihr kranker Bruder befand. Da habe er ihn gesehen, lang ausgestreckt auf einem Sofa liegend, teilnahmslos, den Besucher nicht beachtend, wie eine ausgehöhlte Schmetterlingspuppe. Ich war tief ergriffen. Das war ein trauriges, erschütterndes Bild. Was Dr. Steiner sonst erzählte, war zumeist fröhlicher, erheiternder Art. Aber dies? Nicht lange danach sah ich bei Dr. Noll ein Bild Nietzsches, vor dem ich oft stand und es betrachtete, stellte auch bei kommender Gelegenheit eine Frage über Nietzsche an Dr. Steiner. Davon später. — Im Verlaufe unseres Gespräches fragte ich ihn, welche Philosophie er mir zum Studium empfehlen würde. Er nannte mir Cartesius' „Abhandlung über die Methode des richtigen Vernunftgebrauches" und „Grundlagen der Philosophie", schließlich Fichtes „Bestimmung des Gelehrten". Wir gingen nun zusammen in die Stadt. Ich beobachtete, wie Leute, die vorübergingen, stehen blieben und sich nach ihm umschauten; denn sie mußten denken, dieser Mann da sei „etwas Besonderes". Rudolf Steiner war eine bemerkenswerte, nicht alltägliche Erscheinung, die unter Tausenden nicht zu verkennen gewesen ist. In der Hühnschen Buchhandlung fragte er nach einer italienischen Literaturgeschichte, die jedoch nicht vorhanden war, und ließ sich die Reclam-Ausgaben der vorgenannten Schriften von Cartesius und Fichte bringen; diese dedizierte er mir, sie sind mir ein wertes Andenken. — Weil nun mein Vater, ohnehin stets in Sorge wegen meiner Hinneigung zu der damals noch radikalen Sozialdemokratie (er selbst war gut bürgerlich national-liberal), immer befürchtete, die Theosophie könne mir in meiner späteren Laufbahn schaden („schaden" ist ein gewichtiges Wort in der bürgerlichen Mentalität), fragte ich Rudolf Steiner, was er dazu meine. Er sagte, ich dürfe noch nicht zu sehr mit meinen Anschauungen hervortreten. Von allergrößter Wichtigkeit sei nur, daß ich die Jugend zur Duldsamkeit und zu einer idealen Lebensauffassung erzöge. Mein ganzes Denken müßte ich in mein Leben ausfließen lassen. Das sei die Hauptsache. — Dieser Rat war sicherlich klug und trug auch der Vorsicht genügend Rechnung, insofern es nicht geraten ist, die Zöpfe und Perücken eines behördlichen Olymp ohne allzu dringliche Nötigung zu reizen. Gleichwohl sind diese seit ältesten Zeiten ebenso unbeengt in ihrem Urteil über kühne Neuerer, welche „die Jugend verderben und neue Götter einführen", wie in der Macht, jenen zu „schaden" — sowohl offen als geheim auf Wegen, die sich der Nachprüfung entziehen. — Ich begleitete Rudolf Steiner zu Herrn David in dessen Geschäftslokal. Er war von diesem zum Mittagessen eingeladen und nahm seine Einladung an, weil sie vor derjenigen Dr. Nolls erfolgt war. Er war auch darin durchaus korrekt. Manch anderer hätte diese Einladung des unscheinbaren Kaufmanns umrangiert, zumal da Dr. Steiner schon letztes Mal Gast von Herrn David war, und dem Akademiker und angesehenen Arzt den Vorrang gegeben. Ich war auch aufgefordert, jedoch mit den Vorbereitungen für den Vortrag beschäftigt.

Nachmittags gegen 1/24 kam Rudolf Steiner zu uns in die Brüderstraße. Es war für uns nicht leicht, ihn entsprechend zu bewirten. Das Beste, was wir ihm anbieten zu können glaubten, war eine Tasse guten Kakaos, die nun für seine Besuche bei uns üblich wurde; galt doch Kakao in unseren Kreisen als vornehm. Erst viel später hörte ich von der Interpretatio Steineriana, daß Kakao das Philistergetränk sei, wie Kaffee das der Literaten und Tee der Diplomaten. Mit aufrichtiger Herzlichkeit wurde er empfangen und gab sich seinerseits mit einer Natürlichkeit und einer Bescheidenheit, die seiner menschlichen Größe entsprach. Oft noch waren in späteren Jahren seine Besuche der Gegenstand unserer Gespräche, wenn wir um den Tisch in der Runde saßen, in welcher allerdings als erster der Vater fehlte. Dieser erzählte gern Geschichten aus seinem Handwerkerleben, die wir schon in ihren Teilen und Höhepunken längst kannten, etwa die lustige Geschichte von seiner Flucht aus der Zucht seines strengen Lehrherrn in Sangerhausen am Kyffhäuser, als er sich in einem leeren Schrank aus dem Hause tragen ließ, um nächtlicherweise nach Mühlhausen zu gelangen, von wo ihn der Vater zurückbrachte; oder er erzählte von seiner Gehilfenzeit in Weimar, wo ja auch Rudolf Steiner gewesen, und wie er dort in einer Abendgesellschaft bei seinem Prinzipal, dem Hofuhrmacher Grösch, mit Franz Liszt zusammengewesen sei, neben welchem er auch einmal bei einem Konzert gesessen habe; das waren Höhepunkte für ihn gewesen. Da hörte Rudolf Steiner mit wirklichem Interesse und großer Geduld, die aber nicht diejenige der Überhebung war, zu. Er war eben Mensch unter Menschen und auch hier ohne Tadel. Als ich einmal das Zimmer verließ, fragte ihn mein Vater, ob mir nicht die Theosophie schaden könne. Rudolf Steiner antwortete dasselbe wie mir am Morgen. — Das Gespräch kam auch auf den Postpraktikanten Stange, der seine Familie verlassen hatte, um in einem buddhistischen Kloster auf Ceylon Mönch zu werden. Das erzählte mein Vater. Rudolf Steiner erklärte solches für unnötig und zeigte außerdem den Widerspruch darin, daß jemand unsere Kultur verachte, sich aber des Dampfes bediene, um nach Indien zu kommen. Konsequenterweise hätte Herr Stange laufen müssen.

Zeitig brachen wir nun zu Dr. Noll auf, in dessen Wohnung sich ein kleiner Kreis versammelt hatte. Auf dem Wege fragte mich Rudolf Steiner, ob wohl der 1. Mai, der in diesem Jahre 1905 sogar durch den („blauen")

Montag verstärkt wurde, für Kassel und den Besuch des Vortrags von Bedeutung sein könnte, was ich verneinte. Freilich, von der Arbeiterschaft Kassels wurde dieser Tag ausgiebigst gefeiert. Einige Betrunkene begegneten uns am Abend auf dem Wege zum Lesemuseum. Die Hauptfeier spielte sich alljährlich in der schönen, von den Bürgern meist gemiedenen Gartenwirtschaft „Zum bunten Bock" auf dem Möncheberg ab. Ich erzählte davon Herrn Dr. Steiner und knüpfte daran die Bemerkung, daß die Fabriken und die Arbeiterwohnviertel sich im östlichen Teile der Stadt befänden, im westlichen die sog. besseren und vornehmen, wie das wohl in allen Großstädten der Fall sei, auch in Berlin — ein Verhältnis, das nach meiner Meinung verursacht sei durch die in Europa vorherrschenden Westwinde, welche Rauch und Dunst nach Osten wehen und den Westen frei halten. Rudolf Steiner hörte sich diese Erklärung an und fragte, ob ich glaube, daß dies überall so sei. Ich hatte es mir so gedacht; insgeheim hielt ich außerdem den Osten für die proletarische und sozialistische Himmelsrichtung. Bei Dr. Noll waren zwölf Personen versammelt, unter ihnen ein Oberleutnant (mit Namen Raabe) in Uniform, welcher sogar die Rennen auf dem Forst, ein gesellschaftliches Ereignis ersten Ranges, um Rudolf Steiners willen drangab. Auf Dr. Nolls Wunsch sprach Rudolf Steiner über die eigentliche Bedeutung der Wochentage, deren Namen in Beziehung zur vergangenen und zukünftigen Evolution der Erde und der Menschheit stünden. Es war für mich erstaunlich, wie er so auf bloßen Anruf hin aus dem Vollen eines unergründlichen Wissens schöpfend über ein gewünschtes Thema sprach. In seinem Vortrag erwähnte er auch den Regenbogen, der, erst nach Abflauen der Sintflut unter den neuen atmosphärischen Verhältnissen möglich geworden, sich über den Himmel spannte, und fügte hinzu, die Bedeutung dieses Phänomens sei ihm vor nicht langer Zeit erst aufgegangen, insofern ein Regenbogen innerhalb der atlantischen Dunst-Atmosphäre sich nicht habe bilden können, sondern erst innerhalb der Luftverhältnisse, wie sie nach der Atlantis wurden. Also auch Rudolf Steiner erarbeitete sein Weltbild in mühsamer Forschungsarbeit; es stand nicht fertig aus Intuition, wie manche wohl glaubten, vor seinem geistigen Auge. — Es war 6 Uhr geworden. Herr David, mein Vater und ich begleiteten ihn zum Kasseler Hof. Mein Vater war sehr beruhigt und im klaren darüber, daß „die Theosophie mir keine Nachteile zu bringen brauchte, wenn ich mich danach verhielte". So schrieb er mir denn, zu Hause angekommen, eine Bescheinigung, daß er meinen Eintritt in die Theosophische Gesellschaft billige. Diese Bescheinigung wurde, da ich minderjährig war, vom Gesetze gefordert.

Am Abend brach ein Gewitter mit heftigem Regen aus, das wohl eine größere Anzahl Menschen am Besuch des Vortrages hinderte. Trotzdem war er zufriedenstellend besucht von 81 Zuhörern. Die Bücher waren ausgelegt, wurden aber nicht gerade zahlreich gekauft. Der Vortrag sollte eben beginnen, als ich hinausgerufen wurde. Ein älterer Mann aus Handwerker- oder Arbeiterkreisen stand draußen und fragte um unentgeltlichen Einlaß. Der wurde selbstverständlich gewährt. Rudolf Steiner sprach über „Schiller und die Theosophie". Schiller erschien jetzt als der intuitive Denker, der in sich das Erlebnis einer geistigen Welt und Wirklichkeit trug — der nicht nur eine „Theosophie" in den „Philosophischen Briefen" entwickelte, sondern auch die Tatsache des wiederholten Erdenlebens aussprach. Rudolf Steiner stand da als der rechte und würdige Verkündiger Schillers; auf ihn war jenes Wort ebenso anwendbar, welches 25 Jahre nach Schillers Tode Goethe von seinem verstorbenen Freunde aussagte: ihm sei die Christustendenz eingeboren gewesen, nichts Gemeines zu berühren, ohne es zu veredeln; dahin sei seine innere Beschäftigung gegangen (Goethe an Zelter 9. Nov. 1830). „Christustendenz in ihm". Dieser Vortrag Rudolf Steiners schloß sich innerlich an seinen ersten über das Christentum an. Beide bezeichneten treffend Rudolf Steiners Geisteshaltung und Tätigkeitsgebiet.

Nach dem Vortrag konnten wir mit ihm noch bis ½12 zusammensein. In der Nacht reiste er nach Berlin zurück. Ein glänzendes finanzielles Ergebnis hatte auch die Abrechnung für diesen Vortrag nicht zu verbuchen. Der Nachweis sei hier erspart.

*

Ich ging nach Marburg, um dort mein Studium fortzusetzen und zu beschließen. Ich studierte klassische Philologie und Geschichte und wurde Zuhörer und „näherer Schüler" von Beatus Rhenanus (Theodor Birt), in dessen von einer griechischen Aura durchwehtem Hause auch eine edle und fröhliche Geselligkeit blühte. Allein mochte nun die Philologie allzu arg in das Minutiöse sich verlieren und mir die alten Aristarcheer zum Spott werden, die sich um „*min*" und „*nin*" mehr kümmerten als um ewige Werte und das Schöne, oder mochte die edle Wissenschaft der Philologie eine Entweihung erfahren, wenn sie auf die ledernen und wieder so dehnbaren Bestimmungen der preußischen Prüfungsordnung bezogen wurde; das Studium war bar jeden Schwunges gemacht, indem es fortan nur einem Zweck dienen, aber keinen Sinn mehr in sich tragen sollte. Ich suchte meine Rettung in den sog. Allotria und ging eigene Pfade. Diese führten mich in den kleinsten aller Hörsäle, für mich den inhaltreichsten, einen Raum mit zwei Bänken und einem Katheder bestellt: hier las der berühmte Orientalist Ferdinand Justi die Elemente der Sanskrit-Grammatik und, als der Zuhörer immer weniger wurden, mit mir allein Sanskrittexte. Nach seinem

Tode folgte ihm der hervorragende Iranist und Rigveda-Forscher K. F. Geldner, dem ich nach jenem als meinem Lehrer innige Dankbarkeit bewahre. Denn in den Gebieten, die sie beherrschten, war ich faktisch frei — deren Vorzug war gerade, daß sie praktisch „keinen Wert" hatten und doch die höchsten Werte in sich trugen. Die engen Fach- oder besser Fächermenschen wurden mir zum Greuel. Es war ein Konflikt ärgster Art, in den auch ich mit solchen, welche Wissenschaft suchten, eingespannt war. Denn die Universitäten waren (und sind) Staatseinrichtungen vor allem zur Ausbildung von Beamten und zur Abhaltung von Prüfungen, diesen Gespenstern von Wissenschaft und Können — die alle selbsttätige Arbeit erdrücken und ausbleichen —, in denen ein selbstforschender Geist erkennen muß:

„Was man nicht weiß, das eben brauchte man;
Und was man weiß, kann man nicht brauchen."

Rudolf Steiner sagte irgendwo, zu ihm habe ein wissender Universitätslehrer das Geständnis gemacht: die größten Kamele machten die besten Examina. —

Bald nach meiner Ankunft in Marburg machte ich einen Anschlag ans Schwarze Brett und lud Studenten, welche der theosophischen Weltanschauung nicht ferne stünden, zu gemeinsamem Studium und der Besprechung theosophischer Literatur ein. Nach zehn Tagen meldete sich ein Student. Diese Schwalbe machte für mich den ganzen Sommer, und ich sah sie in Scharen kommen. Aber es stellte sich außer diesem nur noch einer und noch einer ein. Man las Annie Besants „Vier große Religionen"! Der Anschlag blieb fürderhin ein stummer Rufer. Mancher Student las ihn. Was dachte er sich dabei? Münchener Mitglieder stifteten eine kleine Bibliothek für Marburg, die manchen guten Lesestoff enthielt. Die englisch-theosophische Literatur überwog jedoch. Mein Umgang mit Studierenden der deutsch-christlichen Studentenvereinigung zeigte immer wieder, wie sehr ich in buddhistischen und brahmanischen Theoremen befangen war. Diese betonte ich gegenüber einem allzu engen Verständnis des Christentums.

Theosophie alles in allem bedeutete mir die Grundlage und das Ziel allen wissenschaftlichen Strebens — die Synthese aller Wissenschaften schlechthin — die Einheit, die ich aus tiefem Instinkt heraus suchte, und die mir die Universität nicht gab. Die Universität! Die eine Multiversität war, eine Spezialität, eine Ansammlung von Spezialitäten. Dem, der Wahrheit suchte, war dieses Herumstreichen um die Regionen der geistigen Wirklichkeit trostlos und peinvoll. Auch zur Philosophie, die in Marburg durch Cohen vertreten wurde, fand ich kein Verhältnis.

Bahūni yo veda na sa kimcij jānāti puruṣaḥ;
Etad ekaṃ yo jānāti sa vidyāt sarvāṇi naraḥ.

„Wer vieles weiß, der weiß nichts; wer das Eine erkennt, der weiß alles." In diese Worte der geliebten Sanskritsprache faßte ich Position und Negation gegenüber der Universität, ihren Darbietungen und ihren Forderungen, zusammen.

Inzwischen war ich Mitglied der Theosophischen Gesellschaft geworden und war auf das indische Hauptquartier in Adyar nicht wenig stolz. Eine Zierde meiner Studentenbude war das eingerahmte Mitgliedsdiplom, ausgestellt vom 5. Juni 1905, handschriftlich ausgefüllt von Marie v. Sivers, von Dr. Steiner unterschrieben und versehen mit dem faksimilierten Signum des Präsidenten H. S. Olcott. Darüber dünkte ich mich wie Joseph von Ägypten fast mehr wie meine Brüder. M. v. Sivers schickte mir die Urkunde und schrieb dabei:

„Es freut mich sehr, Sie nun auch als Mitglied eintragen zu können. In welchen Zweig treten Sie eigentlich ein? Ist es in den Münchener Zweig oder in unseren Besant-Zweig, oder wollen Sie als Sektionsmitglied sich einschreiben lassen? Dr. Steiner möchte Ihnen gern in diesem Jahr den Beitrag erlassen, wegen Ihrer ‚Dienste' in der Bewegung. Schicken Sie also keinen Jahresbeitrag. Sie können ja auch Ihr Geld anders in diesem Dienste verwenden. Wegen der erhaltenen 5 Mark gebe ich Ihnen Mitteilung, falls ich sie Ihnen auch als Guthaben für Bücher aufschreiben kann. ‚Die Großen Eingeweihten' werden wohl erst im Herbst erscheinen. Wir wollen sehen, ob Dr. Steiner für angemessen hält, in den ‚Lucifer' etwas über die Studentenbewegung zu bringen. Glauben Sie, daß die Vorträge über die vier Fakultäten im nächsten Winter in den Universitätsstädten angebracht wären? Viele herzliche Wünsche und Grüße M. v. Sivers. — Das Eintrittsgeld muß doch für das Diplom eingesandt werden, aber der Jahresbeitrag kann Ihnen erlassen werden. Bitte um Meldung des Zweiges — ich muß ihn auf die Kontrollquittung setzen."

Ich gehörte dem Münchener Zweig an, in dem ich Heimatrechte erworben. S. Stinde und P. v. Kalckreuth waren die nach den Gesellschaftssatzungen geforderten Bürgen (Paten). Der Münchener Zweig sandte mir herzlichste Grüße und erließ mir den Beitrag bis auf weiteres. S. Stinde schrieb mir: ich sei das 33. Mitglied — eine gute Zahl!

Wie schön wäre es gewesen, wenn auf der Universitätsbibliothek unter den Zeitschriften auch Lucifer-Gnosis auslag! Ich schrieb darüber an Rudolf Steiner und erhielt die Antwort von M. v. Sivers:

„Dr. Steiner schickt Ihnen gern die Zeitschrift zum Auslegen im Lesesaal. Sie werden also jetzt zwei Nummern bekommen. Es wäre schade, wenn in Kassel aus Mangel an einem Vorsitzenden die Logengründung nicht zustande käme. Dr. Noll müßte einen tüchtigen Sekretär haben, der die Arbeit tut, wie Sie — und selbst als Respektsperson fungieren. Aber Sie wirken ja nun in Marburg. Ist da nicht eine tüchtige Dame, die Sekretärin sein könnte? Viel Glück. — Das Paket mit ‚Lucifer' ist abgegangen."

Indessen wurde die Auslegung des Lucifer vom Direktor der Universitätsbibliothek abgelehnt — mit der Begründung: weil die Nummern des Lucifer immer Fortsetzungen enthielten. Oder war der Name Lucifer zu gefahrbringend für eine Universitätsbibliothek?

Rudolf Steiner schickte mir auch persönlich seine kleine Schrift über „Goethes Faust als Bild seiner esoterischen Weltanschauung". Anläßlich seines letzten Besuches in Kassel hatte er sich eigens eine Notiz gemacht, daß er mir das Büchlein zusenden wolle. Es sei das letzte Exemplar, wie er dazu bemerkte. Das wertvolle Schriftchen war lange Zeit vergriffen. — In diesem Sommersemester erhielt ich auch eine Ansichtskarte aus London, wo der Kongreß stattfand (Juli 1905):

> „Die herzlichsten Grüße Sophie Stinde. P. Kalckreuth. Mathilde Scholl. O. Gr. Schack. O. Kiem. Dr. Rudolf Steiner. M. v. Sivers."

Ein Jahr später (Juni 1906) kam ein ebensolcher Gruß aus Paris:

> „Herzliche Grüße aus Paris von Sophie Stinde und Ihrer treulich an Sie denkenden Pauline v. Kalckreuth. M. v. Sivers. A. Mintzloff. O. v. Sivers. Gertrud v. Tschirschky. Herzlichsten Gruß Ihr Dr. R. Steiner."

Das Bild der letzten Karte zeigt den Platz St. Michael in Paris mit der großen Statue des siegenden Erzengels. Ein sinnvolles Bild für Rudolf Steiners Werk und seine Anwesenheit auch in Frankreich.

*

In Kassel war kein Zweig gegründet. Man beschränkte sich darauf, lose Fühlung zu behalten. Deshalb wandte ich mich in den großen Ferien an Rudolf Steiner, ob er nicht käme, und erhielt von ihm am 4. September einen Brief, in dem er wirklich sein Kommen anzeigte:

> „Berlin, 3. September 1905. Mein lieber Herr Kleeberg! Über Ihre Fragen, auch die über Ihre innere Entwicklung (Meditation u. s. w.) zu sprechen bietet sich demnächst Gelegenheit. Ich kann bei meiner nächsten Vortragsreise auch Kassel berühren. Für einen öffentlichen Vortrag in Kassel wird wohl der September in Kassel noch ein zu früher Monat sein. Doch wird es gut sein, den kleinen Interessenkreis zusammenzurufen. Ich werde dann diesem einen kurzen theosophischen Vortrag über ein gewünschtes Thema halten, und daran kann sich eine freie Aussprache knüpfen. Das kann zu einer Ihnen geeignet erscheinenden Zeit in einem Lokale (z.B. Kasseler Hof) geschehen, oder auch bei Dr. Noll. Diesem schreibe ich auch noch darüber. Wenn Sie sich aber mit ihm verständigen wollten, so könnte das sehr gut sein. — *Wenn Sie aber doch einen öffentlichen Vortrag etwa für angezeigt hielten, so wäre ich auch dazu bereit.* Doch wird dazu wohl ein späteres Datum sich besser eignen. Ich werde am 24. *September* in Kassel sein, und hoffe Sie dann anzutreffen. Briefe treffen mich bis Mittwoch den 6. morgens hier, dann am 7. und 8. September in St. Gallen, Hotel Bahnhof (Schweiz), dann am 9. und 10. September Zürich, Augustinerhof. — Also auf Wiedersehen und herzlichen Gruß auch an Ihre lieben Eltern Ihr Dr. Rudolf Steiner."

Gleich setzte ich mich mit Dr. Noll in Verbindung und machte auch Herrn David Mitteilung. Gemeinsam mit Dr. Noll wurde eine Liste der Einzuladenden aufgestellt. Unter diesen befand sich auch ein Kasseler Pfarrer (Hollstein, seines Zeichens Freimaurer) und der Dichter Friedrich Lienhard, der mit der Familie des Kasseler Postrats Mörsberger befreundet war. Dieser sowie dessen Gattin, die als Schriftstellerin einen gewissen Namen hatte, waren auch vorgemerkt. Lienhard trat später Rudolf Steiner nahe und war auch einmal als Gast im Kasseler Zweige anwesend. Unverkennbar ist in seinem dreibändigen Werke „Meister der Menschheit" die bedeutende Einwirkung, die er von Rudolf Steiners Ideenwelt empfing. Als dann Rudolf Steiner nach Kriegsende mit seinen „Kernpunkten der sozialen Frage" hervortrat und unmittelbar seine Ideenwelt in die Gestaltung der politischen und sozialen Verhältnisse eingriff, hat sich Lienhard von Rudolf Steiner abgewendet und sich im 3. Bande seines obengenannten Werkes zu dieser veränderten Stellungnahme erklärt: in Hinsicht der sozialpolitischen Anschauungen und Anforderungen Rudolf Steiners habe er der Entwicklung nicht mehr zu folgen vermocht. Von Lienhard ganz abgesehen, gab es eine Anzahl Menschen, welche sich wohl anfangs und eine Zeitlang Rudolf Steiners Lehren als angenehmen „Seelenschmaus" gefallen ließen, aber „nicht mehr mitmachten", als er eine sozialreformerische Lehre und Tätigkeit entwickelte, welche die Wurzeln der bestehenden Ordnung anzugreifen schien. Das, was Rudolf Steiner wollte, war für sie nur kalter Sozialismus. Sonst war seine Theosophie oder Anthroposophie schön seelenerwärmend. Das ließ man sich gern gefallen und ging mit Engeln und Erzengeln wie mit seinesgleichen um. —

Die Zusammenkunft wurde auf 3 Uhr festgesetzt, um sie auch der Zeit nach recht ausgiebig gestalten zu können. Rudolf Steiner meldete sich an; aber auch M. v. Sivers kam diesmal mit, mit der ich den ersten Briefwechsel geführt. Er schrieb aus Heidelberg:

„Heidelberg, 21. September 1905. Mein lieber Herr Kleeberg! Also am Sonntag sehen wir uns wieder. Ich schreibe Ihnen noch die Ankunftszeit. Es bleibt wohl bei der abgemachten internen Zusammenkunft. Öffentlich zu sprechen wäre diesmal wohl doch nicht die rechte Zeit gewesen. Auch Frl. v. Sivers wird Sonntag in Kassel sein. Es wird mich sehr freuen, Sie wieder zu sehen. Herzliche Grüße auch an Ihre lieben Eltern, ganz Ihr Dr. Rudolf Steiner."

Dann kündigte er seine Ankunft an:

„Lieber Herr Kleeberg! Wir kommen morgen Mittag — ich glaube um 12 herum — in Kassel an. Frankfurt a. M., 23. September 1905. Herzlichen Gruß Dr. Rudolf Steiner."

Dreimal war ich an der Bahn, um 1 Uhr kamen die Erwarteten. Es war mir eine große Freude, M. v. Sivers kennen zu lernen, die tatkräftige, weitschauende Mitarbeiterin und Organisatorin. Sie nahm bei Dr. Noll Wohnung, während Rudolf Steiner wieder den Kasseler Hof zum Aufenthalt wählte. Zu Mittag waren beide von Dr. Noll eingeladen, aber für den Abend bat ich sie, uns zu besuchen.

Um 3 Uhr versammelte man sich in Dr. Nolls hierfür immer bestimmtem Wohnzimmer. Im Notfalle, d. h. in der „Not" der zu großen Zahl, konnte auch das Sprechzimmer hinzugenommen werden. Das war Wilhelmstraße 2½ — Rudolf Steiner sagte: in einem halben Hause. Es war 15.30 Uhr, als Rudolf Steiner seine Ansprache begann. Sie behandelte den inneren Wert der theosophischen Lehre und die Geschichte der Gesellschaft. An den Anfang stellte er das Wort Kants: „Habe den Mut, deinen Verstand zu gebrauchen!", um mit ihm auf die einzigartige Bedeutung hinzulenken, welche das Denken des Menschen für das Begreifen seiner selbst und der Welt habe. Anschließend beantwortete er gestellte Fragen. Hierbei ging er auf die Anfangsworte der Bergpredigt, die Hochzeit zu Kana und die Verklärung auf dem Berge ein. Das von ihm Ausgesprochene war ganz neuartig. Mehr und mehr trat jetzt die Bedeutung des Christentums, die einzigartige Stellung des Christustums in unseren Blickkreis. Aber wer anerkennte, daß dem Christentum in Lehre und Organisation eine jahrhunderte-, ja selbst jahrtausendelange Ausbildung und Entwicklung seiner inneren Möglichkeiten bevorgestanden hat, als es in der Welt erschien, und wer weiß, daß es falsch und widerchristlich ist, ihm bei Luther oder Calvin für alle künftige Zeit eine Grenze zu setzen: der empfindet, daß in einer Persönlichkeit wie Rudolf Steiner ein über den gegenwärtigen Stand ungeahnt sich erweiterndes Verständnis des Christentums sich anbahnte. Er betonte immer wieder, daß er nichts anderes lehre wie die Kirche auch. Nur mehr. Ein ernsthafter und triftiger Einwand und ein berechtigter Grund, ihn zu bekämpfen, konnte von kirchlicher Seite — es kam damals nur die evangelisch-protestantische in Betracht — nicht gefunden werden. Im Gegenteil muß diese sich der Gefahr aussetzen, daß sie von der Zukunft und den Forderungen, die sie selbst einmal auf das Recht der religiösen Erfahrung gegründet hat, widerlegt wird, wo sich dann herausstellt, daß sie ebenso das religiöse Genie verfolgt hat, wie einst der Bahnbrecher Luther dem römischen Banne verfiel.

Rudolf Steiner sprach von der Tatsache der Wiederverkörperung und ihrer Stellung innerhalb der Lehre des Christentums. Er führte aus, sie sei bei allen Völkern des Altertums ein Bestand des Volksglaubens gewesen. „Von diesem eine Folge war aber die überhandnehmende Unterschätzung des einen irdischen Lebens. Die Aufgabe des Christentums war gerade, diesen Zustand zu beseitigen. Sie wurde vom 6. vorchristlichen

Jahrhundert an mit dem Dionysoskult und sonst vorbereitet. Es mußte die Lehre von der Wiedergeburt ignoriert und aller Wert dem einen irdischen Leben zugelegt werden. Nun ist der Alkohol ein Ding, das eine Lethe ist für die Erinnerung vergangener Geburten. Deshalb gestattete Christus den Weingenuß. Jetzt können wir die Hochzeit zu Kana richtig begreifen. Christus selbst lehrte im Jüngerkreise die Wiederverkörperung, wie auch die Verklärungsgeschichte zeigt. Aber öffentlich predigte er sie nicht, um seine Absicht erreichen zu können. Nun sind fast zweitausend Jahre vergangen, und jeder Mensch hatte, da die Zeit zwischen zwei Geburten normalerweise 1300 Jahre beträgt, schon Gelegenheit, ein Leben lang ohne den Glauben an Reinkarnation dieser einen Lebensperiode allein alles anzuvertrauen. Jetzt aber haben die Menschen die Erfahrung gemacht, die sie machen mußten, und nun können wieder Theosophen und Abstinenten festen Fuß fassen und weitere, größere Fortschritte in der Zukunft machen."

Ich fragte ihn über die Sozialdemokratie. Er antwortete, sie stelle die äußerste Konsequenz einer auf das Materielle gerichteten Denkweise dar. Vom Geistigen wolle sie nichts wissen. Er habe einst an der von Liebknecht gegründeten Arbeiter-Bildungsschule u. a. über Geschichte vorgetragen. Während aber die sozialistische Geschichtsauffassung der Ansicht sei, daß alle großen Begebenheiten nur im Interesse einer herrschenden Klasse geschähen, lehrte er, wie hinter der Welt der Ereignisse nur etwas viel Tieferes verborgen wäre. Das sei den Führern unangenehm gewesen und er — wie er selbst sagte — hinausexpediert worden. Zuletzt sprach Rudolf Steiner einiges über die Begründung theosophischer Zweige („Logen", wie damals gesagt wurde) —, doch hielt er den Zeitpunkt für Kassel noch nicht für gekommen: er sagte mir nachher, wir dürften nichts forcieren. So gingen die Anwesenden auseinander. Jeder nahm einen tiefen Eindruck mit in das Leben seines Alltags, und jeder empfand Dankbarkeit gegenüber dem Herold einer neuen Weltanschauung und eines Verständnisses des Christentums.

Am Abend weilten Rudolf Steiner und M. v. Sivers bei uns. Wenigstens eineinhalb Stunden. Meine Eltern hatten alles so behaglich und freundlich wie möglich hergerichtet. Die Mutter servierte den üblichen Kakao mit feinem Gebäck dazu. Unsere Gäste fühlten sich wohl bei uns. In ernster und froher Unterhaltung saßen wir zusammen in der gut warmen Stube. Rudolf Steiner liebte die Wärme. Das Gesprochene habe ich nicht aufgezeichnet. Die Freude an der Gegenwart lebte und webte in sich selbst. — Noch war ein gemütliches Zusammensein im Kasseler Hof verabredet, wohin Dr. Noll und sein Schwager Dr. Eisenberg kamen. Auf dem Wege sprach ich mit Rudolf Steiner über die Bedeutung der homerischen Gedichte.

(In seinem Buche „Christentum als mystische Tatsache“ würdigt er die Odyssee in ihrer esoterischen Bedeutung! Odysseus war für den griechischen Menschen, was Dante für den mittelalterlichen und Faust für den modernen.) Dann aber machte ich ihm Mitteilung von Schwierigkeiten, infolge deren ich entschlossen und gezwungen gewesen wäre, das Studium abzubrechen und einen praktischen Beruf zu suchen; meine Münchener Freundinnen, S. Stinde und P. v. Kalckreuth, ermöglichten mir indessen durch bereitwillige Hilfe das Weiterstudium. Rudolf Steiner hörte still zu, dann meinte er, es wäre sehr zu bedauern gewesen, wenn ich meine Laufbahn aufgegeben hätte. — Im Kasseler Hof konnte ich zwischendurch eine halbe Stunde lang mit ihm allein im Lesezimmer sein. Er gab mir dort die erbetenen Anweisungen, die er auf einem Bogen Papier aufschrieb, und verbot mir, einem andern Mitteilung zu machen oder Einsicht zu geben. Zum Schluß sagte er: „Ich glaube, Sie werden sich recht gut entwickeln.“ Dann: die Offenbarung der geistigen Welt komme so überraschend wie der Dieb in der Nacht — gleich dem Reiche Gottes, wie die Bibel sage (nach 1. Thess. 5, 2). Ich war nun sein Schüler. Dank lehnte er ab, weil er solches alles für seine Pflicht hielt. Das war in der Michaelis-Woche und ich noch nicht voll 20 Jahre alt. Die Dankbarkeit gegen Rudolf Steiner war aber das einzigartig beseelende und beseligende Gefühl fortan.

Am anderen Morgen reiste er nach Weimar. M. v. Sivers blieb jedoch. In Gemeinsamkeit mit Hans Bunge zeigte ich ihr die Schönheit unserer Wilhelmshöhe. Wir besichtigten Gewächshaus und Schloß; von dem Riesenbau des Oktogons und dem obenaufstehenden Herkules, dem großen Christoph — so nennt ihn das hessische Volk — war wegen des Nebels, der auf den Bergen lagerte, nichts zu sehen. Aber auch die Aussicht auf Regen und die Anstrengungen des Aufstieges hinderten uns nicht, bis zum Fuße des Herkules emporzusteigen. Oben hellte sich das Wetter auf, und alles erstrahlte im Sonnenschein, unten lag Kassel, weiterhin erstreckte sich das Fuldatal und ganz hinten erschienen die hessischen Berge, unter ihnen der Meißner, der Sitz Frau Holles. M. v. Sivers erzählte viel von Rudolf Steiner, von seinem Leben und Arbeiten. Man konnte nicht genug über ihn hören. Er war ein Mann, für den man sich mit Recht begeistern konnte. Einen solchen sucht die Jugend. — — — Spät abends um 11.30 Uhr fuhr M. v. Sivers über Weimar nach Berlin. Ich kam an den Zug. Dr. Noll fragte mich, weshalb ich nicht zum Abendbrot gekommen. Ich war nicht eingeladen gewesen.

*

Ein Student, welcher mit mir Justis Sanskritkolleg besuchte, benachrichtigte mich, daß der an der Marburger Bibliothek tätige Dr. Max Christlieb sich für Theosophie interessiere und mich zu einem Besuche einlüde. Er schrieb mir dann selbst, daß es sich bei ihm weniger um Interesse für Theosophie handle, als um Interesse für solche, die für die Theosophie interessiert seien. Ich besuchte ihn; es war gegen Ende Oktober 1905. Zunächst fragte er mich, wie ich zur Theosophie gekommen, worauf ich nach Möglichkeit, so gut oder schlecht sich Derartiges erzählen läßt, berichtete. Nun erzählte er mir zu meiner großen Überraschung, wie er Rudolf Steiner persönlich gekannt und ihn in Weimar oft besucht habe. Es habe damals „wüscht" bei ihm (Rudolf Steiner) ausgesehen. Rudolf Steiner habe ihn sehr enttäuscht durch seine Stellungnahme zu Haeckel. Das hinderte ihn aber nicht, Rudolf Steiner zu bewundern und ihn mehr als einmal einen genialen Menschen zu nennen. Er trug mir Grüße an Rudolf Steiner auf. Um mir seine Stellung zur Theosophie zu erläutern, las mir Dr. Christlieb Referate über theosophische Literatur vor, die er in einem großen Theologischen Literaturbericht veröffenlicht hatte, wo er die Abteilung „Okkultismus, Grenzgebiete usw." bearbeitete. Auf spekulativem Gebiete war er offenbar „mit uns" einverstanden, während er bei der Beurteilung historischer Dinge mit Ausdrücken wie Unsinn und Blödsinn nicht kargte. Besondere Genugtuung empfand er sichtlich über eine ihm wohlgelungen erscheinende Charakteristik Annie Besants. Er kritisierte deren Buch „Esoterisches Christentum" und führte als ausgezeichnete Kuriosität ihre Lehre von dem älteren Jesus an, der hundert Jahre vor unserer Zeitrechnung gelebt habe, welcher der echte Jesus sei —, um die Verfasserin entscheidend mit dem Faustzitat zu erledigen: „Mich dünkt, die Alte spricht im Fieber." Dem voraus ging der Satz: „Das übrige kann man sich nun ungefähr denken: so klingt das ganze Buch *)." Diese wohlgelungene Kritik belustigte

*) Theologische Jahresberichte 1903, S. 956. In Bd. 1902 (S. 1054) hatte Christlieb über die theosophische Bewegung und deren Literatur sich also geäußert: „Die absolute Geringschätzung, mit der man gewöhnlich von christlicher Seite auf derartige Bestrebungen herabsieht, verdienen sie jedenfalls nicht; schon als Anzeichen dafür, was im dogmatischen Christentum dem Zeitbewußtsein anstößig ist, sind sie beachtenswert." — Wir wissen heute, daß Rudolf Steiner schon 1904 erhebliche Bedenken gegen Annie Besants 1903 erschienenes Buch geltend gemacht hat. Als ein tragisches Verhängnis muß es erscheinen, daß es übersetzt wurde durch die von Rudolf Steiner hochgeschätzte Mathilde Scholl, in deren Kölner Wohnung zu jener Zeit ein denkwürdiges Gespräch stattfand über den gegensätzlichen Unterschied von englischer und deutscher Theosophie, wie sie durch Rudolf Steiner schon damals und fürderhin immer entschiedener vertreten wurde; s. Emil Bock, Die Spruchschöpfung im Lebensgang Rudolf Steiners, in den „Mitteilungen aus der anthroposophischen Arbeit in Deutschland" Nr. 19 Ostern 1952. S. 3.

ihn sehr. — Als ich fortging, machte mir Christlieb das freundliche Anerbieten, seine reichhaltige Bibliothek zu benutzen. Wir trafen uns öfter und sprachen über Rudolf Steiner. Aber das *sacrificium intellectus,* welches dieser gebracht hätte, als er zur Mystik überschwenkte, erschien ihm immer unverständlich.

Es wurde gesagt, daß Dr. Max Christlieb in Marburg Bibliothekar war. Er ist auch durch seine Übersetzungen der Schriften Ralph Waldo Trines bekannt geworden. In Japan war er mehrere Jahre als Missionar gewesen. Ihm hat Rudolf Steiner in seiner Selbstbiographie „Mein Lebensgang" (S. 210) eine besonders sympathisch berührende Charakteristik gewidmet. „Am energischsten im Verständnis der lebendigen Wirklichkeit der Ideenwelt" (sagt er) habe sich Max Christlieb verhalten. Begeistert habe Christlieb eingesehen, „wie man im Geiste lebt, wenn man in reinen Ideen lebt, und wie, da in der reinen Ideenwelt die ganze Natur vor der Erkenntnis aufleuchten muß, man in aller Materie nur Schein (Illusion) vor sich habe, wie durch die Ideen alles physische Sein als Geist sich enthülle." Christlieb habe sich in alles gründlich hineingelesen, was er (Rudolf Steiner) geschrieben. Er (Rudolf Steiner) habe den Eindruck gehabt: „Max Christlieb hat die Gabe, so in die Geist-Welt durch die lebendige Geistigkeit des Ideellen einzudringen, wie ich es für den angemessensten Weg halten mußte. Daß er dann später diese Orientierung nicht voll eingehalten, sondern eine etwas andere Richtung genommen hat, das hier zu besprechen, ist keine Veranlassung *)." Rudolf Steiner sollte dann noch einmal mit Christlieb zusammentreffen. Und zwar in Marburg selbst.

Bald nach diesen Tagen erhielt ich aus Berlin von M. v. Sivers folgende Anfrage:

> „Am Donnerstag d. 30. November könnte Dr. Steiner einen Vortrag in Marburg halten. Am 29. spricht er in Heidelberg, am 1. Dezember in Köln.

*) In einem Briefe an Helene Richter vom 19. Juni 1891 verzeichnet Rudolf Steiner zwei wichtige Erlebnisse: erstens die Bekanntschaft mit der Adressatin selbst und zweitens „die Freude, die mir das Eintreten Max Christliebs, dieses verständnisvollen Beurteilers meiner Weltanschauung, bereitet hat" (Briefe II, S. 88). Erhalten ist aus dem Briefwechsel der beiden von Rudolf Steiners Hand nur ein Billett an Christlieb vom 11. 6. 1892 (ebda S. 115: „Verehrter Freund! ..."). — Im Archiv der Nachlaßverwaltung in Dornach befinden sich jedoch mehrere Briefe Christliebs an Rudolf Steiner, welche von tiefer Verehrung und höchster Bewunderung für den nur wenig älteren zeugen. Er bringt darin u. a. zum Ausdruck, daß er nun ungern nach Japan gehe und lieber in Deutschland verbliebe, um in Rudolf Steiners steter Nähe zu sein. Eine besondere Schickung fügte es, daß Christliebs schriftlicher Nachlaß (gest. 1916 in Berlin) durch eine Verwandte an Emil Bock kam, wie mir dieser vor einigen Jahren mitteilte.

Wollen Sie mir schleunigst antworten, ob Sie den Moment für günstig halten und die nötigen Vorbereitungen treffen wollen — da ich sonst diesen Tag an Bonn oder Frankfurt vergeben würde."

Das war am 10. November. Bis zum 30. November konnten wohl noch Vorbereitungen getroffen werden. Wieder stand ich mit meinen Vorbereitungen gänzlich allein. Die Aula der Höheren Mädchenschule erschien mir als der geignete Vortragssaal. Ich sagte zu. Als Thema, für eine Universitätsstadt sehr geeignet, wurde folgendes übermittelt:

„Dr. Rudolf Steiner schlägt das Thema vor: ‚Der Begriff des Geistes in der deutschen Philosophie'. Es bleibt also beim 30. Den Vorschuß werde ich schicken. Wieviel wünschen Sie? — Soll ich Ihnen auch Broschüren und Lucifer-Exemplare zum Verteilen schicken? — In Kassel wird wohl Dr. Steiner nach Neujahr sprechen."

Ich wandte mich sogleich brieflich an Herrn Direktor Seehaussen, den Leiter der Höheren Mädchenschule, und teilte ihm auch das Thema mit, über das Rudolf Steiner sprechen werde — falls ihn der Name „Theosophische Gesellschaft" schrecken sollte. Am Schwarzen Brett erließ ich eine Voranzeige, wonach am 30. November Herr Dr. Rudolf Steiner, Generalsekretär der Theosophischen Gesellschaft für Deutschland, hier in Marburg einen Vortrag halten werde über das Thema: „Der Begriff des Geistes in der deutschen Philosophie", wozu die Kommilitonen eingeladen würden. In vorgeschriebener Weise war dieser Anschlag vom Rektor unterschriftlich genehmigt und befindet sich noch unter den Andenken, die ich sorgsam aufbewahre. Bevor aber ein Bescheid über die Aula kam, las ich bereits in der Zeitung, daß am 30. November in der Aula ein Vortrag des Naturheilvereins stattfände. Tatsächlich erfuhr ich bei Herrn Direktor Seehaussen, daß die Hydromanen uns zuvorgekommen. Es blieb nichts übrig, als sich nach anderen Sälen umzusehen. Aber der Museumssaal war zu groß, außerdem wurde nebenan Theater gespielt. Ein anderer Saal war ungünstig angelegt, in einem anderen allabendlich Tanzstunde. Also war kein Saal zu haben und in Marburg ohnehin die Auswahl nicht groß. Da kam auch schon eine Karte aus Berlin:

„Da Sie so viele Schwierigkeiten mit dem Saal haben und wir heute (24. November) die Rundreisekarte lösen müssen, also gar nicht Zeit haben, weiter zu korrespondieren, sich auch nichts verrücken läßt, da überall die Säle gemietet, hat Dr. Steiner beschlossen, Marburg im Januar zu besuchen, damit Sie recht genügend Zeit haben, alles vorzubereiten. Die 30 Mark behalten Sie dann dazu, und schreiben Sie mir, wann die Ferien zu Ende sind. Wir möchten doch auf die Aula rechnen können."

Der Vortrag war somit verschoben und wurde in einen anderen Plan eingelegt. M. v. Sivers teilte mir des weiteren mit:

„Die Reiseroute Dr. Steiners im Januar verläuft so, daß der 21., ein Sonntag, auf Marburg fällt. Der 20. käme auf Frankfurt, der 22. auf Kassel. Ist Ihnen nun dieser Tag recht, oder ist ein Sonntag besonders ungünstig. Lassen Sie mich das schleunigst wissen. Das Geld haben Sie wohl bekommen?"

Da jedoch an besagtem Sonntag ein Konzert in Marburg stattfand, schlug ich den Sonnabend vor. M. v. Sivers war mit dieser Änderung einverstanden:

„Setzen wir also den Vortrag in Marburg für den 20. fest und nehmen wir dasselbe Thema: Der Begriff des Geistes in der deutschen Philosophie. Versuchen wir nur rechtzeitig die Aula zu bekommen und hoffen wir das Beste."

Große Zuversicht klang allerdings nicht aus diesen Worten. Der Saal wurde rechtzeitig gesichert und, wie erforderlich, ein Gesuch an den Magistrat von Marburg gerichtet. M. v. Sivers schrieb (kurz vor Beginn der Weihnachtsferien) noch einmal:

„Ich hoffe, daß Sie nun zum 20. die Aula bekommen haben, das Thema bleibt wie vorher bestimmt. Von Dr. Noll hörte ich, daß der 22. Januar für Kassel passend sei. Der 21., Sonntag, könnte verteilt werden. Vielleicht rufen Sie Interessenten zu einer Morgenversammlung herbei, und am Nachmittag würde der Doktor wieder nach Frankfurt hinunterfahren, wo ein Zweig in Bildung ist. Es sei denn, daß auch in Kassel eine kleinere Versammlung am Sonntag Abend erwünscht sei."

Einen Kreis von Interessenten anläßlich Rudolf Steiners Anwesenheit in Marburg zusammenzurufen, dazu war weder eine Möglichkeit noch eine Aussicht. Eben weil es an solchen fehlte. Oder hätte man sie herbeiinserieren sollen? Hätte das Erfolg gehabt? — — —

*

Hier, als am Ende des Jahres, möge etwas eingeschaltet werden über den Stand der Dinge in München, von dem ich durch S. Stinde stets unterrichtet wurde. Sie schrieb zu Anfang April von dem tiefen Eindruck, welchen die letzten Vorträge Rudolf Steiners auf Herrn R. G. gemacht hatten.

„G.*) war von dem Moment an Theosoph. Er ist ein reiner, strebender, guter Mensch, wie nicht viele junge Leute seines Alters."

Für Landsberger trat sie mit edlem Verständnis ein. Sie sah überall auch das Positive mit aufmerksamem Blick.

„G. kommt oft zu uns," berichtet sie Ende Mai, „meist dreimal wöchentlich, Landsberger auch dann und wann."

Die öffentlichen Vorträge Rudolf Steiners wurden „recht fleißig" von Studenten und Künstlern besucht — unter reichlicher Gewährung freien

*) Im Original ausgeschrieben. Weiteres i. J. 1906.

Eintritts gegen die Ausweiskarte. In dem neueingerichteten Lesezimmer, so teilte mir S. Stinde mit, seien einmal 20 Studenten gewesen, die sich sehr für die Sache interessiert hätten und im nächsten Semester wiederkommen würden (April 1906).

„Aber", schrieb sie kurz darauf, „man muß seine Erwartungen nicht zu hoch schrauben. Es ist doch eben nur ein Interesse. Erst in späteren Jahren, wenn sie die Studentenzeit hinter sich haben und das Leben sie hin und her geworfen hat, werden sie als weisere, ruhigere Menschen zur Theosophie kommen, aber unbewußt werden sie auch früher für die theosophischen Ideen wirken. Es sind nur sehr wenige, die in Deinem Alter von der Theosophie erfaßt werden, daß sie ihr leben wollen. Das ist doch immer ein Erinnern aus früheren Leben." (Anfang Mai 1906.)

Indessen mahnte S. Stinde, über dem Idealen nicht der Realitäten zu vergessen, welche das Leben stelle — über welche die Jugend mit überirdischem Schwunge gar leicht hinausfliegt.

„Du erinnerst Dich gewiß, wie der Doktor immer den Studenten gegenüber betonte: zuerst eine Lebensstellung erringen und seine Pflicht im höchsten Maße tun, dann erst in der Theosophie arbeiten." (Anfang September 1907.)

Man kann eine solche Anforderung nicht aus Rudolf Steiners Lebenspraxis wegdenken. —

1906

Als ich nach Kassel kam, fand ich Herrn David, den treuen Freund, krank. Es hatten sich Magenblutungen eingestellt. — Mit Dr. Noll wurde verabredet, daß Rudolf Steiner am Sonntag den 21. Januar in seiner (Nolls) Wohnung sprechen solle. Der Kreis sollte diesmal auch größer werden, auch war Aussicht, daß Rudolf Steiners Reisekosten ersetzt wurden.

Nach meiner Rückkehr nach Marburg wurden sogleich die Anschläge gemacht, welche Dr. Steiners Vortrag über „Den Begriff des Geistes in der deutschen Philosophie" ankündigten, auch Inserate in den Zeitungen erlassen. Max Christlieb hinterließ mir zweimal auf meiner Stube ein Billet, daß ich ihn ja benachrichtige von Rudolf Steiners Ankunft, den er mit abholen wollte. Er legte großen Wert darauf. Am 20. Januar war der „große Tag", da Rudolf Steiner zum ersten und letzten Male in Marburg sprach. Kurz vor 2.30 Uhr kam er von Frankfurt her. Als er Christliebs ansichtig wurde, erkannte er ihn mit großer Freude sogleich wieder. Vierzehn Jahre waren vergangen, daß sie sich in Weimar zuletzt gesehen hatten. Wir begleiteten Rudolf Steiner zunächst in das Bahnhofshotel, wo er wohnte, und gingen zu Christlieb. Sie waren eifrig dabei, alte Erinnerungen auszutauschen. Rudolf Steiner bewies ein ausgezeichnetes Gedächtnis für persönliche Dinge. Schließlich kamen sie auf Theosophie zu sprechen. Wir saßen in dem Studierzimmer Christliebs. Um nun seine Stellung zur Theosophie zu illustrieren, holte Christlieb jenen Band mit seinen Rezensionen herbei und las seine Kritik des „Esoterischen Christentums" von Annie Besant vor. Aber, wohl um Rudolf Steiner nicht zu kränken, ließ er jenes Faustzitat von der Alten, die im Fieber spricht, aus. Das Gespräch ging weiter. Da nahm Rudolf Steiner — langsam und bedächtig griff er nach dem Bande — selber noch einmal das Buch her und las laut den ganzen Passus und auch die Stelle, welche Christlieb übergangen. Er lächelte — und wiederholte die Worte noch einmal, österreichisch-bedächtig, langsam und betont. Darauf setzte er Christlieb den Sachverhalt auseinander: daß nämlich die englischen Theosophen Jesus 105 Jahre früher ansetzten, während wir nach ihrer Ansicht es mit einem anderen Jesus zu tun hätten. In Wirklichkeit, sagte Rudolf Steiner, lebte Jesus Christus in der von uns ihm zugeteilten Zeit *). Zum weiteren Verständnis sei hier eingefügt, daß im September 1904 Annie Besant in Deutschland eine 8tägige Vortragsreise unternommen, auf welcher sie in München und Stuttgart auch über das Thema „Theosophie und Christentum" sprach. Rudolf Steiner begleitete sie und gab jedesmal eine Inhaltsangabe in deutscher Sprache **). Die gemeinsame Besprechung, welche in Mathilde Scholls Wohnung in Köln stattfand, wurde bereits erwähnt. Sie war die Übersetzerin von Annie Besants Buch „Esoteric Christianity" (deutsch Leipzig 1903). Auf S. 92 dieser deutschen Ausgabe wird die Lehre von dem i. J. 105 v. Chr. geborenen vorchristlichen, vermeintlich echten Jesus vorgetragen. Eben dieses Buch, so berichtet Emil Bock in den „Mitteilungen", habe Annie Besant ihrem deutschen Kollegen Dr. Steiner als Leitfaden empfohlen, der jedoch diese Empfehlung entschieden ablehnte. Daran hinderte ihn auch nicht die Verehrung, welche er — wie auch Marie v. Sivers — für die bedeutende englische Theosophin hegte. Aber ich wurde doch (vielleicht erster) Zeuge des aufglimmenden Gegensatzes

*) Hier klingt zum ersten Male — zufälligerweise und in einem Gespräch — Rudolf Steiners Wissen um den großen Essener Jeschu ben Pandira auf, dessen Name allerdings nicht genannt wurde, bis 1910 durch den Zyklus über das Matthäusevangelium (Bern) dazu die Zeit (Th. Maurer, Jeschu ben Pandira; „Goetheanum" 11. Jg. 1932, S. 111 f.) gekommen war. Annie Besant hingegen hatte jenen Jesus mit dem Jesus von Nazareth, dem Christus des Christentums und der Evangelien, verwechselt und für den zentralen Jesus erklärt, den wirklichen Jesus für einen „andern".

**) S. „Lucifer-Gnosis" H. 17, S. 159 Bericht Rudolf Steiners.

zwischen den zwei Welten — freilich unter einigermaßen absonderlichen Umständen. Herr Dr. Christlieb wurde sichtlich verlegen, als Rudolf Steiner so ganz scheinbar unvermittelt den Literaturbericht zur Hand nahm, denn er mochte denken, daß ich Rudolf Steiner von seiner Besantkritik erzählt und ihn darauf aufmerksam gemacht. Das war nicht der Fall, sondern Rudolf Steiner nahm das Buch ganz spontan. Ein unbeteiligter Zuschauer allerdings hätte den kleinen „Zufall" komisch gefunden. Ich hätte fast, wie einmal in München, annehmen mögen, daß Rudolf Steiner „hellgesehen" habe, doch war es mit viel größerer Wahrscheinlichkeit ein Akt seiner hervorragenden Fähigkeit der Aufmerksamkeit und Beobachtung, mit welcher ihm ein sehr feines Stocken in Max Christliebs Vorlesungsduktus nicht entgangen war — nichts anderes. Und da hakte er ein. Ein wenig schelmisch bei guter Gelegenheit zu sein, lag ihm ohnehin nicht fern.

Nach dem Kaffee besichtigten wir mit Rudolf Steiner die berühmte Kirche der heiligen Elisabeth und stiegen hinauf zum Schloß, wo 1529 Luther und Zwingli ihr folgenreiches Religionsgespräch hatten. Christlieb war unermüdlich im Fragen, Rudolf Steiner antwortete ebenso unermüdlich. Christlieb fragte nach den geschriebenen Quellen. Rudolf Steiner zeigte ihm, daß vieles durch Erkenntniserweiterung erreicht werden solle — daß manches geschrieben sei, aber symbolisch — daß jedoch mehr noch in der Tradition bewahrt sei. So beruhe, was Kant plötzlich im Jahre 1755 über das Planetensystem vorbrachte, auf einer Rosenkreuzertradition, ebenso des Cartesius Lehre von der Zirbeldrüse. Viel zu schaffen machte Christlieb die Existenz jenes vorchristlichen Jesus. Rudolf Steiner sprach ausgiebig über diesen und das Wesen des Christus Jesus, nach welchem wir Christen genannt würden, nicht aber Jesuiten, Christus sei mehr als Jesus. Rudolf Steiner sagte mir nachher, daß die liberalen Theologen am wenigsten für okkulte Wahrheit empfänglich seien. Christlieb war liberaler Theologe. — Nach Rückkehr in die Stadt konnte ich noch eine Weile im persönlichen Gespräche mit Rudolf Steiner auf seinem Zimmer verweilen. U. a. fragte ich ihn, wie ich wohl am besten Geschichte studiere. Denn die in den Kollegs und Seminarien geübte Art der Geschichtsbetrachtung war mir durchaus unbefriedigend. Er empfahl mir Herders „Ideen". Wenn auch manches Tatsächliche überholt sei, so käme es doch auf die Art der Behandlung an.

Es war Zeit geworden, im Vortragssaale nach dem Rechten zu sehen. Bei Elwert holte ich die Eintrittskarten. Der Vorverkauf war sehr gering: es waren für 1,50 Mark (!) Karten verkauft worden. Schon Christlieb äußerte Besorgnis wegen Marburg. In der Aula war alles in Ordnung, die Stühle waren gestellt, die Nummern angebunden. Meine Erwartungen in bezug auf den Besuch des Vortrages bestätigten sich jedoch nicht. Denn an die 20 Personen erschienen — eine für eine Universitätsstadt in Anbetracht eines Vortrages, der über den Geist handelt, beträchtlich zu nennende Zahl. Auch Christlieb war da, und ebenso Herr Direktor Seehaussen, der sich für die Einladung bedankte und so einmal die Gelegenheit hatte, Rudolf Steiner zu hören. Mit reichlichem c. t. begann Rudolf Steiner um ³/₄9 Uhr seinen Vortrag und zeigte, wie die theosophische „Einteilung" des Menschen ganz mit den Anschauungen und Äußerungen deutscher Denker und Dichter in Einklang stehe. — Nach dem Vortrage stand der kleine Kreis der Zuhörer um Rudolf Steiner, der klar alle ihm gestellten Fragen beantwortete. Es war ³/₄11 Uhr geworden, als wir die Aula der Höheren Mädchenschule verließen. Auf dem Wege sagte er zu mir, es sei uns nicht gelungen, Marburg zu infizieren; es liege über Marburg wie eine trübe Wolke. Das Milieu gefiel ihm nicht. Er fuhr in der Frühe nach Frankfurt, wo er einen Zweig gründete. Ich plagte mich bis tief in die Nacht mit der Abrechnung und fuhr dann nach Kassel, wohin ja auch Rudolf Steiner wieder kam.

*

Am 21. Januar abends kam Rudolf Steiner und war mit Dr. Noll unmittelbar zu Postrat Mörsberger gegangen, wohin auch ich kam. Zwei Jahre vorher war ich in denselben Räumen gewesen, als mein Lehrer Prof. Paulus die gesamte Oberprima des Gymnasiums hierher führte und hier eine sinnvolle Ehrung für den anwesenden Friedrich Lienhard veranstaltete. Nach dem Abendbrot hielt Rudolf Steiner auf den Wunsch der Dame des Hauses einen Vortrag über die geistige Bedeutung der Musik. Er sprach von dem Wesen der Töne und der Laute, von deren Kraft in den alten Sprachen und schloß mit einem wundervoll gesprochenen Sanskrit-Mantram. Es war ein Vers aus dem Rigveda, er sprach es in rhythmischer Betonung und magischem Klange — in einer Weise, wie sie wohl die alten Brahmanen verstanden haben. Zuletzt ein tieftönendes und weithin verklingendes *aum*. — Frau Mörsberger, welche übrigens als Schriftstellerin unter dem Namen Felicitas Rose bekannt war, hatte diesen Vortrag gewünscht, weil sie eine jede Person musikalisch hörte. Sie erläuterte das am Klavier. Auch „Steiner" hörte man in ernsten Akkorden erklingen. Er sagte nachher, diese Fähigkeit eigne Persönlichkeiten, welche sich zu früh inkarniert hätten.

Am anderen Morgen holte ich Rudolf Steiner im Kasseler Hof ab und ging mit ihm zu Herrn David. Dieser zeigte sich hocherfreut. Er sprach von seiner Krankheit und von seinem bald zu erwartenden Ableben — und dem, was kommen werde. Aber Rudolf Steiner sagte in einer großen und edlen

Ruhe, wie sie nur die klare Einsicht in die Tatsachen einer geistigen Welt geben kann, er (Herr David) werde nichts zu fürchten haben, denn er sei ein guter Mensch gewesen. Möge dieses Wort den getreuen Herrn David begleitet haben! — Wir nahmen ein Glas Traubensaft an und gingen dann zu uns. Er befragte mich über meine spätere Laufbahn und sprach sich den Eltern gegenüber dahin aus, daß sie in Betreff meiner unbesorgt sein könnten. Indessen war der spätere Weg weder eben noch zielgerade. Er ging stark durch Gebüsch und Dickicht, über Geröll und bergan, dazu in widerbeugigen Krümmungen. — Mit großer Liebe trat jetzt Rudolf Steiner meinen Eltern und zumal meiner Mutter gegenüber. Es folgte wieder die übliche Tasse Kakao. — Um 15.30 Uhr war bei Dr. Noll eine private Zusammenkunft. Rudolf Steiner sprach über „Die Vergangenheit des Menschengeschlechtes und die großen Eingeweihten". Im öffentlichen Vortrag des Abends, der gut besucht war, sprach er über „Die Zukunft des Menschengeschlechtes und die großen Eingeweihten". Er zeigte, wie etliche Individualitäten in der Entwicklung vorangeeilt seien, und in welcher Richtung und mit welchen Mitteln, die unserem gegenwärtigen Zustande gemäß sind, diese Entwicklung zu bewerkstelligen sei. — Nach dem Vortrage war Dr. Steiner mit meinem Vater, einem Bekannten von diesem (Fabrikant Heyn) und mir auf einige Zeit im Kasseler Hof gemütlich beisammen. Wir wünschten uns ein baldiges Wiedersehen und ich versprach ihm, auf Dr. Noll einzuwirken, daß er die Gründung eines Zweiges tatkräftig betreibe.

*

Bevor ich aus diesem Wintersemester nach Kassel fuhr, suchte ich noch einmal Dr. Max Christlieb auf. Wir hatten wieder ein langes Gespräch über die Theosophie. „Weil ihr Theosophen", sagte er, „keine Methode habt, sind es meist die Halbgebildeten, die sich euch anschließen." Wir mußten das Gespräch abbrechen, als seine Frau erschien und ihn an den Grießbrei erinnerte. Allem gegenüber finde ich eine Äußerung von Rudolf Steiner, die er zuvor tat, verzeichnet: Christlieb habe keine Ahnung, wie nahe er der Theosophie sei. Vielleicht äußerte sich gerade in dem heftigen Widerspruch eine intime Zuneigung — nach dem von Hegel zitierten Wort eines Franzosen: „La vérité en la repoussant on l'embrace."

In diesem Winter hatte ich mir eine wissenschaftliche Arbeit geben lassen, um mit ihr die Zulassung zum philosophischen Seminar zu verdienen. Solche Arbeiten werden meistenteils zu Dissertationen ausgebaut. Mir hätten Studien über die Hadesfahrten in der antiken Literatur oder über das Mysterienwesen mehr zugesagt. Ich erhielt eine Arbeit über den Gebrauch der Parenthesen, eine echt philologische Kärrnerarbeit. Es handelte sich um die Untersuchung der in den Satzbau eingefügten Einschaltsätze bei Katull, Lukrez, Vergil, den griechischen Alexandrinern (Theokrit, Kallimachus, Apollonius) und Homer. Den inneren Wert dieser Arbeit begriff ich nie. Sie verfolgte mich aber bis in die Träume. Sie war wie eine Zange, in der alle Arbeitsfreudigkeit zerkniffen wurde. Ich schleppte sie durch die gesamte Studienzeit mit mir bis ins „gloriose“ Staatsexamen. Gleichwohl versuchte ich aus ihr zu machen, was zu machen war. Rudolf Steiner erhielt durch mich Kenntnis von dieser Arbeit und ihrer Tortur. Es ist dieselbe, von der er in seinen Vorträgen „Entwicklungsgeschichtliche Unterlagen zur Bildung eines sozialen Urteils“ (Dornach 1918; 2. Vortrag S. 47) spricht und welche er zum „absolut kulturnichtsnutzigen Zeug“ rechnet, das wertlos sei in jeder Richtung. — Dem Studium der Philologie aber war der Inbegriff des Schönen und Wertvollen geraubt. —

Als ich nach Kassel kam, war mein erster Weg zu Herrn David. Ich sah ihn nicht mehr. Dann sagte man mir, er sei operiert worden. Die Operation war gut verlaufen, aber Herr David war am selbigen Tage tot. Nichtsahnend sah ich an einem Sonntagmorgen, wie der Leichenwagen vorüberfuhr, darauf ein Sarg mit silberner hebräischer Schrift. Seinen Tod teilte ich Dr. Steiner mit. Vor der Erinnerung standen mir die Worte, die Rudolf Steiner zu ihm bei seinem letzten Besuche sprach, als er Besorgnisse wegen seines Todes hatte. Da sprach Rudolf Steiner zu ihm in einer Weise, daß es wie Musik nachklang: „Lieber Herr David, Sie brauchen keine Angst zu haben, Sie sind ein guter Mensch.“ Kaum vergesse ich, wie Herr David damals aufschaute. Rudolf Steiners Worte waren ihm ein Trost für die kurze Lebensdauer, die ihm noch beschieden war. Als zehn Tage nach dem Begräbnis Rudolf Steiner kam, war eine Zusammenkunft bei Dr. Noll. Erst nachher fiel es uns auf, daß trotz zahlreicher Gäste der Stuhl rechts der Türe, auf dem Herr David zu sitzen pflegte, leer geblieben war. —

Am 23. März kam Rudolf Steiner in Begleitung von M. v. Sivers nach Kassel. Mit letzterer hatte ich Gelegenheit, über die heftigen Angriffe zu sprechen, welche damals von Herrn Richard Bresch, Leipzig, und der Zeitschrift „Der Wahrheitsforscher“ gegen die Theosophische Gesellschaft und die leitenden Persönlichkeiten gerichtet wurden. In dem „Briefkasten“ wogte die Polemik für und wider auf und ab. Von mir war auch eine Zuschrift abgedruckt. Herr Bresch schrieb: ich würde, wenn ich älter wäre, schon einsehen, wie sehr ich reingefallen und getäuscht sei. Rudolf Steiner hatte auf all die Anwürfe nichts erwidert, was mir unbegreiflich war. Warum verteidigte er nicht sich, die von ihm vertretene Sache und die Theosophische Gesellschaft? M. v. Sivers zeigte mir, wie jene Angriffe, welche sich als

Verleumdungen letzten Grundes darstellten, nur mit Verachtung behandelt werden dürften; die jetzt als Gegner sich gebärdenden Männer lebten so stark in ihren „Vibrationen“, daß sie unfähig wären, noch die Wahrheit „an uns“ zu erkennen. Jede Abwehr hätte nur das eine bedeutet, daß Rudolf Steiner von seinem Werke abgelenkt und wertvolle Kraft nutzlos vergeudet worden wäre. Es gelang also nicht, Rudolf Steiner in eine Polemik hineinzuziehen, mochte auch sein Schweigen von manchen „Anhängern“ verkannt werden. —

Rudolf Steiner, der inzwischen im Hotel gewesen, kam jetzt zurück; auch Dr. Noll. Man sprach von Herrn David, der gestorben war, als sei der Tod etwas Selbstverständliches für ihn. Um 4 Uhr begann Rudolf Steiner in demselben Zimmer, wo er schon gesprochen, seinen Vortrag vor den versammelten geladenen Gästen. Es war ein solcher über das Leben nach dem Tode erbeten worden. Diese Fragen lagen uns damals näher als jene anderen, die er in speziellen Vorträgen späterer oder letzter Zeit behandelte. Rudolf Steiner, der die „indische Theosophie“ vorfand, erneuerte zunächst die Grundlagen, indem er das Vorhandene umbildete. — Er charakterisierte auch diesmal einleitend die „Körper“ des Menschen und sprach dann von dem Tode als einem Ereignis des menschlichen Lebens, allerdings einem radikalen Ereignis — von dem Verweilen in der Astralwelt, worin das Leben noch einmal vom Ende bis zum Anfang durchlebt und die Summe der Erfahrungen gesammelt werde, wo aber auch ein gewaltsam Getöteter Qualen zu erdulden habe, weil er nach seinem Körper verlange — und vom Devachan, wo die Erfahrungen des Lebens verarbeitet würden. Wenn dann die Zeit gekommen sei, ziehe die Seele wieder Astralstoff an und werde zu den Eltern hingezogen, denen sie verwandt ist. Der Ätherleib werde von vier erhabenen Geistern gebildet. Dann erfolge die Geburt. — Wenn die Seele in Kamaloka ihr Leben noch einmal rückwärts durchlaufen habe, bis sie „ein Kind“ sei, könne sie „ins Himmelreich eingehen“. Dies ist der Sinn des Jesuswortes: „Wenn ihr nicht werdet wie die Kinder, könnt ihr nicht in das Himmelreich eingehen.“ Die Lehre von den wiederholten Erdenleben habe Christus wohl gekannt, aber sie nicht verbreitet, weil seine Aufgabe gewesen wäre, die Menschen wieder den Wert des einen Lebens zu lehren. Die Verklärung auf dem Berge erläuterte Rudolf Steiner als eine Einweihung: Elias bedeute Weg, Moses nach der Kabbala die Wahrheit. — Das sind nur dürftige Notizen, aber sie lassen ahnen, wie da vor einer aufmerksam lauschenden Schar von Zuhörern Esoterik aus einem wirklichen Erkennen und Erleben ausgebreitet wurde. In Rudolf Steiner sprach und wirkte die Unmittelbarkeit, die immer, wenn er redete, überzeugend war. Sein Wort war unmittelbar einleuchtend.

Nach dem Vortrag sprach ich mit Rudolf Steiner über Sanskrit und verwandte Sprachen. Die Sanskritschrift (die sog. Devanagari) ist nach ihm eine „Schlangenschrift". Die Ursprache sei konsonantisch gewesen, daher die verschiedenen Vokalismen. — Ich wurde zum Abendbrot eingeladen und blieb gern. Leider schrieb ich nicht auf, was hierbei gesprochen wurde. Als wir zu dem öffentlichen Vortrag gingen, der im Palaisrestaurant stattfand, fragte mich Rudolf Steiner, wie denn das Thema laute, welches angesagt sei. Ich glaubte an einen Scherz und fragte unter Lachen, das müsse er doch wohl wissen. Aber er versicherte, daß er es nicht wisse, und so sagte ich es ihm. Daß ein Redner in einen Vortrag ging und sein Thema nicht wußte, war allerdings erstaunlich. Freilich war es bei Rudolf Steiner so, daß man alles Erstaunen entweder verlernte oder erweiterte: beides fiel sogar in eins zusammen. Das Thema dieses Abends war nicht einmal ein einfaches. Es hieß: „Germanische und indische Geheimlehre". Er sprach von dem Ursprung des Menschengeschlechtes, von Wodan dem Eingeweihten, der neun Tage am Galgenholze hing und die Runenkunde erlangte — von der Weltesche und den drei Welten Mittelgard, Usgard und Asgard. Er sprach von den Indern, ihren Rischis, den drei Welten, — dem Siegfried, welcher den Drachen tötete und da verwundbar war, wo er das Kreuz trug. Nur geringe Notizen sind festgehalten. Ich war „ganz Ohr" und schrieb nicht. Mich dünkte gerade dieser Vortrag anders als derjenige der Kathederprofessoren.

Während ich aber in tiefer Andacht zuhörte, ertönte in den hinteren Reihen ein Schnarchen, das mir wohlbekannt war. Es war dasjenige meines Vaters. Nun verstummte es wieder. Er wollte von nichts wissen. Unangenehm war ihm aber doch der Zwischenfall. Er ließ sich auch nicht bereden, mit zu Nolls zu gehen. Dr. Noll, bei dem ich das unliebsame Vorkommnis zu entschuldigen bemüht war, bekannte freimütig, selbst mitunter im Kolleg geschlafen zu haben; aber doch wohl geräuschlos. Rudolf Steiner wollte natürlich von einer Entschuldigung nichts wissen: mein Vater habe tagsüber gearbeitet, und es sei nicht zu verwundern, wenn er am Abend müde sei. So sagte er zu meinem Vater (und noch einmal mir, als ich mit ihm allein war) und verabschiedete sich von ihm. Uns hatte er diesmal wegen der Kürze der Zeit nicht besuchen können. Es war schon spät, als wir uns trennten und ich ihn in den Kasseler Hof begleitete. Am andern Morgen brachten wir ihn sowie M. v. Sivers zur Bahn. Bei dieser Gelegenheit zeigte ich ihm eine in Seide gebundene Bhagavadgîtâ, die ich mir hatte für billiges Geld aus Indien kommen lassen. Gern besorgte ich ihm auch solch ein Exemplar. — Als er abgereist war, stürzte ich mich wieder in jene Fehde, die um Rudolf Steiner entbrannt war und unnötig Kraft verzehrte.

Die Hauptrufer im Streit waren R. Bresch („Vâhan"), Gustav Müller („Wahrheitsforscher") und Dr. Hensoldt, Verfasser einer Broschüre gegen Annie Besant. Diese Angriffe spielten schon fast ein Jahr. Ich korrespondierte darüber mit S. Stinde. Sie kannte nur eines: treu zu Rudolf Steiner und den übrigen angefeindeten stehen — und hatte das Vertrauen zu mir, daß ich mich nicht beirren ließe. Hinter Bresch, schrieb sie mir (September 1905), stünden andere, deren Namen nicht genannt würden. S. Stinde berichtete mir auch von der Generalversammlung, wo Rudolf Steiner als Generalsekretär wieder gewählt worden sei, nachdem Bresch eine längere Rede gehalten: Als vor drei Jahren die Sektion gebildet worden wäre und sie sich nach einem Generalsekretär umgesehen hätten, da sei Dr. Steiner in der Not sehr willkommen gewesen, und er hätte seine Sache ja auch ganz gut gemacht. Damals wäre er ein junger Gelehrter gewesen wie jeder andere und ein Mensch wie jeder andere gewesen. Heute sei er aber ein Seher, ein Okkultist geworden, und vor dem Okkultismus müsse er eindringlich warnen und bitten, einen ganz nüchternen Geschäftsmann zu wählen usw. — Die Folge dieser Rede sei Wiederwahl Dr. Steiners und des Vorstandes mit Ausnahme Breschs und eines Freundes von ihm gewesen. — Rudolf Steiner hielt u. a. einen Vortrag über Okkultismus, worin er ausführte: ohne Okkultismus bleibe die Theosophie eine tote Sache — ein Verein wie jeder andere, z. B. ein ethischer Verein. Der Okkultismus mache die Theosophie erst lebendig und bringe sie ins praktische Leben (November 1905). — Es versteht sich, daß hier als „Okkultismus" nicht jene unter diesem Namen gehende Verzerrung seines wahren Wesens gelten soll.

Über jene Generalversammlung erschien im „Vâhan" ein Bericht, der von einem schwerhörigen Vertrauensmann Breschs hergestellt war und objektive Unwahrheiten enthielt, die sich schon durch physikalisches Nichtverstehen erklärten. —

*

Nach einem Vierteljahr, am 21. Juni, kam Rudolf Steiner wieder nach Kassel. Dr. Noll und ich holten ihn am Bahnhof ab. Die geladenen Gäste hatten sich bereits versammelt. Es waren 16 Zuhörer. Rudolf Steiner erkundigte sich nach irgendwelchen Wünschen. Um diese Zeit erregten die Vorträge von Dr. Ernst Horneffer in Kassel bedeutendes Aufsehen und stellten die Leute dieser guten Stadt buchstäblich auf den Kopf. Namentlich der kirchlichen Kreise bemächtigte sich eine heftige Erregung, da Horneffer den Austritt aus der Landeskirche propagierte. Rudolf Steiner wurde also gebeten, einiges über Horneffer zu sagen und sodann über die Erziehung des Kindes und dessen Konstitution zu sprechen. In bezug auf das erste Thema sprach er von den griechischen Mysterien. Horneffers Weltanschauung gehe ja von den Griechen aus. Er zeigte, wie in den Mysterien Wahrheit, Schönheit und Frömmigkeit vereint waren, und wie das alles seit Thales von Milet sich in Philosophie, Kunst und Religion differenzierte — wie die Mythen die Einkleidung mysteriöser Wahrheiten seien. Horneffer greife das Ideal des Schönen heraus und stellte dies sein Steckenpferd in den Vordergrund. Die Tragik Nietzsches, sagte er dabei, sei gewesen, daß er vor den Toren der Theosophie gestanden und nicht hineingeschritten wäre. — Anschließend über das Kind. Er führte aus, wie in den ersten sieben Jahren der Astral- und der Ätherleib ganz mit dem physischen Körper beschäftigt seien. Diese Tätigkeit müsse gefördert werden durch Einwirkung auf die Sinne des Kindes. Deshalb solle man ihm einfache, nicht künstliche, meist abscheuliche Puppen geben — am besten aus Lappen geknotete — und die Phantasie das übrige tun lassen. Hier bemerkte ein anwesender Dekan, der mit Pfarrer Holstein gekommen war, es sei wohl auch gut, den Kindern keine Karikaturen Buschs oder ähnliches zu geben, wodurch alles Heilige in Lächerlichkeit gesetzt werde. Rudolf Steiner stimmte diesem Aperçu, wie er es nannte, durchaus zu. Vielmehr solle man die Kinder nur Gutes hören und sehen lassen. In der zweiten Periode werde nun der Ätherkörper freier, und es komme jetzt darauf an, das Gedächtnis zu üben und einen Stock guter Gewohnheiten heranzubilden. In dieser Zeit sei die Autorität, aber die vernünftige, des Lehrers zur Geltung zu bringen. Bis zum 21. Jahre müsse dann, weil der Astralkörper freier wird, das Gefühl und das Denken gepflegt werden. Die Art, wie hier Theosophie unmittelbar leben- und menschengestaltend wirkte, bedeutete abermals etwas ganz Neues für uns.

Nach diesem Vortrag begleiteten Herr O. Kiem, ein Freund und Mitschüler Dr. Nolls, und ich Rudolf Steiner ins Hotel und promenierten mit ihm dann bis zur Zeit des Abendbrotes, zu welchem uns Dr. Noll eingeladen, in der Wilhelmstraße. Als wir nach Tisch in Gesprächen beieinander saßen, sagte Rudolf Steiner manches, worüber er sich nicht öffentlich ausließ: so z. B. daß in einigen Jahren „ein großer Krach" kommen werde, der schon im Jahre 1879 auf dem Astralplan geschehen sei. — Jesus habe als Chela seinen Leib so rein erhalten, daß er ihn bewußt verließ und auf die Astralebene ging, während Christus diesen Leib in Besitz nahm. Wenn Jesus rief: „Mein Gott, warum hast du mich verlassen?", so sei das eine falsche Übersetzung des aramäischen Grundtextes; es sollte heißen: „Mein Gott, wie hast du mich verklärt!" Im Johannesevangelium finde sich eine Vorhersagung der Verklärung, die eben auch wirklich vollendet werde. Die

Verklärung sei eine der sieben Einweihungen. Den Christus nannte Rudolf Steiner höherstehend als Buddha. Das war doch eine Frage, die uns, wie man sieht, immer noch bewegte. Christus habe, sagte Rudolf Steiner, an und für sich nichts Neues gelehrt, aber sein Leben sei eine Lehre gewesen. Von den Indern sagte Rudolf Steiner, sie stünden auf dem Aussterbeetat, die Rasse der Zukunft komme aus dem Osten Europas. Als dann Dr. Noll Rudolf Steiner über die Erlebnisse des Dr. Hensoldt unter den Adepten Tibets befragte, welche er in Breschs „Vâhan" veröffentlichte, sagte Rudolf Steiner, derartiges könne man schon seit einiger Zeit in populären Schriften lesen, und — so fügte er auf eine weitere Frage mit der ihm eigenen Geste des Nichtwissens hinzu — unmöglich sei nicht, daß Dr. Hensoldt plagiatisiert und also gefabelt habe. — Das waren einzelne Äußerungen aus diesen Unterhaltungen. Sie ließen uns ahnen und zum Bewußtsein kommen, wie ungeheuer viel wir nicht wußten, ohne uns jedoch niederzudrücken, indem sie vielmehr die Aussicht auf die Zukunft und die Erweiterung alles Wissens im Lessingschen Sinne eröffneten. — Es war schon spät, als wir Rudolf Steiner in den Kasseler Hof begleiteten.

Am nächsten Morgen kam aus Marburg eine Einladung des Herrn Professor Maass in Marburg zum Abendessen. Diesen mochte ich durch eine Absage nicht kränken. Rudolf Steiner riet mir, ich sollte mich doch nur entschuldigen, es würde mir nicht übel genommen werden; und wenn, dann sollte ich den Professor besänftigen. Ich blieb also in Kassel — bei dem andern Professor. Um 10 Uhr suchte ich ihn im Kasseler Hof auf und nahm viel frohen Mut aus dieser Unterredung, die wir führten, mit hinaus. Er selbst ging mit zu uns hinunter in die Brüderstraße. Diesmal wollte er nicht versäumen, meine Eltern zu besuchen. Auf dem Wege erkundigte er sich, ob ich noch materielle Sorgen habe. Ich konnte dieses verneinen, fügte aber hinzu, daß es möglich sei, mit sehr wenig auszukommen. Dem stimmte er allerdings zu, aber man müsse auch so leben, daß es für einen nicht schädlich sei. Schwieriger war mir das Problem des philologischen Studiums selbst. Ich schilderte ihm die inneren Schwierigkeiten des Studiums, in dem nachgerade das Nebensächliche zur Hauptsache werde; oder wie Nietzsche sagte: Philologie sei die Wissenschaft vom Nichtwissenswerten. Rudolf Steiner sagte, eigentlich sei Philologie die höchste Wissenschaft, die Liebe zum Logos. — Vater und Mutter empfingen Rudolf Steiner mit großer Herzlichkeit. Und er! immer die natürliche Güte, die niemals in Herablassung verfiel. An ihm bewahrheitete sich das Kennzeichen des wirklich bedeutenden Menschen, daß er bescheiden ist. Dieser Eindruck prägte sich immer wieder ein, und so mußte jeder, der mit Rudolf Steiner zusammen war, ihn nicht nur als einen edlen und klugen Menschen verehren, sondern mehr noch: ihn lieb gewinnen. — Es gab wieder die traditionelle Tasse Kakao. Mein Vater erzählte ihm von Dr. Horneffer, der ganz Kassel rebellisch gemacht. Rudolf Steiner meinte, es sei zwar das wenig echte, erstarrte Christentum der Kirche und ihrer Kreise zu beklagen, aber es sei doch besser, als wenn die Menschen dem Materialismus verfielen. Mein Vater sprach auch von der Mutter, als diese einmal abwesend war; sie sei religiös und wolle von einem Austritt aus der Kirche nichts wissen. Merkwürdigerweise fügte er hinzu, sie würde nicht zur Theosophie kommen. Rudolf Steiner erwiderte, gerade tiefreligiöse Naturen kämen zu ihr. Meine Mutter ist auch Mitglied der Theosophischen Gesellschaft geworden. Ehe wir weggingen, durfte ich Rudolf Steiner etwas auf dem Klavier vorspielen. Es war das Nocturne aus dem „Sommernachtstraum", aber in orchestraler Manier. — Auf dem Rückwege berichtete ich ihm, wie ich meiner Mutter die Hauptlehren der theosophischen Weltanschauung dargelegt und erklärt habe, doch befragte ich ihn wegen eines Buches, das ich ihr in die Hand geben könnte; dieses müsse populär geschrieben sein. Er sagte, an solchen Büchern bestehe Mangel, aber als brauchbar käme „Das Meer der Theosophie" in Betracht, obwohl es von Judge geschrieben sei *). Dieses Buch wurde alsbald besorgt. — Bei Dr. Noll wurde zu Mittag gegessen. Hierbei gab Dr. Noll die Anregung zu einem Vortrag Rudolf Steiners im Kaufmännischen Verein, den er bei den Leitern dieser in Kassel sehr angesehenen Veranstaltungen zu befürworten und durchzusetzen versprach. Rudolf Steiner nannte auch gleich nach kurzem Besinnen das Thema: „Der Osten und der Westen Europas." Er erkannte bereits mit klarem Blick die Stellung Deutschlands inmitten des weltpolitischen Konfliktes. —

Über den Verlauf des Pariser Kongresses hatte ich Rudolf Steiner wohl befragt, aber nichts Wesentliches darüber von ihm hören können. S. Stinde erklärte mir das in einem Briefe:

„Von Dr. Steiner konntest Du wohl wenig Einzelheiten über den Pariser Kongreß erfahren, da das einzige große Ereignis des Kongresses in positivem Sinne der mächtige Erfolg Dr. Steiners war. Er hielt eine Serie von 16 Vorträgen — im ganzen waren es 23 Vorträge in Paris — einer großartiger wie der andere. Immer größer wurde der Kreis der Zuhörenden. Mit 14 fingen wir in unserer Wohnung an — Russen und Deutsche — und bald waren es über 60, so sprach es sich herum und so begierig war man, den großen Mann, ‚*le prophète, le maître*' zu sehen und zu hören. Dann bekamen wir den Logenraum nach dem Kongreß, und die Zahl der Zuhörer aus allen Ländern wuchs auf 70 und darüber hinaus; mit ihr wuchs die Begeisterung. Es waren lauter

*) Dieses „obwohl" bezieht sich auf gewisse trügerische Machenschaften, welche dem amerikanischen Theosophen William A. Judge zum Vorwurf zu machen waren (Rudolf Steiner, Die Geschichte und die Bedingungen ... S. 122).

hochstehende, intelligente und teils berühmte Leute, wie Edouard Schuré und der russische Dichter und Philosoph Minski usw., die zu den Füßen ihres endlich gefundenen Meisters saßen. Das konnte er Dir natürlich nicht selbst erzählen; er tut nur seine Arbeit und spricht von keinem Erfolg ..."

Der gleiche Brief S. Stindes ist aber zugleich ein schöner Beweis für das tiefe Gefühl der Dankbarkeit und Verpflichtung gegenüber Rudolf Steiner, bei ihm fest und unentwegt und unerschütterten Vertrauens zu stehen, was auch immer kommen möge. „Wir können", schreibt sie, „unserem Lehrer gar nicht genug Vertrauen entgegenbringen, nie dankbar genug sein. H. P. B. sagt, daß der Guru das Karma seiner Schüler mitträgt, wie Christus das Karma der ganzen Welt trug. Alles, was uns trifft, trifft ihn mit. Alles, was wir Karmisches tun, das muß er auf sich nehmen und abtragen helfen. Das ist ein ungeheures Opfer, und die meisten nehmen es hin, als sei es ein Butterbrot, oder als müsse der Meister sich noch recht darüber freuen, daß er einen Schüler an ihnen hat, der recht wachsen will, statt daß der Schüler das Opfer erkennt und weiß, daß er mit dem Lernen die Pflicht der späteren Hilfeleistung auf sich nimmt". (Anfang Juli 1906.)

In den letzten Tagen des Sommersemesters hatte ich Herrn Dr. Christlieb Dr. Steiners „Theosophie" gegeben und war ebenso erfreut wie überrascht, als er mir nach wenigen Tagen seine Befriedigung über dieses Buch, das theosophische Grundwerk seines Verfassers, äußerte. Nur wollte er nicht gelten lassen, daß die Farben der Aura richtige Farben seien; Farben könne man nur das nennen, was auf der körperlichen Netzhaut hervorgebracht werde — ein häufig gemachter Einwand, mit dem sich Rudolf Steiner auseinanderzusetzen hatte. Auch schien Christlieb der „Pfad der Erkenntnis" nicht deutlich genug gezeichnet. Das diesbezügliche Werk war damals noch nicht herausgekommen; es lag jedoch die Aufsatzserie „Wie erlangt man Erkenntnisse der höheren Welten?" in der Zeitschrift „Lucifer-Gnosis" bereits vor. Von diesem Gespräch mit Dr. Christlieb machte ich Rudolf Steiner in einem Briefe Mitteilung (14. 6. 06). Es mußte nicht Dr. Christlieb sein, um nicht die rationale Skepsis bereit zu haben.

*

Von Weißenfels, Novalis' letzter Heimat aus, schickte mir S. Stinde zu Ende August das Gedenkbuch zurück, in welches sich einzutragen ich nicht nur sie (Faksimile S. 265) und P. v. Kalckreuth, sondern auch R. Steiner und M. v. Sivers gebeten hatte. R. Steiner hatte geschrieben (Faksimile S. 266):

Den Sinn der Welt verwirklicht die von Weisheit erleuchtete
und von Liebe durchwärmte Tat des Menschen.

Bayreuth, August 1906. Dr. Rudolf Steiner.

M. v. Sivers (Faksimile S. 266):

Die Lehrer aber werden leuchten wie des Himmels Glanz
und wie die Sterne immer und ewiglich *).

Bayreuth, August 1906. M. v. Sivers.

Sie waren auf Einladung von S. Stinde und P. v. Kalckreuth mit diesen gemeinsam in Bayreuth gewesen und hatten dort den „Parsifal" gesehen. Vorher habe ihnen, schrieb mir S. Stinde, Rudolf Steiner in Landin, dem märkischen Gute der Frau v. Bredow, wo sich eine größere Gesellschaft eingefunden hatte und Rudolf Steiner Zeit fand, an seinem „Lucifer" zu arbeiten, einen wunderbaren Vortrag über den „Parsifal" gehalten.

Über verschiedene Auffassungen bezüglich der inhaltlichen und szenischen Gestaltung des Schlusses von „Parsifal" konnte ich im September 1952 von meinem nachmaligen Freunde, Prof. Hans Wildermann, der selbst persönlich in jenen Jahren den „Parsifal" mehrfach in Bayreuth inszenierte und den Text illustrierte, wichtige Tatsachen erfahren.

Zu Ende dieses Monats (August) besuchten S. Stinde und P. v. Kalckreuth Kassel, um meine Eltern kennen zu lernen. Bei Gelegenheit eines Spazierganges auf der Wilhelmshöhe hörte ich von den Münchener Freundinnen manches, was auf Rudolf Steiner zurückgehen mochte. Ich fragte sie auch über eine Bemerkung, die ich in Judges „Meer der Theosophie" **) gelesen, wonach Napoleon sich für den wiedergekommenen Karl den Großen gehalten. Sie gab mir Auskunft, daß Napoleon nicht von unserem Planeten sei: seine Spur gehe in der Akashachronik verloren. Ich habe auch Rudolf Steiner hierüber befragt. Dieser sagte mir, Napoleon sei von einem anderen Stern auf die Erde gekommen.

Wie ich dann nach Herrn R. G. fragte, hörte ich, daß dieser sich an Rudolf Steiner um okkulte Übungen gewandt habe, aber von diesem zu-

*) Dan. 12, 3.

Diese herrlichen Worte prophetischer Schau erinnern an die nach mehr als zwei Jahrtausenden gedichteten Verse Rudolf Steiners:

„Es leuchten gleich Sternen
Am Himmel des ewigen Seins
Die gottgesandten Geister.
Gelingen mög' es allen Menschenseelen
Im Reich des Erdenwesens,
Zu schauen ihrer Flammen Licht."

(„Licht und Sterne" in den „Wahrspruchworten", Dornach 1925.)

**) W. Q. Judge, Das Meer der Theosophie (dtsch. von Eduard Hermann, Leipzig, Wilhelm Friedrich o. J.), S. 112 f. Nach Judges Angabe ist diese Aussage Napoleons den Memoiren Talleyrands entnommen.

nächst auf ein tüchtiges Studium verwiesen worden sei. Alsdann möge er sich wiederum an ihn wenden. — Nach dem 2. Weltkrieg war Herr R. G. mit Eduard Pranger und Paul Ohlmeyer zu einem „Namen von Weltruf" aufgestiegen *). Es war wohl die letzte Nachricht damals, welche mir hinsichtlich der Beziehungen von R. G. zu Rudolf Steiner zukam. Nun habe kein Mensch das Recht, darüber zu rechten, daß R. G. einen anderen Lebensweg einschlug, als er damals vorgezeichnet zu sein oder sich anzudeuten schien. So vermied auch Rudolf Steiner immer und grundsätzlich einen kritischen Eingriff in den allerpersönlichsten Bereich eines Einzel-Iches, wie er es etwa in der Nacherinnerung an Max Christlieb **) und mir gegenüber gehalten hat. Ein anderes wiederum ist es, wenn ein Mensch religiöse, politische, weltanschauliche oder rein menschlich-persönliche Beziehungen samt ihren Tatsächlichkeiten, die er einmal angeknüpft hatte und die zu ihrer Zeit für ihn lebenswichtig waren, abschüttelt wie ein Hund lästige Flöhe, sobald sie unbequem werden, vor sich und der Umwelt, oder gar sie verleugnet, wie einst ein Petrus tat, als ihm die Jüngerschaft bei Jesus von Nazareth gefährlich zu werden drohte: „Ich kenne den Menschen nicht" (Matth. 26, 69—74). Niemand sollte und dürfte verleugnen, was er einmal als eine Lebensstufe mit- und durchgemacht, woran er teilgenommen, was er schätzte oder dem er Neigung und Zeit widmete, vielleicht sogar verehrte und liebte, sei er nun Kommunist oder katholisch gewesen. Er sollte sich nicht scheuen, ihm noch späte Dankbarkeit zu bezeugen. Zumal ein leibhaftiger Professor sollte sich bekennen, nicht bloß zur Wahrheit, sondern auch zu seinen Wanderungen und Wandlungen in der Wahrheitssuche.

Warum und worum vorstehende Ausführungen? Mir ist zuverlässig bekannt geworden, daß Herr Prof. R. G. neuerdings über seine Erinnerungen an Rudolf Steiner befragt, die Antwort gab: seine Erinnerungen an Rudolf Steiner seien sehr dürftig. Er habe ihn nur in einem Münchener, wie es damals hieß, Theosophenkreis sprechen hören (im Hause von Sophie Stinde und Gräfin Kalckreuth) ***), müsse allerdings sagen, daß sein Eindruck nicht wohltuend gewesen sei. Er habe den Stil des Ganzen als künstlich, ja ins Magische gehend empfunden. Daß die Anthroposophie wichtige Gedanken, besonders pädagogischer Art entwickelt hat und prak-

*) So „Neue Zeitung" 1949, Nr. 18, S. 4. Auch Paul Fechter (zum 70. Geburtstag R. G's. am 17. Februar 1955) in „Neue Deutsche Hefte" Nr. 11.

**) S. „Mein Lebensgang" S. 210.

***) Dies kann sich nur auf den 9. Januar 1905 beziehen, wo allein Dr. Steiner in Sophie Stindes Atelier den Vortrag hielt.

tische betätigt, sei wohl sicher. Ihrem geistigen Grundwillen stehe er aber mit großer Skepsis gegenüber. Seiner Meinung nach sei sie die moderne Form eines alten europäisch-geschichtlichen Phänomens, nämlich der Gnosis, durch die alle religiösen, vor allem christlichen Begriffe, ins Fließen kommen.

Was die Bekanntschaft mit Sophie Stinde und Rudolf Steiner anbetrifft, so verweise ich auf das früher Berichtete sowie auf mein „In memoriam" zu Sophie Stindes 40. Todestage *). Hat Herr R. G. wirklich „nur" in dem Münchener Theosophenkreis Rudolf Steiner sprechen hören? Dies war jener 9. Januar 1905, für den ich mich freilich seiner Anwesenheit nicht entsinne. Hörte er Rudolf Steiner nicht auch in einem oder mehreren Vorträgen? Sprach er niemals persönlich mit ihm? Kaum dürfte ich glauben, daß jener junge, sympathische Student, der zu Sophie Stinde kam, ein pseudonymes Phantom gewesen sei. Und ist die Bekanntschaft mit Rudolf Steiner so etwas wie eine Jugendsünde, an die man nicht erinnert sein möchte und die man durch Nicht-mehr-daran-Denken abwehrt? War es möglich, daß Rudolf Steiners Rede nicht wohltuend wirkte? Mir wenigstens bleibt über alle Lebenszeit hinweg die schöne Begeisterung in der Seele erinnert, welche ich angesichts seiner Weisheit und Güte und unter dem Eindruck seines aus dem Geist strömenden Wortes voll Licht, Wärme und Kraft empfunden habe. Wer konnte die Erinnerung an eine Persönlichkeit wie Rudolf Steiner in später Erinnerung als fade und matt sich vorstellen, selbst wenn er durch eine kirchlich-dogmatische Bindung sich verpflichtet glaubte! — Daß Rudolf Steiners Theo- bzw. Anthroposophie moderne Gnosis sei, ist — man verzeihe den banalen Ausdruck — ein alter, abgestandener Ladenhüter protestantischer wie katholischer Theologenpolemik und ein Vorwurf, gegen den sich niemand entschiedener gewehrt hat als Rudolf Steiner selbst. Begreifen wir freilich „Gnosis" in dem hohen und höchsten Sinne, wie er von Johannes und Paulus gemeint ist — wie ihn jedoch jene Theologen nicht meinen —, so kann nicht nur, sondern muß vielmehr bei Rudolf Steiner von Gnosis gesprochen werden, aber eben nur in diesem hohen, geistigen Sinne. Freilich versteht man auf theologischer Seite unter der Gnosis lediglich jene grelle, überhitzte, in das All verflüchtigte, ekstatische Schau der geistigen Welten und des Logos selbst, welche schon zu Ende des 1. Jahrhunderts Johannes (Ev. Kap. 1) von rechtem Christusbegreifen ausschloß, indem er sagte: „Der Logos wurde sarx — das Wort ward Fleisch." Der „kosmische Christus" Rudolf Steiners ist kein wesenloses, abstraktes Wesen, jedoch auch nicht der „schlichte", oft süßlich empfundene Zimmermann und Wanderprediger von Nazareth.

*) In den „Blättern für Anthroposophie" Nov./Dez. 1955, bes. S. 413.

Was die gewöhnlich so genannte Gnosis angeht, die in der Tat die Christusgestalt verflüchtigte, so ist gerade aus der Sicht der Anthroposophie und Rudolf Steiners deren Überwindung durch die Katholische Kirche, um solche Verflüchtigung für die Zukunft zu verhüten, eine Notwendigkeit ersten Grades gewesen, wenngleich echte Spiritualität des Ostens durch diesen Sieg schwand zugunsten westlichen Form- und Rechtsdenkens. Ein Parallelon ist der Sieg der römischen Mission über die iroschottische, der Sieg des Frankenkönigs über die deutschen Stammesbrüder: sie schafften eine Einheit, welche Europa vor den Scharen des Ostens rettete, was nur durch einen religiösen und politischen Zentralismus möglich war. Wollte man überhaupt historisch denken lernen, auch in Dingen der Religionsgeschichte, so konnte man das bei Rudolf Steiner haben. Er schärfte geradezu den Blick für die Beobachtung dessen, was er das Symptomatische des Geschichtlichen nannte.

Die Anerkenntnis, daß die Anthroposophie wichtige Gedanken insbesondere hinsichtlich der Pädagogik entwickelt und in die Praxis umgesetzt habe, besagt leider wenig. Denn eben diese „Gedanken" sind von dem Ganzen ihrer Gesamtanschauung von Welt und Mensch nicht zu trennen; sie sind von ihr nicht zu trennen, weil sie aus ihr hervorgegangen sind — die praktische Betätigung ihre Frucht —, woran man bekanntlich den Wert eines Lehrsystems erkennen kann (abgesehen natürlich von Beimischung menschlicher Unzulänglichkeit). Ein Professor der Philosophie und Theologie müßte, sollte man denken, im Stande und in der Lage sein, sich und anderen die absurde, verrückte Antinomie zu erklären, wie aus einem Gedankensystem, das zu vager Verflüchtigung hinstrebe, eine höchst fruchtbare und menschenfördernde Pädagogik erwachsen konnte — mit solch vortrefflichen Schulen, wie die Waldorfschulen sind.

„Erkläret mir, Graf Örindur,
Diesen Zwiespalt der Natur!"

Hatte doch schon Rudolf Steiner, wie ich ihn hatte erzählen hören, Maurice Maeterlincks abstruses Philosophem über Rudolf Steiners Geistesart witzig gelöst. Maeterlinck nämlich hatte geäußert: es sei höchst merkwürdig mit Rudolf Steiner; dessen Bücher begännen allemal recht vernünftig, dann aber weiter nach hinten zu werde es immer toller, bis der Verfasser ganz am Schlusse in puncto Vernunft völlig übergeschnappt sei. Nun stellte Rudolf Steiner die Frage: er schreibe ja wohl ein Buch stets nach einem andern; wie aber komme es dann, daß er am Anfange eines Buches vernünftig sei, wo er zum Ende des vorhergehenden übergeschnappt gewesen. Wahrhaftig ein Problem für Professoren und andere Philister *). Es war überhaupt ergötzlich, wie Rudolf Steiner Beanstandungen, Einwände und Widerlegungen, welche gegen ihn erhoben wurden, begegnete, indem er zeigte, daß er sie sehr wohl kannte und sie sich bereits selber gemacht hatte. Ich entsinne mich recht wohl des Beispieles von Eduard von Hartmann, welcher 1869 seine berühmte „Philosophie des Unbewußten" veröffentlichte, die besonders unter den Naturwissenschaftlern damaliger Zeit heftige Gegnerschaft weckte. Unter den Gegenschriften, die erschienen, sei eine — freilich anonyme — gewesen, die von keinem geringeren als von Ernst Haeckel als die beste Widerlegung Hartmanns bezeichnet wurde; Haeckel habe den Verfasser aufgefordert, seinen Namen zu nennen. Er nannte ihn in der 2. Auflage: es war Eduard von Hartmann selbst. Der Vorfall sei dann totgeschwiegen worden. Was durch ihn erwiesen wird, ist klar **). Rudolf Steiner erzählte diese nette Geschichte in einem der ersten Vorträge, die ich im November 1904 und Januar 1905 von ihm hörte. Er erläuterte mit ihr, daß der Geistesforscher per se wisse und wissen müsse, was gegen ihn vorzubringen sei. Sie imponierte mir. Als ich dann 1909 eine akademische Preisschrift aus der indischen Philosophie zu bearbeiten hatte, bewegte mich der abenteuerliche Plan, sie in zwei entgegengesetzten Fassungen anzufertigen und abzuliefern, die ja beide lediglich mit einem Kennwort versehen waren, während der Name des Verfassers sich in einem verschlossenen Umschlag befand; dieses wurde jedesmal erst bei der Preiswürdig- oder Nichtpreiswürdigerklärung vor den Augen der Festversammlung geöffnet. Nur die Kürze der Zeit verhinderte dieses Experiment. Mir schwebte dabei das von Rudolf Steiner berichtete historische Beispiel vor. Es war mir gewiß und stand bei mir fest, daß Rudolf Steiner durchaus im Stande war, es auf sein eigenes Schrifttum anzuwenden und selbst für unsere Zeit ein klassisches Exempel des Selbstverständnisses nach der positiven und der negativen Seite hin für die ihn bejahende und

*) In einem Briefe vom 26. März 1949 schrieb mir Emil Bock (zunächst mit Bezug auf Max Christlieb): „Ihre Notizen über Christlieb ergänzen das Bild, das man von diesem interessanten Weltläufer hat, auf das glücklichste. Die Notiz über R. G. (im Original ausgeschrieben) ergänzt die betreffende Stelle aus Ihrem Buche, in welchem Sie ja mit den Anfangsbuchstaben den Namen schon erwähnt haben. Ich habe übrigens Dr. Steiner einmal gefragt, wie es mit solchen Persönlichkeiten stehe, die doch über einen gewissen karmischen Zug Okkultismus verfügen. Er antwortete: „Sie machen sich gar keinen Begriff davon, mit welchen ungeheuren eisernen Ketten diese Menschen an den römischen Katholizismus gefesselt sind! . . ."

**) Rudolf Steiner hat diese lehrreiche Geschichte m. W. zuerst erwähnt in den Vorträgen „Schiller und unser Zeitalter" (Berlin 1905), S. 61.

verneinende Mitwelt zu liefern, indem er die weitaus beste und gründlichste Widerlegung der Steinerschen Anthroposophie selbst schrieb.

*

Im Jahre 1906 kam Rudolf Steiner nicht mehr nach Kassel. Auf eine Anfrage meinerseits antwortete er mir am 15. August:

„Mein lieber Herr Kleeberg! Nach Kassel gedenke ich im August und September wohl nicht kommen zu können. Für später müßten wir erst einen Zeitpunkt bestimmen. Es ist jetzt alles arg besetzt. Ihre Anfragen von letzthin werde ich Ihnen recht bald beantworten. Heute drängt etwas die Zeit. Herzliche Grüße an Ihre Angehörigen und an Sie selbst von Ihrem Dr. Rudolf Steiner."

Indessen hatte ich das Glück, ihn wie M. v. Sivers im Oktober bei Gelegenheit der Generalversammlung in Berlin zu sehen, wohin Dr. Noll mich mitnahm. Ich kam zum ersten Male in die große Stadt. Ob sie der Sitz der Reichs- und preußischen Regierung und die Residenz des Kaisers war, mochte ihr in meinen kleinstädtischen Augen eine himmelhohe Stellung geben. Daß hier Rudolf Steiner wirkte, das war erst Wirklichkeit. Die Verhandlungen fanden Motzstraße 17 statt, wo Rudolf Steiner damals wohnte. — Am 21. Oktober war ein Vortrag über „Den Zusammenhang der drei Naturreiche mit dem Menschen". Von jetzt ab machte ich ausgiebigere Notizen, aus denen nach soviel Jahren zu ersehen ist, wie Rudolf Steiner zu umfassenden Offenbarungen zu führen sich anschickte. Man hörte ihn mit wachsendem Erstaunen sprechen. Die Welt und alle Dinge schauten einen mit unendlich weiten Augen an. Rudolf Steiner öffnete die Geheimnisse der Natur und der Menschenwelt. Er wußte alle „Wirkenskraft und Samen" und verstand scheinbar Entferntestes miteinander zu verbinden: nach Wesen und Art, Raum und Zeit. Er sprach über Tier und Pflanze als Symbol: die Herbstzeitlose als Bild der Melancholie, die Sonnenblume als Bild der Kraft, Selbständigkeit, des Ehrgeizes. Wenn die Eigenschaften so aus den Dingen herausgeholt würden, führten sie zu höheren Wesenheiten. Versuche man nicht bloß einzelne Tiere zu lieben, sondern für eine Gruppe von Tieren eine Empfindung zu haben, so erhebe sich der Mensch zur Region der Gattungsseele, der Astralwelt. Durch die Betrachtung der Pflanzendecke der Erde werde ihm eine Offenbarung des Geistes der Erde — gelange man zur Rupa-Partie des Devachan. Als das Wunderbarste schilderte Rudolf Steiner nun die Welt der Steine, die gewöhnlich „tot" genannt werden, und die Grundempfindung beim Anschauen des Bergkristalls, der in seiner Art ein Ideal für den Menschen darstelle. Die physische Natur des Menschen werde allmählich geläutert, bis der Leib keusch und wunschlos sei, wie der klare Kristall. Das Ich des

Kristalls lebe in dem Arupa-Devachan, dorthin erhebe sich der Mensch durch Versenkung in den Kristall. Rudolf Steiner schilderte nun das Verhältnis der Metalle und der Kristalle zum Werdegang und zur Konstitution des Menschen — wie, wenn etwas im Menschen sich gebildet habe, gleichzeitig in der Natur ein Körper sich gebildet: so zeigte er den Zusammenhang von Auge und Chrysolith u. a. mehr, von Verstand und Blei, von Kupfer und einer gewissen geistigen Beweglichkeit. Er machte das an Beispielen aus dem Leben klar, die, wie er sagte, wahr, nicht grotesk seien; wie z. B. es eine gemäßigte Gruppe der Arbeiterschaft gäbe, die es mit Blei zu tun hätte, die Buchdrucker.

Nach diesem Vortrag, aus dem hier nur Notizen von Notizen gegeben werden, fand eine Beantwortung von Fragen statt, die in großer Mannigfaltigkeit gestellt wurden. Z. B. über die Kunst und deren Entwicklung. Rudolf Steiner verbreitete sich über das Urgriechentum, wo Kunst, Wissenschaft und Religion eine Einheit gewesen, die sich später geteilt. Die Eleusinier hätten gesehen, wie der Gott sich in irdischen Daseinsformen inkarnierte, sie schauten es. Kunst sei Manifestation des Gottes in schönen Formen gewesen. Rudolf Steiner schilderte weiter, wie die drei Typen der griechischen Kunst (Zeus-, Hermes-, Satyrkreis) gestaltet seien. Das sei aus den Mysterien. Auch im Mittelalter habe die Seele zur Seele durch die Form gesprochen. Heute herrsche Stillosigkeit. Doch habe die Zeit des Materialismus auch einen Stil erfunden: den Stil des Warenhauses, der für eine spätere Zukunft so charakteristisch sein werde, wie der gotische Dom für uns wichtig sei bei der Betrachtung des Mittelalters. Auch die Theosophie müsse sich in Formen ausprägen.

Die Frage nach einer „höchsten Kunst" sei, sagte Rudolf Steiner, nicht absolut zu beantworten: bei den Ägyptern war es die Architektur, bei den Griechen die Skulptur, vom 13. Jahrhundert ab die Malerei, dann die Musik, die bei den Griechen nur eine Art Rezitativ gewesen sei, die Poesie umgreife alles. Die Künste hätten sich von außen nach innen entwickelt. — Andere Fragen betrafen die Abstammung des Menschen. Rudolf Steiner erläuterte seine ganz neue Lehre an dem Entstehen der Kohle aus der Pflanze. So sei das Mineralreich aus dem höheren Reich hervorgegangen, wie die Schale aus der Auster sich abgesondert habe. Der Mensch sei der Erstgeborne, von ihm habe sich das Tierreich abgespalten, wie die Kohle jünger sei als der Baum. Es sei falsch, daß der vollkommene Bruder von seinem unvollkommenen Bruder abstamme. Ebenso stammten höhere Rassen nicht von niederen ab, letztere befänden sich in einer Sackgasse. Wir müßten die Seelen- von der Rassenentwicklung unterscheiden. Die Seele steige höher, ebenso wie eine Tier-Gruppenseele, die sich der Individualisierung nähere. —

Eine heitere Stimmung entstand, als eine anwesende Dame eine Frage über die Klugheit der Tiere stellte und als Beweis den „Klugen Hans" anführte. Rudolf Steiner erklärte, er wolle lieber nicht mehr über diesen Gegenstand reden. Die Versammlung müsse nämlich wissen, daß schon oft über diesen Gegenstand gestritten worden sei, und allemal, wenn von der Klugheit der Tiere die Rede sei, falle Frau Dr. Sch. *) auf den „Klugen Hans" wie die Katze auf die Beine. Die Tierabrichtung schneide tief ein in das Leben der Gruppenseele, sie sei richtige schwarze Magie. Sie sehe dem Kundigen aus, als wenn Kinder mit dem Feuer spielen. Kluge Tiere trügen zur Individualisierung der Tierseele bei, seien aber nicht selbst unsterblich. Das sei nun einmal so. (Rudolf Steiner sagte das, weil manche Leute gekränkt sind, wenn man die Unsterblichkeit ihres Kanarienvogels bestreitet.) Es komme nicht darauf an, ob etwas schmerzlich zu denken sei.

Dieser erste Abendvortrag war, wie man sieht, ein Mikrokosmos der Theosophie. Was zog da am Auge vorüber und wurde der Auffassungskraft des Neulings dargeboten! Rudolf Steiner schöpfte aus dem Vollen der Erkenntnis und stand doch erst am Anfange seines öffentlichen Wirkens. Am anderen Morgen sprach er über „Ernährung", d. h. den Einfluß von Genußmitteln auf das seelische Leben des Menschen. Einleitend charakterisierte er das universelle Wesen der Theosophie, die nicht an Spezialgebiete sich anschließe (wie deren Vertreter verlangten), sondern vielmehr deren Eingliederung fordere, und kennzeichnete die Einseitigkeit, in welcher die Begriffe „Natur" und „Gift" gebraucht würden. Die Natur umfasse auch die Belladonna, und Wasser sei auch Gift, wenn es eimerweise genossen werde. Man müsse das Verhältnis des Organismus zu den Dingen studieren. Bei den Stoffen handle es sich nicht um Materie, sondern um Geist und Seele. Der Theosoph spreche von dem Geist, der in Gold und Blei und der Belladonna verkörpert sei. Diese Wesenheiten müßten aufgesucht werden. Die Wissenschaft der Zukunft werde theosophische Ärzte verlangen. Hier ließ Rudolf Steiner eine Bemerkung einfließen, die mich aufhorchen machte: in dem Examinibus müsse man den ganzen Menschen ansehen; das werde in nicht ferner Zukunft geschehen, und es werde durchfallen, der voll von Kenntnissen sei. Nunmehr ging Rudolf Steiner ins einzelne, indem er den Zusammenhang zwischen Verdauung und Denktätigkeit erörterte, und führte als Beispiel den Kaffee an, welcher die logische Folgerichtigkeit

*) Dieser Name ist auch in meinen damaligen Notizen nicht ausgeschrieben. — Der „Kluge Hans", ein Pferd, das zu rechnen verstand und mancherlei Fragen durch Zeichen beantwortete, machte damals in Deutschland gewaltiges Aufsehen.

fördere — aber unselbständig. Was in den Zeitungen an richtiger Logik zu lesen, sei die Folge des Kaffees, den die Literaten trinken. Das haltlose Denken dagegen habe sein Korrelat im Tee, der Gedankenflucht bewirke. Die Herztätigkeit entspreche dem Willens- und Begierdenleben. Sei jemand hier erkrankt, liege das in einer Störung der Herztätigkeit begründet. Da komme es auf Vorstellungen an, die Tag für Tag in bestimmter Zeit wiederholt auf den Organismus wirken; der Erzeuger der Herztätigkeit müsse getroffen werden. Weiter: die Atmungstätigkeit hänge mit dem Gefühls- und Sinnesleben zusammen. Ein Mensch, der froh und zufrieden sei, wirke auf die Organe ein. — Die Fortpflanzungstätigkeit entspreche der visionären und imaginativen Seelentätigkeit. Eine gewisse Art von Aszese führe zu einer gewissen okkulten Tätigkeit. Hierin liege aber auch eine Kette von Gefahren. Hier komme es nicht nur auf ein reines Leben, sondern ein starkes Leben an. — Über die Ernährung führte nun Rudolf Steiner aus, daß es darauf ankäme, zu einer bewußten Ernährung zu kommen — nicht zuviel von der Natur lernen zu wollen, sondern die Forderungen Paracelsus' zu verwirklichen: kein Sklave der Natur soll der Arzt sein, sondern ein Künstler, die Natur fortsetzen und Neuprodukte schaffen. Es handle sich darum, wie der Mensch umgebildet werde — ihn so zu ernähren, daß er sich stilvoll entwickelt. Hier nütze die Empirie nichts, sondern nur die Intuition. Auch mit der Statistik sei nichts zu machen, da wir durch sie nur den heutigen Status kennten. Er führte ein Beispiel an: der russische Bauer betone das Ich nicht, aber der Engländer. Das komme daher, daß in England fünfmal soviel Zucker konsumiert werde. Im Genuß von Eiweiß müsse die Regel des „nicht zu wenig und nicht zu viel" herrschen. Eiweiß sei dasselbe unter den Stoffen, was im Denken die Gedanken selbst seien. Sonst werde ein Überschuß erzeugt, und man solle nicht überwältigt werden von der unteren Vorstellungstätigkeit. Deshalb habe Pythagoras die Bohnen verboten. Wer nur vegetarisch lebe und Kräfte spare, schade sich, wenn er nicht spirituell denke. Ein solcher werde sonst das Gedächtnis und anderes zerstören. Rudolf Steiner sagte dieses im Hinblick auf diejenigen, welche glaubten, durch vegetarisches Essen hellsehend zu werden — sich sozusagen in die geistige Welt hineinzuessen. Er schloß mit dem Ausblick auf ein theosophisches Laboratorium, dessen Aufgaben er umschrieb. Dieses zu begründen sei möglich. Hier würden Theosophen im Einklang mit der seienden und werdenden Natur wirken. — Auch hier zeigte sich ein Keim künftiger Entfaltung. Die Idee alles dessen, was Rudolf Steiner später schuf, war ihm immer früh schon gegenwärtig gewesen. Er war überhaupt der größte kulturschöpferische Mensch, den es gab.

Für den Nachmittag dieses Tages lud mich Rudolf Steiner persönlich ein. Ich wußte nicht, worauf er deutete und verstand auch nicht die Andeutungen anderer. Rudolf Steiner versammelte einen kleinen Kreis seiner damals noch nicht zahlreichen Schüler. Ich befand mich — oder fand mich wieder? — in der „inneren Abteilung“, von welcher Sophie Stinde an jenem letzten Abend vor meiner Abreise in München zu mir gesprochen. Sie selbst war anwesend und beglückwünschte mich nachher, daß ich hier zugelassen worden sei — was mich um so mehr verwunderte, als nicht einmal Dr. Noll, der um Jahre älter war als ich und beträchtlich besser unterrichtet, zugegen war. Man nannte diesen besonderen Kreis und das, was der Lehrer in diesem mitteilte, die E. S., was mir als Esoterische Stunde oder Schule erklärt wurde. Alles saß schweigend. Als Rudolf Steiner eintrat, schien mir ein überirdisches Licht auf seinem Antlitz nachzuleuchten, aus dessen Bereich er zu uns kam — es schien nicht bloß so: es war an dem. Wie aus unmittelbarem Wissen und Kennen sprach er von den großen Meistern, die über uns unser Leben und Streben lenken: Kut-Humi, Moriya, Jesus und Christian Rosenkreuz — den „Meistern der Weisheit und des Zusammenklanges der Empfindungen“.

Es darf so viel gesagt werden, daß die Weihe dieser Stunde unbeschreiblich schön war. Hier erschien Rudolf Steiner ganz als der Bote einer höheren Welt. Der Eindruck ist unvergeßlich. Was er damals zu uns sprach, mag in den Tiefen der Seele verborgen ruhen, oder vielmehr nachwirken. Es war wohl keiner, der nicht das lebhafteste Gefühl der Dankbarkeit, aber auch der engsten Zusammengehörigkeit mit diesem einzigartigsten der gegenwärtigen Menschen empfunden hätte. Dieses Gefühl war aber alles andere als dasjenige der Abhängigkeit, Unselbständigkeit oder gar Unfreiheit. Es wäre die ärgste Verkehrung des Weges zur menschlichen, erkenntnismäßigen, sittlichen Freiheit gewesen, den Rudolf Steiner führte.

Abends um 8 Uhr sprach Rudolf Steiner wieder innerhalb des Besant-Zweiges über den Weg der Seele zwischen dem Tod und einer neuen Geburt. Hier gab er die Elemente und Fundamente des später allgemein Bekannten und zum Inhalt des Bewußtseins aller Gewordenen. Er ging von den Gliedern des Menschen und ihren Eigenschaften aus: dem physischen Leib, dem Ätherleib als dem Träger von Neigungen, Temperament, Gedächtnis, dem Astralleib als dem Träger von Wünschen und Begierden, und zuletzt der selbstbewußten Seele. Er sprach von dem Erinnerungsbild, das beim Tode mit der Auflösung des Ätherleibes auftrete — von dem alsdann auftretenden Bewußtsein, das viel lebhafter sei als ein lebhaftes Träumen. Es beginne die Erfahrung der astralen Welt oder Kamaloka. Wenn der Körper abgelegt, sei doch die Begierde geblieben. Es sei, wie wenn jemand

Durst hat und keine Quelle da sei. Der Mensch erlebe den Durst, bis er abgelegt sei. Je mehr Durst auf der Erde abgelegt sei, desto kürzer sei die in Kamaloka zu verbringende Zeit. Das Leben werde noch einmal rückwärts erlebt. Der Mensch bekomme die Empfindung, daß er größer werde, er fühle sich wie aufgestückelt und fühle anderen Menschen zugefügten Schmerz selbst. Nach Devachan nehme er einen Extrakt der Erlebnisse mit; die Seligkeit im Devachan sei vergleichbar derjenigen, welche ein Huhn habe, welches auf dem Ei sitzt. Dieses Bild ist eines der psychologisch und kosmologisch tiefsten und treffendsten. — Rudolf Steiner bezeichnete die in der Welt Devachans herrschenden Beziehungen als viel intensiver wie auf der Erde, weil Zeit und Raum fortfielen; die hier gesponnenen Verhältnisse seien intensiver. Nun sei der Mensch reif für eine neue Geburt. Astralmaterie füge sich an, und es erfolge die Eingliederung in einen Ätherleib. Dann werde der Mensch zu den Eltern hingeleitet. Auch Ort und Umgebung würden bestimmt durch vergangene Handlungen. Rudolf Steiner ging nun die Umformungen durch, welche mit physischen Erlebnissen, Gedächtnisvermögen und Handlungen geschehen: sie pflanzten sich fort auf dem Astralplan, im Devachan und auf dem Buddhiplan. Auf diesem seien die Taten von den Führern des Karmas, den Lipikas, eingeschrieben. (Lipikas = Schreiber sind höchste geistige Wesenheiten.) Es sei eine feine, subtile Technik, mit der Karma wirke.

Das sind wieder nur gebrochene Stücke aus dem Reichtum dieser Vorträge. Wer war imstande, das Ganze zu erfassen! Rudolf Steiner bot uns viel dar. Es wurden indessen auch von anderen wertvolle Vorträge gehalten. Daneben gingen die Verhandlungen der Generalversammlung vor sich, bei der Rudolf Steiner sein Geschick in nüchterner, sachlicher Behandlung geschäftlicher Dinge und als Leiter der Aussprache bewies. Man konnte ihn hören, wie er juristisch scharfe Deduktionen machte oder entstandene Schwierigkeiten auflöste. Sein Verstand war eben auch auf ganz reale Dinge hin geschult. Er war alles andere als ein Schwärmer. Das konnte man am besten an der Weise sehen, wie er solche Generalversammlungen leitete.

*

Durch die Freigebigkeit von S. Stinde und P. v. Kalckreuth war mir im Anschluß an diese Berliner Generalversammlung eine Reise nach München ermöglicht, wo Rudolf Steiner einen Kursus über das Johannes-Evangelium zu halten beabsichtigte. Es war einer der ersten Kurse, wie sie nachher häufiger waren, und wohl der erste über das Johannes-Evangelium überhaupt. Der Zyklus stand unter dem Titel: „Theosophie an der Hand des

Johannes-Evangeliums." Der erste Vortrag fand am 27. Oktober in dem neuen Saal des Zweiges München (Adalbertsraße 55) statt. Er brachte die Einleitung, versetzte in die Stimmung, welche der Gegenstand verlangte, und beschäftigte sich mit dem 1. Kapitel dieses evangelischsten der Evangelien. Indessen wurde keine Auslegung vom Evangelium ausgehend gegeben, sondern Rudolf Steiner sprach in theosophischer Weise über den Menschen, sein Wesen, seine Entwicklungszustände, über Erde und Kosmos und deren Werden, um dann zu zeigen, wie dieselben Erkenntnisse sich im Johannes-Evangelium darstellten. An den Anfang stellte er eine neue Übersetzung, in der die übliche Phrasis „er kam in sein Eigentum" wiedergegeben war durch die andere: „in die einzelnen Menschen (bis zu den Ichmenschen) kam es (das Licht)." Das war etwas ganz Neues. Was brachten die übrigen bevorstehenden Vorträge? — Am Abend nach dem ersten Vortrage waren wir oben bei S. Stinde und P. v. Kalckreuth zu einer Tasse Tee. Rudolf Steiner erkundigte sich eingehend nach Eltern und Schwester, sogar den Tell vergaß er nicht. Dann geschah es aber auch, daß er an einem anderen Abend, als ich ihn begrüßte, unbewegt ohne das freundliche Lächeln vorüber- und weiterging. Das konnte einen aus allen Höhen werfen. Welchen Grund hatte er? Anders wieder am nächsten Abend, wo er mir nach dem Vortrag sehr freundlich Adieu sagte. So war er doch derselbe, und ich gelobte mir mehr Bescheidenheit an. Eines Morgens saß ich ihm dann allein gegenüber, er redete in jener herzlich-freundschaftlichen Weise zu mir, wie ich sie kannte. Zuletzt fragte er mich, ob ich noch eine Frage hätte. Ja, ich hatte sie. Es waren Zweifel aufgekommen, stürmischer Art, unbestimmt-bestimmt, an Sachen und Menschen, sie rissen einen hin und wieder, sie fingen an, alles und alle, die ich bisher geschätzt und verehrt, ins Wanken zu bringen. Nur eigentlich Rudolf Steiner stand noch fest als *petrus* in diesem Ansturm. Gegen ihn schienen Zweifel unmöglich und sogar vermessen. Sie würden, sagte er, von uns selbst hervorgerufen, diese *dark powers,* und ihr Auftreten und die Zweifel seien sogar ein günstiges Zeichen. Ich würde noch an mehr und an allem zweifeln, aber es sei sehr gut.

Der Vorträge über das Johannes-Evangelium waren acht. Dazwischen hielt er drei öffentliche Vorträge: „Wie begreift man Krankheit und Tod?" (29. 10. 1906), über „Kindererziehung im Lichte der Theosophie" (30. 10. 1906) und „Blut ist ein ganz besonderer Saft" (1. 11. 1906). Diese Vorträge hat er an verschiedenen Orten gehalten und mit dem zweitgenannten eine neue Pädagogik begründet. Wer ihn aber zweimal über das gleiche Thema sprechen hörte, weiß auch, daß er niemals seine Vorträge auf ein Schema arbeitete, sondern stets in neuer, lebendiger Weise den Gegenstand behandelte.

In dem gedruckt vorliegenden Vortrag über Kindererziehung (Berlin 1919, S. 35) ist darauf hingewiesen, daß es wichtig sei, „wie z. B. Kinderlieder möglichst einen schönen rhythmischen Eindruck auf die Sinne machen“. Weniger auf den Sinn als vielmehr auf den schönen Klang sei der Wert zu legen. In jenem Münchener Vortrag führte er dazu ein besonders interessantes Beispiel an, das Liedchen:

„Flieg, Käfer, flieg,
Dein Vater ist im Krieg,
Deine Mutter ist in Pommerland,
Pommerland ist abgebrannt,
Flieg, Käfer flieg.“

(Es wird auch gesungen: „Maikäfer, flieg!“) Dieses Lied, sagte Rudolf Steiner, stamme aus einer uralten Zeit, als man noch die Lehre von der Reinkarnation kannte und der Glaube war, daß fliegende Wesen die Menschen ins andere Land tragen und von dort zur Erde bringen. Man denke nur an den Klapperstorch; mit dem, was der Storch bringt, sei die Seele gemeint, nicht der Leib. Und jenes Liedchen bedeute: das Käferchen bringt die Seele, „Pommer“ aber sei ein dialektischer Ausdruck für „Kind“; also die Seele sei „im Kinderland“. Die anderen Zeilen seien nicht sinnvoll, sondern nur wegen des Gleichklangs da. Rudolf Steiner wußte das Gesagte immer in neuer Weise zu erläutern oder zu erweitern. — Er führte jenes Kinderlied auch in dem späteren Wilhelmshöher Vortrage vom 28. Juni 1907 *) an; unsere Vorfahren hätten das Märchen vom Storch nicht ausgedacht, sondern es geglaubt! Gewußt hätten sie als Hellseher, daß wenn ein Mensch geboren werde, etwas aus der geistigen Welt gebracht werde. — Wie unendlich wichtig sei es, daß der Mensch zuerst das Wirkliche im Bilde aufgenommen habe! Wohltätig sei es, daß man das Wirkliche dem Kinde im Bilde nahebringe. Nur bringe man ihm kein Bild nahe, woran man nicht selbst glaube. „Wenn Sie sich eine Wahrheit aufzwingen, überzeugen Sie kein Kind.“ Wenn heute die Kinder nicht an den Storch glaubten, komme es daher, daß die Erwachsenen nicht mehr an den Storch glauben. „Wenn das Kind fragt, wie es sich mit der Seele verhält, so machen Sie ihm klar das Verhältnis von Puppe und Schmetterling, wie ich es im 33. Hefte von Lucifer-Gnosis schilderte **). Wenn man dem Menschen

*) „Nachrichtenblatt“ 1942, 19. Jahrgang, Nr. 38—39

**) Es enthält den soeben erwähnten Vortrag zum ersten Male gedruckt. Doch ist zu bedenken, daß Steiner seine Vorträge niemals in gleichem Wortlaut und die Wahrheit ohne Bild beibringe, müsse er roh und materialistisch werden. —

An zwei Nachmittagen waren Fragestunden angesetzt. Es wurde viel und ausgiebig gefragt. Rudolf Steiner antwortete unermüdlich und eingehend. Naturgemäß knüpften viele Fragen an das Johannes-Evangelium und die gehörten Vorträge an. Da zeigte er dann nochmals eindringlich das Einzigartige der Erscheinung Christi und die Unmöglichkeit eines Christentums ohne Christus; demgegenüber die Notwendigkeit eines persönlichen Verhältnisses der Liebe zu Christus. Er fand immer neue Worte, die Bedeutung Christi für Mensch, Welt und Menschheit zu schildern.

Weitere Fragen und Antworten

„Die geschichtliche Wahrheit der Evangelien?" — Rudolf Steiner: sie seien zugleich Sinnbild und stellten zugleich Tatsachen auf dem physischen Plane dar: die Tatsache selbst sei Symbol.

*

„Verhältnis von Manas und Buddhi!" *) — Die 5. Unterrasse habe die Aufgabe, das Manas auszubilden. Buddhi fließe ein. Erst in der 6. Wurzelrasse werde Buddhi so entwickelt wie jetzt Manas, d. h. der Mensch werde

mit gleichen Beispielen hielt, wie er sie zur Erläuterung zu bringen pflegte. Er sprach ja stets ohne Manuskript, sondern aus dem, was der Franzose par coeur nennt. Das Gleichnis von Puppe und Schmetterling findet sich in jenem Heft auf Seite 661. Die Bedeutung von Kinderliedern betont er auf Seite 659, doch führt er nur in dem von mir berichteten Vortrage das vielbekannte, aber nicht sinngemäß gekannte Maikäferlied an. Was bei den Griechen der Schmetterling war, war bei den alten Deutschen der Maikäfer. Bei den Griechen bedeutete ja psyché Seele und Schmetterling! Im Deutschen sagt man wohl, wenn jemand tief in sich versunken ist, er „denke nach über die Unsterblichkeit der Maikäfer". Man sagt es wohl scherzhaft, ohne den tiefen Sinn zu ahnen. Es handelt sich bei den Sinnbildern von Schmetterling und Maikäfer nicht schlechthin um Vergleiche oder Gleichnisse, sondern um dasjenige, was Novalis (in dem Europa-Aufsatz) eine Analogie nennt, d. h. eine „Ent-sprechung" als ein Phänomen der gleichen Art auf verschiedenen Ebenen des Existierenden: die Analogie sei der Schlüssel des Universums, sagt Novalis. Deshalb ist sie für die Erziehung so fruchtbar.

*) Es sei hier vermerkt, daß dieses Wort, welches im Sanskrit Erkenntnis, Einsicht und Erleuchtung bedeutet (wie Buddha der Erleuchtete ist) in der theosophischen Literatur und auch noch von Rudolf Steiner in seinem Buche „Theosophie" (1904; s. besonders das Kapitel vom Wesen des Menschen) sowie in der Zeitschrift „Lucifer-Gnosis" Budhi geschrieben wurde. Der zu Grunde liegende Wortstamm lautet allerdings budh (verwandt mit dem vorderen Bestandteil pyth griechischer

sich dann als Träger der Buddhi empfinden, wie er sich jetzt als Träger der Gedanken empfinde. Das Vorläufige werde als Gnade empfunden. Das Manasische werde gelehrt in der Theosophie. Wie werde nun Buddhi übertragen? Das könne nie durch Lehre geschehen. Die Theorie reiche nur bis zu den höchsten Partien des höchsten manasischen Elementes. Wo Buddhi übertragen werde in Religion oder Chelaschaft (Chela = Geheimschüler), geschehe es nicht durch Lehre. Manas habe mit dem Vorstellen Verwandtschaft; das könne durch Lehre übertragen werden. Buddhi sei verwandt mit dem Fühlen. In der Gnosis habe man es máthesis genannt, wodurch der Schüler in bezug auf höhere Ideen rein werden sollte — daß Sinnlichkeit keinen Einfluß hätte. So habe man Manas lehren können. In bezug auf das Gefühlsleben sei der Mensch in der niederen Natur gefangen. Daher habe man von den Schülern verlangt, daß sie eine Reinigung durchmachten, die sich verhalte wie das mathematische Urteil. Das Gefallen an einer Pflanze sei subjektiv. Durch Gefühlskraft sei die Pflanze entstanden — direkt hinter dem, was sich von ihr erdenken lasse. Denken wir an Träume, die bestimmte Formen spiegeln! Unsere Gefühle hätten die Formen gebildet. Erst wenn man sich unter die Oberfläche der Dinge hineinarbeite, dann habe man das gefühlsmäßige Innere der Dinge, das Buddhi-Element. Gefühlstiefe könne nur durch eine gefühlsmäßige Kraft geweckt werden. Die Brücke vom subjektiven zum objektiven Gefühl sei im Yoga so um-

Namen wie Pythia und Phythagoras). Von ihm werden durch Stammlautverstärkung mit einfacher vokalischer Endung gebildet die Substantiva bôdha und bôdhi Erkenntnis (vgl. auch den aus der Buddhalegende bekannten Boddhibaum). Eine Ableitung mit dem Suffix ti ergibt nach den Regeln der Sanskritsprache die Wortform buddhi. Budhi ist somit nicht orthographisch richtig — ich hörte das Wort mit halblangem u sprechen —, sondern nur Buddhi. Indessen gab schon Richard Bresch in seinem kleinen, brauchbaren „Fremdwörterbuch für angehende Theosophen“ (Leipzig 1904) richtig an: Buddhi = die himmlische Seele, der zweithöchste Bestandteil des Menschen, der Träger oder das Vehikel des göttlichen Geistes (Atma); Buddhi-Ebene die 4te der 7 Ebenen, das auf ihr funktionierende Bewußtsein ist vereint mit dem aller anderen Wesen (ebda. S. 3 f.). Manas ist nach Bresch (S. 9) die Menschenseele, der Denker, geteilt in den höheren Manas (die erleuchtete Vernunft) und den niederen Manas (den irdischen Verstand). Jedoch ist Manas sächlichen Geschlechtes, also: das Manas. Auch Rudolf Steiner bediente sich des männlichen Artikels (wohl nach „der Verstand“ — andererseits heißt es „das Denken“). Buddhi ist weiblich, Âtmâ oder Âtman ist männlich — nach Bresch der Geist, der höchste Bestandteil des Menschen, sein höheres göttliches Selbst (ebda. S. 2). Rudolf Steiner bediente sich anfänglich mit Rücksicht auf seine theosophischen Zuhörer der in der damaligen englischen und deutschen Literatur durchweg gebrauchten indischen Wortbegriffe, führte aber zugleich von ihm geschaffene deutsche Wortprägungen ein: Manas Geistselbst, Buddhi Lebensgeist, Atma Geistesmensch.

schrieben: du mußt alles durch die Augen des Guru (Lehrers) schauen. Der Schüler müsse die Individualität des andern in sich einfließen lassen, den wir, um uns trivial auszudrücken aber richtig: lieb, gern haben. Wir müßten mit seiner Seele fühlen. Ein persönliches Verhältnis sei notwendig. Deshalb erzählten die Evangelien von dem einen Christus. Ein Christ sei nur, wer ein persönliches Verhältnis zu Christus habe. Deshalb sei es unrichtig, zu sagen, man könne das Christentum darstellen unabhängig von Christus. Der, welcher Christus aufgebe, verliere das Buddhi-Element, und das Manasische bleibe. Die große Freundschaft sei notwendig. Daher die Forderung der Autorität des Guru. Nehmen wir eine Holzkugel, die bestrahlt und erhellt wird! So sei die Übertragung des Manas auf den andern. Denken wir uns aber, in der Kugel sei ein Zündstoff und die Kugel fange an zu brennen! Dieser Zündstoff sei die Liebe zum Lehrer.

*

„Die Synoptiker und die Gnade." — Auch die Synoptiker hätten die Gnade als ein Hereinleuchten der Buddhi verstanden. Nur seien sie von verschiedenen Traditionen ausgegangen. Vor Christus habe es Mysterien gegeben. Wenn der Chela eingeweiht wurde, so sei er durch die Lehre (Manas) vorbereitet worden. Buddhi sei noch nicht dagewesen. Der Lehrer habe die Möglichkeit gewinnen müssen, ihm die Buddhi einzupflanzen, wenn der Schüler sie noch nicht hatte. Der Schüler sei in Lethargie gebracht worden. Jetzt habe der Hierophant den Menschen herausgehabt, ohne daß der Körper Widerstand leistete. Dies sei in drei Tagen geschehen, dann die Auferstehung. Die Erlebnisse hätten alle typischen Charakter gehabt. Was der Hierophant leisten mußte, habe in den Mysterienbüchern gestanden. Dabei habe es Variationen gegeben. Die Synoptiker hätten gewußt, daß das, was in den Mysterien vorging, sich in Palästina zutrug, und hätten ihren Evangelien ihre Mysterienbücher zu Grunde gelegt. Sie hätten gesagt, daß Christus auf dem physischen Plane erlebte, was der Chela in der astralen Welt erfuhr. Eine Biographie hätten sie gar nicht geben wollen. Um die Biographie habe man sich erst in einer materialistischen Zeit gekümmert. Jeder Evangelist also habe seine Tradition zu Grunde gelegt. Johannes habe die Sache selbst erlebt. Er habe gewußt, wie die Buddhi einfließe, und sich den genannt, „den der Herr lieb hatte". Die anderen hätten dargestellt, was sie gelernt haben.

*

„Ist Christus der Größte?" — Die Erscheinung Christi sei ein Ereignis von einschneidender Bedeutung. Das Geschehene sei lange vorbereitet. Namentlich um das Jahr 800 v. Chr. sei es geschehen, daß die Erdenkräfte die Gestalt annahmen, so daß Christus hier leben konnte. Damals sei die Sonne in das Zeichen des Widders getreten. 2160 Jahre brauche die Sonne, um von einem Anfange eines Sternbildes zum andern zu kommen. Also in 12 mal 2160 Jahren gehe sie über den ganzen Sternenhimmel. Dies sei ein Weltenjahr. In dem Moment, wo die Sonne in den Widder tritt, hätten die Menschen gesagt: „In der Sonne ist eine fruchtbringende Kraft; der Widder bringt uns das." Daher sei das Lamm das gefeierte Wesen (Sagen von Jason — Christus) *). Die Kreuzdarstellung sei erst so, daß man ein Kreuz und unten ein Lamm darstellte. Vorher habe die Sonne im Stier (Ägypten) gestanden. In die Widderzeit sei die Entwicklung gefallen, welche Christus antraf, um wirken zu können. Machen wir uns nun folgendes klar! Auf einer gewissen Stufe biete sich die Möglichkeit, daß der Mensch seine Seelensubstanz sieht. Wenn der Mensch sich dann vor die Sonne stellt, könne er im Schatten seine Seele sehen. Das Geistige werde erhellt durch den Schatten; es sei umgekehrt wie in der physischen Welt. Chamissos „Peter Schlemihl" **) zeige uns einen Menschen, der seine Seele — seinen Schatten — verloren habe. Jedes Verhältnis der Sterne stelle ein geistiges Zentrum dar. Die Sonne stelle sich nun davor und halte seine Wirkung auf. So hingen Änderungen in Kulturverhältnissen mit kosmischen Vorgängen zusammen. Um Christus vorzubereiten, trete um das Jahr 800 v. Chr. die Zone der Religionsstifter auf, Buddha und Zoroaster seien die Vorbereiter. Das Genauere in „Das Christentum als mystische Tatsache".

*

Zur Abendmahlsfrage äußerte er sich, diese sei sehr schwierig. Die Theosophie wolle niemanden seiner Religion abspenstig machen, sie mache ihm im Gegenteil alles verständlich. Soviel sagte er, daß Christus alles Gewesene in sich getragen, und daß, wer seine Willensimpulse hätte, immer das Abendmahl etwas Wertvolles würde sein lassen. Das Symbol sei mächtig und erzeuge Gedankenformen, die wieder auf den Menschen zurückwirkten.

*) Ich fragte Rudolf Steiner bei dieser oder späterer Gelegenheit, ob die Namen Jason (jonisch Jéson) und Jesus in sprachlichem Zusammenhang stünden, was er verneinte. Allerdings bedeutet der Name Jesus ebenso wie Josua (Jesua) „der Heilende", salvator (s. Julius Fürst, Hebräisches und chaldäisches Handwörterbuch, Leipzig 1857, I p. 497). Und der Name Jason (Jéson) mag an griech. iáomai (heilen) erinnern. Ich halte es jedoch nicht für ausgeschlossen, daß der Name Jason — wie auch etwa Kadmos — vorderasiatischer Herkunft ist.

**) Mir war dieser Roman Chamissos seit früher Zeit wohlvertraut; Chamissos Werke befanden sich in meines Vaters Bücherschrank. Nun erfuhr ich die Erklärung des merkwürdigen Geschehens.

Ob Christus den Blindgebornen durch den Speichel wirklich habe heilen können, fragte jemand. Er bejahte das; der Eingeweihte transformiere seinen physischen Körper so weit, daß die Absonderungsprodukte zu Heilkräften würden. Er erinnerte an die Bienen, die in einer Beziehung schon sehr weit, weil einseitig, vorgeschritten seien und den heilkräftigen Honig absondern, wie auch die Milch schon heute ein Heilfaktor als Lebensprodukt sei.

*

Ein anderer Fragesteller bat um Bescheid über die rechte Seitenwunde Christi. Die linke und die rechte Seite des Menschen, sagte Rudolf Steiner, seien nicht gleichwertig. Die linke sei die Zukunftsseite, die rechte werde früher abfallen; so werde die vergängliche Seite verwundet.

*

„Inwiefern die Theosophie pantheistisch sei?" Diese Anschauung herrsche oft. Es sei, wie wenn man sagte: den Körpern liegen Säfte zugrunde — aber ließe sich nicht darauf ein, zu sehen, wie sie sich differenzierten, und sehe nur Saft und wieder Saft. Ein anderer sehe nur Pflanzen, nicht die einzelnen Blumen. Ein anderer wieder lerne nur, die besonderen Säfte und die besonderen Blumen zu kennen. Die erste Art anzuschauen sei Pantheismus, die zweite Theosophie. Wer in allem Gott sehe, sei Pantheist. Der Theosoph verfolge die einzelnen Erscheinungen Gottes. Pantheismus sei die Theosophie der Bequemlinge, er sei höchst unklar, ein Ragout. Wer Theosophie für Pantheismus hielte, lese ein Buch so (Rudolf Steiner blätterte hier hastig sein Neues Testament durch). Der Pantheismus sei wahr, aber unklar. Es sei sehr schwer, darüber zu sprechen, weil, wenn einer nichts wüßte, er sage: „Gott ist in allem." Es komme aber darauf an, wie Gott sich auslebe. Pantheismus sei Spekulation, sei materialistisch und spiritualistisch gefärbt, könne alles Mögliche sein. Theosophie fuße auf der Wirklichkeit. Übrigens komme es darauf an, wie man die Theosophie *) kennenlerne; nicht, wie man sie nenne.

*

„Was ist Gott?" — „Gott" im theosophischen Sinne sei zu allgemein. Wir sprächen besser von bestimmten „Göttern". Von einem letzten Gott zu sprechen würde nebulos sein.

*

*) Siehe R. Steiner, „Die Grundbegriffe der Theosophie". 14 Vorträge, Berlin 1904/1905. Verlag der Rud. Steiner-Nachlaßverwaltung Dornach 1957.

„Ob die Inkarnationen ewig seien?" — Sie seien nicht von Ewigkeit da. Sie gingen alle aufwärts, aber in gebrochener Linie. Viel hänge auch von der Erde ab, die den Körper gäbe. Es sei für manchen ein Martyrium, einen Körper zu haben — im Leibe gekreuzigt zu sein. — Die Inkarnationen würden ein Ende haben, wenn die Menschen auf der Erde nichts mehr lernen könnten und aufstiegen in höhere Regionen. Einige sehr hochstehende Menschen inkarnierten sich freiwillig. — Nun die Zeit! Im allgemeinen könne man sagen, daß jede Verkörperung eine neue Etappe — nicht eine bloße Wiederholung sei. Alle 2160 Jahre träfen wir auf der Erde neue Verhältnisse an. Dann müsse auch allemal ungefähr eine Reinkarnation stattfinden. Dazwischen müsse aber der Mensch die Erfahrungen in einem männlichen und in einem weiblichen Organismus durchmachen. Der Okkultist habe dies übrigens auch aus Erfahrung festgestellt.

*

„Ob die Entwicklung im Fortschritt der einen durch Rückschritt anderer Wesen nicht grausam sei?" — Wenn die Welt bestehen sollte, müßten die Wesen ihren Standpunkt verlassen und zu einem höheren gehen. Was da gewonnen, müsse einem anderen Wesen weggenommen werden. So was sei grausam, aber wahr. Für jeden Heiligen seien soundsoviele Verbrecher da. Das sei aber nur so lange grausam, als man ein Stück aus der Evolution herausschneide. Nehmen und Geben erhalte alles aufrecht. Was wir nähmen, müßten wir wieder geben, sonst würden wir schwarze Magier. Wollten wir andere Wesen höher bringen, müßten wir andere überragen und diese anderen nachziehen. Die Weltgerechtigkeit bringe das Unvollkommene ins rechte Geleise. Dadurch, daß es Böses gebe, werde die Menschheit es überwinden durch die Kraft des Guten. Es gäbe keine Entwicklung, wenn es nicht Voraneilen und Nachziehen gäbe.

*

Eine Frage, die das in der Welt herrschende Unglück beklagte, sei, sagte er, aus einem ganz bestimmten Gefühle heraus geschrieben. Wir hätten ein Bild mit schönen und häßlichen Gestalten. Wir dürften nun nicht die letzteren herausschneiden und sie vorzeigen und rufen: „Seht, wie häßlich das ist!" Die Schmerzen hätten ihre Bedeutung im Weltganzen. Die schöne Perle bilde sich auch nur durch eine Krankheit der Muschel. Ein Gott wäre kein liebevoller Gott, wenn er uns die Schmerzen ersparte. Keine Freude sei freuenswert, wenn man sie nicht zu entbehren gelernt habe.

*

„Wie der Mensch nach seiner Geburt von den übrigen Leibern frei werde?" — Wie der Körper vor seiner Geburt vom Mutterleibe umgeben sei, so der Mensch hernach tatsächlich von einer Äther- und einer Astralmutter, aus denen er herausschlüpfe. Der Astralleib habe eine Summe von Kräften, die von einem früheren Leben kämen. Mit diesen bearbeite er sich selbst und ändere sich um. Aber er könne nur bis zu einem bestimmten Maße lernen. Die Zeit des physischen und des Ätherleibes sei bestimmt, aber nicht die des Astralleibes. Nun trete für jeden Menschen die Möglichkeit auf, nicht mehr im Astralleibe zu wirken.

Wenn der Astralleib bis zum 50. Jahre empfänglich sei und wir halbierten die Zeit zwischen dem 50. und etwa dem 16. Jahre und addierten diese Summe zu 50, so ergäbe sich die mittlere Lebenszeit von 67 Jahren. Die Buddhi verlängere das Leben. Ein religionsloses Leben bringe ein kurzes Leben. Man wende nun nicht ein, daß es Atheisten gäbe, die sehr alt geworden wären. Dann hätten sie in einem früheren Leben die Grundlagen zu einem späteren langen Leben gelegt. Aus Atheisten entstünden im nächsten Leben kurzlebige Menschen. — Wenn nun die astrale Energie aufhöre, zehre der Mensch vom Ätherleib. Dieser sei ja verdichtete Astralmaterie. Daher begännen die Eigenschaften des Ätherleibes nachzulassen, deshalb werde das Gedächtnis schwächer. Nun wieder zehre der Ätherleib am physischen Körper, d. h. die Sehnen würden fest und die Knochen salzig.

*

Die Frage nach dem „blauen Blut“ war beliebt. Zu einer solchen erklärte Rudolf Steiner: In jeder Ahnengeneration müsse ein Punkt kommen, wo eine Auffrischung eintrete, sonst erfolge die Degeneration. Oft werde durch Blutnähe das alte Hellsehen oder die geniale Kraft gestärkt. Das werde aufhören mit den klimatischen Verhältnissen, die sich im Blute spiegelten. Die kleinen Änderungen der Erde hätten enormen Einfluß. Was dem Genie vor 2000 Jahren durch die Verwandtenehe förderlich gewesen, sei es heute nicht mehr. Man müsse sich das Genie schon anders verschaffen.

*

„Wie es komme, daß die Menschen sich vor geliebten Toten fürchteten?“ — Sie fürchteten sich vor der „Bewußtlosigkeit“, dem Erlöschen. Für den, der an eine einzige Welt glaube, sei diese Furcht konsequent. Materialistische Gesinnung erzeuge Todesfurcht. Warum man vor einem geliebten Familienmitgliede Furcht empfinde? Das sei nicht immer der Fall. Es zeige sich da Gewohntes in ungewohnter Weise. Im Tod sei der Leib verlassen, bloß der physische Apparat sei übrig geblieben. Dieses Aussehen schockiere. Der Mensch sei eben nur Mensch, wenn er mit allen Leibern vor uns stehe.

„Wie Furcht bei Kindern zu erklären und zu beseitigen sei?" — Kinder hätten oft einen Rest des alten Hellsehens, zumal in den ersten Jahren. Das Kind lebe besonders im Schlafe in der astralen Welt, die mit dämonischen Gestalten durchsetzt sei. Höre es nun ein Geräusch, so beziehe es dies auf ein astrales Erlebnis. Zu beseitigen sei die Furcht durch Anregung des Selbständigkeitsgefühles. Das Ausreden des Furchtgefühles sei nutzlos. Das Kind müsse froh gemacht werden und Grund haben zur Freude. In der Angst schnürten sich gewisse Formen des Astralleibes ein, in der Freude öffneten sie sich und wehrten das Negative ab. Also indirekt werde die Angst überwunden, und antipathische Gefühle würden in sympathische verwandelt.

*

Eine Frage betraf die — Prügel in der Schule: Erst, sagte Rudolf Steiner, müßten die Erzieher reformiert werden, dann die Erziehung. Man müsse Menschen hinstellen, die initiiert werden könnten. Man sollte eher von einer Erziehung der Erzieher reden.

*

Zwischendurch kam eine Frage über die Deszendenzlehre, die er sehr eingehend und anschaulich behandelte. Haeckel z. B. habe in dem Pithekanthropus von Java das fehlende Zwischenglied gefunden. (Das Folgende gebe ich mit allem Vorbehalt wieder, da die Aufzeichnungen, weil Rudolf Steiner sehr schnell sprach, wahrscheinlich nicht fehlerfrei sind. Kenner werden Fehler als solche erkennen und für sich berichtigen. Ich möchte indes nicht darauf verzichten, meine Aufzeichnungen in der geringen Vollständigkeit zu bringen, in der sie aufgenommen wurden.) Wenn man die Affenreihe durchgehe, so müsse man heute nach den anatomischen und physiologischen Befunden sagen, daß die menschenähnlichsten Affen die Gibbonaffen sind. Der Gibbonaffe unterscheide sich aber vom Menschen durch eine erhebliche Eigenschaft: die Hände gehen bis an die Knöchel. Wenn der Mensch also vom Affen abstammte, so wäre die Folge: Mensch — Gibbon — Schimpanse — Orang-Utan. Aber die letzteren haben wieder kurze Hände. Demnach: erst (beim Orang-Utan) kurze Hände, dann wieder lange Hände und beim Menschen wieder kurze Hände. Das seien Lücken im logischen Gedankengange, die wir überall finden. Der Stammbaum, der vor Jahren galt, sei jetzt bedenklich. Die theosophische Lehre sei dargestellt im 31. Heft des „Lucifer-Gnosis". Rudolf Steiner zeichnete nun an die Tafel (Fig. 1):

Fig. 1

Fig. 2

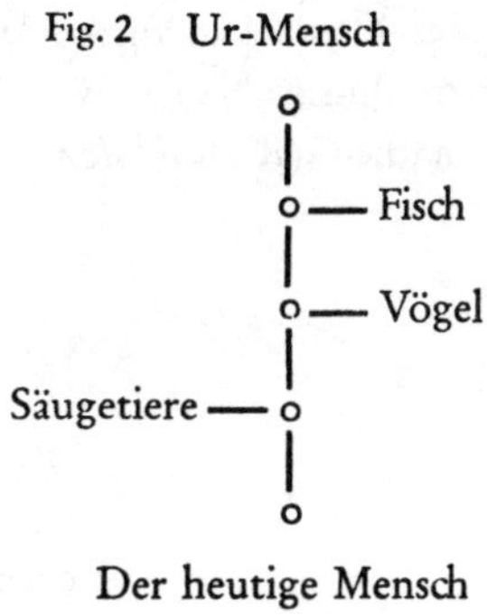

Zuerst sei der Mensch dagewesen, in ihm die kommenden Anlagen, wie im Samenkorn der Eichbaum. So kleines Monerenzeug, wie Haeckel es annimmt, konnte damals nicht leben. In einem bestimmten Momente entwickelten sich die Riesenmoneren höher und kleiner, wie man ja auch Riesenhunde zu ganz kleinen Rattenhunden sich entwickeln sehe. Der Mensch also entwickelte sich, und stückweise spalteten sich Moneren ab, die sich draußen degenerierten. In der atlantischen Zeit habe es noch keine Affen gegeben, aber in einem bestimmten Zeitpunkt hätten sich einige der Wesen zu Menschen entwickelt, die Gestalten seien zu Affen degeneriert. Die Seelenentwicklung sei natürlich hiervon zu trennen, diese gehe doch anders. Das sei in der Zeit gewesen, wo die Menschen noch kurze Hände hatten. — Rudolf Steiner zeichnete an die Tafel (Figur 2).

Diese Linie sei baumförmig *). Bei Haeckel stehe oben „Monere", neben den Punkten hypothetische Tiernamen, und er sollte doch die Stufen der Menschenentwicklung hinschreiben. — Man habe bisher zu viel auf Ähnlichkeiten gegeben. Stamme der Mensch etwa von der Gans ab, bloß weil beide aufrecht gehen?

*

„Das Verhältnis der drei Reiche zueinander?" — Erst sei nur der Mensch dagewesen, der der Erstgeborene ist, in einem weichen Leib. Dann habe sich dieser verdichtet, ein Teil der Wesen sei aufgestiegen, ein Teil zurückgeblieben und Tier geworden. Das Niedere entstehe hier aus dem Höheren (nicht umgekehrt), wie die mineralische Steinkohle aus organischen Pflanzen, aus Tieren Kalkgebirge entstanden.

*

*) S. Dr. Hermann Poppelbaum, „Mensch und Tier". Phil. Anthrop. Verlag Dornach, 6. Aufl. 1956.

„Was ‚der Mensch‘ in dieser Darstellung sei?“ — Der Name „Mensch“ sei eine sehr flüssige Sache. Wir dürften die Begriffe nicht pedantisch und philiströs machen. (Rudolf Steiner zeichnete ein Schema an:)

Minister
|
Hofrat
|
Regierungsrat
|
Regierungssekretär
|
Kanzleisekretär

Wir hätten hier eine Stufenleiter von Begriffen, aber immer ein und derselbe Mann könne durch sie hindurchgehen. Erst hätten wir den Kanzleisekretär, dann gehe die Stufenleiter bis zum Hofrat mit Hofratsbewußtsein. So könnten wir vom Menschen reden, der ein Bewußtsein und der keins hat. Das Leben des einen Wesens gehe durch alle Formen hindurch. Man habe sich leider in der Theosophie daran gewöhnt, die Begriffe starr zu machen.

*

„Übersetzen.“ — Um das Neue Testament richtig zu übersetzen, brauche man ein griechisches Neues Testament und okkulte Kenntnisse. Nehmen wir an, zwei Leute übersetzten ein mathematisches Lehrbuch des Altertums! Selbst ein guter Philologe, der aber nichts von Mathematik versteht, werde es schlecht übersetzen — ein Mathematiker, auch wenn er nicht gut griechisch kann, gut übersetzen. Vor allen Dingen müsse man die Wahrheit kennen, die unabhängig von der Sprache ist. Derjenige könne die indischen Veden übersetzen, der sie kennt. Die Übersetzung der Veden von Prof. Deussen sei Unsinn. Er kenne sie nicht nur deshalb, weil er Sanskrit kennt.

*

„Kehlkopf, Stimme, Fortpflanzung.“ — Das Wort sei das Ursprünglichste aller Dinge. Es werde schließlich das Fortpflanzungsvermögen und werde, wenn es sich vergeistige, wieder Wort. „Alles, was Sie sehen, ist ehemals Wort gewesen. Wenn ich in diesem Raum spreche, entstehen Schwingungen in der Luft. Könnte man sie plötzlich gefrieren machen, würden meine Worte als Form zur Erde fallen müssen.“ — Rudolf Steiner hatte in seinen Vorträgen auch davon gesprochen, daß die Welt aus dem Worte geschaffen worden sei und der Kehlkopf das Zeugungsorgan einer fernen Zukunft sein werde. Daß beim heutigen Menschen ein geheimnisvoller Zusammenhang von Zeugungskraft und Kehlkopf bestehe, zeige sich an dem in der Geschlechtsreife eintretenden Stimmwechsel.

*

„Was bedeuten die steinernen Krüge der jüdischen Reinigung (Ev. Joh. 2, 6)?“ — Die Krüge stellten symbolisch dar die sechs Leiber, die sechs Prinzipien der jüdischen Geheimlehre. Ararita, das Wort für den Menschen, habe sieben Buchstaben. Der siebte sei der Regierende. Die 2—3 Maße bedeuteten das Maß, welches jeder der Körper in sich habe an vergeistigtem Inhalt. (Unzweifelhaft handelt es sich bei „Ararita“ um ein mystisches Wort, das nicht im Lexikon verzeichnet ist. Ich fand in dem Hebräisch-Chaldäischen Wörterbuch von Julius Fürst, Leipzig 1861, I p. 143 lediglich ein armenisches Wort ararata = Schöpfung, mit welchem jenes Ararita verwandt sein könnte; also = Geschöpf. Dies mit Vorbehalt.)

*

„Begabte Kinder, Wunderkinder.“ — Begabte Kinder hätten in früheren Inkarnationen den Grund zu ihrer Begabung gelegt. Mozart, der als Knabe eine Messe auswendig niederschrieb, nachdem er sie in Rom zum ersten Male gehört, habe sich das musikalische Gedächtnis in einem vorhergehenden Erdenleben angeeignet *). Wenn Wunderkinder vernünftig erzogen werden, erlahmten sie nicht. Sie seien Wunderkinder dadurch, daß sie gewisse Hemmungen im Organismus nicht haben. In gewissen Sphären seien Hemmungen nicht da, so entwickele sich besonders eine Sphäre. Man müsse Hemmungsvorstellungen hervorrufen, z. B. bei einem Redegenie Farbenvorstellungen. Wo solche Gefahren auftreten, müsse am besten ein Seelenkenner befragt werden.

*

„Das Einschlafen.“ — Das Einschlafen sei so. Was der Mensch ist, sei er ja geworden. In der lemurischen Zeit sei auf der Erde nur der physische und der ätherische Leib gewesen, die von wirklichen astralen Wesenheiten gebildet worden sind. Es seien dumpf-schlafende Wesenheiten gewesen, diese Menschen. Der Astralleib sei erst allmählich hineingekrochen. Der Schlaf sei ein Atavismus, eine Vererbung von vorher. Der Mensch müsse immer noch an seinem Leibe korrigieren. Je höher der Mensch werde, desto mehr könne er bewußt aus dem Körper und hinein schlüpfen.

*

*) Mozarts Beispiel führt Rudolf Steiner auch im Kapitel „Wiederverkörperung“ seiner „Theosophie“ (1904) an.

„Wahrsagen aus der Hand." — Ein Hellsehen wirkt da mit. Das Ansehen der Hand oder Schrift liefere nur die Inspirationen dazu. Ob jemand steil schreibe oder schräg, daraus lasse sich an sich noch nichts sehen. Solche Dinge gäben nur Anhaltspunkte, und der Wahrsager lese dann die betreffenden Dinge im astralen Raum.

*

Ich fragte Rudolf Steiner, aus welchem Grunde es im Deutschen *der* Mond und *die* Sonne heiße, im Lateinischen mit umgekehrtem Geschlecht Luna und Sol. — Die Antwort holte weit aus. Nach der Atlantis sei die arische Rasse entstanden, die wieder sieben Unterrassen hat. Wir seien davon die fünfte. Da hätten wir erst Manas in dem Empfindungsleib, in der ersten Unterrasse, in der zweiten Manas in der Empfindungsseele, in der dritten Manas in der Verstandesseele, in der vierten Manas in der Bewußtseinseele, in der fünften Manas im Manas, in der sechsten Manas in Buddhi. In der fünften ergreife sich also Manas selber. Der Herrscher, der sich als im Menschen fühlt, das manasische Element, fühlte sich bisher über das andere erhaben. Also ist z. B. die Empfindungsseele weiblich, Manas das befruchtende Männliche usw. Jetzt fühlte sich der Mensch als Manas; Buddhi ist ja noch nicht da. Nun hängt das Befruchtende mit der Sonne zusammen, das Empfangende wird als Mond aufgefaßt. Jetzt fügte man zu dem männlichen Ideal (Osiris, Dionysos) ein weibliches hinzu. Das Verhältnis sei jetzt umgekehrt.

*

Anschließend an die Frage, ob das Manna (2. Mos. 16, 11—21) tatsächlich gefallen sei, antwortete er, das sei wohl möglich, daß das Manna fiel. Doch sei es nötig, sich bei Betrachtung der Bibel die materialistische Vorstellungsart abzugewöhnen. (Ich weiß nicht, woher ich es weiß: das umstrittene Manna wird in theosophischer Erklärung mit dem Manas als der Denkkraft verbunden gedacht. Wirklich ist die Frage der Kinder Israel: „Manhu" (Was ist das?), woher das Manna den Namen hat, die Grundfrage des Denkens.)

Die Theosophie sehe in jedem Materiellen ein Geistiges. Als Beispiel erinnerte er wieder daran, daß es innerhalb der Sozialdemokratie eine Gruppe gäbe, die eine gemäßigte Richtung einnehme. Es seien die Buchdrucker, die viel mit Blei zu arbeiten hätten. Und hier bestehe allerdings ein Zusammenhang. Die Gesinnung komme vom Blei, mit dem die Buchdrucker zu tun hätten. Ein anderes Beispiel: ein Mitglied unserer Gesellschaft habe gefragt, wie es denn käme, daß es bei Arbeiten, hinter denen andere angestrengt tagelang arbeiten müßten, keine Schwierigkeiten fände. Er habe dem Betreffenden geantwortet, er müsse wohl viel mit Kupfer zu tun haben. Und das stimmte; er habe nämlich im Orchester das Waldhorn geblasen. Bis jetzt habe er seinen Beruf aufgeben wollen, jetzt aber erkläre er, er wolle das Waldhorn lieber weiter blasen. Auch die Goldplomben in den Zähnen hätten bestimmte Wirkungen, doch wolle er mit Rücksicht auf die Anwesenden nicht weiter darüber reden.

So fehlte auch bei all dem Ernste nicht ein wenig Humor, dem er gern, wo es statthaft war, Zutritt ließ. Es kam vor, daß recht herzlich gelacht wurde.

*

Die Zeit war reichlich ausgefüllt. Mir war außerdem der Auftrag geworden, in der Zweigbibliothek zu sitzen und sie besuchenden Fremden zu zeigen. Außerdem begann ich, meine Nachschrift der Zyklus-Vorträge auszuarbeiten. Ein offizielles Stenogramm wurde damals — im Anfange — nicht aufgenommen, später sind alle Vorträge wortwörtlich mitgeschrieben und bekanntlich (ohne Gewähr) dem Druck übergeben worden. Auch solche über das Johannes-Evangelium. Aber dieser wohl erste Zyklus über das Johannes-Evangelium existiert in keiner Ausgabe. Ich schrieb damals mit, die Vorträge selbst wie auch die Fragenbeantwortung. Das war zwar eine gewisse Mühe, aber eine dankbare. Man hatte auch bemerkt, daß ich die Vorträge mitschrieb, und bestürmte mich wegen der Nachschriften. Zuerst ging das Heft jedenfalls an M. v. Sivers, welche daran gehen wollte, meine Nachschrift mit derjenigen von Frau v. Vacano zu vergleichen, wobei bei zweifelhaften Passagen an Dr. Steiner hätten Fragen gestellt werden können (8. 11. 1906). Diese Arbeit war aber sehr mühsam und langwierig. Nach einigen Monaten war sie so weit:

> „Hier schicke ich Ihnen endlich das Heft mit vielem Dank zurück. Es ist mir sehr schwer gewesen, es Ihnen so lange zu entziehen, doch bei der ungeheuren Arbeitsmenge, die täglich diverse zwingende Anforderungen stellte, konnte ich nur langsam weiterkommen. Seien Sie mir deshalb nicht ganz gram — es war doch sehr nötig, die drei Nachschriften miteinander zu vergleichen, damit die andern ein möglichst klares Bild erhalten. Hoffentlich werden die Vorträge nun von vielen gelesen werden."

Wie schon gesagt, wurde damals nicht immer ein offizielles Stenogramm aufgenommen. Ich selbst stenographierte nicht, sondern schrieb einfach nach, wie ich es im Kolleg zu tun gewohnt war, was natürlicherweise eine erhöhte Aufmerksamkeit erforderte. Von dem Ergebnis der Mühe, welche sich Marie v. Sivers mit den Nachschriften gegeben, hörte ich viele

Jahre nichts. Erst 1945 wurde der Münchener Zyklus von 1906 über das Johannesevangelium veröffentlicht *).

Es sei noch einmal auf die ursprüngliche Titelgebung hingewiesen, welche nicht lautete „Das Johannesevangelium ...", sondern „Theosophie an der Hand des Johannesevangeliums".

An einem Sonntag, der in diesen Münchener Aufenthalt fiel, besuchte ich mit einigen jungen Malern den Gottesdienst in der katholischen Hofkirche. Zum ersten Male sah ich derartiges. Ich kam in eine neue Welt. Eine Messe mit Gesang und Orchester wurde aufgeführt. Die Predigt, die ich hörte, stand inhaltlich und rednerisch auf hoher Stufe und begann mit Augustins mir noch unbekanntem Wort von der Unruhe des menschlichen Herzens und der Ruhe erst in Gott. Diese Eindrücke waren nachhaltig und tief. Sie wurden schicksalsbestimmend.

Als ich nach dem abendlichen Vortrag Frl. von Hofstetten und Frl. Huschke nach Hause begleitete, berichtete ich von dem Erlebnis des Morgens in der Kirche. Frl. v. Hofstetten war mit dem Prediger (v. Höcher) bekannt und erzählte nun, daß sie einmal mit diesem ein Gespräch hatte über die Wiederverkörperung (Lehre oder Tatsache?), die bekanntlich ein unüberspringbarer Stein des Anstosses für jeden Konfessionschristen ist. In diesem Gespräch habe der Hofprediger geäußert, daß Jesus einmal gesagt: „Ich habe euch noch viel zu sagen, aber ihr könnt es jetzt nicht tragen" (Ev. Joh. 6, 12), und hierunter könne sehr wohl die von der Kirche bislang nicht gelehrte Reinkarnation fallen. Die Anerkennung solcher Möglichkeit — sogar der Wahrscheinlichkeit — ließ mich aufhorchen und stimmte mich nachdenklich. Später sollte ich von Rudolf Steiner erfahren, daß in der christlichen Lehre die Wiederverkörperung fehle und verneint werde, und zwar aus pädagogischen Gründen; wie denn nach Novalis' Auslegung (s. den Europa-Aufsatz) die Kirche des Mittelalters aus gleichem Grunde das Weltsystem des Galilei und Kopernikus, welches das alte geozentrische aufhob, entschieden ablehnte und bekämpfte. Dann wieder las ich bei Heinrich Heine dessen prophetisches Wort, wonach jener Christusausspruch das merkwürdigste Wort des Neuen Testamentes sei **). „Das letzte Wort, fährt er fort, ist also nicht gesagt worden, und hier ist vielleicht der Ring, woran sich eine neue Offenbarung knüpfen läßt." Er deutet dann, wie auch an anderem Orte, auf ein zukünftiges Zeitalter von Religion und Kirche hin.

*) „Goetheanum" — Nachrichtenblatt 1945 Nr. 7—16.

**) Über Ludwig Börne (1840) 2. Buch (Sämtl. Werke Hamburg 1876, Bd. 7, S. 158 f.).

Am anderen Tage erreichte ich das Alter der Mündigkeit. Ich betrachtete es als ein Glück, daß ich an diesem Tage in diesem Kreise stand. In Voraussicht alles dessen, was noch kommen werde, an Fährnissen und Stürmen, wollte ich doch zu ihm stehen, dessen Persönlichkeit stets unangreifbar war: Rudolf Steiner. S. Stinde hatte mich zu Mittag geladen. Alle gratulierten mir mit guten und freundlichen Worten. Meine verehrten Freundinnen S. Stinde und P. v. Kalckreuth dedizierten mir ein fein gebundenes Notizbuch, ein Barometer für Reise, Wanderung und Standort, welches ihrem Bruder Julius gehört hatte (es steht heute noch auf meinem Schreibtisch), und Rudolf Steiners „Philosophie der Freiheit". Mit diesen dreien konnte ich wohl in die neue Lebensperiode eintreten. Aber der Weg in ihr war nicht eben gebahnt und übersichtig. Er wurde ein Umweg.

Am Morgen des 6. November fand eine E. S. statt. Danach lieh mir R. Steiner im Gespräch das Wort seiner Einsicht. Mit herzlichen Grüßen an meine Angehörigen und Wünschen für mich selbst entließ er mich. Ich konnte ihm noch einen kleinen Dienst erweisen, um den er mich bat, nämlich ihm eine Schlafwagenkarte für den Berliner Zug bestellen. Am Nachmittag war ich zu dem Maler Huschke eingeladen. Dort sah ich Gemälde von Rudolf Steiner, H. P. Blavatsky, den Meistern Kut-Humi und Moriya. Am Abend hielt Rudolf Steiner den letzten seiner Vorträge. Als ich unter der Fragenbeantwortung vorzeitig aufbrechen mußte, winkte er mir einen Abschiedsgruß zu.

*

Nach Marburg zurückgekehrt, empfand ich den vollen Gegensatz zwischen lebendiger und toter Wissenschaft umso schmerzlicher. Widerwillig beschäftigte ich mich mit den Parenthesen. Es plagte mich eine wahre Parenthesiomanie. Wo das Auge beim Lesen eines guten oder interessanten Buches auf solch eine Parenthese traf, da zuckte es. Sogar Wagners „Rheingold" barg unter anderen Schätzen eine Parenthese! Ich arbeitete, weil die Arbeit mir aufgetragen war, und würgte an dieser Aufgabe, welche wirklich zu einer „Aufgabe" wurde: ich gab die Hoffnung auf, je in ihr einen Sinn zu entdecken, welcher das Unmaß von aufgewandter Mühe und Arbeit gelohnt hätte. Die Philologie war versiegt. Um mich herum lernte man „auf das Examen". Es gab da Zettelkastenfragevirtuosen, welche glänzend prosperierten. Ödester Kleinkram, Kuriositäten, Nichtigkeiten. Ein Heftchen hat mir vorgelegen, welches zum Bestehen der Prüfung in „Deutsch für Oberstufe" notwendige Fragen enthielt: welche Hausnummer hatte Herder in Weimar? zu welcher Tageszeit kam Goethe nach Weimar? das Lieblingsessen Goethes? ein Dichter mit einem Vogelnamen im 16. Jahrhundert? Trostlos — trostlos.

In dieser Zeit traf ich wiederholt Christlieb. Er hatte Rudolf Steiners „Theosophie" gelesen, die ich ihm geliehen. Wir hatten eine fruchtlose Diskussion. Er sagte immer: „Legt ihr nicht aus, dann legt ihr unter." Mir warf er Autoritätsglauben vor und sagte dann wieder, ich sei der einzige, an dem er seine theologische Grobheit ausüben könne. Indessen stiftete er für die kleine theosophische Bibliothek, die in meiner Verwaltung war, einige, wie er sagte, „okkultische" Bücher. Sie hatten zu seinem Rezensionskreis gehört.

1907

Seitdem ich in München gewesen, verspürte ich einen lebhaften Zug zur katholischen Kirche mit ihrer umfassenden Größe und ihrem reichen Lehrinhalte. Sie war das universale Christentum. Der Protestantismus vertrat nur einen Teil, er war nicht universal, sondern nur partial, und zerfiel in viele Parteien, die sich einmal aufs heftigste und unchristlichste bekämpft hatten. Er war auch nüchtern und verflacht, klar wie Wasser, aber (nach Heinrich Heine) auch so ohne Geschmack und Kraft. Was hinderte mich, gegen den Protestantismus zu protestieren? Ich stammte aus einer alten lutherischen Familie und stand allem Katholischen in schroffer protestantischer Ablehnung gegenüber — allerdings zugleich unwissend und in völliger Unkenntnis katholischer Dinge. Um so stärker mußte ich ergriffen und um so tiefer der Eindruck sein, den ich empfing, als ich in München zum erstenmal in ein Hochamt mitgenommen wurde! Gar oft hatte ich früher meinen Vater gefragt, wie es möglich sei, daß ein gebildeter Mensch Katholik sein könne, und er wies stets auf Windthorst hin, Bismarcks bedeutenden Gegner. Ich hatte mich erst von dem Glauben zu befreien, daß die Katholische Kirche die Stätte des Aberglaubens und der Unbildung sei. Dieser Glaube ist in protestantischen Gemütern fest eingewurzelt. Doch mochte bei mir im tiefsten Innern — wie man das heute nennt — ein Rest unbewältigter Vergangenheit ruhen — etwas noch zu Lösendes. Das Erlebnis in der Münchener Hofkirche gab den Ausschlag. In Marburg las ich nunmehr die in der Universitätsbibliothek ausliegenden katholischen wissenschaftlichen Zeitschriften mit größtem Interesse und war nicht wenig erstaunt über deren hohes Niveau. Gewiß, auch Luthers Reformation und sogar Revolution war, ebensowenig wie der Sozialismus meiner Gegenwart, nicht das Werk böswollender Neuerer, was wohl die konservative Richtung glaubte und behauptete, sondern eine religiöse und soziale Notwendigkeit. Was gut war vom Alten, war indessen nicht des Unterganges wert. Luther bekämpfte nicht den Universalismus der Kirche und ihre Lehren, sondern wider die Gewalt der Autorität und für das freie Gewissen kämpfte er und gegen Mißbräuche.

Die katholische Kirche hatte Kunst, Mystik, Gottesverehrung, Kultus, und über ihr wölbte sich der Himmel mit sich steigernden Chören der Engel. Sie hatte Sakramente, Mysterien, Geheimnisse. Sie hatte ein kostbares Büchlein wie die *„Imitatio Christi"* hervorgebracht. Sie war ein Wunderwerk des Allerhöchsten, und unfaßlich war mir, daß so bald nach Christi Himmelfahrt die Geschichte der ecclesia aeterna den Niedergang angetreten. Die große Zahl heiliger und gelehrter und erleuchteter Menschen bewies mir den fortdauernden Strom der göttlichen Verheißung. Und das Gegenteil alles dessen machte ihn nicht zuschanden. Freilich das Papsttum schien nicht immer der geistigen Idee Christi gemäß. Aber schließlich ließ sich auch das Papsttum, der ärgste Stein des Anstosses für den Protestanten, vor der Geschichte, der Heiligen Schrift und der Vernunft rechtfertigen. Im übrigen durfte ich hoffen, daß die universal-katholische Kirche auch Raum genug für theosophische Überzeugungen habe. Schrieb doch um jene Zeit ein jesuitischer Pastoraltheologe in den „Stimmen der Zeit", es sei nicht geraten, den Weg zur Kirche durch allzugroße Strenge in Betracht der dogmatischen Rechtgläubigkeit zu versperren. Hätte man z. B. damals Friedrich v. Schlegel daraufhin untersucht, so hätte man zweifellos manche Konterbande gefunden, die nicht mit dem Tridentinum in Einklang gestanden haben würde. Das klang mir verheißungsvoll, und auch die wenngleich private Äußerung des Münchener Hofpredigers bot mir weitherzigen Raum, um ein Wissen vorauszubesitzen, das später einmal, wenn die Kirche mit der neuen Wahrheit vertraut sei, zum Besitz und Inhalt ihrer Lehre werden müsse.

Solche Gedankengänge hatte ich S. Stinde, meiner älteren Freundin, offenherzig und vertrauensvoll mitgeteilt und durchblicken lassen, daß ich vor Konsequenzen keine Bedenken trüge, daß diese im Gegenteil mich voll zufrieden stellen würden.

„Das war wohl kaum Dein Ernst?", schrieb sie mir im Januar 1907. „Natürlich hat die protestantische Kirche alle Mystik, alles Esoterische ‚hinausgeworfen' und die katholische behalten, wenn sie die Mystik auch mit einem Panzer umgeben hat und sie selbst nicht mehr versteht, aber trotzdem fällt sie in sich zusammen und das Neue tritt an ihre Stelle. Das Neue ist die Theosophie. Darin lebst Du. Jedes Ding hat seine Zeit und ist gut zu seiner Zeit; so war es auch die katholische Kirche einst. Sie hat ihren Höhepunkt längst überschritten und verhärtet sich jetzt, wie alles was unzeitgemäß geworden ist. Sie erweist sich als unfähig, das Christentum zu vollenden; sie kann der neuen Epoche nichts Neues hinzufügen. Der Protestantismus half das Manas entwickeln: deshalb war er zur Zeit der Manasentwicklung ein Zeitgemäßes. Nun folgt nach der Entwicklung des Manas die Buddhi. Christus soll im Menschen geboren werden. Die sinnliche Liebe soll in die göttliche verwandelt werden. Es müssen neue Führer kommen, die diese neue Epoche vorbereiten, und neue Schüler, die diese neuen Dinge verbreiten helfen. Hier heißt es wie in der Bibel von den Jüngern: ‚Ihr seid das Salz der Erde, und Ihr seid der Sauerteig.' Wir Schüler müssen aber unseren Meister und seine Mission erkennen und müssen wissen, worauf es in dieser Zeit ankommt. Solange man nicht den Blick auf das große Ganze wirft, auf die Menschheits-Entwickelung und auf die Welten-Entwickelung, solange bleibt man blind. Karma und Reinkarnation bilden den Anfang zu dieser Erkenntnis und führen den Menschen am leichtesten zum Verständnis der Entwickelung, aber es ist eben nur der Anfang, und selbst diesen ersten Anfang wird die Kirche nicht machen. Sie wird auf ihrem dead-point stehen bleiben und höchstens ihre Lehren materieller machen — freisinniger, wie die Protestanten es tun, und dadurch gräbt sie ihr eigenes Grab. Eine Erweiterung der Lehren muß kommen. Wissen soll der heutige Mensch und nicht in der Dumpfheit der Kirche erhalten bleiben. Nur durch Entwickelung des Manas hindurch kann man zur Spiritualität, zur Buddhi gelangen — durch Erkenntnis. Ich sehe eben durch einen Blick in Deinen Brief, daß Dr. Steiner gerade jetzt in Kassel ist, da wird er Dir vielleicht auch ein Wort über das gleiche Thema sagen und besser und klarer wie ich."

Rudolf Steiners Kommen galt der Einweihung der Kasseler Loge. Es wurde für die drei Tage seiner Anwesenheit von Dr. Noll und mir ein Programm aufgesetzt: für Nachmittags- und Abendveranstaltungen, darunter zwei öffentliche Vorträge. Da erfuhr ich, daß die Familie Mörsberger privatim Herrn Dr. Steiner einzuladen beabsichtigte. Ohne Zweifel wurde hierdurch Rudolf Steiner den Kasseler Mitgliedern, denen doch zu allererst sein Besuch und seine Anwesenheit galt, entzogen. Auch ich, wiewohl eingeladen, empfand solche Regelung als ungerecht. — Am 14. Januar kam Rudolf Steiner an und wurde wie sonst von uns empfangen. Er fragte mich alsbald nach allem — wie es zu Hause gehe und wie es mit dem Studium stehe. Um 4 Uhr weihte Rudolf Steiner unseren Zweig ein. Die Gründung eines Zweiges war bedingt durch die Zahl von sieben Mitgliedern; wir waren neun — unter diesen gehörten sechs drei Familien an: Dr. Ludwig Noll, Frl. Frieda Noll, Dr. Otto Eisenberg, Frau Anna Eisenberg, Herr Alexander Schuster, Frau Anna Schuster, Herr Karl Schultz, Frl. Amalie Limberger und ich (stud. phil. Ludwig Kleeberg). Auswärtig war mein Freund Rudolf Walkhoff (stud. math.). Abwesend waren zwei Mitglieder, Herr Schultz und Dr. Noll selbst, der ärztlich abgerufen wurde. Anwesend waren auch zwei Damen aus Köln als Gäste, Frl. Lüdemann und Frl. Biesenbaum, Postbeamtinnen auf Urlaub.

Rudolf Steiner sprach davon, wie in früheren Jahrhunderten die okkulte Arbeit getan werden mußte und wie da „die Meister" auf die Allgemeinheit der Menschen durch Inspiration einzelner bedeutender Männer wirkten. Als dann das materialistische Zeitalter anbrach, habe die Welt von der

Wirklichkeit einer übersinnlichen Welt überzeugt werden sollen, und es sei seit 1844 der Spiritismus aufgekommen, der bald in krassen Mißbrauch ausartete. Endlich im Jahre 1875 sei die Theosophische Gesellschaft zur Verbreitung spirituellen Wissens gegründet worden. — Es folgte eine Aussprache. Frau Schuster fragte über die Gründerin H. P. Blavatsky, und Rudolf Steiner antwortete, auf Frau Blavatsky sei so viel eingestürmt, daß sie sich allerdings in Zornesausbrüchen oft Luft gemacht habe; aber wir dürften auch die Sonne nicht nach ihren Flecken beurteilen. Frl. Limberger sprach immer von unserem „Zweigverein" und Rudolf Steiner korrigierte: „Sie meinen einen Zweig." Das spießbürgerliche Wort Verein mochte er wohl nicht auf einen theosophischen Zweig anwenden lassen. Wir wollten ja auch kein „Verein" sein. Mich fragte er, wann ich meinen ersten Vortrag halten wolle. Das traute ich mir nicht zu, aber er ermutigte mich und sagte, das werde schon gehen. —

Das Abendbrot ward wieder bei Nolls eingenommen. Abends war öffentlicher Vortrag über das Thema „Bibel und Weisheit" *). Er schilderte da den Gang der Wandlung in der Schätzung der Bibel durch die Jahrhunderte in großartiger Charakteristik (denn er mußte im Großen sprechen) — von einer Zeit her, die noch das Übersinnliche erlebte, bis hin in die Epoche der modernen Naturwissenschaft. Aber er ließ auch dieser volle Gerechtigkeit widerfahren; er urteilte nie, er schilderte Tatsachen und suchte diese in ihrer jeweiligen Bedeutung für den Stand der Entwicklung zu verstehen und zu erklären. Da seien Naturforscher gewesen, edle Wahrheitssucher, die erkannten keine Unsterblichkeit des Menschengeistes mehr an; sie sagten: mit dem Tode verschwindet die Persönlichkeit, wir leben in den Spuren der Nachwelt weiter; es sei edler, sagten sie, Taten zu tun, weil sie gut sind, als des Lohnes wegen. „Ich lege, was ich bin, am Altar der Welt nieder," diese Stimmung habe sich im 19. Jahrhundert herausgebildet. Aber es habe doch noch ein Bewußtsein gegeben, daß es einen anderen Weg zu den Rätseln des Daseins gibt als den der Naturwissenschaft. Und nun sprach er von Darwin, der den Satz schrieb von den Lebewesen, denen der Schöpfer Leben einhauchte, und daß, wenn man die Sprache betrachte, es klar sei, daß sie nicht durch mechanische Ursachen entstanden — ferner daß wir eine intelligente Weltursache annehmen müßten. Solche Sätze seien von den Übersetzern unterschlagen worden. Es sei verkehrt, zu beweisen, daß Darwin materialistisch sei; nein, man habe ihn materialistisch gemacht. Es ließe sich noch eine Reihe von Forschern anführen, die bibelgläubig waren und die Bibel früher verstanden als die Theologen, deren

*) Phil. Anthrop. Verlag Dornach.

Beruf es ist, sich mit der Bibel zu beschäftigen. Er erinnerte aus älterer Zeit an Paracelsus, den man verleumdet habe. Dieser habe als Arzt gesagt: „Das meiste über die Gesundheitslehre findet ihr in der Bibel!" Natürlich habe er nicht die Bibel für ein theoretisches Lehrbuch gehalten. Aber er wollte bedeuten, wie es auf die menschliche Seele wirke, wenn sie Erzählungen und Gedanken vor sich rufe. Diese Worte strömten Kraft aus. Rudolf Steiner erinnerte weiter an Goethes Worte über die Heilige Schrift und das eines modernen Physikers, der gesagt habe: Moses habe entweder ebensoviel gewußt wie die moderne Naturforschung — oder er sei inspiriert gewesen.

Einen Gesichtspunkt stellte Rudolf Steiner voran: verstehen auch die, welche die Bibel bekämpfen, die Bibel? Man glaube viel in Worterklärung getan zu haben. Er erwähnte den heute vergessenen Fabre d'Olivet, in dessen Schriften das Licht der Weisheit leuchte. Es fehle eben das Verständnis ihrer Sprache, und so kämpfe man gegen ein Zerrbild; so sei dieser Kampf eine Donquichoterie. Man finde die Bibel kindlich, weil man sie sich kindlich vorstelle. Rudolf Steiner stellte nun das umfassende Weltbild vor die Zuhörer hin, von welchem er Kunde zu bringen hatte. Die Ignorabimus-Stimmung sei abgelöst worden durch die Theosophie. Hätte der Mensch nicht das Auge, würde er das Licht nicht sehen; hätte er einen elektrischen Sinn, würde er mit diesem elektrischen Sinn entsprechende Kraftqualitäten wahrnehmen. „Es gibt so viel Welten, als es Organe gibt." Die Geisteswissenschaft zeige, daß man den Menschen höher bringen kann — daß es möglich ist, die Grenzen des Erkennens zu erweitern. Unbescheiden sei, wenn ein Mensch sage, seine Erkenntnis sei die wahre. Derjenige solle urteilen, der weiß — nicht derjenige, der nicht weiß. Fichte habe von dem „höheren Sinne" gewußt und anschaulich ausgeführt, wie sich zu dem, der ihn entwickelt und ausgebildet hat, die Blinden verhalten. Von dem Übergang aus Finternis zum Licht hätten Religionen, Weise und Dichter gewußt. Goethe habe von Geistesaugen gesprochen. Dieses Erwecken der Seele zum Schauen sei eine geistige Wiedergeburt gewesen, die wichtiger galt als die physische.

Rudolf Steiner schilderte nun die Bewußtseinszustände des Menschen bis hinauf zu jenem, da im traumlosen Schlafe das Wahrnehmen der geistigen Welt eintritt und die Nacht sich in Tag verwandelt. Von solchen, welche die „Wiedergeburt" erlebten, sei die Bibel geschrieben. Da aber komme der Zeitpunkt, wo beim Hineinschauen in jene Welten Verstandes-Begriffe zu gering erscheinen, so daß der Seher zu Bildern greifen müsse. Ein schönes Bild stellte Rudolf Steiner als Beispiel vor die Zuhörer hin: dasjenige von Schmetterling und Puppe. Wer einem Kinde die Unsterblichkeit klar machen wolle, erzähle ihm von Schmetterling und Puppe. Wer die geistige Entwicklung durchmache, werde das nicht kindlich finden. Denn die Tatsache des Hervorgehens der Seele aus dem Leibe spiegele sich in Schmetterling und Puppe. Geistiges werde im Sinnlichen gesehen. Das Kind aber fühle etwas von der Wärme unmittelbarer Wahrheit. So lebten in Bildern die Schauungen der Seher — gewaltig groß in jenen Bildern des Sechstagewerkes der Genesis. Moses und der, welcher die Genesis verfaßte, hätten die geistigen Tatsachen erkannt. Und wieder erweckten die Worte, die aus einer großen kraftvollen Sprache gebildet sind, die Kräfte, welche das hingestellte Tableau überschauen lassen.

Von der Genesis ging Rudolf Steiner hin zum Johannes-Evangelium. Wer die ersten Sätze zu verstehen versuche, tage- und jahrelang, merke, daß dieses Buch anders sei als andere Bücher. Dieses Buch habe Zauberkraft. Wenn wir es in uns lebendig werden ließen, so schauten wir in die geistige Welt. So sei es von vielen benutzt worden, als eine Summe von Übungen, nicht als die Unterlage geschichtlicher Forschung. Man bekomme ein neues Auge. Wie das Licht draußen das Organ des Sehens hervorgelockt habe, so schaffe Christus in uns die Christusidee. So zeige sich uns die Wahrheit des historischen Christus. Das Johannes-Evangelium züchte uns ein Auge an, um den historischen Christus zu verstehen. Die Weisheit müsse erlebt werden. Wie die Sonnenkraft aus der Haut das Auge hervorgeholt, so hole die Kraft der Bibel das geistige Auge heraus. Unsinnig wäre es, Weisheit dort zu holen, wo nie Weisheit war; wie man nicht Wasser trinken könnne aus einem Glase, in dem kein Wasser ist. Und das Alte Testament spreche von jener schöpferischen Weisheit, die dabei war, als Gott das Himmelsgewölbe baute.

So gelangt das Verständnis der Bibel zu einem höchsten Begreifen: vom naiven Standpunkt über den der Gescheitheit und der sinnbildlichen Deutung zur geisteswissenschaftlichen Auslegung, die wieder eine wahrhaft wörtliche ist. Aber da werde ein Wort stets angeführt: daß der Buchstabe töte, der Geist aber lebendig mache. Dieses Wort sei der willkürlichsten Auslegung unterworfen worden. Es bedeute das „Stirb und Werde" auch des Wortes — „das Wort tötet" heiße: es bringt die Wiedergeburt; aus dem Worte geht der Geist hervor. Wer die Bibel wieder wörtlich nehme, bekenne auch die rechte Demut. Eine Weile habe man die Bibel mißverstehen müssen, aber es werde die Zeit kommen, wo die Bibel immer besser und tiefer verstanden werde. Sie sei kein totes Buch, sie werde in der Zukunft erst entdeckt werden. Religion und Entwicklung seien nicht trennbar. Immer weitere Entwicklung sei der Sinn des Lebens. So habe es Goethe verstanden:

nur derjenige, der über sich selbst hinausgelangt, könne zu den großen Rätselfragen des Daseins kommen.

War das nicht eine Welt so leuchtend und hoffnungsreich, die da vor uns offenbar wurde? Das heiligste Buch erhielt nun einen Sinn. Mit jenem Mann schaute das „neue ewige Evangelium“ des „dritten Zeitalters“ *) in unsere Zeit hinein. Er sprach aus Anschauung. Als ein Wissender; einer, der erfahren hat; einer, der eine Mission hat. Das Christentum wurde uns immer größer und herrlicher. Was waren wir vorher, noch wenige Jahre zuvor, ohne Christentum? Aus Rudolf Steiner leuchtete Christustum. Sein ganzes Wesen war Klarheit und Wahrheit. Man muß den tiefen Eindruck dieses Vortrages „Bibel und Weisheit“ erlebt haben. Aufzeichnungen sind nur ein dürftiges Nachstammeln, nur Bruchstücke zur Erinnerung.

Nach dem Vortrage beantwortete Rudolf Steiner Fragen. Eine solche gab ihm Veranlassung, über die „Schulung“ zu sprechen. Aber er schickte voraus, daß kein Schüler angenommen werde, der zur Phantasterei neige. Alles, was zur Selbsttäuschung führe, müsse nach strengsten Methoden vermieden werden. Dann gab er eine Darstellung des christlichen Einweihungsweges nach dem Johannes-Evangelium vom 13. Kap. ab: Fußwaschung, Geißelung, Dornenkrönung, Kreuzigung, mystischer Tod, Grablegung, Auferstehung und Himmelfahrt. Einen Vortrag über den Opfertod Christi stellte er in Aussicht. — In schöner Weise erläuterte er, wie der Mensch den Zauber des Pfingstfestes und die Ausgießung des Heiligen Geistes begreifen könne, an jener syrischen Legende, da Christus in tiefer Verwunderung unter asiatischem Sonnenbrande die Leiche eines verwesenden Hundes betrachtet, indes die Jünger sich abwenden, und er zuletzt angesichts der Verwesung das Wort findet: wie schön doch diese Zähne seien. — Das ist dasjenige, was Goethe an Schiller Christustendenz nannte. Sie machte auch Rudolf Steiners Wesen aus. — Noch andere Fragende erbaten Bescheid über das „Gott schuf“ und den „Turmbau“. „Gott schuf“, sagte Rudolf Steiner, heißt: Gott entwickelte aus dem Karma *(creavit)* des vorhergehenden Planeten die Erde. (In der Tat sind auch die Wörter *creare* und *kr—karma* im Sanskrit urverwandt, und die Wörter *creator* dort und *kartr* hier bedeuten einerseits den Schöpfer, andererseits den Dichter, der „ein kleiner Schöpfer“ ist — wie das griechische Wort poietes.) Und die Sprache habe tatsächlich eine Entwicklung von der Einheit zur Vielheit durchgemacht; nicht ohne Schuld der Menschen gäbe es viele Sprachen. (Ich hoffe noch über diesen Gegenstand religionsgeschichtliches Material zu veröffentlichen.)

*) s. Lessing, Erziehung des Menschengeschlechtes §§ 86 und 89.

In diesem Vortrag, der übrigens gut besucht war, war auch meine Mutter. Sie hatte alles gut verstanden; ein Zeichen, daß Rudolf Steiners Vorträge doch nicht so schwer waren, wie sie oft hingestellt wurden. Schwer war für viele nur, Unbefangenheit anzunehmen und vorurteilslos zuzuhören. Vorurteilslosigkeit forderte Rudolf Steiner, niemals Urteilslosigkeit. Rudolf Steiner begrüßte meine Mutter recht herzlich und sagte sich gleich auf den nächsten Tag an. Übrigens versäumte er nicht, sie zu fragen, ob sein Vortrag auch verständlich gewesen sei, d. i. ob er verständlich gesprochen habe. Nicht etwa fragte er, ob sie ihn verstanden habe — die Nuance ist eine völlig andere: aus seiner Frage sprach die tiefe Bescheidenheit und Verantwortung vor jedem Zuhörer, auch dem einfachsten.

Am nächsten Morgen (15. Januar) besuchte ich Rudolf Steiner im Kasseler Hof, wo er wieder wohnte. Ich erkannte, wie er mich erkannte. Es war ein Gefühl unbedingten Vertrauens und zugleich der Sicherheit im Bewußtsein, seinem Herzen nahezustehen. Das Himmelreich, sagte er, komme wie der Dieb in der Nacht — so plötzlich. Dann sprachen wir vom Studium. Ich meinte zwar, mit diesem als solchem zufrieden zu sein, d. h. mit Philologie und Geschichte, so, wie ich sie mir vorstellte — erklärte aber die Universitätswissenschaft nach wie vor für höchst unbefriedigend: in der Geschichte nur äußerliche Ereignisse, in der Philologie tote Formalien, nirgends Leben. Rudolf Steiner sprach aus diesem Anlasse über die Frage Bacon und Shakespeare, welche seinerzeit in der Presse viel behandelt wurde. Die Texte seien völlig korrumpiert, und doch erst ein paar Jahrhunderte alt. Man brauche oft nur das Wörtchen „nicht" wegzulassen. Bacon und Shakespeare, auch Jakob Böhme und Jakobus Baldus seien von demselben Meister inspiriert. Auf Jakobus Baldus wies er mich besonders hin. Es finde sich bei letzterem ein Gedicht, akrostichisch so: bevor ich dieses schrieb, schrieb ich jenseits des Ozeans. Das war, nachdem Shakespeare gestorben war. Von allem Tiefgeistigen weiß die Universitätswissenschaft nichts; sie stellt nur hinein in den Streit gelehrter Meinungen. — Da ich mich gerade auch mit Tacitus beschäftigte, fragte ich ihn, ob dieser die germanischen Götter in seiner „Germania" mit recht entsprechenden römischen Benennungen versehen habe. Er bestätigte, daß Tacitus die germanischen Götter so gut schildere, weil er unbefangen schildere, und meinte, wenn Tacitus ein Universitätsprofessor gewesen wäre, so wäre wohl die „Germania" verkehrt gewesen.

So redeten wir miteinander, und es war mir immer erfreulich, wenn er mir bei irgendeiner „Weisheit", die ich Student vortrug, Zustimmung äußerte. Bei der Mahlzeit sagte er in Fortsetzung unseres Gespräches, die Universitätswissenschaften seien korrumpiert, am meisten Jura, am wenigsten die Medizin, denn hier gäbe es recht gute Ansätze. — Um 5 Uhr war Rudolf Steiner bei uns zu Hause. Es wurde vom Handwerk gesprochen. Das interessierte ihn offensichtlich. Aber der Niedergang des Handwerks, sagte er, werde nicht aufzuhalten sein; es werde die Welt immer hastiger und materialistischer werden, bis sie sich einmal überschlüge. —

Vor dem Abendbrot war ich mit Rudolf Steiner wieder allein. Wir befanden uns in Dr. Nolls Salon und betrachteten dort ein Bild Augustins und seiner Mutter Monika. Er bemerkte, daß dieses Bild wohlgetroffen sei. Mir gab es Anlaß, den Katholizismus zu lobpreisen, der doch eines Augustinus Nährboden war. Ja, ich ließ durchblicken, daß ich zum Katholizismus eine starke Hinneigung empfände und auch deren Konsequenzen zu ziehen bereit sein würde. Da riet er mir aufs entschiedenste ab. Mit dem Katholizismus sei noch weniger anzufangen als mit dem Protestantismus. Hier käme es sogar darauf an, Katholizismus oder Christentum wieder in den Protestantismus hineinzutragen. Außerdem befürchtete er Nachteile für mich. Sinn habe ein Übertritt zur katholischen Kirche nur, wenn ich Mönch werden wolle. Ich konnte nicht umhin, zu lachen (auch die beiden Kölner Damen; wir saßen inzwischen bei Tische), weil ich mich in Gedanken als Mönch sah. Rudolf Steiner meinte ernsthaft, er könnte sich mich ganz gut als Mönch vorstellen. Jedenfalls sei es unmöglich, Theosophie in den heutigen Katholizismus hineinzutragen. Das war nun zwar ein kalter Wasserstrahl auf meinen katholisierenden Enthusiasmus. Jedoch bewog ich Frau Schuster, mit der ich dieses Thema oft behandelte, noch einmal, als sie zu ihm ging, die Frage zu stellen, ob sich ein Schritt in die *Una sancta* empfehlen würde. Er hat ihr dasselbe gesagt wie mir und durchaus abgeraten.

Um 8 Uhr war Vortrag in kleinerem Kreise bei Dr. Noll — über die okkulte Bedeutung des Atmens. Rudolf Steiner sprach über die okkulte Schulung und die Rolle des Atmungsprozesses im Fortschritte der okkulten Entwicklung. Folgende Notizen konnten unter erschwerten Umständen aufgenommen werden: Zu den Methoden, welche für die innere Entwicklung gegeben werden, gehört auch die Anweisung, in bestimmter Weise zu atmen. Es wird häufig gesagt, daß man mit den Atemübungen besonders vorsichtig sein solle, weil Gefahren für die Gesundheit, die Moral und den Charakter damit verbunden wären. Dennoch werden gewisse Atemübungen empfohlen. Verstehen wir erst, wie der Atmungsprozeß zusammenhängt mit dem Vollkommenerwerden! Man könnte fragen: „Welche Bedeutung hat es, anders zu atmen?“ Es ist wichtig für den Eintritt in die höheren Welten. Spezielle Anweisungen können nicht in einem Vortrage gegeben werden, sondern nur von Lehrer zu Schüler. Alles, was mit der Entwicklung zusammenhängt, war früher ein Geheimnis der okkulten Schulen.

Heute werden durch die theosophische Bewegung gewisse Dinge mitgeteilt. Erst gegen das Ende des 18. und den Anfang des 19. Jahrhunderts sei einiges durchgesickert aus den streng gehaltenen Bruderschaften. Alles, was früher geschrieben war, war nur für die Eingeweihten geschrieben. Im Anfang des 19. Jahrhunderts sickert etwas durch, wurde veröffentlicht von solchen, die, wie man sagt, hatten etwas läuten hören, aber nichts zusammenschlagen. So hörte man vom „Stein der Weisen“: In den vergangenen Jahren wurde eine Mitteilung vom Stein der Weisen gemacht. Ihn gibt es. Kann man ihn in seinem vollen Werte erkennen, so hat man das Geheimnis der Unsterblichkeit. Eigentlich kenne ihn die überwiegende Zahl der Menschen. Viele haben ihn täglich in der Hand *). Das ist doch eine sonderbare Schilderung, aber sie ist tatsächlich wahr. Der es schrieb, hatte etwas gehört, aber nicht die eigentliche Bedeutung.

Auch für das Atmen gilt es: „Jeder Tropfen höhlt den Stein.“ Jede Sekunde ist wichtig. Was täglich mit dem Atemprozeß geschieht, ist an sich nicht wichtig, aber wer es ausführt, hört nie auf, auch nach dem Tode nicht. Der gewöhnliche Mensch braucht Millionen Jahre. Wer in die Geheimschule eingetreten ist, erreicht in kürzerer Zeit die höhere Stufe. Einer der hervorragendsten Mitglieder der Theosophischen Gesellschaft, der verstorbene Subba Rao (auch Row geschrieben — Verf.) wurde gefragt, wie lange es dauere, bis jemand die höheren Stufen erreiche — gewöhnlich hieße es 7 Inkarnationen! Da antwortete er: „Bei manchem 7 Inkarnationen, bei manchem 70 Jahre, bei manchem 7 Jahre, Monate oder Tage.“ Es kommt ganz auf den schon erlangten Standpunkt an. Oft braucht die okkulte Schulung nichts anderes, als die schlummernden Kräfte herauszuholen. Mancher war früher schon eingeweiht, dessen Fähigkeiten heute begraben sind. Die Zeit bis zu den höheren Stufen ist sehr verschieden.

Der Atmungsprozeß zeigt, wie die Wesen aufeinander angewiesen sind. Der Mensch atmet Sauerstoff ein und Kohlensäure aus. Sie atmet die Pflanze ein und gibt wieder den Sauerstoff von sich. So findet ein fortwährender Wechsel statt zwischen Mensch, Tier und Pflanze. Ohne die

*) Weder in seinem Vortrage vom 4. November 1906 (Johannesevangelium) noch in demjenigen vom 10. Mai 1907 („Die Einweihung des Rosenkreuzers“ — Kongreß in München) erwähnt Rudolf Steiner den Fundort jener Erwähnung, außer daß er im zweiten von einer deutschen Zeitung spricht; nach meiner Nachschrift von einer deutschen Zeitschrift. In einem der Wilhelmshöher Vorträge über die „Einweihung der Rosenkreuzer“ (1907) nennt er genauer den „Deutschen Reichsanzeiger“ — jedoch ohne Jahr. Durch einen Zufall fand ich vor mehr als 30 Jahren die Quelle. Es ist der „Reichsanzeiger“ vom 8. Oktober 1796 (Brief Kortums und Aufruf; Kortum ist der bekannte Dichter der Jobsiade von 1785); s. Voigtländers Quellenbücher Bd. 88, S. 126 f.

Pflanzen könnten die anderen Wesen nicht leben. Der Prozeß wird abgeändert durch die okkulte Schulung. Dabei wird der Rhythmus geändert und das Halten der Atemluft in bestimmter Weise geregelt. Das Verhältnis von ausgeatmeter Kohlensäure zum eingeatmeten Sauerstoff wird geändert in einer bestimmten Richtung, so daß der Schüler weniger angewiesen ist auf das Erneuern der Atemluft durch die Pflanze. So soll sich der Mensch frei machen von der Pflanze... Was heute in der Wechselwirkung geschieht, geschieht in der Zukunft im Menschen selbst. Der vergeistigte Mensch hat in sich ein Organ entwickelt, durch welches die Kohlensäure umgewandelt wird in Sauerstoff. Der Mensch tut nun an sich selbst das, was die Pflanze tut. Der Mensch ist auf dem Wege dahin. Der reine Kohlenstoff aber sei der „Stein der Weisen", der erscheint in der schwarzen Kohle sowohl wie im hellen, durchsichtigen Diamanten. Kohlenstoff also sei nicht nur so ein schwarzer Kerl, sondern auch der Diamant sei Kohlenstoff. In Zukunft werde der Mensch einen herrlichen, schönen Leib auferbauen aus Kohlenstoff. Dieser Gedanke sei heute natürlich grotesk. — Das Ineinanderweben von Kohlenstoff und Sauerstoff nun finde auch im Blute des Menschen statt: in dem kohlenstoffreichen, welches tötet, und dem sauerstoffreichen, welches belebt. Das habe man hellseherisch in alten Zeiten geschaut, und es sei erschienen als die zwei Bäume — der Erkenntnis und des Lebens. Der Baum des Lebens aber sei der Baum des Todes geworden, und er werde wieder Baum des Lebens sein, wenn der Mensch selbst das blaue in rotes Blut zu verwandeln vermöge. Weiterschreitend sprach er von des Menschen Organen, entwickelten und zukünftigen: in Rückbildung sei das Gehirn, das Herz im Beginn der Entwicklung. Mit dem Herzen habe die Anatomie ein Kreuz: alle glatten Muskeln seien unwillkürliche, alle quergestreiften willkürliche. Eine Ausnahme mache das Herz. Heute habe freilich der Mensch keine Macht über das Herz, aber in ferner Zukunft werde er es so willkürlich gebrauchen wie jetzt den Arm. Nur der Okkultismus könne diese Rätsel lösen.

Das seien Lichtpunkte für die Zukunft. Der Mensch werde also die Arbeit der Pflanze in sich ausführen — deren Natur in die innere Wesenheit hineinnehmen. Rudolf Steiner zeigte weiterschreitend, wie durch Vertiefung in die Konstitution des Menschen deren Geheimnisse gefunden werden — wie die Organe durch den Geist gebildet, so werde durch sie der Weg zu ihrem Ursprung zurückgefunden. Er sprach da vom Ätherleib und beschrieb ihn. Beim Pferd sei oben über dem Kopfe ein strahlender Punkt, dieser sei früher auch beim Menschen außerhalb des Kopfes gefallen, als die Stirn noch zurücklaufend war. Als dann im atlantischen Zeitalter das Gehirn nach vorn geschoben, sei jener Punkt in das Gehirn eingetreten. Da habe der Mensch zu sich Ich sagen können. — Der Ätherleib des Mannes sei weiblich, der der Frau männlich. Tatsächlich seien die Menschen früher zweigeschlechtlich gewesen, sie seien es auch heute, aber das andere Geschlecht sei nur geistig vorhanden. — Ich saß vor Rudolf Steiner, er zeigte an mir, wie weit der Ätherleib über die menschliche Gestalt hinausrage. Er zeichnete auch in mein Heft ein Pentagramm und zeigte an ihm den Zuhörern, wie die Strömungen des Ätherleibes verlaufen. (Auch das Heft mit dem von Rudolf Steiner korrekt aus freier Hand gezeichneten Pentagramm ist noch vorhanden.) Der Mensch bilde in bestimmter Stellung ein Pentagramm. Er erklärte auch, wie dieses Zeichen magisch wirke (s. Goethes Faust). Es liege auch den fünfblätterigen Blumen zugrunde: daher komme die Redensart *„sub rosa"*, etwas durch die Blume sprechen, weil unter der Blume etwas Unsichtbares, Geheimnisvolles wirke. — Er beschrieb den Ätherleib, der mit Milz und Leber verbunden sei — den Astralleib und seinen Ausdruck im Nervensystem und das Wirken des Ich im Blute, wovon die alten Sagen wohl gewußt hätten — das auch im Faust eine Rolle spiele, worüber aber die Philologen nur Torheiten rausgebracht (wie auch über den Namen Mephistopheles, den er von *Mephiz-topel* ableitete). So zeigte Rudolf Steiner, wie das Versenken in den eigenen Organismus ein bedeutsamer Prozeß sei.

In der üblich folgenden Fragenbeantwortung sprach er über das „blaue fürstliche Blut", wie die Sprache bedeutsam sage, als einen Atavismus aus der Epoche des Untereinanderheiratens. Er hat seitdem oft über „das Blut" gesprochen, aber uns waren diese Gedanken, mit welchen er das Wesen des Blutes erhellte, merkwürdig und neu. Am Beispiele Anzengrubers zeigte er die gleiche Erscheinung für eine andere Volksschicht, daß nämlich, je weniger das Blut vermischt werde, desto mehr bleibe, was von Generation zu Generation gehe. Das Gedächtnis sei alsdann so stark, daß Ereignisse, welche der Vater erlebte, von den Nachkommen selbst erlebt würden, so daß kein Unterschied zwischen dem Ich des Vaters und des Großvaters empfunden wurde. Diese Iche wurden Adam und Enoch genannt. Weil er just die sprachliche Formung „blaues Blut" erklärte, gab ihm das Gelegenheit, auch auf andere bedeutsame Prägungen hinzuweisen: heilig zu heilen, selig = von der Seelensubstanz durchdrungen, verwesen = hingehen zum Wesen. — Rudolf Steiners Darstellung des Todes Christi fand noch ein schwankendes Verständnis vor, aber die tiefe Sehnsucht nach seinem Sinn. Nur einmal geschehen sei Christi Tod, und er habe auf der Erde ganz neue Bedingungen geschaffen. Vorher sei die Initiation Pauli unmöglich gewesen. Wenn wir uns damals auf einen fremden Stern gestellt hätten, so würden wir wahrgenommen haben, wie sich der Astralleib der Erde total veränderte durch den Tod Christi. Christus sei seitdem der einheitliche Geist der Erde, er sei ihr Geist, wie der menschliche Geist einen Körper beherrsche. „Der mein Brot isset, tritt mich mit Füßen", sage der Erdgeist. Seit Christus sei die ganze Menschheit eine Bruderschaft („Wer nicht verläßt ..."). Als das Blut sich über die Erde ergoß, da habe sich auch das Ich Christi über die Erde ausgedehnt — das Blut, welches der ganzen Menschheit gehören sollte. Durch das Blut sei die Welt erlöst *).

Wie sich zu Christi Erlösungstod die Karmalehre verhalte?, wurde sodann gefragt. — Wer mächtig sei, sagte Rudolf Steiner, könne zweien helfen. Wer denn lehne ab, einem Kaufmann zu helfen, der vor dem Bankrott stehe, mit der Begründung, daß er dessen Bilanz verdürbe! Noch mehr könne helfen, wer mächtiger ist. Der Mächtigste aber könne allen helfen. Was ich helfe, wirke in des anderen Karma weiter. — Man fragte auch über den krähenden Hahn. Antwort: Als das Herz sich bildete, sei der Löwe entstanden; als das Traumbewußtsein zum Tagesbewußtsein überging, der Hahn. Petrus sitze schläfrig am Feuer. Wo er bei sich war, habe er zu Christus gehalten; als sein Bewußtsein herabgestimmt, habe er ihn verleugnet. — Eine andere Frage betraf die Jesuiten. Ihre Praktik sei, sagte er, daß die Erkennenden die Menschen zur Gottseligkeit führen, diese selbst sollten nicht denken, vielmehr müsse man sie in der Dumpfheit lassen.

Am nächsten Tag, nachmittags 15.30 Uhr (16. Januar), sprach Rudolf Steiner in Mörsbergers Haus. Unser Mitglied Fräulein Limberger hatte — takräftig und furchtlos, wie sie war — mit Rudolf Steiner gesprochen und Klage geführt, daß seine Anwesenheit dem Zweig also entzogen sei. Es wurde erreicht, daß die anderen auch eingeladen wurden. Mit Recht. Es war auch so nur ein kleiner Kreis anwesend. Unter den Gästen befand sich mein ehemaliger verehrter Lehrer, Herr Prof. Paulus. Es war gewünscht, daß Rudolf Steiner über Richard Wagners „Parsifal" spreche. Ich versuchte mitzuschreiben; aber kein Wunder, daß mitunter die Feder ruhte; es war verlockender, sich ganz der Musik seiner Rede hinzugeben. Er sprach selbst musikalisch über ein musikalisches Kunstwerk und begann mit jenem Vers,

*) Wir versagen uns an dieser Stelle nicht, ein höchst bedeutsames Wort Richard Wagners anzuführen. Es lautet: „Das Blut des Heilandes, von seinem Haupte, aus seinen Wunden am Kreuze fließend — wer wollte freveInd fragen, ob es der weißen oder welcher Race sonst angehörte? Wenn wir es göttlich nennen, so dürfte seinem Quelle ahnungsvoll einzig in Dem, was wir als die Einheit der menschlichen Gattung ausmachend bezeichnen, zu nahen sein, nämlich in der Fähigkeit zu bewußtem Leiden." (In dem kleinen Aufsatz „Christentum und Heldentum"; Ausgewählte kleine Schriften über Staat, Kunst und Religion, Leipzig 1901, S. 372.) Ein solches Wort Richard Wagners — der als Kronzeuge der nationalsozialistischen Rassenlehre aufgeführt zu werden pflegte — war in deren Ära völlig unbekannt, als nach der Rasse gefragt wurde, welcher Jesus zugehörte.

den Wagner über sein Haus Wahnfried geschrieben. Ruhe seines Wähnens habe Wagner im „Parsifal“ gefunden. Aber es sei nicht so gewesen, daß der Künstler alles in sein Kunstwerk bewußt hineingelegt habe, was darin gefunden werde. Auch die Pflanze kenne nicht die Gesetze, welche der Botaniker in den Pflanzen finde. Unsichtbare Mächte hätten über Wagner geschwebt, von ihnen sei es eingegeben, was im Parsifal liegt. In Wagner habe viel von dem gelebt, was wir eine Geheimschule nennen. Eine wunderbare Wirkung gehe vom Verfolgen seiner Persönlichkeit, seines Lebens aus; wunderbar sei es zu sehen, wie aus ihm eine Wahrheit aufdämmere, die Jahrhunderte in den Geheimschulen systematisch gepflegt werde. Nun schilderte Rudolf Steiner eine Szene, woraus zu sehen, wie instinktiv das in Wagner vorhanden war: wie der Lehrer im Schüler eine Grundempfindung erweckte, daß nämlich die Pflanzendecke der Erde Ausdruck des Erdgeistes sei wie das Antlitz eines Menschen von dessen Seele. Wie auch der Schüler lernte, im klaren Kristall, der das Licht durchläßt und nicht durchzogen ist von Begierde, ein Vorbild der künftigen Fleischesentwicklung zu sehen: so keusch und edel werde auch einst die menschliche Materie sein, die jetzt durchzogen sei von Schmerz und Freude, Begierden und Leidenschaften. Wenn dann der Schüler so geübt gewesen und für reif befunden, sei ihm eine andere Vorstellung beigebracht worden — das Schönste, Reinste und zugleich Anfechtbarste. Da sei ihm gesagt worden: „Siehe dir die Pflanze an. Ihr Kelch ist der Sonne zugewandt, vom Sonnenstrahl ist sie im Wachstum beeinflußt und erhalten. Sie streckt keusch ihre Fortpflanzungsorgane der Sonne entgegen. Was jetzt bei Menschen und Tieren schamvoll verhüllt ist, ist bei den Pflanzen keusch gegen die Sonne gerichtet. Siehe zurück in eine urferne Zeit, als der Mensch auf der Stufe stand, wo die Pflanze zurückblieb — als er gegen die Sonne sein Fortpflanzungsorgan gerichtet hatte — der Kopf, die Wurzel, war in der Erde. Das hätten die Mystiker immer gewußt, der Mensch sei eine umgekehrte Pflanze, nachdem er dazwischen horizontal gerichtet worden, wie das Tier. Der Mensch sei durch das Pflanzen- und Tierreich hindurch zum Menschenreich gelangt. Plato habe gesagt, die Weltenseele sei am Weltenleibe gekreuzigt*). Dasjenige, was der Mensch abwendet von der Sonne, muß geläutert werden. Wenn die Begierde überwunden, wenn der Mensch zu höherer Geistigkeit erwacht ist, dann ist er so keusch und rein wie die Pflanze, er wendet der höheren, geistigen Sonne den Kelch entgegen wie jetzt die Pflanze.“ Dieses Ideal des vergeistigten Pflanzenkelches sei denen vor Augen gestellt worden, die Schüler des heiligen Grals waren. Jene heilige Schale sei der Pflanzenkelch, der durch das Tierische

*) Plat. Timaeus Kap. VIII p. 36 B.

ging und wieder geläutert wurde zur Geistigkeit. Und es sei dem Schüler gesagt worden: „Dieser Kelch, der die geistige Sonne aufsaugt, ist im menschlichen Organismus angelegt." Ähnlich wie wir jetzt durch das Wort die Form einer Luftwelle hervorbrächten, werde einst die Art sein, wie der Mensch seinesgleichen hervorbringe.

Wenn der Mensch solches in sich aufgenommen, dann habe er, wenn es Karfreitag — Ostern ist, in jenen Geheimfesten empfunden, wie aus den Pflanzen eine Triebkraft hervorsprieße, die gereinigt und geläutert später wieder in den Menschen erscheine. Am Karfreitag hätten die Menschen dort das Heraussprießen erlebt, und daß durch Christi Opfertod ein Unterpfand gegeben, daß der Mensch sich den Besitz dieser heiligen Güter erringen könne. Der Blutsaft Christi mache den Menschen rein, wie der Saft der Pflanze ihn reinige. Dies hätten die Schüler in den feierlichsten Augenblicken erlebt, sich als Wissende des Erlösungsgedankens gefühlt und den Zusammenhang des Opfertodes Christi mit der sprießenden Pflanze empfunden. Diese Idee sei immer vor Richard Wagner gewesen. — Die Geburt des Ich und des Egoismus sei dargestellt im Alberich. — Das Rätsel des Erdenlebens habe Wagner auszugestalten versucht in den „Siegern": wo ein Jüngling von einem Candāla-Mädchen geliebt wird, aber sich abwendet und ein Buddhaschüler wird. Groß ist der Schmerz des Mädchens; da wird ihr klar, daß sie in einem früheren Leben ein Brahmane war und damals selber die Hand eines Candāla-Mädchens ausgeschlagen. — So habe Wagner das Begreifen des Weltgedankens darstellen wollen.

Am Karfreitag des Jahres 1857 habe Wagner vor der Villa Wesendonck gestanden und habe auf den Züricher See und die Fluren geblickt. Da habe er in den sprießenden Pflanzen den Gedanken und den Zusammenhang zwischen Erlösung und Pflanzen empfunden. Er habe im Herzen jene Grundempfindung gesehen, die die Gralsschüler immer gehabt — vom Kelchideal. Wagner suche jeden Ton, um das Übergehen vom Pflanzenkelch zu dem Gralskelch auszudrücken. Damals habe er die Ruhe seines Wähnens gefunden.

Dieser Gralsgedanke sei in seiner Keimanlage in der neueren Kultur immer verborgen gewesen. Hier sprach Rudolf Steiner von jener Dichtung Goethes, welche „Die Geheimnisse" überschrieben ist: dort komme ein Jüngling durch den Wald zu einem Kloster und werde in die Gemeinschaft der Eingeweihten aufgenommen. Er erscheine so wie der zur Gralsburg wandernde Parsifal. Goethe habe einer Studentenverbindung, die sich darob an ihn wandte, dieses Gedicht erklärt: in der Welt gäbe es viele religiöse Anschauungen. Ein Repräsentant solcher Überzeugung sei in jedem der zwölf Männer enthalten, der dreizehnte sei der Führer. — Goethe stelle die okkulte Loge dar, wo es keinen Streit der Meinungen, sondern nur Liebe gebe. Da sehe nun der Wanderer ein Kreuz über der Klosterpforte, welches mit Rosen umschlungen ist. Dieser Gedanke des Rosenkreuzes gehe durch die ganze Weltentwicklung hindurch. Rudolf Steiner erzählte jetzt die Legende von den ineinander verschlungenen Bäumen der Erkenntnis und des Lebens, wovon Seth einen Samen nahm und dem sterbenden Adam auf die Zunge legte. Aus diesem Baum sei der Stab des Moses geformt, die Pforte des Salomonischen Tempels gebaut, die Brücke, über die Jesus schritt, als er vom Ölberg kam, gefertigt und zuletzt das Kreuz gezimmert worden. Die Gralsanschauung habe hinzugefügt: als das Holz trocken war am Kreuze, da sproß aus ihm das Unterpfand des ewigen Lebens. Dies habe der Gralsschüler in den Rosen gesehen.

Alles sei bedeutungsvoll, was Parsifal tue. Er dürfe in den übersinnlichen Welten tätig sein. Er leiste am meisten da, wo er die höchste Höhe seiner inneren Entwicklung erreicht habe. Dies töne so wunderbar durch Wagners Dichtung. Wenn wir jene heilige Schar sähen und den Parsifal, der erst tötet und dann Erlöser wird, verstünden wir, was Wagner meine: Ruhe des Wähnens finden. Und Wagner habe zeigen wollen, daß mit dem Musikalischen zu erreichen, was mit dramatischer Kunst nicht zu erreichen gewesen. Bis jetzt habe die Musik nur innere Gefühle zum Ausdruck gebracht, andererseits sei das Wortdrama als aufdringlich zu empfinden. Wagner habe nach einem Verbindungsglied gesucht, das habe das Musikdrama sein sollen. Die äußeren Worte sollten im gegebenen Augenblick aufhören, und es sollte die Musik eintreten. Ohne „Parsifal" hätte Wagner das Ideal seines Strebens nicht erreicht. Wo er am höchsten ins Übersinnliche aufgestiegen, habe er das intimste Musikalische gebraucht. Dieses sei im „Parsifal" am reinsten und größten. Als Künstler und Musiker habe Wagner in Tönen darzustellen versucht, was in ihm als Mystiker gelebt habe. —

Abends gingen Rudolf Steiner und ich allein zusammen zurück. Ich hatte in jenen Wochen die Sintflutsage des Mahābhārata, das *Matsyopākhyāna* (Erzählung vom Fisch) übersetzt, wo Manu durch einen Fisch, als welcher Gott Brahma Gestalt angenommen, mitsamt der Arche gerettet wird*). Darüber fragte ich Rudolf Steiner, er erklärte diese Sage kurz: als nämlich jene Flut war, habe sich gerade der Fisch von der Menschenentwicklung abgetrennt, dem in höheren Welten ein Wesen entspricht, das auch Fisch heißt. Danach ließe sich das übrige leicht denken. Nun begann ich wiederum mit meinem Lieblingsthema Katholizismus. Am selbigen Tage hatte mir

*) Die Übersetzung ist in der Leipziger theosophischen Zeitschrift „Der Wanderer" II (1908), S. 361 ff. unter dem Pseudonym Ludwig Kreutzer erschienen.

S. Stinde hierzu geschrieben. Ich liebte die Theosophie, aber gerade weil ich sie liebte, wollte ich sie auf einem alten Kulturboden historisch sicherstellen. Ich glaubte, das ginge. Rudolf Steiner verneinte solche Möglichkeit nach wie vor.

Wir gingen zum Hanuschsaal, wo Rudolf Steiner den zweiten öffentlichen Vortrag hielt. Dieser war noch besser besucht als der erste. Wer suchte nicht eine Lösung über den „Ursprung des Leides?" Rudolf Steiner ging aus von dem Volke, welches verstand, das Leben von der lustvollen Seite zu nehmen und den Frohsinn aus dem Leben zu holen, – und daß doch in einem seiner Dichter das Wort sich losquälte: „Unseliges Eintagsgeschlecht, des Todes und der Torheit Kinder! Das beste wäre, nicht geboren zu sein, und, wenn geboren, möglichst früh zu sterben." Und einer der größten Dichter, den wir kennen, habe auch das Wort gefunden, das dem tieferen Erkennen als die Lösung des Leidproblems erschien: aus Leid kommt die Erkenntnis (páthema — máthema; Aischylos). Die Juden erklärten das Leid aus dem Kommen der Sünde in die Welt. Die Anschauung des Leides sei vertieft in Hiob, der den Griechen nicht fernegestanden: das Leid bringt den Menschen empor. Rudolf Steiner schilderte dann, wie in der Tragödie ein Zusammenhang zwischen dem Besitz der höchsten Güter und dem Leide dargestellt werde. Die Zuschauer hätten im tragischen Helden eine Person gesehen, die durch das Leid hindurchgehe, und wenn sie in sich selbst durchgemacht, was der Held bis zum Tod erlebte, dann hätten sie eine tiefe Erhebung, ja Befriedigung empfunden und die läuternde Wirkung von Schmerz und Leid verspürt, welche der Held ertragen, damit der Sieg des Ideals ihnen sich darstellte. Denn nie würde die Größe sich zeigen, wenn sie nicht bemerkbar wäre in Schmerz und Leid. Das Mitleid sei die Grundlage für ein verständnisvolles Eingehen. So hätten die Menschen die Verbindung gesucht zwischen dem Verständnis der Welt und dem Leid. „Habe ich kein Mitleid, so habe ich auch kein Verständnis der Welt." Rudolf Steiner erörterte das Wesen des Tragischen im Gegensatz zum Komischen; hier stelle sich der Künstler über den Gegenstand, dort dehne er sein Herz aus über Schmerzen und Leiden, dort gieße er seine Seele aus. Versetzten wir uns wahrhaft in eine Seele, so könnten wir nicht zur Karikatur greifen.

Wie er immer wieder tat, ließ Rudolf Steiner vor den Zuhörern den Aufbau des Menschen erstehen: als physischen Leib, Ätherleib, Astralleib, Ich. Und weiter sprach er von Bewußtsein und Leben. Es wäre kein Leben, wenn nicht der Stoff zerfiele; und es wäre nur da Bewußtsein, wo in jedem Augenblick Leben erstürbe, und es wäre nicht, wenn es nicht in jedem Augenblick neu erschaffen würde. So sei auch zuletzt das Auge Ergebnis eines Schmerzes, eines Entzündungsprozesses, welchen das Licht am Organismus hervorgerufen. Rudolf Steiner schilderte das in schönen Worten, die ein Verständnis für die Weisheit des Schmerzes erweckten, wie das Auge sich gebildet habe. Erst durch Schmerz erhielten wir Bewußtsein. Er sei der Erzieher des Bewußtseins. Rudolf Steiner brauchte ein Gleichnis von einer Mutter, die ihrem Kinde, welches das Gehen lernt, den Schmerz des Fallens ersparen möchte und es mit weichen Kissen umgibt: dieses Kind lerne nicht gehen. Das Gehenkönnen verdanke es dem Schmerz. „Sie tun dem Kinde einen schlechten Dienst, wenn Sie ihm den Schmerz ersparen." Hier sei ein Beispiel, wie aus dem Schmerz Können und Bewußtsein herauswachse. Der Schmerz müsse geltend gemacht werden, wenn er überwunden werden solle. Kenntnis und Wissen sei seine Frucht.

Manche Menschen möchten die Schmerzen hinweg haben aus dem Leben. Wer aber Einsicht in die Welt habe, werde nicht dieser Meinung sein, sondern in dieser Stimmung sich verhalten: alle Freuden nehme ich an, mein Leid möchte ich nicht missen, denn es ist die Quelle meines Wissens, es ist die Ursache meines Wissens, das vergangene Leid birgt in sich höchste Erkenntisse. Ein Gelehrter, der ein Buch über die Mimik des Denkens schrieb, habe darin die Bemerkung gemacht: in der Physiognomie des Denkers sähen wir überall den Ausdruck überwundenen Schmerzes. Aber der Schmerz sei zugleich Erhalter und Wächter des Lebens: denn wenn wir ihn nicht hätten, würden wir nicht wissen, wo wir einsetzen müßten mit der Wiederherstellung des Lebens. Er zeige an, daß es notwendig geworden, einer Zerstörung des Organismus entgegenzuarbeiten. So sei er der große Mahner. — Nicht nur Folge sei das Leid, sondern es arbeite an der Steigerung des Bewußtseins. So werde der Zusammenhang des unschuldvollsten Leidens mit der höchsten Tat, dem Tode Christi verstanden. Wer begreife, wie aus Leid Lehre komme, der verstehe auch, welche Überwindung des Leides im Erlösertod Christi geschehen sei. Wir verstünden auch das Wort: der Heilige Geist sei noch nicht erschienen, denn Christus sei noch nicht verklärt. Die Verklärung zeige sich, wo Christus die Schmerzen und Leiden überwinde. So werde der Schmerz zum Keim eines höheren Bewußtseins der Menschheit. — Die theosophische Weltanschauung lehre uns von einem Leben auf viele Leben zurückzublicken und das gegenwärtige als die Folge früherer Erlebnisse zu betrachten. Da hätten wir manches leiden müssen. Was wir jetzt in uns trügen, verdankten wir dem Leiden. So blickten wir auch jetzt mit Befriedigung auf unser Leiden, denn es werde die Ursache von Erkenntnissen und gesteigerter Lebenskraft sein. Aus dem Leid aber entwickle sich auch das Mitleid und die Liebe. Diese sei ein Ergebnis des Leides. Bei wilden Völkern gäbe es eine barbarische Sitte, welche das Überbleibsel eines alten Einweihungsprozesses sei: ein Mensch werde an einem Baum aufgehangen, gemartert, empfinde zuletzt eine Art von Lust und erzähle merkwürdige Erlebnisse. Das sei eine korrumpierte Form ehemaliger feingeistiger Art der Empfindung von Seligkeit nach dem Durchgang durch den Schmerz. Andererseits gebe es keine höhere Seligkeit für den Dichter, als sein Leid hinauszuströmen und der Welt zu geben. Schmerz verwandle er in Kunst und Seligkeit. Das habe Goethe empfunden, wenn er in der „Zueignung" sage: „Mein Leid ertönt der unbekannten Menge" (denn „Leid", nicht „Lied" müsse es hier heißen); oder im Tasso: „Und wenn der Mensch in seiner Qual verstummt, gab mir ein Gott zu sagen, was ich leide." Eine oberflächliche Weltanschauung könne Leben und Leid nicht verstehen, eine tiefe Weltanschauung lehre uns und wende das Wort an: „An ihren Früchten werdet ihr sie erkennen." Die Früchte des Leides aber seien die schönsten im Menschendasein.

Man konnte sagen, daß der Eindruck dieses Vortrages, welcher nicht äußere „Tatsachen" erzählte, sondern die innersten Erfahrungen berührte, ein besonders tiefgehender war. Man empfand hier die Unmöglichkeit, zu applaudieren wie sonst wohl. — Dann fragte jemand, ob nicht doch die Theosophie nur etwas für die Gebildeten sei — nicht für die Masse des Volkes. Rudolf Steiner antwortete, es sei durchaus möglich, was die Theosophie sage, in einfachsten Worten zu sagen; und sie habe heute die Aufgabe zu sagen, was über die populäre Religion hinausgehe. Ein Pastor habe ihm einmal entgegengehalten, die Theosophie sei zu schwierig; das Christentum, welches die Kirche predige, sei viel einfacher. Da habe er (Rudolf Steiner) geantwortet: „Aber viele fallen ja ab und sind ein lebendiger Beweis gegen Sie!" Eine populäre Form müsse noch gefunden werden. Man bedenke, daß die Theosophische Gesellschaft erst 30 Jahre alt sei und noch nicht alles geleistet habe, was geleistet werden müsse. Kein Gemüt sei zu einfach, um die Theosophie zu erfassen. — Auf eine andere Frage führte er aus, daß Theosophie nicht lebensfremd sei, sondern gerade lebenbejahend. Lebensfremd erscheine sie nur dem, der an der Oberfläche hafte. Wenn wir da einen Magneten hätten, so sei ein Unsichtbares die Grundlage des Sichtbaren. Andere Menschen kümmerten sich ja nur um das Sichtbare. Über dem Denken und der Meinung aber stehe die Liebe. Es sei symptomatisch, was Reisegesellschaften täten. Da sei es verboten, über die höchsten Dinge zu sprechen, sondern nur über das Wetter und die Gemälde. Schweigen aber über das Höchste sei nichts Schönes. Verstehen sei das Gegenteil von Fanatismus. Man sollte eher helfen als bekämpfen. Diskussionen allerdings hülfen überhaupt nichts. —

In der Nacht reiste Rudolf Steiner ab. Beim Abschied gab er mir in herzlicher Gesinnung die Hand. Da empfand ich Lebensruhe.

Einen Zweig hatten wir nun gegründet. Bereits am 19. Januar trafen wir uns allesamt bei Dr. Noll, um als echte Deutsche einen Vorstand zu wählen. Dank unserer Zahl wurde die Hälfte der Mitglieder mit einem Amte bedacht. Erster Vorsitzender wurde Dr. Noll. Als Spezialist für Satzungen machte ich Vorschläge und wurde beauftragt, einen Entwurf auszuarbeiten. Als Namen des Zweiges hatte ich den des Grafen St. Germain vorgeschlagen, der auch wiederholt in Kassel weilte. Aber mein Vorschlag, wenn er auch Anklang fand, wurde nicht verwirklicht. Mangels eines eigenen Raumes fanden die Zusammenkünfte bei den verschiedenen Mitgliedern statt, immer an einem Freitag. Es hielt uns alle ein Gefühl engen Miteinanderverbundenseins zusammen. Man kann sich heute von diesem Gefühl nur schwer eine Vorstellung machen. Wir gehörten durch Schicksalsfügung zusammen. Gegen Ende des Jahres siedelten wir in das uns viele Jahre beherbergende Haus Nr. 22 am Steinweg über, wo unser Freund Johannes Rüppel uns die zweite Etage seines Hauses zur Verfügung stellte. Dieser treue bescheidene Mann war der gute Geist unseres Zweiges. Er ist während des Weltkrieges gestorben. Nach seinem Weggang änderte sich manches. — Schmale und steile Treppen, an Laderäumen, Kisten, Bierdruckapparaten und Badewannen vorbei, mußte man emporsteigen. Unser Versammlungsraum war klein und nur durch eine ausgebrochene Wand erweitert, die Decke niedrig. Nach unserem damaligen Empfinden wurde er mit reichlich Esoterik ausgestattet: blaue Decke, rote Wände, Sinnbilder. Hier sprach auch wiederholt Rudolf Steiner zu uns. — Heute nennt der Kasseler Zweig einen großen Saal in der Alten Akademie (Frankfurter Straße/Schöne Aussicht-Bellevue) sein eigen. Aber niemand wird die Zeit vergessen, da man in einer engen, niedrigen Stube zusammengedrängt saß. Noch weniger werden diejenigen, welche die ersten Anfänge erlebten, deren Weihe vergessen.

*

Das Jahr 1907 brachte den Theosophischen Kongreß in München. S. Stinde war zur Sekretärin des Kongresses, P. v. Kalckreuth zur Schatzmeisterin ernannt. Die Arbeit war da in treuen, tatkräftigen Händen. Im Juli 1906 waren beide Freundinnen auf dem Gute Landin in der Mark gewesen, auch M. v. Sivers und Rudolf Steiner weilten dort. Letzterer wollte dort ganz still an seinem „Lucifer" arbeiten. Hier konnte man auch die Angelegenheiten des Kongresses besprechen.

„Da gibt es einen Winter voll anstrengender Arbeit", schrieb mir S. Stinde, „Pfingsten ist im nächsten Jahre sehr früh; der Kongreß wird aber wohl erst in der ersten Hälfte des Juni sein. Jedenfalls mußt Du dazu kommen. Ich werde für Dein Reisegeld und den Aufenthalt hier sorgen. Vielleicht findet sich ein Privatlogis für Dich hier. Wir alle, die durch alles hindurch zu unseren großen Führern Dr. Steiner und A. B. halten, müssen kraftvoll zusammenhalten und uns durch nichts beirren lassen, was da auch kommen mag, und es darf auf dem Kongreß niemand von uns fehlen. Denn gerade dann heißt es für die Zwei fest eintreten. Wir nehmen nur erst an, daß A. B. kommen wird, gewiß ist es durchaus nicht. Jedenfalls wird unser Generalsekretär Dr. Steiner Präsident sein; wir hoffen aber sehr, daß Annie Besant kommen wird als unser großer Gast."

Es war schon vor der Generalversammlung im Oktober vorgeschlagen worden, da Pfingsten zu früh fiele, den Kongreß später zu legen. Rudolf Steiner hatte aber gleich Pfingsten in Vorschlag gebracht. Denn, wie er sagte, gebe es Gott sei Dank unter uns noch Leute, die einen Beruf hätten. Der Kongreß fand also zu Pfingsten statt. Er begann am Morgen des 18. Mai in den mit symbolischen Bildern und Darstellungen geschmückten Kaimsälen. Da waren die sieben Siegel der uralten Weisheit, die sieben Säulen der Erdzustände oder Wochentage, die beiden den Baum der Erkenntnis und den Baum des Lebens darstellenden roten und violetten Säulen. Vor der Bühne aber standen die Büsten von Fichte und Hegel. Die Teilnahme war überaus zahlreich, auch aus anderen Ländern waren die Menschen herbeigekommen. Die meisten Besucher waren Frauen. Rudolf Steiner eröffnete den Kongreß, worauf die Generalsekretäre der verschiedenen Länder ihre Begrüßungen sprachen. Das war ein hoher und erhebender Moment, die Vertreter der Nationen hier in Einigkeit des Denkens und Empfindens und Wollens in ihren Sprachen reden zu hören. Auch Mrs. Besant war anwesend, genauso aussehend wie auf dem Bilde, welches mir S. Stinde aus London mitbrachte: eine stattliche alte Dame *) in weißem Seidengewande und silbernem Haar. Ganz merkwürdig war ihre Rede: alles Musik und Rhythmus. Es war ein denkwürdiger Anblick, Rudolf Steiner und Annie Besant beieinander stehen zu sehen. Sie vertraten aber schon jetzt zwei Gegensätze. — In fünf Jahren kamen sie offen zum Ausbruch. — Die Verhandlungen und Veranstaltungen gingen nach einem Programm vor sich, das künstlerisch ausgeführt in der Hand jedes Besuchers war. Die mohnrote Eintrittskarte war mit dem Rosenkreuz auf blauem Oval geschmückt. Der Abend des ersten Tages war einer geselligen Zusammenkunft mit musikalischen Darbietungen und Rezitationen gewidmet.

Rudolf Steiner war von einem Schwarm Verehrer und noch mehr Verehrerinnen umgeben, von denen sich manche gern in karmischen Spekulationen ergingen. Er wußte um Anhängerschaft und ihr Unwesen recht wohl, doch wehrte er sich entschieden, wenn sie von gegnerischer und übelwollen-

*) Sie zählte nicht ganz 60 Jahre (geb. 1. 10. 1847).

der Seite (etwa Max Dessoir in Berlin) zum Charakteristikum der theosophischen bzw. anthroposophischen Bewegung gemacht wurden. Er schrieb: „Gewiß, ‚Anhänger' von zweifelhaften Eigenschaften gibt es bei jeder geistigen Bestrebung. Es kommt aber darauf an, ob *diese* und nicht vielleicht andere für die Bestrebung die charakteristischen sind. Was weiß Max Dessoir von meinen ‚Anhängern'? Was weiß er *darüber*, wie viele es unter ihnen gibt, die nicht nur weit davon entfernt sind, auf eigene Denkarbeit zu verzichten, sondern die, nachdem sie durch ihre Denkarbeit das wissenschaftlich Ungenügende der Weltanschauungen vom Schlage der Dessoirschen durchschaut haben, es nicht verschmähen, sich Anregungen zu holen bei den Bestrebungen, durch welche ich, so gut ich es vermag, einen methodischen Weg suche, um ein kleines Stück in die geistige Welt vorzudringen." *) Auch Günther Wachsmuth bricht hinsichtlich überenthusiastischer Damen eine ritterliche Lanze, indem er meint: „Schließlich hatten doch auch diese Menschen, die manchmal weniger aus den Kräften des Denkens, aber eines gesunden Gefühls die Bedeutung des so Neuartigen erfaßten, durch treue Hilfsbereitschaft viel dazu beigetragen, die Veranstaltung von Vorträgen zu ermöglichen und zu organisieren und dadurch der Sache zu dienen." **) Daß die von mir monierte Anhängerschaft mit ihren oft grotesken Äußerungen zum Wesentlichen der Bewegung gehörte, habe ich weder geglaubt noch behauptet. Doch ließ ich den Einwand oder Tadel „Davon spricht man nicht!" eben nicht gelten. Vielmehr war das ein Akt der Selbsterkenntnis und meine Absicht, indem ich Auswüchse nicht verschwieg, diese: den Erweis zu führen, daß es keineswegs erforderlich sei, gegnerische Beanstandungen abzuwarten, weil deren Tatsächlichkeiten „uns selber" bestens bekannt wären.

In diesem Zusammenhang — und auch ohne ihn — sei die Frage gestellt, ob die Bezeichnung „Theosoph (-in)" oder später „Anthroposoph (-in)" eine richtige, sinnvolle, zutreffende sei. Theosophen waren vor Zeiten mehrere hebräische und griechische Weise, in Deutschland Meister Eckhart, Tauler, Angelus Silesius, Jakob Böhme, später Franz von Baader, der elsässische Pfarrer Oberlin, ja auch Goethe — die Reihe könnte verlängert werden —, Theosoph und Anthroposoph war vor allem in neuester Zeit kein anderer als Rudolf Steiner, und es gab auch „Stille im Lande", von denen niemand sprach, die Theosophen waren, sodann war Christian Morgenstern Anthroposoph. Theosophinnen waren H. P. Blavatsky und Annie Besant, eine

*) Von Seelenrätseln (Berlin 1917), S. 113 f.

**) Rudolf Steiners Erdenleben und Wirken. Eine Biographie. Phil. Anthrop. Verlag Dornach. S. 57.

Toni Völker und auch Sophie Stinde. Rudolf Steiner sprach zu seinen (theosophischen) Zuhörern als „lieben theosophischen oder anthroposophischen Freunden.“ Ob und in welchem Zusammenhang er von „Theosophen“ und „Anthroposophen“ sprach, die es doch im eigentlichen Sinne noch nicht sind und bestenfalls erstreben oder auf dem Wege sind, es zu werden, steht dahin und wäre nachzuprüfen. Sie sind Freunde, Schüler, Jünger der Theosophie oder der Anthroposophie, theosophisch-anthroposophisch Strebende, Sichbemühende, mehr nicht, und das ist schon viel. Auch der 16jährige Schüler einer Gelehrtenschule war noch kein Gelehrter, er wollte ein Gelehrter werden und wurde es sogar in manchen Fällen. Gut würde man sonach tun, die Bezeichnung Theosoph oder Anthroposoph als eine zu kostbare für diejenigen vielen zu vermeiden, die es noch nicht sind. Die Engländer sagen im übrigen: theosophist, das ist schon besser, doch würde solche Wortbildung im Deutschen ungewöhnlich sein, wo allenfalls von Sophisten, jedoch nicht von Sophen gesprochen wird und nur von Philosophen (Weisheitsliebenden) — also höchstens: Philanthroposophen. Draußenstehende sprechen vielfach von Steinerianern, so wie in der Frühzeit die Juden von den Christen als Christianern sprachen und in neuerer Zeit von Swedenborgianern, Tolstoianern, Wagnerianern und Nietzscheanern gesprochen wurde. Und damit sind wir wieder bei den „Anhängern“ angelangt. Es sei jedoch daran erinnert, daß gerade Nietzsche ein Grauen überkam bei der Voraussicht, einmal Anhänger zu haben. Dem bescheidenen Anton Bruckner, der gefragt worden sei, ob er Wagnerianer wäre, wird die Antwort zugeschrieben: nein, er sei „selber aner“. —

Am 15. Mai hielt Rudolf Steiner seinen Vortrag über „Die Einweihung des Rosenkreuzers“. Es war bezeichnend, daß er ihn mit dem Hinweis auf ein Erkenntniswort Hegels begann und mit einem Weisheitsausspruche Goethes beschloß. Er charakterisierte nach Erwähnung des von ihm schon behandelten Yogapfades den christlichen Einweihungsweg, um als zeitgemäßen den des Rosenkreuzers zu beschreiben. Es wäre starr zu sagen, Steiner hätte hier ein „Programm“ aufgestellt. Es war seine Botschaft, die Botschaft der Geistesschule, deren Lehrer und Verkünder er war. Am 20. sprach er wieder über „Planetarische und Menschenentwicklung“. Er zeigte, wie die Menschenentwicklung an den Kosmos gebunden sei. Die Vergangenheit wurde hell und die Zukunft vorerleuchtet. Geschichte, Sagen und Märchen wurden durchsichtig. In der Atlantischen Zeit, sagte er, war das Rieseln der Quellen und das Rollen des Donners eine Sprache für den Menschen. Da gab es keine Gesetze und Behörden. Der Mensch hörte auf die Quellen und das Rauschen der Bäume. Wollte er mehr wissen, so hörte er auf den Grundton, der aus allem tönte. In diesem Grundton sprach der Gott zu ihm, und er sprach diesen Namen mit Verehrung. — Das lag nun jenseits unseres Wissens. Aber wie kam es nur, daß die Worte dieses Mannes, der dort sprach, vom Ohre, vom Herzen aufgenommen wurden wie Himmelswasser von der Ackererde? Es war da eine Verwandtschaft. Er sprach aus dem, was in den Tiefen ruhte. Da brauchte man nicht gläubig, nicht blind, nicht urteilslos zu sein. Alles das verlangte er nicht, er verwies es sogar. Er redete allein von dem, was er wußte und erforscht und erfahren hatte. Aber schließlich hatten wir es einmal vor Zeiten ebenso erfahren, und das ruhte nun im tiefen Grunde unseres Seelensees. Was er tat, war, daß er es anrief. Da rieb es sich die Augen, unser vorgeburtliches Seelenwesen.

Rudolf Steiner hielt auch zwei öffentliche Vorträge über das Thema „Bibel und Weisheit" (23. und 24. Mai), nachdem der Kongreß geschlossen war. Der Andrang war bedeutend. Bei der Gelegenheit des ersten hat er einige freundliche Worte mit mir gewechselt. Beim zweiten Vortrag stand ich in seiner Nähe, aber da waren die Theosophen *des premiers rangs*. Diejenigen, welche glaubten, ihn durch eine „gute Aura" zu schützen, wenn sie die ersten Reihen besetzten. Die Theosophen überwucherten die Theosophie. Sie schien zu einem vornehmen Sport zu werden. Rudolf Steiner stand inmitten — immer derselbe — hinter Dunst und Nebel und Weihrauch derselbe. Es waren Leute dabei, die ihn später verlassen haben. Nein, zu Rudolf Steiner wollte ich das Vertrauen nie verlieren.

Am Sonntag, dem 19., wurde das griechische Mysterienspiel von Ed. Schuré aufgeführt. Die Musik hatte Bernhard Stavenhagen, Rudolf Steiners Freund, geschrieben. Alles zusammen gab eine vortreffliche Vorstellung der eleusinischen Mysterienkunst. So mochte es gewesen sein. — Am 20. war ein geselliges Zusammensein. In den Pausen zwischen einzelnen Vorträgen wurden einzelne Mitglieder Mrs. Besant vorgestellt. Aber nur prominente. Der letzte Kongreßtag war der 21. Mai. Rudolf Steiner erklärte die im Saale angebrachten Symbole. Am Abend wurde ein Lichtbild aufgenommen. Dann hielten die einzelnen Vertreter ihre Schlußreden, auch Mrs. Besant und Rudolf Steiner. Er dankte Annie Besant für ihr Erscheinen usw. und allen, die sich um den Kongreß verdient gemacht hatten. Dabei war viel Lob auszuteilen. Wir allerdings sahen nur, was fertig war, aber nicht die unendliche Mühe und Arbeit, die aufgewendet werden mußte, damit dieser Kongreß in allen seinen Teilen so verlief, wie er verlaufen ist. Gegen 1/212 abends wurde der Kongreß geschlossen.

Ich hatte gute, von früher bekannte Freunde von sonstwo und aus Berlin getroffen. Man war in den freien Zeiten recht fröhlich. Man teilte auch gemachte Beobachtungen mit. Solch ein älterer Freund, Tessmar mit

Namen*), gewesener Seemann und ehrliche Natur, erzählte mir, daß manche Leute aus Rudolf Steiners Umgebung geradezu eifersüchtig würden, wenn er einem anderen mehr Zeit widme als ihnen selber. Ich war ja fast drauf und dran, die gleiche Torheit zu begehen.

Für den Sommer 1907 war ein Vortragszyklus in Wilhelmshöhe bei Kassel geplant.

Dieser Vortragszyklus hatte schon begonnen, als Dr. Noll mich einlud, nach Kassel zu kommen. Ich war in Marburg und reiste kurz entschlossen ab. Rudolf Steiner und M. v. Sivers wohnten während der 14 Tage, welche der Kursus dauerte, oben auf Wilhelmshöhe in einer Villa. Der schöne Park, inmitten dessen das berühmte Schloß liegt, dehnt sich weit aus am Berge hin. Viele Spazierwege durchziehen ihn. Es ist nur Ruhe dort oben. Die Löwenburg atmet hessische Vergangenheit, und die sich verbreitenden Wasserkünste erinnern an die landesväterliche Fürsorge hessischer Fürsten, aber auch an den Trieb ins Gigantische, Antike. Über allem thront der große Herkules. Am Fuße des Gebirges, also in der Villenkolonie, wohnte jetzt Rudolf Steiner. Man sah ihn nur am Abend. Der Tag sollte ihm gehören. Er war noch nicht, als er eintraf, in so ärgerniserregender Weise von theosophischer *Haute volée* umgeben. Doch wurde bald genug bekannt, daß er auf Wilhelmshöhe war. Das war schade. — Ich kam am 17. Juni nach Kassel und hörte abends seinen Vortrag. Die Vorträge fanden im Pensionshaus statt. Es waren wohl 40 Personen anwesend. Als lieber Besuch stellten sich auch S. Stinde und P. von Kalckreuth ein. Rudolf Steiner begrüßte mich sehr freundlich und erkundigte sich angelegentlichst nach meinen Eltern, an die er Grüße bestellte. An diesem Abend sprach er über die niederen Glieder der menschlichen Wesenheit. Er ging immer von

*) Er war Beamter im Marineministerium zu Berlin. Sohn eines Landrates in Pommern, war er in den 60er Jahren des vergangenen Jahrhunderts, 15jährig, Schiffsjunge auf einem deutschen Kriegsschiff geworden. Als Schiffsjunge hatte er mancherlei zu erdulden und riß, als sein Schiff vor Siam in der Mündung des Menam lag, aus und geriet nach einigem Herumirren in ein buddhistisches Kloster. Hier wurde er ein Diener der Mönche, mußte für sie die Zellen reinigen und mit einem Topfe in den Dörfern Reis usw. erbetteln, lernte aber auch die kultischen Gebete, von denen ich eines kannte. Sie nannten ihn „den Fisch", weil er herangeschwommen war. Auf die Dauer behagte ihm dieses Leben nicht, und als der Abt ihn zu einem Feste nach Bangkok mitnahm, riß er im Getümmel der Menge ein zweitesmal aus und kehrte nach 7wöchiger Abwesenheit auf sein Schiff zurück, das noch vor der Küste lag. Seine Flucht trug ihm keine Strafe ein. Man empfing ihn schlicht mit den Worten: „Da bist du ja wieder!" Ich beneidete ihn ehrlich wegen dieser seiner Erlebnisse, konnte nicht genug von ihm hören und liebte ihn geradezu. So traf man allerlei interessante Leute.

neuem in die Elemente ein. Da verdroß ihn keine Mühe und keine Wiederholung. — Es waren jetzt die langen Tage und lauen Nächte; so wanderten wir jedesmal nach dem Vortrage zu Fuß zurück. Man mochte nicht fahren, als wenn man sich nur seinem Körper überlassen wollte, nicht den Verkehrsmaschinen. Der weite Weg durch die Wilhelmshöher Allee, die nach Kassel schnurgerade hinunterführt, wurde durch Gespräche bedeutend verkürzt. Da war auch der verstorbene Hofkapellmeister Dr. Franz Beier mit uns und der Wehlheider Pfarrer Hollstein, den ich an einem solchen Abend nach Verabschiedung von den übrigen begleitete. Er erzählte mir die Geschichte seines Lebens, und ich meinerseits konnte ihm bestätigen, wie durch Rudolf Steiner mir das Christentum wiederhergestellt worden sei. Pfarrer Hollstein hat auch den ihm befreundeten Pfarrer Rittelmeyer, als dieser einige Jahre später (Frühjahr 1912) im „Kaufmännischen Verein" in Kassel einen Vortrag hielt, bei Dr. Noll eingeführt. Es handelte sich um eine ärztliche Konsultation. Rittelmeyer verlängerte darum seinen Aufenthalt. „Selbstverständlich hatten wir vorher", so schrieb mir Pfarrer Hollstein später (8. Juni 1928), „über die geistige Einstellung von Herrn Dr. Noll eingehend geredet. Dadurch kam denn schon bei der ersten Untersuchung ein geistiger Austausch der beiden Herren zustande. Dies bildete dann die Grundlage zu allem Folgenden." Ich hatte nämlich Herrn Pfarrer Hollstein gefragt, ob jener unbekannte Amtsbruder, den er einmal (am 21. Juni 1906) zu Dr. Noll mitgebracht, als Rudolf Steiner in dessen Wohnung sprach, und der eine kluge Bemerkung von sich gab, wohl Herr Pfarrer Rittelmeyer gewesen sei. Dies war jedoch nicht der Fall. Vielmehr ergab sich mir aus der 1928 erschienenen „Lebensbegegnung", daß Rittelmeyer nicht schon 1907, sondern erst Ende August 1911 zum ersten Male Rudolf Steiner gesehen und nach einem kurzen Worte ein Vierteljahr darauf das erste Gespräch stattfand. Doch immerhin mochte auch das Gespräch mit Dr. Noll seine eigene Bedeutung in sich haben.

Eine offizielle Nachschrift dieses Zyklus wurde in Wilhelmshöhe nicht gemacht, doch wurde von zwei Mitgliedern des Kasseler Zweiges und mir mitgeschrieben. Wenn da heute das Auge von Seite zu Seite schreitet, indes die Hand das geschriebene Heft umblättert, weilt es immer beim Anblick neuer Wunder und erquickender Offenbarungen. Es hat sich allmählich viel Neugierde in das Nachstudium der Vorträge und Schriften eingemischt; es bildete sich nachgerade eine Gier aus, die man als „Zyklophagie" bezeichnen konnte — die Betätiger als Zyklophagen. Damals nahmen viele noch, was Rudolf Steiner zu sagen hatte, mit Andacht und Ehrfurcht auf. Er selbst brachte es so, als sei es selbstverständlich, daß er es den Menschen bringe, und als rede er Selbstverständliches. Eine Unmöglichkeit wäre, den Inhalt dieser Wilhelmshöher Vorträge hier auszubreiten. Manches Wort von ihm würfe da seinen Schein auf die Tatsachen von Leben und Wissenschaft. — Fragen wurden wiederum in Fülle gestellt. Ich stellte eine solche über die grammatischen Geschlechtsbezeichnungen. Er wies darauf hin, daß eine geheimnisvolle Beziehung der Geschlechter durch die ganze Natur bestehe. Auf gewissen Bäumen z. B. lebe die Gallwespe. Es bestehe also eine gewisse Beziehung zwischen dem Tier und den Bäumen. Wenn wir sie in die Devachanwelt verfolgten, würden wir sehen, daß Wespen und Bäume ein Ganzes bildeten, wie Männliches und Weibliches in der Welt. Die Trennung sei nur in der physischen Welt. Also eine Art Geschlechtsbeziehung bestehe zwischen dem Tiere und dem Baume. Die Sprachen seien in der Urzeit nicht willkürlich geschaffen, sondern aus den Geheimnissen der Welt entstanden. Gewisse Geschlechtsbeziehungen kämen von den Beziehungen der höheren Welt. In „der Stein" und „die Blume" lebe etwas Entsprechendes, Geschlechtliches. Zwischen Sonne, Mond und Erde gäbe es Veränderungen, die sich im germanischen Volkscharakter auslebten. In den alten Sprachen sei der Mond weiblich, die Sonne männlich. Deutsch sei es umgekehrt. Darüber habe er übrigens in München anläßlich der Vorträge über das Johannes-Evangelium einiges gesagt. Das hatte er also nicht vergessen. —

Eine andere Frage war die, ob das Christentum seinen Höhepunkt überschritten habe. — Bis jetzt sei das Christentum im Anfange, antwortete er. Die Theosophie wolle das Christentum fördern.

Weiter: „ob die Götter der Griechen und Römer wirkliche Wesenheiten hoher Art gewesen?" — Die mythologischen Gestalten seien Abbilder astralischer und devachanischer Wesenheiten. Der Mensch könne sein Inneres in der astralen Welt als Äußeres sehen. In der Zeit, wo der Mensch hellsehend war, habe er die Entstehung des Nervensystems gesehen, sei es damals als Baum erschienen. Yggdrasil „Ichträger" hieß bei den Deutschen dieser Baum. Zeus und Prometheus seien astrale Erfahrungen. Es seien die ordnenden Kräfte. Die Toten müßten, wie wir gesehen, Führer haben. In den Mysterien habe man gesehen, daß es führende Wesenheiten des Devachans gäbe. Der „Olymp" sei der wirkliche Ausdruck für Devachan. Wer die Mythologien der „Volksphantasie" zuschreibe, sei phantastisch. Sagen und Märchen entstünden noch heute, wie z. B. in der Gestalt der Mittagsfrau, deren höchste Ausgestaltung die fragende Sphinx sei. Rudolf Steiner erinnerte an das Buch seines Freundes Ludwig Laistner „Das Rätsel der Sphinx", das von der landläufigen Wissenschaft totgeschwiegen worden sei. Diese erkläre die Sage einfach aus dem Nichts, denn nichts anderes sei die Volksphantasie.

Im folgenden seien einige seiner Beantwortungen wiedergegeben: in ihrer Mannigfaltigkeit charakteristisch wie in der Art, auf die Fragen einzugehen und auch mit einem gewissen Humor, wo angängig, der Sache Würze zu geben.

Weitere Fragen und Antworten

„Wie steht die Theosophie zum Gesundbeten?" — Die Theosophie stehe überhaupt zu nichts. Sie sage über die Dinge positiv, was sie wisse, und brauche keine Stellung zu nehmen. Sie nehme keine Parteistellung; das sei das Wesentliche. Sie übe keine Kritik, sondern erzähle. Gewiß habe Christus geheilt. Aber die Methoden der geistigen Welt seien nicht ungefährlich, wenn sie von Laien angewandt würden. Man dürfe nicht vergessen, daß Christus aus der Tiefe der Weisheit heilte. Wer ein Theosoph werde, könne geistig heilen. Man müsse nur das geistige Wissen erweitern. Die Anhänger der *Christian Science* seien oft einseitig und würden wütend, wenn sie von Theosophie hörten. Oft werde ein Heilprozeß konstatiert, wenn nach der anderen Richtung ein ungeheurer Schaden geschehen sei und übersehen werde. Da seien auf dem Wege der *Christian Science* Leute geheilt worden, aber damit sei parallel etwas anderes gegangen, nämlich daß ein anderer krank wurde usw. Das wäre ein unmittelbarer Zusammenhang. In solchen Dingen sollte nicht gepfuscht werden. Bekanntlich sei nach dem Neuen Testament die Krankheit in die Säue geleitet worden. — Ebenso im Adventismus werde einseitig eine Lehre des Christentums vorgezogen und mit Fanatismus festgehalten. Was die Anhänger des Adventismus sagten, sei richtig. Aber es gäbe eine umfassendere Wahrheit, und jene verhärteten sich. Die Theosophie bekämpfe die Leute nicht, aber die Leute bekämpften sie.

*

„Ob man im Kamaloka und im Devachan ein Bewußtsein vom vorher-
— Diese Frage müsse mit einem entschiedenen Ja beantwortet werden. Ein Grad von Bewußtsein, der einmal erwacht sei, gehe nie wieder verloren. Im Leben sei es nur durch das Instrument des Körpers zurückgedrängt. Die Eingeweihten könnten das Instrument zurückdrängen und die vergangenen Leben überblicken.

*

„Weshalb man sich nicht wieder erinnert?" — Der Menschheit sei es zum Vorteil, daß sie sich nicht selbst beobachten könne. Warum „man" sich nicht erinnere? Jemand sage: „der Mensch“ kann nicht rechnen, und bringe als Beweis ein vierjähriges Kind. Dieses könne freilich jetzt nicht rechnen, aber nach sechs Jahren werde es rechnen können. Ebenso wie das Rechnenkönnen sei das Rückerinnern eine Frage der Zeit. Warum es nicht schneller gehe? Dann solle man die Kinder im ersten Jahre Integralrechnung lehren. Ein Zustand habe einen anderen zur Voraussetzung. Man könne auch fragen, ob es nicht günstiger sei, sich die Vorbedingungen zum Klavierspielen in einer Minute anzueignen. Es sei auch notwendig, daß man sich nicht erinnern könne, weil man nicht leben könnte mit der Erinnerung. Es wäre so, als wenn jemand seinen Tod wüßte. Es würde lähmen.

*

„Kabbala!“ — Die Kabbalistik sei eine bestimmte methodische Art, um zu bestimmten Tatsachen der Geisteswissenschaft zu kommen. Sie sei eine der schwierigsten Methoden. Es sei die Art, wie innerhalb der hebräischen Völkerschaften Menschen sich den Geheimnissen näherten. Besonders durch die methodische Behandlung von Zeichen, Zahlen und Buchstaben. Diese Art sei dem heutigen Menschen nicht ganz gelegen. Niemand könne Spinoza verstehen, wenn er nicht die Grundzüge der Kabbalistik kenne. Es seien bestimmte Methoden, ein Rechnen mit Buchstabenwerten. In der Apokalypse finde sich eine bestimmte Stelle (13, 16—18). Der Theologe sage, der Johannes hätte ebensowenig die Zukunft vorausgesagt wie ein anderer — also habe er nur von der Vergangenheit geschrieben, z. B. bei den sieben Siegeln. — Aber Johannes hätte die Wahrheit „in Zeichen gesetzt“. Da sei man mit materialistischer Forschung herangegangen, die vielen so gescheit erscheine. Da stehe auch: „Hier ist Weisheit (sophia) notwendig, denn die Zahl des Tieres ist eines Menschen Zahl, sie ist 666“ (Off. 13, 18). Wie sollte man das nun machen? Die Gelehrten hätten gehört, daß die Buchstaben in gewissen Worten durch Zahlen ersetzt würden. So habe man für 666 die Buchstaben eingesetzt, welche der Zahl 600, 60 und 6 entsprächen. Ganze Bibliotheken seien darüber geschrieben worden, die eigentlich ins Feuer müßten, und sie hätten den Namen „Nero“ herausgebracht. Der Johannes lebte also nach Nero, glaubte man jetzt festgestellt zu haben, und habe alles in die Apokalypse hineingeheimnißt. In Wahrheit bedeute die Zahl 666: *Sorath* — der Widersacher des Sonnengeistes. Dafür werde das Zeichen Y gesetzt, daher „die Hörner“ *). Erst müsse man verstehen,

*) S. „Die Apokalypse des Johannes“, Nürnberg 1908. Neuauflage 1954 (Rudolf Steiner Nachlaßverwaltung Dornach), S. 250.

was da steht, dann könne man erst Geschichte treiben. Der könne auch den Euklid noch nicht verstehen, der nur gut griechisch könne, es gehöre auch Mathematik dazu *). — So konnte man denn sehen, wie Rudolf Steiner mitten in die schwierige Wissenschaft der Kabbala hineingriff und ihm eines der prägnantesten Beispiele zu Gebote stand.

*

„Die Toten und wir.“ — Der Tote könne verfolgen, was hier geschehe. Wenn er (Rudolf Steiner) allerdings die Hand ausstrecke, so könne sie kein Geist sehen. Aber der Bewegung liege eine Kraft zugrunde, also ein geistiges Gegenbild der Bewegung sei vorhanden. Das sehe der Geist. Beeinflussen durch Träume sei möglich. Nur müsse hier der Mensch die Gelegenheit bieten. Er könne, sagte Rudolf Steiner, Beispiele anführen, wo die Toten direkt das Schicksal beeinflußten.

*

„Der jüngste Tag.“ — Am Ende unseres Zeitalters finde ein großes Gericht statt, eine *krisis,* wo die Böcke von den Schafen geschieden würden, d. h. diejenigen, die geeignet seien für die Weiterentwicklung, von denen, die zurückbleiben müßten, um das Pensum noch einmal durchzumachen.

*

„Die Marskanäle.“ — Sie seien strittig für die physische Wissenschaft. Er werde noch über den Mars sprechen. Dieser habe eine andere Form des Lebens. In den früheren Zuständen eines Planeten sei die Verteilung der flüssigen und der festen Substanzen regelmäßiger. Auch die Erde sei ziemlich regelmäßig. Sie erscheine um den Nordpol herum so, daß wir dort eine Ausprägung des Astral- und des Ätherleibes der Erde finden würden. Dies bezeichne man als den Kopf der Erde. Man bezeichne Asien als die eine Hand und Europa mit Afrika als die andere Hand. Amerika erscheine wie die Brust, Australien usw. wie die Extremitäten. Das präge sich auch in den Kulturen aus. Von dem einen Pol gehe das Leben der Erde aus, wie vom Gehirn das (astrale) Bewußtsein ausstrahle. In früheren Weltkörpern habe man solche substantiellen Strömungen sehen können. Der Mars sei ein solcher Körper. Auch die niederen Tiere würden, wenn sie die Menschen untersuchten, nur Nervenstränge sehen und nichts vom Geiste ahnen. Alles Materielle sei Ausdruck des Geistigen.

*) Man findet über das „Dämonium der Sonne“ *Sorath* = 666 eine Angabe in der Kabbala des Agrippa von Nettesheim; herausgegeben von Fr. Bartsch im „Wunderschauplatz der geheimen Wissenschaft“ 4. Tl. Stuttgart 1855—57, S. 144.

„Vegetarismus." — Die Geisteswissenschaft treibe keine Agitation für den Vegetarismus. Alles Materielle sei aber der Ausdruck eines Geistigen. Die Materie wirke ein auf den Menschen. Er wolle zwei Beispiele erzählen. Es wären die schon berichteten von dem Waldhornbläser und den Buchdruckern. Nicht wirke die grobstoffliche Berührung, sondern es gäbe noch viel feinere Berührungen. Er könnte auch sprechen darüber, was geschähe, wenn die Leute ihren Mund mit Gold ausfüllten. Das würde aber zu weit führen. Bei allen Speisen könnte er anführen, wie sie wirkten: wie der Tee sprunghafte Gedanken bewirke, wie er zum Causeur mache, daher er das Diplomatengetränk sei. Der Kaffee mache logische Gedanken. Aber dafür propagiere der Okkultismus nicht. Er (Rudolf Steiner) könne manches erzählen über den Zusammenhang zwischen Kaffeehaus und Zeitung. — So habe auch Einfluß, ob man Fleisch äße oder nicht. Aber der Okkultist mache keine hirnverbrannte Agitation. Es gäbe heute genug Leiber, die keine Fleischnahrung entbehren könnten. Diese Frage müsse bei jedem besonders beantwortet werden. Aber wer bloß Pflanzen esse, mache sich den Erkenntnispfad bequemer. Der Körper werde leichter, tüchtiger, und die Strapazen des Erkenntnispfades wären leichter zu ertragen. Fleisch halte auf und lasse schneller ermüden. Wenn man den Erkenntnispfad gehen wolle, handle es sich darum, daß man gewisse Stärkungen brauche, und die habe man besser als Pflanzenesser. „Wenn Ihr Körper", sagte er, „es aushält, kein Fleisch zu essen, werden Sie auf die Dauer finden, daß Sie sich ungeheuer erleichtert fühlen." Der Vegetarier sei auch stark gegenüber äußeren Einflüssen. Man werde viel widerstandsfähiger. Der Mensch werde im ganzen stärker und arbeitsfähiger. Wer nach der Erkenntnis strebe, der werde, wenn er es könne, sich ungeheuere Erleichterung verschaffen, wenn er kein Fleisch äße. Der Zug der Menschheit gehe dahin, daß die Menschen mehr und mehr davon abkämen, Tierisches zu sich zu nehmen. Zuerst sei der Mensch Menschenesser gewesen, dann Tieresser, und zuletzt werde er Pflanzenesser sein. Wenn der Arzt sage: „Tierische Stoffe sind nötig", so seien die Grundlagen für den heutigen Menschen ja eben die vergangener Generationen, die von Fleisch lebten. Und doch sei nicht zu vergessen, daß die Menschheit sich in Entwicklung befinde. „Und wo sollten die Tiere hinkommen?" werde gefragt. Solche, die so fragten, kennten den Gang der Entwicklung nicht. Denn diejenigen Tiere gingen der Zukunft entgegen, welche nicht gegessen würden. Aber die wilden Tiere seien im Niedergange.

*

„Genuß und Wirkung des Salzes." — Eigentlich gehöre das Genießen von Salz zu den schwierigsten Fragen der Geisteswissenschaft. Der Mensch brauche Salz. Würde er aber zuviel genießen, mache er sich zu steif und fest. Es werde eine Zeit kommen, wo der Mensch kein Salz mehr brauche. Die Salzfrage sei eine der ersten Ernährungsfragen, die in Angriff zu nehmen seien, wenn die Geisteswissenschaft mehr Einfluß darauf habe. Heute müsse der Mensch sich das richtige Gefühl dafür aneignen. Sie sei eine Frage des Taktes.

*

„Die Friedensbewegung." — Eine Abnahme der kriegerischen Konflikte unserer Erde sei festzustellen, nachdem eine Periode furchtbarer kriegerischer Verwicklungen vorausgegangen sei. Der Gang der Entwicklung gehe so: wir stünden in zwei Strömungen, derjenigen der spirituellen Lehre des wahren Christentums, der Bruderschaftsidee auf der e i n e n Seite. Das eigne man sich nicht durch Phrasen an. Die Vereinigungen, welche die Friedensidee auf ihr Programm setzten, erreichten gar nichts. Die theosophische Weltanschauung wolle zu ihr führen, und zu ihr führe nur die höchste geistige Erkenntnis. Die okkulte Erkenntnis werde einst alle Menschen einigen. Es gäbe nicht zwei Meinungen über die höchsten Dinge. An dem heutigen Streite sei der Materialismus schuld. Es sei ein Symptom, was einige Reisegesellschaften machten. Jemand unternehme es da, Leute durch Italien zu führen und jage sie durch die Galerien und bringe sie wieder nach Hause. Nach den Bedingungen sei es verboten, über die Dinge zu reden, die zu den Höhen führten. Und wenn sie darüber redeten, stritten sie sich, und sie sollten doch zufrieden nach Hause gebracht werden. — Einst aber wendeten sich die Menschen der neuen Erkenntnis zu; dadurch werde die wirkliche Bruderschaft erreicht. — Die a n d e r e Strömung gehe dahin, den Egoismus zu verwirklichen. Die Atlantische Zeit sei durch Wasser zugrunde gegangen, unsere werde durch den Krieg aller gegen alle zugrunde gehen. Nur ein Häuflein werde sich hinüberretten — derer, die sich spirituelle Erkenntnisse erworben. Da müsse nur unterschieden werden zwischen Seelen- und Rassenentwicklung. Es handle sich hier nicht um die Seelen, sondern um die Rassen. Die Leiber gingen zugrunde. Nun müsse der Mensch nicht an der Rasse hängen, sondern sich selbst höher entwickeln. — Wir gingen Zeiten großer Konflikte entgegen. Die Friedensidee sei schön, aber unpraktisch. Er frage: „Glaubt jemand im Ernst, wenn er für die Friedensidee agitiert, daß alles hinweggeschafft ist, was in der astralen Welt an gegensätzlichen Interessen existiert?" Im russisch-japanischen Kriege habe man wahrnehmen können auf dem Astralplan, daß verstorbene Russen mithalfen auf seiten der Japaner. „Warum war das?" Das seien lauter edle Menschen gewesen, solche, die unter dem Einflusse edler Ideen gestanden, für die sie den Märtyrertod am Galgen oder im Kerker erlitten hätten. Sie seien mit Rache und Wut gestorben. Diese Wut komme heraus nach dem Tode mit einer solchen Stärke, daß jene gegen die eigenen Landsleute kämpften. So verstünden wir den Gegensatz von der physischen und der astralen Welt. — Man müsse für die Friedensidee werben, aber man müsse anders darüber denken. Es müsse versöhnt werden, was in den geistigen Welten Gegensätzliches lebe. „Wollen Sie auf Erden Frieden stiften, wo in höheren Welten Krieg ist?" — Der alte Germane sei ein Krieger gewesen, bei den Ägyptern sei die geistige Welt das Höchste gewesen. Bei den Germanen sei das Höchste gewesen, auf dem Schlachtfelde zu sterben — schimpflich der Strohtod. Auch die Einweihung habe man sich in der Form des Krieges vorgestellt. Die Vereinigung mit dem Höheren habe man immer als Vereinigung mit dem Weiblichen dargestellt — bei den Germanen als Vereinigung mit der Walküre. Der Eingeweihte Siegfried vereinige sich mit der Walküre. Kriegerisch werde der Einweihungsprozeß dargestellt. Wir seien noch in den Nachwirkungen des Marszustandes und würden noch furchtbare Kriege durchmachen.

*

„Die Vögel." — Sie hätten sich sofort nach der Mondabtrennung abgespalten. Ihre Gruppenseele stehe sehr hoch, weil sie wenig in die Materie herabgestiegen sei.

*

„Ob die Kleider ein Zeichen des Fortschrittes oder der Dekadenz seien?" — Diese Frage wolle er sozusagen um die Ecke beantworten. Die Phantasie sei verarmt, die keine schöne Kleidung erschaffen könne, sondern die nur das schön fände, woran der Mensch nichts getan habe. Materialistisch sei, daß man nur in dem, was von Natur her da ist, das einzig Schöne sehe. Darüber habe schon Paracelsus gespottet, als er sagte: die wahre Arznei sei eine Fortsetzung der Natur, sie sei ein Schaffen über die Natur hinaus. Das sei naturgemäß im höchsten Sinne.

*

„Fakire und Berichte von solchen." — Da sei eine Photographie von einem auf einen hohen Baum kletternden Fakir, der sich oben zerreiße, als Blut herunterfalle und verschwinde. Und unten habe sogar der Name gestanden. Aber wenn man das zurückgelesen, hätte da — dem Sinne nach — gestanden: „Dummer Kerl, du wirst beschwindelt." Man dürfe die Sachen, die man lese, nicht sehr ernst nehmen. — Vieles beruhe auch auf Massensuggestion. Wenn jemand einer ganzen Versammlung beibringe, daß eine Säule dastehe und jemand klettere hinauf, so sei das allerdings eine bedeutende Wirkung. — Es bleibe dann auch ein kleiner Rest an Vorgängen der höheren Magie. Ein großer Teil der Berichte sei auf Lügen zurückzuführen, ein anderer auf Massensuggestion. Suggestion sei auch im wachen Zustande möglich, wenn ein idiotenhafter Professor etwas lehre und die Zuhörer glaubten es unbedingt. Wer die Sozialpsychologie kenne, werde da manches erleben. „Wenn Sie in Volksversammlungen gehen, würden Sie sehen, wie die astralen Kräfte spielen und die Massensuggestion bewirken." — Zuletzt hätten wir es mit wirklicher höherer Magie zu tun.

*

„Die Verbindung mit Abgeschiedenen." — Die Menschen hier könnten mit den Abgeschiedenen in Verbindung treten, wenn sie die okkulte Schulung durchmachen oder Eingeweihte seien. Auch in Träumen, wenn sie richtig gedeutet würden. Auch auf dem spiritistischen Wege sei es nicht ausgeschlossen, daß die Toten in den Lebenskreis hineinkämen, wenn es auch vom theosophischen Standpunkte nicht empfehlenswert sei, irdischer Gelüste wegen die Toten zu stören.

*

„Das Pferd." — Zwischen dem Pferd und dem Menschen bestehe eine tiefe Beziehung. Man sehe die alten Häuser der Germanen, wo am Giebel ein Pferdeschädel angebracht sei. Man beachte auch das Pferd von Troja, die vier Pferde in der Apokalypse, das Pferd in den indischen Mysterien. Wenn wir die Entwicklung weiter zurückverfolgten, fänden wir sich Tiere abspalten; wie die Affen sich abspalteten, und wie auf jeder Stufe Tiere zurückgeblieben. Dadurch erringe der Mensch höhere Fähigkeiten. Hätte sich der Affe nicht abgespalten, hätte der Mensch nicht so hoch steigen können. Heute sei von einer Kraft aus alter Zeit nur ein letzter Rest vorhanden, die Beziehung des Mannes zum Weibe. Sie komme durch die Spaltung der Geschlechtlichkeit. Ebenso habe es einst eine Beziehung zu den abgespaltenen Wesenheiten gegeben, und die Menschen fühlten mit den Tiergattungen zusammenhängend, was sie der Abspaltung verdankten. Dem Pferde verdankten die Menschen das Denken, den Verstand. Das drücke sich aus in der tiefen Sage vom hölzernen Pferde, der List des Odysseus. Das Pferd sei vererbt als ein Symbolum dafür, wodurch der Verstand verdankt werde. Der Kentaur hänge zusammen mit der Anschauung, daß der Mensch einst die Pferdenatur *in sich* getragen. — Rudolf Steiner wies auch auf die Tatsache hin, daß eine starke Abneigung gegen das Essen von Pferdefleisch bestehe. Diese komme aber nicht daher, daß alte und kranke Tiere geschlachtet würden, sondern weil die Germanen bei ihren Opfermahlzeiten Pferdefleisch verspeist hätten und diese von Karl dem Großen unter schwerer Todesstrafe verboten worden wären. Dieses Verbot habe sich tief eingeprägt.

*

„Das Abendmahl." — Richtig verstanden erkläre die Theosophie das Abendmahl: Christus sei einst der Sonnengeist gewesen, der in die Erde eingezogen. Wörtlich sei zu nehmen: „Wer mein Brot isset, tritt mich mit Füßen." Man denke sich die Erde als den Leib und Christus als dessen Geist, und man denke sich die Erde entwickelt in einer weiten Zeit. Der Geist könne sagen von dem, was aus den Getreidekörnern entwickelt ist: „Das ist mein Leib", und zu dem, was aus den Pflanzensäften entwickelt ist: „Das ist mein Blut." In diesen Symbolen liege Wirklichkeit. Was er hierüber sage, sei ganz aphoristisch. Die Theosophie bringe den Wahrheitsgehalt des Christentums zutage.

*

„Naturheilmethode und Sonnenbäder." — Man solle von keiner Methode sagen, sie sei gut oder schlecht. Auf den Menschen komme es an. Wenn eine Sache dogmatisch richtig sei, so werde sie doch oft falsch angewendet. Man könnte mit Schlagworten viel Unheil treiben. Es komme nicht auf das Sicheinkapseln in Schlagworten und Dogmen an, sondern darauf, sich in der Erkenntnis zu vervollkommnen. Man müsse wissen, wann ein Sonnenbad gut — wann es schädlich sei. Der beste Arzt sei, keinen Arzt brauchen zu müssen. Das Ideale sei, kein Sonnenbad zu brauchen, sondern eine halbe Stunde in der Sonnenhitze in einem Pelze zu gehen. „Dann sind Sie gesund, wenn Sie das vertragen." Es handele sich darum, daß man sich zu einem Menschen mache, der alles vertragen könne. Es komme ganz auf das Individualisieren an. Auf Dogmen und Anschauungen müsse es weniger ankommen, als daß man den Arzt als Menschen ausgestalte. Dann ergäben sich die richtigen Methoden. Das Schema müsse sich entwickeln zu der Anerkennung des tüchtigsten Menschen, der frei der Natur gegenübersteht — der allemal eine Entdeckung mache, wenn er einen neuen Fall habe. Denn jeder Fall sei anders.

*

„Die Sünden wider den Heiligen Geist." — Wir könnten in verschiedener Weise sündigen. Wir hätten den physischen Leib, den Ätherleib, den Astralleib und das Ich. Das Ich arbeite am Astralleib: erzeugt werde Manas. Wenn am Ätherleib gearbeitet werde, wenn man an seinem Temperament arbeite, werde Buddhi — und wenn in den physischen Leib hinein gearbeitet werde, werde Atma erzeugt. Der Mensch arbeite im jetzigen Zyklus bewußt nur im Astralleib. Das andere könne bewußt erst der Einzuweihende. Aber die Menschheit müsse fortwährend am Astralleib ändern. „Am Ätherleib können Sie bewußt ändern unter der Anleitung der Führer der Menschheit, besonders des Christus Jesus." Die Sünden des Ätherleibes würden vermieden, wenn wir uns in die Religion vertieften. „Sie werden besser im Temperament, wenn Sie sich ans Evangelium halten. — Dafür ist Christus gestorben." Was der Mensch bewußt machen könne, dafür bedeute der Sühnetod nichts, das gehe ins Karma über. Die Sünden wider den Geist könnten durch den Kreuzestod nicht vergeben werden. Sie kämen daher, daß der Mensch bewußt am Astralleib arbeite.

„Beweise für die Lehre der Wiederverkörperung in der Bibel." — Einen Hinweis finde man in der Geschichte vom Blindgeborenen (Ev. Joh. 9). Christus sage: „Dies ist alles zur Ehre Gottes." — „Versuchen Sie im Sinne des trivialen Christentums eine Erklärung dieser Stelle!" Jener Mensch habe nicht in diesem Leben gesündigt, also dafür habe er keine Strafe. Auch nicht die Eltern hätten gesündigt in diesem Falle. Die Sünde pflanze sich fort. „Zur Ehre ..." werde besser übersetzt: damit der Gott in ihm zum Ausdrucke komme. „Ich glaube nicht, daß das Christentum einen Gott annimmt derart, daß Gott den Menschen erst blind werden läßt, damit nachher Christus seine Kunst zeigen kann. Das wäre eine furchtbare Auslegung." In einem früheren Leben habe jener Mensch gesündigt. Dafür sei er blind. Und bezeichne nicht in der Bibel „Gott" den innersten Menschen? Christus selbst sage: „Ihr seid Götter" (Ev. Joh. 10, 34). „Erinnern Sie sich dabei des Gleichnisses, daß der Wassertropfen ein Teil von dem Meere ist." Rudolf Steiner hatte im sechsten dieser Vorträge ausgeführt: die Theosophie lehre nicht, der Mensch wäre der Gott. „Nehmen Sie einen Wassertropfen," sagte er, „er ist gleichartig wie das Meer, aber er ist nicht das Meer. Ebenso ist die menschliche Seele ein Tropfen der Gottheit. Die Anlage zum Göttlichen ist in uns." — Dann hätten wir die Verklärung (Ev. Math. 17, 1—13; dazu 16, 13—14; 11, 14). Die Jünger seien „außer sich" gewesen, d. h. sie seien im Devachan gewesen und hätten da Elias, Moses und Christus gesehen. Christus habe die Jünger in die höheren Welten eingeführt. Als Christus zurückgekommen, hätten die Jünger gesagt: „Das sollte geschehen, wenn Elias wiederkommt." Und Jesus antwortete: „Elias ist wiedergekommen, er ist Johannes. Aber sagt es niemandem, bis ich wiederkomme." Es werde die Zeit kommen, wo Christus, der gesagt habe: „Ich bin bei euch alle Tage bis an der Welt Ende", wieder erscheine. — Die Menschen hätten nun in einer Inkarnation so erzogen werden müssen, daß sie glaubten, diese Inkarnation sei die einzige. Dadurch hätten die Menschen das eine Leben lieb gewonnen und nicht darüber hinweggesehen. — „Betrachten Sie sich den ägyptischen Sklaven, wie er arbeitete an dem Bau der Pyramiden! — Er sagte sich: ‚Was du jetzt leidest, hast du dir selbst bereitet. Und du bereitest dir jetzt die Zukunft vor, und wirst einmal so befehlen, wie der, der dir jetzt befiehlt. Dieses Leben ist nur eines unter vielen." Als die Wiederverkörperungslehre volkstümlich gewesen, habe man über das eine Leben hinweggesehen und eine Harmonie alles Lebens gefühlt. Aber die großen Führer der Menschheit seien die großen Erzieher. Eine Inkarnation habe der Mensch haben müssen, worin er nur an ein Leben glaubte. Dann aber, wenn Christus wiederkehre, werde auch die Lehre von der Wiederverkörperung wieder geglaubt werden. Das Christentum werde bestehen können, weil es eine ewige Wahrheit sei. Immer neue Formen werde es brauchen, aber es sei stark genug, sie auszuhalten. Die Menschheit habe die Lehre von der einen Verkörperung haben müssen. Die Theosophie wisse, daß es relative Warheiten gebe. „Und wie ich heute spreche, wird in 2000 Jahren niemand mehr sprechen. Vor Zeiten lehrten die Druiden in Märchen, und wir sprechen in naturwissenschaftlichen Wortspezies. Auch das theosophische Dogma wird verschwinden, aber die Wahrheit bestehen bleiben. Das esoterische Christentum kannte die Wiederverkörperung wohl, zu der großen Masse sprach Christus nicht davon."

*

Man wird nicht behaupten können, daß die Folge der Fragen einförmig und eintönig gewesen sei. Rudolf Steiner verfehlte auch nicht, sich feiner Ironie zu bedienen. Derb fuhr er aber auch gegen die Professoren los. Die Anhänger haben ihm das, wie so vieles andere, nachgeahmt. Er hatte ein Recht dazu, weil er ein Kenner der Dinge war und selbst die wissenschaftlichen Methoden in vollkommener Weise handhabte. — — —

Am 29. morgens besuchte ich Rudolf Steiner auf Wilhelmshöhe. Das Zimmer war geheizt, denn er liebte die Wärme *). Er war mitten in der Arbeit. Der Tisch war mit vielen Büchern bedeckt. Er fragte zunächst nach meinem und der Eltern Ergehen. Zur Hand hatte er einen Brief, den ich ihm in persönlichem Anliegen geschrieben. Darauf ging er jetzt ein.

„Nun, haben Sie noch ein Anliegen an mich?" fragte er. Es ging einem leicht bei Rudolf Steiner so, daß einem das, was man monatelang herum-

*) Rudolf Steiner hatte wohl einmal davon gesprochen, daß geistig arbeitende Menschen leicht frieren und Wärme brauchten.

getragen hatte, und was man sich vorgenommen, ihm zu sagen, nicht herausbrachte, weil es einem nicht einfiel. Doch fragte ich ihn, was mir auch Gedanken gemacht hatte, in folgender Weise: „Ich höre jetzt ein Kolleg über Plato, und da sprach der Professor auch über das *daimonion*, aber seine Erklärung war mir unklar, sie kam auf die von der Stimme des Gewissens hinaus." — „*Daimonion* mit ‚Gewissen' zu übersetzen ist grundfalsch. Sie sind gerade das Gegenteil voneinander. Das *daimonion* ist ein unbewußtes, astrales Schauen. Wenn Sie sich sagen: ich muß jetzt das und das tun, da und dahin gehen, so ist das einfach Berechnung Ihres Verstandes. Aber wenn Sie sich gerade waschen z. B., und es blitzt Ihnen auf: ich muß jetzt dorthin gehen, denn da ist etwas los, so schauen Sie tatsächlich auf dem Astralen, sind sich aber dessen physisch nicht bewußt. Bei Sokrates war das besonders stark. So ist *daimonion* zu erklären. Und das Gewissen ist gerade das Gegenteil. Wie heißt es auf Griechisch?" — „*syneidesis*". — „Und auf Lateinisch? — „Genau als Übersetzung des griechischen Wortes: *conscientia*", — „und wie würden Sie das deutsche Wort Gewissen erklären?" Ich bin diesen Fragen in meinen Studien nachgegangen und will, wenn es Amt und Zeit erlauben, einige Beiträge zur Geschichte des Begriffes „Gewissen" veröffentlichen *). Wie sollte man nun das deutsche Wort „Gewissen" umschreiben? Es ist wieder eine Übersetzung aus dem Lateinischen und bedeutet: was man „zusammen" *(con-)* „weiß". Ich antwortete also, so geschickt oder ungeschickt ich konnte: „Es ist wirklich das, was man „zusammenweiß." — „Also das Gewissen ist", erklärte Rudolf Steiner weiter, „das Ergebnis vieler Leben. Für den jetzigen Zyklus begann der Mensch die Erfahrung zu sammeln mit der indischen Unterrasse. Wie heißt denn das Gewissen auf Sanskrit?" — „Ich weiß es tatsächlich nicht; das Wort ist mir noch nicht begegnet." — „Es wird Ihnen auch nicht vorkommen, denn das Sanskrit kennt das Wort Gewissen nicht. Wenn Sie je eine Übersetzung dafür finden, ist sie eben modernisiert **). Auch die nachfolgenden Kulturen kennen dieses Wort nicht. Es tritt erst auf bei den

*) Kurz habe ich auf diesen Komplex in einer Studie hingewiesen, die vor mehreren Jahren in den „Historisch-politischen Blättern" (167. B. S. 193—207; 273—286) unter dem Titel „Romantik und Persönlichkeit" erschien.

**) Das Wort *saṃjñā* würde dem Worte Ge-wissen entsprechen, bedeutet aber um- und eingreifendes Bewußtsein: *Bṛhadāraṇyaka Upaniṣad 2, 4, 12 na pretya saṃjñā* nach dem Tode ist kein Bewußtsein. Aber ein Anfang des Gewissens findet sich ebendort *4, 4, 2 tam vidyā-karmaṇī samanvārabhete pūrvaprajñā ca* ihn, den Sterbenden, ergreifen Wissen und Taten und die Erkenntnis des Früheren, d. h. doch die Summe der Erfahrungen.

Griechen. Aischylos kannte es auch noch nicht *). Bei Sophokles taucht es auf und in seiner ganzen Weite kennt es erst Euripides **). Also erst, als die Kultur mehr und mehr verichlicht wurde, konnte auch der Begriff des Gewissens auftreten. Gewissen ist also Erfahrung, aus ihm erfährt der Mensch nur, was er schon weiß; aus dem *daimonion*, was er noch nicht weiß. Das ist der Unterschied." — „Ich möchte sehr gern die Philologie vom Gesichtspunkte der Geisteswissenschaft aus behandeln." — „Ich glaube gerade, daß Sie das einmal tun werden. Was ist auch Philologie anders —" — „als die Liebe zum Logos", ergänzte ich seinen Satz homothymadon ***). „Heute kann sie mir nicht recht zusagen. Sie wissen ja, daß ich eine Arbeit über die Parenthese habe." — „Und wie weit sind Sie damit gekommen, und haben Sie Erfolg damit gehabt?" — „Der erste Teil ist fertig und angenommen. Ich werde nur noch einiges zu korrigieren haben." — „Soll die Arbeit als Dissertation verwendet werden?" — „Ja! Es ist übrigens vorteilhafter, den ‚Dr.' erst zu machen." — „Geht denn das? Ich meine, erst müßte das Staatsexamen abgelegt werden." — „Nach den neueren Bestimmungen kann man den ‚Dr.' vorher machen; ich weiß es bestimmt von Marburger Studenten, die noch *cand. phil.* sind. Es wird dann die Staatsexamensarbeit erlassen." — „So! Dann gilt, was ich meinte, für die medizinische Fakultät. Früher war es anders. Also die Arbeit soll zugleich die Dissertation werden. Und zu welchem Ergebnis sind Sie gekommen?" — „Die lateinischen Dichter sollen den Gebrauch der Parenthese von den alexandrischen Dichtern entlehnt haben. Aber ich kann mich nicht recht dazu bequemen, zu glauben, sie sei bewußt von den Alexandrinern entlehnt. Ich spreche auch bisweilen in Parenthesen und bin mir keiner Entlehnung bewußt." — „O, so ist das auch nicht gemeint. Ihre Arbeit ließe sich sehr interessant gestalten. Die Parenthese ist aus dem Geiste der Sprache heraus geboren. Ich bin sicher, daß sie im Neuen Testament nicht vorkommt; ich habe es allerdings nicht daraufhin durchgelesen. Ich glaube auch nicht, daß sie in der alten deutschen Literatur vorkommt." — „Es ist mir aus dem Nibelungenlied kein Beispiel bekannt ****). Das Sanskrit kennt

*) Hegel in seiner „Philosophie der Geschichte" meint, daraus daß den Griechen dieses Wort unbekannt, dürfe nicht geschlossen werden, daß sie kein Gewissen gehabt — also gewissenlos gewesen. Das Orakel habe bei ihnen die Stelle des Gewissens vertreten.

**) *Orest. 395 f. he synesis, hoti synoida, dein' eirgasmenos,*
das Bewußtsein, daß ich mir bewußt bin, Furchtbares getan zu haben.

***) homothymadon bedeutet im N. T. die völlige Übereinstimmung von Herz und Gemüt: einmütig.

****) Sie kommt aber doch darin vor.

sie übrigens auch nicht *).“ — „Das wissen Sie also ganz bestimmt; es ist schon wohl möglich. Sie werden schon gemerkt haben, daß ich sehr selten in Parenthesen spreche.“ — „Ich habe darauf geachtet.“ — „Und dann nur, wenn ich glaube, daß etwas nicht verstanden worden ist. Wenn überhaupt jemand in Parenthesen spricht, sind es meist solche, die durch die lateinische Bildung gegangen sind. In der Bibel kommt die Parenthese nicht vor. Vielleicht in der Übersetzung. Die Luthersche ist ja sehr schlecht.“ Rudolf Steiner kam hiermit auf das Thema „Bibelübersetzung“ und fuhr fort: „Überhaupt ist es ein Märchen, daß Luther zuerst die Bibel übersetzt habe. Ältere deutsche Übersetzungen sind viel besser. Aber der Humanismus hat wirklich viel Unheil angerichtet. — Ich glaube, daß die Parenthese in der lateinischen und griechischen Sprache zuerst vorkommt. Sie ist wirklich bezeichnend für die Zeit, da die Literatur weniger objektiv — und subjektiv wurde. Die Parenthese hängt tatsächlich mit der Veränderung geistiger Dinge zusammen. Das müssen Sie nun weiter überlegen. Sie können wirklich eine sehr interessante Abhandlung daraus machen. Sie müßten sehen, welcher Gefühls- und Gedankeninhalt in der Parenthese ausgedrückt ist. — Auch aus scheinbar unwesentlichen Dingen werden oft wichtige Sachen erschlossen. Ich weiß nicht, ob ich ihnen das Beispiel meines ehemaligen Kollegen Fresenius erzählt habe. Also der arbeitete mit mir in Weimar am Goethe-Archiv zusammen. Er schrieb über die Schimpfwörter bei Terenz und tut jetzt weiter nichts, als eine ganz bestimmte Sache bei Wieland zu untersuchen. Es handelt sich um die Entstehungsgeschichte des Faust. Goethe schreibt einmal: ‚Der Anfang des Faust war mir von vornherein klar, die weiteren Szenen weniger klar umrissen.‘ Das wurde von den Kommentatoren so interpretiert, daß der Anfang des Faust Goethe klar gewesen sei — im allgemeinen, und weniger eben die folgenden Szenen. Auf meine Aufforderung hin untersuchte Fresenius, wie Goethe ‚von vornherein‘ braucht, und er kam zu dem Ergebnis, daß Goethe es nie braucht im Sinne von ‚*a priori*‘, sondern immer gleich ‚*ab initio*‘ (vom Anfang an), also richtig: von vorne herein. Das steht allerdings auf ein paar Seiten im Goethe-Jahrbuch, aber es hat bestimmend gewirkt auf die Goetheforschung. Also Goethe hatte, so stellte sich heraus, schon die ersten Szenen niedergeschrieben, während das andere noch nicht scharf umrissen war. Goethe sagt auch: ‚Ich habe ein Buch von vornherein gelesen‘, d. h. er hat vielleicht die ersten zehn Seiten des Buches gelesen. — Das ist ein Beispiel dafür, wie oft scheinbar unwichtige Dinge doch zu einem wichtigen Ergebnis

*) In einer Festschrift für Roth sind einige wenige, ganz seltene Beispiele gesammelt.

führen." — „Ja, von dem Standpunkte der Geisteswissenschaft aus werde ich auch die Philologie anders und besser begreifen", sagte ich. — „Es ist wirklich auf diesem Gebiete noch sehr viel zu leisten. Die Sagen sind ja schon gesammelt von Grimm. Jetzt sind sie zugrunde gegangen. Auch die Bauernsprache müßte noch mehr erforscht werden. Denn sie ist wunderbar tief. Das hat auch Paracelsus gewußt. Um Ihnen ein Beispiel zu nennen: die Natur. Was versteht ein Durchschnittsmensch unter ‚Natur'?" — „Die Gesamtheit der Erscheinungen, sowohl belebte wie unbelebte." — „Gewiß! Und was versteht der Bauer darunter?" — „Mehr wohl die Entstehung der Dinge um ihn." — „Nein! Der Bauer versteht unter der Natur, wenn er davon spricht, eigentlich den männlichen Samen, der ein Extrakt der ganzen Natur ist und also mit Recht so heißt. Wenn er von seiner Natur spricht, meint er die männliche Zeugungskraft. Und so ist es mit vielen Ausdrücken der Bauernsprache. Wir nennen Leichnam einen toten Körper, der Holländer aber (und Holländisch ist ja doch nur eine ältere Form des Neudeutschen) spricht auch von seinem lebendigen physischen Körper als dem *lycham*." — „Das ist in der Tat wunderbar. — Sie sagten vorher, Herr Doktor, daß der Humanismus verderblich gewesen sei. Ich glaube selbst nicht mehr an das finstere Mittelalter. Es ist sogar in mancher Beziehung heller darin gewesen als bei uns." — „Nun ja, insofern ist es finster genannt, weil die Masse der Bevölkerung in Unwissenheit gehalten wurde, während andererseits die, welche wußten, sehr viel wußten." — „Ja, es war allerdings die Masse unwissend." — „Sie war es. Aber meinen Sie, daß die große Masse seit jener Zeit gescheiter geworden wäre? Sie hat zwar einige materielle Erkenntnisse mehr, aber im Grunde sind die Leute nicht gescheiter geworden. — Was macht übrigens Dr. Christlieb?" — „Ich soll Sie von ihm grüßen." — „Danke bestens!" — „Er begegnete mir jetzt gerade zu Rade, als ich nach Kassel fahren wollte. Ich sagte ihm da, Sie kämen nach Kassel. Er ist Bibliotheksvolontär in Marburg und hält hin und wieder einen Vortrag in der Studentenschaft über Politik und Christentum." — „Haben Sie da viel gelernt?" — „O ja, manches lernte ich, das meiste mußte ich anders auffassen. Neulich hat Dr. Christlieb eine öffentliche Disputation veranstaltet — mit zwei Sozialdemokraten, einem Dr. Michels, und einem Theologen Dr. Köster *). Der theologische Student hat wirklich ausgezeichnet geredet, und Dr. Christlieb hat sich für überwunden erklärt. Auch Natorp hat zugestanden, daß jener Student den Vogel

*) Man muß wissen, daß in jenen Jahren noch viel Mut dazu gehörte, Sozialdemokrat zu sein. Wer sich als solcher bekannte, hatte von vornherein auf eine Staatsanstellung verzichtet. Mir imponierte dieser Mut, am meisten bei jenem jungen Theologen, dem sich zahlreiche Sympathien zuwandten.

abgeschossen habe." — „Zur Theosophie wird Dr. Christlieb nicht mehr kommen." — „Ich glaube das auch nicht. — Noch eine Frage hätte ich an Sie, Herr Doktor! Ich studiere auch Geschichte, aber ich möchte nicht nur Daten lernen. Für jetzt ist mir Geschichte nur ein Tatsachen- und auch Gedankenbrei. Und ich möchte lieber hinter die Kulissen der Geschichte sehen, die wirklichen Vorgänge erkennen, welche den Erscheinungen zugrunde liegen." — „Um hinter die Kulissen zu gucken, empehle ich Ihnen das Studium eines Mannes, der zwar in diesem Leben kein Eingeweihter war, der aber vieles sehr richtig sah: Hegel und seine „Philosophie der Geschichte". Manches ist ja darin überholt oder auch nicht richtig, aber das schadet nichts. Lesen Sie nur dieses Buch; es ist jetzt bei Reclam erschienen." Er griff nach dem Buche, von dem wir sprachen. Es lag aufgeschlagen auf dem Tische; er las darin. „Sie sehen hier," sagte er, „da können Sie etwas finden über die Inder, Chinesen, Griechen und die Germanen. Wenn ich noch ein Exemplar hier hätte, würde ich Ihnen dieses da mitgeben. Übrigens habe ich ja in meinen Vorträgen Andeutungen gemacht, als ich über die Rassenentwicklung sprach. — Wie soll man die sieben römischen Könige auffassen? Niebuhr und die anderen sahen natürlich die Regelmäßigkeit, aber verstanden sie nicht. Also bei den Ägyptern, sehen Sie, waren die Staaten nicht willkürlich eingerichtet, sondern ihnen war die Sternenordnung zugrunde gelegt. Und da war alles vorherbestimmt. Bei den Römern war es ebenso, da wurden der ersten Zeit die sieben Prinzipien zugrunde gelegt. Die römische Kultur ging hervor aus der griechischen. Nach der Zerstörung Trojas wanderte Äneas aus und gründete die Priesterkolonie Alba longa*) — die lange Alba, so wird auch heute noch ein Priestergewand der römischen Kirche genannt. Von da aus wurde Rom gegründet, und, wie ich sagte, wurden die sieben Prinzipien zugrunde gelegt. Romulus, der Gründer der Stadt, entspricht dem physischen Körper. Er löst sich zuletzt auf. Es folgt Numa Pompilius, dem alle Kultuseinrichtungen verdankt werden — alles, was mit der Religion in Beziehung steht. Dem Begierdenkörper entspricht der kriegerische Tullus Hostilius, und dem Kamamanas Ankus Martius, der Kanäle baute. Das waren die vier niederen Glieder. Die drei höheren sind noch zu entwickeln, sie müssen von oben kommen. Deshalb wird Tarquinius Priscus (das höhere Manas) aus dem Auslande, dem alten Etrurien, geholt. Und Buddhi entspricht Servius Tullius, und dem Atman, der ganz keimhaft im Menschen enthalten und

*) Den Namen des Priesterkönigs Aemulius erklärte mir Rudolf Steiner einmal als griech. A soviel wie „un-" und lat. mulier (Weib) = der Unbeweibte. Jedem Nur-Philologen würden sich bei solcher Namenserklärung, wie sie auch Plato im Dialog „Kratylos" pflegte, die Haare sträuben.

höchst gefährdet ist, Tarquinius Superbus. Superbus bedeutet eigentlich nicht ‚der Stolze', das ist spätere Entstellung, sondern es bedeutet ‚der Übergewaltige, Überirdische'. Livius weiß noch davon. — So kann man die ganze Geschichte durchgeistigen." Es war Zeit zum Aufbruch. „Nun grüßen Sie mir Ihre lieben Eltern und Ihre Schwester," sagte er. „Vielleicht komme ich heute abend gegen 6 Uhr hinunter, um Ihre Eltern einmal zu besuchen." — „Meine Mutter möchte gern der Gesellschaft beitreten. Ich wundere mich, wie schön sie alles versteht. Ich habe ihr schon manches erzählt." — „Das ist schön. Grüßen Sie mir Ihre liebe Mutter! Auf Wiedersehen!" — „Vielen Dank, Herr Doktor, für alles Gute! Auf Wiedersehen!" — „Auf Wiedersehen!" —

In einem wahren Hochgefühl tiefer, aufrichtiger Verehrung ging ich von ihm, dessen ganzes Leben Liebe und Weisheit war. Kaum wird man einen Menschen finden von dieser Ausgeglichenheit in allem Edlen und Guten, wie Rudolf Steiner. Die Erinnerung an Rudolf Steiner ist Licht und Wärme. Es verging mir kein Tag, an dem ich nicht neue Seiten an ihm entdeckte, welche bewunderswert waren.

Dabei war Rudolf Steiners Persönlichkeit, sein Sprechen und dessen Wirkung, durchaus nicht zwingend. Ihm gegenüber konnte es nur freie Anerkennung geben. Unselbständige Naturen mochten an ihn ihre Freiheit verlieren. Jeder mochte einmal der Versuchung unterliegen, welche von seinem überragenden Geiste kam, wie es denn eine ganz bekannte Erscheinung ist, daß Schüler — kleine und große — einen geliebten und verehrten Lehrer in Reden und Gebärden nachbilden, keineswegs parodistisch, sondern ernsthaft, oder Soldaten sich einem hochgeschätzten Führer angleichen, wofür „Wallensteins Lager" und Kaiser Napoleon berühmte Beispiele abgeben. Das Phänomen ist durchaus menschlich und pädagogisch von hohem Werte; nur eben wird es leicht zur Manier. Der Schreiber dieses begnügte sich damit (oder doch: nicht nur?), Rudolf Steiners Schlipsart nachzuahmen. Er bewog und bewegte seine Mutter, in den einschlägigen Kasseler Geschäften nachzufragen, bis sie die gleiche Form aufgebracht, nur eben leider nicht der gleichen Größe. Auch bevorzugte ich einen dunklen Anzug mit langem Überrock, meine noch vorhandene Abiturkleidung, was ein theologisches Aussehen verlieh. Das war verhältnismäßig harmlos.

Andere ahmten Rudolf Steiners Stil und seine Redeweise nach. Gern leitete er, wenn er eine Frage und im Vortrage einen selbstgemachten Einwurf beantwortet, den Satz mit „Nun" oder einem leichtgeschwungenen „Nun ja" ein, begleitet von einer entsprechenden Handbewegung. Er hatte den Terminus „Impuls" eingeführt und angewendet. Seither fehlt es nicht an Autoren, welche nicht schon in die ersten drei Seiten ein Dutzend

Impulse hineinpacken. Rudolf Steiner hatte vor allem eine ihm ganz eigentümliche Satzstellung: er setzte das Partizip sofort hinter das Hilfswort und bildete Relativ- und Konjunktionalsätze etwa, wie solches im Französischen üblich. Der Franzose findet den deutschen Satz prokrustesartig: *j'attends le verbe.* Rudolf Steiners Weise der Rede hatte dadurch besonderen Rhythmus. Aber er hätte seine gesprochenen Vorträge, wenn ihm nicht die Zeit gemangelt, auch in lesbare Form gebracht. Die gegenwärtige, in der Not an Zeit stehen gebliebene, ist so nicht immer glücklich. Viele Anhänger indes machten aus der Not eine Tugend und bemühten sich mit Fleiß, selbst gute und richtige Gedanken in der Redeweise Rudolf Steiners zu schreiben; abgesehen davon, daß sie ihn in Ton und Sprache nachahmen. Dadurch machen sie ihre Aufsätze oft genug ungenießbar. Was bei ihm natürliche Eigenart und ursprünglich, also berechtigt war, ist bei seinen Imitatoren manieriert und unecht.

Rudolf Steiner wußte recht wohl um die gerügte Unart und sagte (nach einer mündlichen Mitteilung von Friedrich Husemann 1956) in bezug auf einen der ohne Zweifel begabtesten unter seinen Schülern humorvoll:

„Das ist der Mann, der mir so gut nachbabbeln kann."

Die Sucht, es Rudolf Steiner in irgendeiner Weise gleichzutun, mochte den einen oder anderen auf eine Zeitlang befallen. Am besten war, sich so bald wie möglich von jeder Abhängigkeit freizumachen. Und dies geschah denn auch glücklich über kurz oder lang. Nur der versteht Rudolf Steiner recht, der nicht in den Falten seines Mantels sitzt, sondern der ihm frei gegenübersteht. „Symptomatisch" (auch ein von Rudolf Steiner angeeigneter Lieblingsausdruck seiner Anhänger — mit kurzem a von ihm gesprochen!) war, wenn jüngere Anhänger Rudolf Steiner bis in Kleidung und Pose hinein nachahmten. Die Wirkung von Rudolf Steiners Persönlichkeit auf die Jüngeren war natürlich außerordentlich stark — stärker noch als sie von bedeutenden Universitätslehrern auf ihre Schüler auszugehen pflegt. Nach seinem Tode und je größer die zeitliche Entfernung wurde, verlor sie sich von selbst. Von einer „Versteinerung", die ich einmal befürchtete, konnte keine Rede mehr sein.

Solche und derlei Gedanken wurden gerade durch das Gefühl der Dankbarkeit angeregt, das ich mich erinnere gehabt zu haben, als ich damals von Rudolf Steiner wegging, und das ich auch heute noch empfinde. Man kann über Rudolf Steiner und von Rudolf Steiner viel lesen: das Unmittelbarste bleibt doch der tiefe Eindruck seiner edlen und großen Persönlichkeit. Demgegenüber verflüchtigt sich alles, was über Unklarheit seiner Gedanken und Herrschsucht seines überlegenen Willens gesagt werden kann, in eitle Nichtigkeit. Rudolf Steiner erschien, wenn man ihm gegenübersaß, eher ein bedeutender Universitätslehrer mit universalem Wissen, aber addiert durch einen Plato; im übrigen wollte er nichts als: helfen und dienen. — —

Wie angesagt, kam Rudolf Steiner um 6 Uhr abends. Meine Mutter hatte ihm den traditionellen Kakao gekocht; Rudolf Steiner meinte: „Aber Frau Kleeberg, Sie sollten sich doch wegen mir keine Umstände machen. Ich komme doch nur mal, um Sie zu sehen." Er fragte dann, wie es mit den Herren gehe, die bei uns zum Mittagstische kamen, und beklagte es, daß die Lebensmittelpreise so hoch seien und unsere Kostgänger so gar wenig zahlen wollten (60 Pfennig!). Mein Vater frug dann: „Herr Doktor! Haben Sie sich auf Wilhelmshöhe auch gut erholt?" — „O nein, Herr Kleeberg! Sehen Sie, da war jeden Abend ein Vortrag und außerdem noch anderes. Die Luft ist dort oben etwas scharf und feucht, besonders da es jetzt häufig regnete." — „Es ist oben die Luft, als wenn man in den Frankfurter Palmengarten geht", sagte mein Vater. — „Ja, ganz richtig, dort kommt es einem auch so kühl entgegen. Wer nix zu tun hat in seinem Leben und viel Zeit hat, der kann sich schon auf Wilhelmshöhe erholen, nicht aber, wer angestrengt arbeiten muß. Ich wäre ja lieber nach Kassel gekommen, aber Dr. Noll hatte schon oben gemietet. Es war, glaube ich, keine so recht glückliche Idee von Dr. Noll, daß der Kursus in Wilhelmshöhe abgehalten wurde." — „Es war doch wegen Ihnen, Herr Doktor!" sagte ich, „und wir sind alle gern jeden Abend hinaufgefahren." — „Ich glaube aber," erwiderte er, „es wären noch mehr Leute gekommen, wenn sie nicht hätten erst nach Wilhelmshöhe fahren müssen. Da hat mancher vielleicht noch nicht recht gewußt, was Theosophie ist, und hat sich besonnen, 'naufzufahren. Er wußte ja nicht, was ihm dafür steht." —

Man sprach nun von mir und meinem Studium. Rudolf Steiner stellte mir eine günstige Prognose. Meine Mutter sprach die Hoffnung aus, daß ich Glück haben möge. Rudolf Steiner meinte dawider, ich würde mein Examen leicht machen und brauchte nicht einmal Glück zu haben; es brauche nur normal zu gehen. Ich glaubte ihm selber kaum, so verwundert war ich über so viel Zutrauen; denn ich kannte mich auch. Aber wenn Rudolf Steiner das sagte, dann hatte es etwas zu bedeuten. Ich hätte ihm um den Hals fallen mögen. „Es brauche nur normal zu gehen ..." Ja, wenn es normal ginge! Bei einem Verfahren, daß den Menschen examiniert, indem es ihn examiniert! Ich sah indes andere, die nicht viel klüger waren als ich, das Examen absolvieren. Warum sollte es mir nicht auch gelingen? Und wenn es gelang, dann stand die Verwirklichung von Idealen bevor, die ich in

Rudolf Steiners hoher Schule gepflegt. Aber — es ging weder schnell noch glücklich. Und als es gegangen war, da trat ich in ein bürokratisches Schulregiment ein, fand mich als einzelnen, der in der Minorität und darum im Unrecht und Nachteil stand, und, was das Schlimmste war, sah mich vor eine Jugend gestellt, die sich nur deshalb auf höheren Schulen befand, weil sie von ihren Eltern dorthin geschickt war. Die auch den Geist nicht mitbrachte, welcher die Voraussetzung wissenschaftlichen Unterrichts und wissenschaftlicher Bildung ist — nicht aber erst, und dazu innerhalb von Kurzstunden, erzeugt werden kann. Am allerwenigsten von einem einzelnen. —

Rudolf Steiner ging um 7 Uhr fort. „Sie wollen in Hannover noch einen Kursus halten, wie ich hörte?" fragte ich ihn. „Erst werde ich übermorgen früh nach Eisenach fahren," sagte er, „um dort einen Vortrag zu halten. Und dann werde ich auf einige Zeit verschwinden." Er nahm herzlich Abschied. Meine Mutter meinte, als er fort war, ihr sei jetzt ganz anders geworden. — Bevor Rudolf Steiner wegging, bat ich ihn, mir in sein Buch über Friedrich Nietzsche ein Wort hineinzuschreiben. Er schrieb:

Der Sinn der Welt
Offenbart sich in des Menschen Seele.

28. Juni 1907.

Herzlichst
Dr. Rudolf Steiner.

(Er hatte sich im Datum verschrieben. Es war der 29. Juni.) Abends war der letzte Vortrag. Er sprach über die Stufen der rosenkreuzerischen Einweihung*). Die Theosophie sei die Testamentsvollstreckerin des wahren Christentums. Jeder finde in der Theosophie, was ihn führe zur Sicherheit der Seele und des Lebens. Die Theosophie sei keine Theorie; sie sei Erkenntnis, die einfließen müsse in die Kultur. Aber die Theosophie kenne auch alle Gegeneinwände von selbst. Als lehrreiches Beispiel führte er an, wie Ed. v. Hartmann einst anonym eine Widerlegung seiner „Philosophie des Unbewußten" geschrieben habe, welche von Haeckel selbst damals als die beste Gegenschrift bezeichnet worden sei. Hartmann habe sagen wollen: euere Einwände kann ich mir schon von selber machen, und ich brauche mich nur auf euren Standpunkt runterzuschrauben. Übrigens habe man den Fall totgeschwiegen. Auch der Theosoph wisse alle Einwände im voraus. „Das Streiten überlassen wir den anderen." Es komme darauf an, daß die Theosophie heilsam sei — daß sie alle Zweige des Lebens ergreife und befruchte.

*) Theosophie und Rosenkreuzertum, Nachrichtenblatt XIX. Jg. 1942.

Wenn alles durch sie gesunde, werde sie den besten Beweis der Wahrheit bringen. Alles, was einmal zum Segen der Menschheit geworden, habe erst als Phantastik gegolten. Als die Postmarke erfunden worden sei, habe derjenige, der sie eigentlich vertreten mußte, im Parlament eine merkwürdige Rede gehalten: Der Verkehr nähme nicht zu, und wenn er zunähme, dann reiche das Postgebäude nicht aus, um ihn zu bewältigen, wenn die Postmarke eingeführt werde. Er habe nicht begriffen, daß das Postgebäude erweitert werden müßte. — Und als die erste Eisenbahn von Nürnberg nach Fürth gebaut werden sollte, sei das Bayrische Medizinalkollegium befragt worden, und dieses habe gesagt: „Nein! Denn es gäbe furchtbare Nervenkrankheiten. Und wenn sie gebaut sind, dann sollen hohe Bretter rechts und links der Eisenbahn angebracht werden, damit nicht andere Menschen Gehirnerschütterung bekommen." So sei es mit allem gegangen, was später segensreich geworden. „Wenn die Theosophie ins Leben einfließt, hat sie sich durch die Tatsachen bewährt. Heute ist, was ich vortrug, für manchen entlegen. In der Zukunft wird die Theosophie sich in allen Zweigen des Lebens, in Jura, Medizin, Theologie und Philologie bewähren. Wenn die Empfindung ausgelöst ist, daß die Theosophie das Leben und die Seele durchdringt, ist erreicht, was mir als Ideal vorschwebte, und ich bitte Sie, diese Vorträge als Anregung zu betrachten. So sage ich Ihnen ‚Auf Wiedersehen!' und schließe diese Vorträge."

Es war nur eine einzige Stimme des Dankes an Rudolf Steiner. Ich hatte Gelegenheit, noch ein paar Worte mit ihm zu wechseln; er bestellte viele Grüße nach Hause. Dann sagten wir uns Lebewohl. — Die Tage waren vorüber. Rudolf Steiner reiste wieder ab.

Auch Sophie Stinde und Gräfin Pauline Kalckreuth kamen nach Kassel. Sie wohnten diesmal im Schloßhotel Wilhelmshöhe in der Nähe des berühmten Schlosses, wo sich die kaiserliche Familie aufhielt. Beide Damen waren von ihr eingeladen, da die Gräfin mit ihr als Hofdame der Kaiserin Friedrich wohlbekannt war. Unmittelbar nach diesem Besuche besuchten beide Damen mein Elternhaus in der Kasseler Altstadt und trafen meine Mutter an, wie sie die Treppe scheuerte. Sie entschuldigte sich ob des unpassenden Aufzuges, in welchem sie so werte Besucher empfinge, aber diese wollten davon nichts wissen: „Das macht nichts — Arbeit adelt." Im nächsten Briefe ließ Sophie Stinde alle grüßen: die Mutter, den Vater, die Schwester und den Tell, „der eine große Freude hatte, mich zu sehen". (Sie hatten einen Abschiedsbesuch abgestattet, als ich selbst wieder nach Marburg zurückgekehrt war.) Wieder, wie im vorigen Jahre, hatten wir auch einen Spaziergang auf der herrlichen Wilhelmshöhe unternommen, auf dem ich manches erfuhr. So nebenbei bemerkte Sophie Stinde zu mir, die beiden Schulen hätten sich getrennt: Annie Besant leite die Yogaschule, Rudolf Steiner die Rosenkreuzerschule.

Während Dr. Steiner mehrere Wochen lang in Wilhelmshöhe Aufenthalt genommen, nahm er eine Einladung des Herrn Alexander Schuster an, sich die herrliche, in aller Welt berühmte Karlsaue samt ihren baulichen Anlagen (Orangerieschloß, Marmorbad) zeigen zu lassen. Ich wußte wohl von diesem Besuch Rudolf Steiners in der Aue, erfuhr aber erst vor wenigen Jahren von dem Hinweis, den Dr. Steiner mit Bezug auf eine Rosenkreuzerdruckerei gemacht habe, welche sich im Gelände des heutigen Orangerieschlosses befunden haben soll; hier seien rosenkreuzerische Schriften gedruckt worden. Er habe eine Stelle bezeichnet, die ein wenig halblinks seitwärts hinter dem großen Wohngebäude liegt, welches linker Hand, wenn man vor dem Orangerieschloß in südlicher Richtung schaut, als Gegenstück des Marmorbades steht. Diese Stelle befand sich am Rande des sog. Bowlingreens, eines weitgedehnten kreisrunden Wiesenplanes, unter Bäumen und Gebüsch. Ich legte dieser angeblichen Angabe Rudolf Steiners wenig oder keine Bedeutung bei; es konnte ebensowohl ein Mißverständnis vorliegen. Außerdem war mir bekannt, daß jener berühmte Drucker und Kupferstecher Wilhelm Wessel, aus dessen Offizin i. J. 1614 die ersten Rosenkreuzerschriften hervorgingen, zuerst in einem stattlichen Gebäude am Altmarkt arbeitete, zu jener Zeit aber in der Wildemannsgasse Nr. 15 wohnte. (Hierüber wurde bereits im Jahre 1905 gesprochen.) Das Wesselsche Haus hatte eine schmale Front, gleichwohl nahm ich ohne Bedenken an, in ihm habe sich auch die Druckerei befunden. Wie ich dann der Geschichte der Karlsaue nachging, fand ich folgendes. Vorauszunehmen ist, daß die Aue in der fraglichen Zeit von völlig anderer Gestalt war, in der sie den späten Bewohnern Kassels vertraut war und in der sie heute wieder annähernd hergestellt ist. Es war Landgraf Wilhelm IV. der Weise (reg. 1567—1592), der Nachfolger Philipps des Großmütigen, der auf der weiträumigen Fuldainsel unterhalb des hochgelegenen Landgrafenschlosses einen sog. Lustgarten anlegte. (Über ihn wurde gleicherweise zum Jahre 1905 berichtet.) In diesem seinem neuen Garten errichtete Landgraf Wilhelm i. J. 1570 ein Lustschlößchen, von dem in kunstvollen Stichen späterer Zeit Abbildungen erhalten sind. Wilhelms Sohn und Nachfolger Moritz der Gelehrte (reg. 1592—1627) erweiterte den Lustgarten zur Moritzaue und ernannte das Lustschlößchen zu seinem Mauritianum. Eben dieses Gebäude überließ der gelehrte Landgraf anno 1598 Wilhelm Wessel als Stätte seiner Druckerei samt einer vorher von ihm erworbenen

Einrichtung *). Als dann der geniale Landgraf Karl (reg. 1670—1730) die Aue — unter seinem Namen als Karlsaue bekannt — bedeutend erweiterte und ihr die heutige Gestalt gab, vor allem aber zu Anfang seines Jahrhunderts (1701—1711—1728) das schöne Orangerieschloß mit Marmorbad errichtete, fügte sich dem Stil der neuen Ära jenes Mauritianum nicht ein und wurde abgetragen. Auf diese Weise ist es völlig von der Bildfläche verschwunden. Das oben erwähnte schloßartige Wohngebäude wurde von Karls Enkel Landgraf Friedrich II. (reg. 1760—1785) als Entsprechung des Marmorbades erbaut, um die Gleichartigkeit der Gesamtanlage herzustellen. Es erschien mir anfangs schwer glaublich, daß innerhalb eines fürstlichen Parks sich solle eine Druckerei befunden haben. Und doch war es an dem! Rudolf Steiner hatte eine um 100 Jahre vor Landgraf Karls Änderungen zurückliegende Zeit vor Augen, als er da vorüberging und verweilte. Er hatte sie wirklich und lebendig vor Augen. Er bestätigte die Geschichte — die Geschichte bestätigte ihn: dort, wohin er mit der Hand wies, stand 300 Jahre vor ihm die Druckerei, in welcher die ersten Rosenkreuzerschriften hergestellt worden sind. Welche Dinge lagen offen vor den Augen dieses Mannes, wenn er durch eine Landschaft und eine Stadt schritt!

*

In Marburg traf ich wieder Dr. Christlieb. Er hatte großes Verlangen, die neuesten Vorträge Rudolf Steiners zu lesen. Er fragte nach einigen Schriften Rudolf Steiners. Ich sagte ihm die Vorträge zu und gab ihm die Nr. 33 von Lucifer-Gnosis. Nach einigen Tagen traf ich ihn wieder: seine Kritik über Rudolf Steiners Vortrag „Erziehungsfragen“ im Lucifer war geradezu vernichtend. Die theosophischen Erklärungen der Bibel bezeichnete er ständig als gesucht und künstlich: „Legt ihr nicht aus, so legt ihr unter.“

Als ich im August nach Kassel kam, hörte ich, daß seit Rudolf Steiners Hiersein keine „Loge“ mehr gehalten worden sei. Doch gelang es wieder, die entschlafende zu erwecken. Wir tagten in der zweiten Etage unseres Hauses. In diesem Raume war es auch jedesmal, daß wir Rudolf Steiner zu Besuch hatten.

In dieser Zeit vollzog sich immer entscheidender der Umschwung zum Katholizismus — in Phasen, die zu schildern hier in allzu große Weite führen würden. Ich selbst verkehrte in Marburg mit einem mir sympathischen Studenten, der Katholik war, und ich glaubte, nie so orthodox gewesen oder geworden zu sein, wie durch Rudolf Steiner. Man machte ihm den Vorwurf, er erziehe zum Katholizismus — in meinen Augen ein Vorzug.

*) S. Hugo Brunner, Geschichte der Residenzstadt Cassel (Cassel 1913). Paul Heidelbach, Kassel — ein Jahrtausend Hessischer Stadtkultur (Kassel und Basel 1957). In diesen Werken befinden sich auch Abbildungen des Mauritianums.

Ich sah nunmehr im Katholizismus die künftige Organisation des Christentums. Alle Dogmen galten mir fortan als Formeln von Wahrheiten des Glaubens, des religiösen Erlebnisses, geistiger Wirklichkeiten, wie mathematische oder chemische Formeln nicht „tote“ Formeln, sondern Ausdruck lebendiger Vorgänge seien. Ich begann jetzt und in den nächsten Jahren katholische Dogmatik zu studieren. Sie war wunderbar folgerichtig aufgebaut — bis zu ihrem Gipfel hin: der *Infallibilitas papae.* Doch war für mich Anfang und Ende, diese Lehre mit derselben spirituellen Erkenntnis zu durchdringen, aus der sie geboren war. Der Protestantismus erschien mir notwendig, aber deshalb nur bedingt wertvoll. Jetzt war er rationalistisch oder materialistisch geworden. Wer in der katholischen Kirche geboren war, erschien mir glücklich und beneidenswert. Dazu mußte man eben in ihr oder richtiger: in sie geboren sein. Wie auch immer diese innerpersönlichen Wandlungen vor sich gingen: das entzieht sich einer bloß historisch-kritischen Analyse und Darstellung. Derartiges bleibt immer ein Geheimnis des Lebens:

„Die Linien des Lebens sind verschieden,
Wie Wege sind und wie der Berge Grenzen.“

Man kann nur Bruchstücke beschreiben: wie sie rückwärts in die Vergangenheit eines Menschen weisen, so vorwärts zu einem Ziele, an dem sie ihren Sinn finden.

*

Am 19. Oktober fuhr ich mit Dr. Noll nach Berlin zur Generalversammlung. Am Abend dieses Tages war ein geselliges Zusammensein in der Motzstraße, wobei ich mit Rudolf Steiner einige wenige Worte sprechen konnte. Er sagte nur, er freue sich, daß meine Mutter nun auch Mitglied geworden sei. Er sagte das mit dem ihm eigenen Seelenton, der wohltuend berührte. Die eigentliche Generalversammlung begann am anderen Morgen um 10 Uhr. Rudolf Steiner eröffnete sie mit einer Ansprache. Er führte eingangs folgendes aus: Bevor wir in die Verhandlungen einträten, die natürlich von den strengen Gesetzen der Statuten beherrscht seien, möge es gestattet sein, die Anwesenden im Geiste der Harmonie zu begrüßen. „Sie haben sich zusammengefunden, um sich im Geiste der Harmonie zu bekräftigen und sie in gemeinsam verlebten Tagen zu empfinden. Nicht daß wir verhandeln, sondern daß wir zusammen sind — und daß sich unsere Gedanken berühren, das mag gerechnet werden zu den Dingen, die in Betracht kommen. Wir dürfen sagen, daß sich in den Jahren, seitdem die deutsche Sektion besteht, theosophische Gedanken und theosophisches Leben im mitteleuropäischen Gebiete in erfreulicher Weise, und wenn man die entgegenstehenden Faktoren betrachtet, in durchaus befriedigender Weise verbreitete. Aber nicht nur an der Oberfläche, sondern in den Regionen, die heute für die tieferen gehalten werden, schlagen feindliche Wogen an die Theosophie heran. Wenn der Theosoph in die Umwelt blickt, sieht er bald die entgegengesetzten Gedanken. Es ist nichts besser, als wenn wir imstande sind, die feindlichen Wogen an uns herankommen zu lassen, ohne uns um sie zu kümmern. In den Jahren, da die deutsche Sektion besteht, hat dieser Gedanke an Ausbreitung gewonnen..." Rudolf Steiner leitete die Verhandlungen als Vorsitzender. Er handhabte die Geschäftsordnung mit Form und Geschick und Sachlichkeit, wie ein geschickter Verhandlungsleiter im Parlament es nicht besser könnte. Unter den Anträgen war einer besonders bemerkenswert: nämlich als Agitationsmittel sich der Presse zu bedienen. Allgemein wurde dies abgelehnt, da die Presse korrumpiert sei. Zuletzt setzte Rudolf Steiner in überzeugender Weise seinen „Standpunkt" auseinander (eigentlich war ja Rudolf Steiners Standpunkt, keinen Standpunkt zu haben!) und führte, im Zusammenhang mit dem Hardenprozeß, einen Fall an, wo eine Zeitung objektiv falsch über eine Persönlichkeit berichtet habe; als sie dann eine Berichtigung bringen mußte, habe sie ihr die Worte angefügt: hiermit ist der Fall für uns erledigt. — Am anderen Tage fand er wieder Gelegenheit, das Thema Presse zu berühren. Er wurde über Lustmorde gefragt, wie sie in jener Zeit so häufig vorkamen, und sagte folgendes: in hohem Maße sei die Presse schuld. Es solle nicht reaktionär sein, wenn er es für im höchsten Maße abscheulich halte, daß die Presse die Einzelheiten der Lustmorde in solcher Breite schildere und geradezu zur Nachahmung unreife Leute anreize. Das werde auch immer so bleiben, wenn nicht das, was man im privaten Leben Schamgefühl nenne, auch im öffentlichen Leben ebenso gelten werde. — Nach der Generalversammlung begann schon um 4 Uhr der sachlich-theosophische Teil. Zuerst sprach Herr Sellin über Mystik von der römischen Kaiserzeit bis in unsere Zeit hinein; sodann Frau Wolfram über „Wieland den Schmied", währenddessen ich im Dunkel des hinteren Zimmers — der Vortrag fand in der Motzstraße 17 statt — vortrefflich schlief. Zu Anfang des zweiten Vortrages wurde den Philologen eins ausgewischt. In Wahrheit kann man das Recht des Tadels aber nur demjenigen zugestehen, der die Philologie und ihre Arbeitsweise von Grund auf kennt. Wenn aber Frau Wolfram in ihrem schönen Buche über germanische Sagen (S. 86) das Wort Paradies als von *para* und *dies* ableitet: „Über-Tag", es kommt vom griechischen *paradeisos* und dieses von einem persischen Worte, welches einen von einer Mauer umgebenden Garten bedeutet, so konnte ich ihr auf solchen Pfaden nicht folgen. Im übrigen war Frau Wolfram eine vorzügliche Kennerin der alten Märchen und Sagen.

Am Morgen des 21. Oktober sprach Rudolf Steiner über die Entwicklung menschlicher Organe. Er knüpfte an ein mongolisches Märchen an, das von einer Mutter erzählt, die ein einziges Auge hat und trostlos durch die Welt irrt, denn sie hat ihr einziges Kind verloren; sie ergreift jeden Stein, führt ihn zum Auge und wirft ihn zu Boden, daß er zerspringt. Von jedem Gegenstand überzeugt sie sich, daß er nicht ihr Kind ist. — Diese Erzählung sei die Erinnerung eines ganzen Volksteiles, der noch von einer Urzeit gewußt, als der Mensch den geistigen Welten nahe war und in sie hineinschaute. Rudolf Steiner sprach von jenem Wahrnehmungsinstrument, mit dem einst der Mensch in die Astralwelt hineinschaute und die Seelen sah. Dort, wo sich heute die Knochen am Kopfe des Kindes langsam schließen, habe es einst — wie eine Laterne — herausgeragt. Zusammengeschrumpft zur Zirbeldrüse sei dieses Organ. Aber der Mensch trüge als Erbstück dieses Organs eines in seiner Seele: die Sehnsucht nach dieser Welt, zu der sich das Tor geschlossen hat. Die Sehnsucht sei geblieben, nicht das Schauen. Damals habe der Mensch Wesen gesehen, heute sehe er Gestalten. — Nun gebe es Organe mannigfacher Art im Menschen: solche, welche ihre jetzige Gestalt spät bekamen; solche, die sie lange gehabt haben; andere, die bald wegfallen würden; andere seien berufen, ihre jetzige Gestalt zu vervollkommnen. Zu diesen gehöre, was mit dem Herzen und dem Kehlkopf zusammenhänge. Dieser werde einst ein Produktionsorgan sein, was sich leise andeute durch die Veränderung der Stimme bei der Geschlechtsreife. Die heutigen Fortpflanzungsorgane ständen auf dem Aussterbeetat, sie verhärteten und schnürten sich ab. Nur so verstehe man den Leib, wenn man sehe, wie er bestehe aus Teilen, die in den Tod gehen, und solchen, die aufblühen zum Leben. Beides, die auf- und die absteigende Bahn, sei oft in dasselbe Organ gepreßt.

Der Astralleib sei eingegliedert worden, als die Organe noch pflanzenartig waren. Die Fleischwerdung habe sich nach und nach entwickelt. Einzelne Teile seien schon in Fleisch umgewandelt, als der Mensch noch pflanzliche Teile in sich trug. Alle Organe, die die Begierde weniger in sich trügen, seien früher, die anderen später umgestaltet worden, am spätesten die Sexualien. Diese würden auch am frühesten abfallen. Als der Egoismus tief eingezogen war, seien die pflanzlichen Sexualorgane Fleisch geworden. Auf jene uralte heilige Zeit, wo die Menschen nichts wußten von Begierde, blicke die Geisteswissenschaft zurück. In den Mysterien sei ein Bild verehrt worden, wo an der Stelle der Fortpflanzungsorgane Pflanzenteile waren. Die Hermaphroditen sähen uns in der Kunst so entgegen, wie wir einen in der römischen Sammlung im Vatikan sähen, er stehe an einer ganz versteckten Stelle. Da sehe man rankenförmige Pflanzengebilde, die aus seinem Rücken treiben. Jetzt begriffen wir, warum uns das Feigenblatt entgegentritt. Es sei nichts Kindliches oder zu Verdeckendes darin, wie die Wissenschaft glaube. Sondern auf den alten Zustand werde gedeutet. — So beschrieb Rudolf Steiner oft längst vergangene Entwicklungstatsachen, bis man mit Erstaunen vor irgendeiner täglich erschauten Erscheinung stand, die bisher unbekannt oder unverstanden gewesen.

Ausführlich sprach auch Rudolf Steiner über Kulturkrankheiten, die aus verweichenden und die aus verhärtenden Tendenzen kommen, Rachitis und Tuberkulose. In solchen Zusammenhängen sprach er auch über die Vögel, die noch nicht mitgemacht hätten, was sich in der Heranbildung des innersten Inhaltes des Knochenmarkes ausdrückt. Sie hätten einen viel älteren Zustand konserviert, über den Mensch und höhere Säugetiere hinweggeschritten seien. Der Mensch sende die Kraft des Ich bis ins Knochenmark, und ein gut Teil der okkulten Entwicklung bestehe darin, daß der Mensch das passende Verhältnis zum Knochenmark in bewußter Arbeit gestalte. Das sei Zukunftsentwicklung, daß der Mensch durch sein Blut in die Knochenbildung wirke. Diese sei der Verhärtung verfallen. Wenn der Mensch aber die Knochenerweichung durchdringe, werde er den physischen Leib umgestalten. Er besiege den Tod. Es sei eine Intuition wichtiger Art gewesen, daß der Tod durch ein Skelett dargestellt wird. Die Knochen würden weich werden und der Sieg über die Physiognomie des Todes sich vollziehen. „Denken Sie, wie die Wissenschaft segensreich wirken könnte, wenn sie praktisch wissen würde, was die Geisteswissenschaft treibt — es muß wirken im Leben."

Rudolf Steiner kehrte wieder zu den Vögeln zurück, die er vorher erwähnte, als Wesen, die auf einem früheren Stand stehen geblieben sind. Da sehe man die Vögel ziehen auf merkwürdigen Bahnen in wärmere Gegenden, viele Hunderte von Meilen, und auf anderen Wegen gelangten sie zurück. Einmal hätten die Wesen dem Mondenzustande zugehört, der Mond habe sich um die Sonne bewegt, alle Wesen seien während eines Umganges um den Mond herumgewandert. Merkwürdig sei nun, daß sich das erhalten, weil die Vögel sich abgespalten, bevor das Ich einzog. Dann habe sich der Astralleib des Geschlechtlichen bemächtigt. Vorher sei die Begierde nicht vorhanden gewesen, vorher habe hier eine kosmische Kraft gewirkt, die sei dem Monde von der Sonne zugeströmt und habe die Fortpflanzung bewirkt. Und der Frühlingszug der Vögel sei ihr Brautzug, er sei die dirigierende Kraft und lenke sie auf dem Planeten. Diese Kraft sei in die anderen Wesen gezogen. Beim Vogelgeschlecht wirke sie nach außen. Sie sei in die Organismen hineingewandert, bis der Mensch die Fähigkeit erwürbe, sie wieder auszusenden, wenn er eins sein werde mit dem Kosmos.

Die Frau jenes Märchens werde auch in Zukunft da sein. Die Kraft des geistigen Schauens werde des Menschen jetziges Wesen durchdringen, und er werde nicht bloß die physischen Dinge sehen, sondern was in ihnen Geistiges lebt. Sein verhärteter Leib werde vergeistigt sein. Jene Frau werde leben und werde die Wesen liebevoll ans Herz drücken. Des Menschen Entwicklung sei die Entwicklung zum langsamen Aufgehen in den Kosmos. Würde der Mensch nicht in Geduld diese Entwicklung mitmachen wollen, würde die Kraft des Auges nicht sein ganzes Wesen durchdringen: es würde in Lieblosigkeit sich erschöpfen, und der Mensch würde verdorren. Aber der Mensch sei berufen, alles auf dem Planeten mit sich zu nehmen, und mit sich seinen Planeten zu erlösen. Die Erlösung des einen könne sich nicht vollziehen, wenn nicht alles draußen mit erlöst werde. „Der Mensch kann nicht sein ein Erlöster, wenn er nicht auch ein Erlöser ist."

Eine nach diesem Vortrage gestellte Frage gab Rudolf Steiner Gelegenheit zu einer schönen Bemerkung über das „substantielle Ich". Das Wort „Adam erkannte sein Weib" sei durchaus wahr: befruchte dich selbst mit dem Geistigen — das sei Erkenntnis. Das Wort „Erkenne dich selbst" bedeute wesentlich anderes als das, was in der Trivialtheosophie beliebt sei. Das Vertiefen ins Innere sei steril, wenn nicht die Befruchtung von den geistigen Welten ausgehe. Dieses Sichselbstbebrüten sei ein Unfug in der Theosophie.

Nachmittags um 4 Uhr war abermals ein Vortrag! Über „Schwarze und weiße Magie" sprach Rudolf Steiner — Worte, die oft in theosophischen Kreisen angewendet würden. Die Bezeichnung des schwarzen Magiers trete häufig als eine Anschuldigung entgegen. Ja sogar, was in dem ersten Blatte unserer „Mitteilungen" gestanden, sei von jemand als „schwarze Magie" bezeichnet worden, es stecke also danach in der Führung der Generalversammlung böse Magie. Diese Auffassung entspräche jedoch einer unrichtigen Auffassung von Magie, und schwarzer Magie im besonderen. Manche Leute dächten da an elementare Kräfte, die dann im Dienste des Egoismus angewendet würden. Also der Egoismus! Da trete denn ein Mensch auf und sage: „Ich will einmal in der Welt wirken in selbstloser Weise." Aber nun, wenn wir weiter fragten: „Warum willst du selbstlos sein?", dann erhielten wir eine merkwürdige Antwort: „Ich komme zu einer höheren Stufe der Vollkommenheit, ich will ein wertvoller Mensch sein." Wenn man dieses Gefühl analysiert, sehe man: der unglaublichste Egoismus steckt dahinter. „Malen Sie sich das aus: Sie werden sehen, wieviel Selbstsucht im Drang nach Selbstlosigkeit steckt!" Die Selbstsucht sei nicht von den Göttern in den Menschen gepflanzt, damit er sie verleugne. Wenn wir den Gründen des Egoismus nachforschten und fragten, warum ist die Selbstsucht eingepflanzt, bekämen wir die Antwort, daß die Selbstsucht ein mächtiger Schutz ist gegen das, was geschehen wäre, wenn der Mensch nicht die Selbstsucht hätte. Es wäre leicht, sagte Rudolf Steiner, einen Menschen als Schüler heranzuziehen und diesem gewisse Handgriffe der schwarzen Magie beizubringen: er würde entsetzlich wirken können. Die meisten aber würden es nicht tun. Warum? Weil sie für ihre Person fürchteten, weil sie ganz selbstsüchtig seien. Wenn die Menschen am Beginne der Erdentwicklung alles erhalten hätten, was es an Kräften gebe, um auf die Welt zu wirken, würden die Menschen schöne Dinge angestellt haben. So sei der Egoismus gegeben, der den Menschen dazu bringe, sich nur mit sich zu beschäftigen. Wie eine Schutzwand hätten ihn die Götter errichtet — eine Wand für die Dinge, die hinter den Erscheinungen lägen. Eine von den Bremsvorrichtungen, die die Götter aufgerichtet hätten, sei der Egoismus. Er sei ein gutes Schutzmittel.

So also solle man nicht mit Worten herumwerfen, denn es sei eine lange Straße, bis der Mensch selbstlos sei. Gerade in unserem Zeitalter sei das Predigen von Selbstlosigkeit recht komisch, wo jeder erraffen müsse, was in der sozialen Ordnung begründet sei. „Sie glauben nicht, wie die Menschen sich einhüllen in einen Wirbel von Illusionen — wie sich besonders Theorien einhüllen in eine Welt von Illusionen." Diese würden gepredigt von Professoren und Nichtprofessoren, sie seien ein Ausfluß der *psychopathia professoralis:* „Sie können es in der Praxis sehen, wie die Leute verkehrt denken und handeln." Wie oft komme es vor, daß Leute in der Kommune über Heilmittel sinnen. Es sei Arbeitslosigkeit da — und dann der Hunger. Also Arbeit muß man geben: das scheine sehr probabel. Ein sehr gefährliches Mittel sei dies: Beschäftigung. So lange man nicht unterscheide zwischen produktiver und unproduktiver Beschäftigung, sei es ein furchtbares Mittel. „Denken Sie sich: in einer Gegend ist das Volk brotlos geworden, und jemand erfindet etwas. Sie geben den Leuten Geld zu verdienen. Das ist ein Mittel, um abzulagern die Armut von einer Seite auf die andere. Es wird ja nichts produziert." Oder es sitze jemand in einem Gartenrestaurant und rufe: „Kellner, geben Sie mir 10 Ansichtskarten!" Wieviel Briefträger müßten 4—5 Stockwerke steigen. Es sei eine sehr schöne Theorie: es wird noch ein Briefträger angestellt. Gar nicht bedenke man, daß geistig fördernde Produkte nicht vorhanden seien. Unwissenheit, die reformieren wolle, sei furchtbar. Und es sei auch eine Illusion, wenn so viele von Selbstlosigkeit redeten.

„Was ist nun Magie?" In allen alten Schulen habe es drei Arten gegeben, zu den höheren Gebieten des Erkennens zu gelangen: 1. Die Stufe des Initiierten, 2. des Hellsehers, 3. des Magiers. Das seien drei grundverschiedene Dinge. „Denken Sie, es wäre eine Gegend ohne Eisenbahnen und Dampfschiffe. Dann wären dort Eisenbahnen und Dampfschiffe richtiger Okkultismus." Nun reise einer von dort in eine Gegend, wo er sie sieht, und erzähle von diesen Dingen. Ein solcher wisse, daß es Eisenbahnen und Dampfschiffe gäbe. Wer in dieser Weise in höhere Welten geführt werde, sei ein Hellseher. Die geistigen Welten hätten aber gewisse Stufen. Zum Auffinden und Erforschen der okkulten Wahrheit gehöre das Hellsehertum, nicht aber, um sie einzusehen. Wer die Tatsachen und die Gesetze der höheren Welten kenne, sei ein Eingeweihter. Hellseher und Eingeweihter seien nicht dasselbe. Es könne einer das eine sein ohne das andere. Seit dem 14. Jahrhundert gäbe man dem, der eingeweiht sei, auch ein gewisses Hellsehen. Der Eingeweihte könne aber noch nicht die Kräfte beherrschen. Der sei ein Magier, der die höheren Kräfte anzuwenden verstehe — der nicht nur die physischen Kräfte zu Rate ziehe, sondern der auch die höheren Kräfte spielen lassen könne. Es sei eigentlich keine Kleinigkeit, Magier zu sein. Keine Zeit sei dem Magier so entgegengesetzt wie unsere. Besser sei es auch heute, Erkenntnisse zu verbreiten und mit blutendem Herzen zu verzichten, die okkulten Kräfte anzuwenden. Den Magier mache die Übung, Wahrnehmen den Hellseher, Wissen und Erkenntnis den Eingeweihten.

In vergangenen Zeiten sei es unstatthaft gewesen, magische Verrichtungen zu vollziehen ohne Einklang mit den Meistern der weißen Loge. Alle okkulte Schule könne nur sein die unterste Stufe zu den Leitern der Erdenentwicklung. Auf der höchsten Stufe ständen die, welche die Weisheit einfließen ließen in die Erdenentwicklung. „Wenn Sie ein Haus bauen und den Plan angeben, so muß jeder Arbeiter im Einklang mit dem Plan arbeiten. Wenn jemand in der Welt etwas vollbringt, so kann es noch so groß sein: es wirkt verderblich, wenn es nicht in den Plan der Erdenentwicklung paßt." Notwendig sei der Zusammenhang mit den zentralen geistigen Mächten der Welt, und daß dem, der den Zusammenhang nicht suchen wolle, nicht die geistigen Kräfte ausgeliefert würden. Daher walte das Geheimnis über den Mitteilungen der Schule. Teile man mit, wodurch ein anderer sich in Gegensatz stelle zur Zentralregierung, so sei das die erste Stufe der schwarzen Magie. Wenn man schwätze und ausplaudere, so sei das schwarze Magie. Real werde sie, wo im Dienste einer begrenzten Körperschaft okkulte Geheimnisse ins Werk gesetzt werden. Ehe nicht der Mensch ein heimatloser Mensch sei, gehe dasselbe, was sonst weiße Magie sei, in den Dienst der schwarzen Magie über. Wenn etwas im Dienste einer Rasse verwendet werde, sei das in hohem Grade schwarze Magie. Das erste sei: hinauszusein über das, was einen mit einem Teile der Menschheit verbinde. „Nicht Selbstlosigkeit kann der Mensch erstreben, sondern Liebe für die ganze Menschheit."

Die magischen Mittel nun seien Mittel, durch die man geistige Kräfte benütze, um in der Sinneswelt zu wirken. Es gebe aber in dieser nur solche Ereignisse, die von der geistigen Welt ausgehen. Wer nun nicht auf dem langsamen Wege des Studiums wissend werde, könne nur den Weg wählen, daß er sich an die Natur selbst wende und ihr abzulauschen versuche, wie in sie geistige Kräfte einflössen. In dem Augenblicke aber, wo wir nicht die Natur handeln ließen, sondern selbst handelten, könnten wir uns Kräfte aus der schwarzen Magie verschaffen. Wenn wir mit Willen, nicht durch Einsicht dahin kommen wollten, so seien diese Mittel immer ein Weg zu schwarzen Verrichtungen. Wer heute ein Schwarzmagier werden wolle, hätte einen großen Fonds, wenn er ein Hasenfuß wäre. Furcht sei nur komprimierter Egoismus. Wenn ein Schwarzmagier Gehilfen brauche, schaue er sich um nach hasenfußartigen Individuen, deren Fähigkeiten so umgewandelt werden, daß sie ohne Einsicht Kräfte erlangen. Der Zauberer müßte ein Laboratorium errichten, in dem er die Hasenfüße abrichte, sich zu verhärten, in lebendiges Fleisch zu schneiden und Blut zu sehen. Da ändere sich um — dies sei nur das ABC — was Furcht war, in Kräfte, durch die ein Mensch Einflüsse erlange. Wer sich solcher Kräfte bediene, werde Scheusäligkeiten anrichten können. Als ein Beispiel führte Rudolf Steiner den „Ritter Blaubart" an, im 15. Jahrhundert, der gewaltige Kräfte zu erlangen gesucht, indem er tiefe egoistische Gefühle umwandelte. Dieser Mann sei der radikalste christliche Egoist und egoistische Christ gewesen. Seine Taten waren furchtbar. Da sei es der gesunde Egoismus, der einen Menschen bewahre, ein Ritter Blaubart zu werden. Solche Machinationen, wie er sie angedeutet, gehörten, sagte Rudolf Steiner, zum ABC. „Wenn ich aber erzählte, was zum Lesen gehört, würden mehrere von Ihnen in Ohnmacht fallen. Deshalb will ich hier aufhören."

Rudolf Steiner schilderte nun, wie diese Dinge im Zusammenhange mit der Entwicklung eines Planeten stehen. Während einer solchen werde von den Individualitäten der weißen Loge ein bestimmter Plan zur Gestaltung des nächsten Planeten ausgearbeitet. Während sich die Erde entwickle, werde der Plan für den Jupiter in allen Einzelheiten entwickelt. Darin bestehe das Heil, daß im Einklange mit diesem Plan gearbeitet werde. Wenn nun die Erde zu Ende gehe, seien die Meister zu Ende mit dem Plane, der für den Jupiter ausgearbeitet sei. Dieser Plan nun werde durch eine besondere Prozedur unendlich verkleinert und unendlich vervielfältigt. Solche verkleinerten Pläne seien die Atome, die auch der gegenwärtigen Erde zugrunde liegen. „Das ist ein Atom, alles andere Reden über ein

Atom ist — eben Nichts." Die Erde und alles sei aus Atomen zusammengesetzt. „Sie alle tragen den Erdenplan in sich." — Rudolf Steiner gab nun des weiteren an, wie einst aus dem großen Körper Erde + Sonne + Mond sich die Sonne abgetrennt und mit ihr die geistigen Kräfte; dann der Mond und mit ihm die Kraft, durch welche die Erde zu schnell verknöchert wäre. Der Name der Kräfte, die der Erde die Richtung gegeben, wenn die Sonne mit ihr vereinigt wäre, also die Erde zu früh vergeistigt würde, sei *Nachiel;* der Name der Verhärtungskräfte: *Sorath.* Rudolf Steiner zeichnete auch die beiden okkulten Zeichen dieser Kräftegruppen an eine Tafel. (S. Fußnote S. 151 Agrippa von Nettesheim.) Alle Kräfte, die der Schwarzmagier entwickle, die führten auf okkultem Wege zu einer Vermehrung der Kräfte, die der dämonischen Natur der Erde zugrunde lägen. Wären viele schwarze Magier da, würde es sein, daß die Erde wie der Mond wäre. Durch die weiße Magie werde die Erde der Sonne angenähert, durch die schwarze Magie dem Monde. Besiegt müsse werden, was nicht zur Erleuchtung und Weisheit führe.

Der schwarze Magier müsse seinem Schüler sagen: „Verachte nur Vernunft und Wissenschaft..." Nun aber sei die Sache nicht so einfach. Es wäre sehr leicht, zu warten, bis alle Menschen fähig wären zur Einsicht. Aber da werde die Entwicklung verzögert. Es müsse die Möglichkeit sein, dem Menschen die Verbreitung okkulter Wahrheiten in die Hand zu geben — und in der Welt zu wirken, d. h. okkulter Lehrer zu werden. „Aber ist nicht jeder, der okkulte Lehren verbreitet, ein schwarzer Magier?" Da sei durchaus wahr, daß ein solcher ein schwarzer Magier werden könne. Wenn er nämlich unfähig sei, den Umfang seiner Lehren zu ermessen. Deshalb hätten die okkulten Schulen vorgesorgt, daß niemand okkulte Lehren verbreite, der nicht ihren Umfang ermesse. Es sei Vorsorge getroffen, daß der Magier die Reife habe, selbständig okkulte Weisheit zu verbreiten. Im Durchschnitt seien zwischen 30 und 40 „in des Lebens Mitte" (Dante) der astrale und der Ätherleib so frei, daß der Mensch dann das richtige Verantwortlichkeitsgefühl habe. Deshalb sei es in den okkulten Schulen Gesetz, daß niemand vor diesem Alter als Lehrer auftrete. Keine okkulte Quelle ließe zu, daß selbständige Lehrer aufträten. Man könne nicht spät genug anfangen... —

Diesen Vortrag zu hören, war sehr anstrengend. Als am Abend noch ein dritter Vortrag über Loki, Weltuntergang und Walthari folgte, war ich kaum imstande zu folgen. Zum Thema Magie hatte ich eine Frage gestellt, die sich auf einen „Gralsorden" bezog, der in — Amerika bestand, und zu dem eines unserer Kasseler Mitglieder Beziehungen gehabt hatte. In einer Schrift dieses „Ordens", dessen Leiter ein gewisser Dr. Brown war, las ich, daß, wer die angegebenen Übungen ausführe, nicht nur seinen Charakter verändern, sondern „mehr noch" — finanzielle und geschäftliche Erfolge geradezu erzwingen werde. Rudolf Steiner charakterisierte diese Praktiken als ärgsten Abweg. — Mit Bezug auf solche obskuren Orden, die sich große Namen zulegen, erzählte Rudolf Steiner in amüsanter Weise eine kleine Geschichte. Er hatte einen Vortrag gehalten. Danach kommt ein Herr zu ihm und sagt: „Ihr Vortrag hat mir sehr gut gefallen, Herr Doktor. Ich dachte erst, Ihre Theosophie wäre indisch und Sie würden von so etwas wie indischer Philosophie sprechen. Aber ich sehe, daß Sie Ihr Thema ganz vom modern-wissenschaftlichen Standpunkt behandelt haben. Es wird Sie gewiß interessieren, daß ich ein Rosenkreuzer bin." Rudolf Steiner erzählte diese Begegung mit dem „Rosenkreuzer" recht belustigt, und ähnlich belustigt mag sich Robert Schumann gefühlt haben, als ihn ein deutscher Serenissimus, an dessen Hofe Frau Clara ein Konzert gegeben hatte und dem der große Komponist vorgestellt wurde, huldvoll fragte, ob er auch so musikalisch sei wie seine Frau. — Damals, 1907, wurde von dem theosophischen Verlag Altmann, Leipzig, in dem auch Rudolf Steiners Bücher erschienen, ein Roman „Moderne Rosenkreuzer" von Surya (Pseudonym), Indisch: Sonne, angezeigt. Ich habe ihn nicht gelesen. Einige Jahre hernach wurde dieser amerikanische Pseudo-Okkultismus („Rosenkreuzertum") geradezu zu einer Gefahr *). Nur und allein der Kenner vermag wohl zu unterscheiden zwischen Echtem und Unechtem, nicht jedoch das große Lesepublikum.

Unsere Zeit war reichlich ausgefüllt. Gut, daß auch ein wenig Geselligkeit nebenher ging. Beim Mittagstisch traf ich u. a. da den alten Pastor Wendt, welcher ein Mitschüler Friedrich Nietzsches und Paul Deußens gewesen war. Er erzählte, wie er einmal letzterem Aufsätze von Rudolf Steiner aus dem Lucifer gegeben hätte. Als er ihn um seinen Eindruck fragte, sagte Deußen: „Dein Steiner ist ein Nachtwächter!" — „Jawohl, ein Nachtwächter, der wacht, während die anderen schlafen", lautete die treffende Antwort des im übrigen etwas exaltiert erscheinenden ehemaligen Pfarrers.

In diesen Tagen fanden auch Veranstaltungen jener neu eingerichteten okkulten Gemeinschaft oder Schule statt, von der Rudolf Steiner in seiner Selbstbiographie spricht. Ihr Vonhandensein war für mich Anlaß schwerer Konflikte. Ich habe lange mit S. Stinde über die sich hieraus ergebenden Fragen korrespondiert. Rudolf Steiner selbst hatte mir Aussichten gemacht. Über die Sache selbst kann hier nicht gesprochen werden. Sie machte mich fast krank. Nachdem Rudolf Steiner die letzte Ansprache gehalten, womit

*) Günther Wachsmuth, Steiner-Biographie S. 208 ff. (Jahr 1913).

die Generalversammlung geschlossen wurde, „verdrückte" ich mich heimlich und erwartete die andern auf der Straße. Ich bildete mir ein, Rudolf Steiner hätte mein Verschwinden nicht bemerkt. Er hatte es bemerkt.

1908

Nach geraumer Zeit erwarteten wir Rudolf Steiner im Februar 1908. Seine Ankunft war ganz im ungewissen. Er hatte M. v. Sivers beauftragt, keinen Termin mitzuteilen, um Dr. Noll nicht in seiner Praxis zu behindern. Aber die Vorträge waren auf den 20. und 21. festgesetzt: so mußte er also wohl kommen. Von Weimar her. Ich ging am 20. zum ersten Zuge, er war nicht darin. Um 5 Uhr kam er und ging gleich zum Kasseler Hof. Ich hatte die Freude, mit ihm ständiger Gast bei Nolls zu sein und traf ihn zum Abendbrot dort wieder. Er fragte mich alsbald, wie es meinen Eltern und meiner Schwester ginge, diese Frage versäumte er ja nie; mir ging es natürlich gut, meinte er. Ich hörte zu, wie die beiden Herren über die jetzt grassierende Influenza sprachen. Rudolf Steiner erzählte, wie er dabei gewesen, als sie vor 20 Jahren zuerst aufgetreten; sie sei eine richtige Zeitkrankheit. Er hatte auch Dr. Noll einen Brief mitgebracht, der, wie sich herausstellte, von Pastor Wendt war. Ich erschrak, als ich hörte, daß dieser, den ich in Berlin kennengelernt hatte, und den ich so vergnüglich wie interessant fand, da er uns von Nietzsche erzählte, in gefährlicher Weise irrsinnig sei. Von einem anderen hatte Dr. Noll einen Brief erhalten, der sehr schöne Sprüche enthielt und mit „Satan" unterzeichnet war — mit Blut oder roter Tinte. Da konnte einem unheimlich werden. Dr. Noll zeigte uns den Brief, und Rudolf Steiner nannte gleich den Namen des Schreibers, Fritz Eiselein, der auch ein bedauernswerter Geisteskranker war. Man könnte da sehen, sagte Rudolf Steiner, wie viel noch liege unter dem, was über der Schwelle des menschlichen Bewußtseins täglich auftauche. Natürlich behaupte man, die Theosophie habe diese beiden irrsinnig gemacht. Rudolf Steiner erzählte auch einiges von ihnen. Heute morgen sei Pastor Wendt in Weimar zu ihm gekommen mit zwei Photographien Nietzsches und habe ihm gesagt: „Ich, ich habe den Kerl erst verrückt gemacht, das habe ich auf dem Gewissen." Wer hätte gedacht, daß der Mann geisteskrank sei. Bei ihm habe die Sache erotischen Charakter; er ist nämlich ein alter Herr, setzte er hinzu.

Nun stellte Dr. Noll wieder eine interessante Frage: eine Mutter habe an Krankheit der Lunge gelitten und ein Kind geboren. Dieses sei aber über und über mit einem nassen Ekzem behaftet gewesen und nach 14 Tagen gestorben, die Mutter aber nahezu vollständig gesund geworden. Rudolf

Steiner erklärte diese Erscheinung dahin, daß während der Schwangerschaft ein Prozeß durchgemacht werde, der antitoxinartig wirke. Das Kind habe nun das Gift auf sich genommen, und die Mutter sei gesund geworden. Wie das karmisch zu erklären sei? Ja, da könnten die Kinder ihre Eltern suchen. Die Fäden des Karma liefen aber so nebeneinander und durcheinander, daß man es allgemein nur bei Gemeinplätzen bewenden lassen müsse. Es sei sonst durchaus nötig, den Spezialfall zu studieren. Rudolf Steiner führte noch einen anderen Fall an: ein Mann ist in einem gewissen Grade irrsinnig; seine Frau gebiert ein Kind, und dieses Kind spiegelt seinerseits den Irrsinn des Vaters. Das Erstaunliche sei, daß der Bruder der Frau aber die höchste Geistigkeit eines anderen spiegele. Es liege in der Familie, Fähigkeiten zu spiegeln, und das Merkwürdige sei, daß diese Eigenschaft nach der üblen und der guten Seite ausschlagen könnte. — Überhaupt behandelte das Gespräch medizinische Dinge, und es zeigte sich, daß Rudolf Steiner selbst einem gut anerkannten und tüchtigen Fachmann manches zu sagen hatte, was diesen in Erstaunen und Bewunderung versetzte. Auch ein solcher konnte sich Rudolf Steiner gegenüber als bescheidener Student fühlen. Das klingt gewiß maßlos übertrieben. Aber es ist nichtsdestoweniger wahr, daß Rudolf Steiner alle Fakultäten kannte und konnte, als sei jede allein sein Lebensstudium gewesen — und noch etwas mehr und besser. Dr. Noll, der selbst ein in Kassel hochangesehener Arzt war, sagte mir einmal, daß er sich vor Rudolf Steiner als Lehrling vorkomme. Die gleiche Erfahrung konnten andere Fachleute bestätigen, die jemals ein Gespräch mit Rudolf Steiner führten. Es ist begreiflich, daß in einer Epoche des hochentwickelten Spezialismus die zeitgenössische Wissenschaft und Gelehrsamkeit mit einem Universalgeist wie Rudolf Steiner schlechthin nichts anfangen konnte, weil er jedes Fachschema einfach sprengte. „Genie oder Scharlatan?" — in dieser Alternative entschied man sich bequemerweise für das zweite. — Inzwischen war die Zeit zum Aufbruch gekommen, und wir gingen in den Hanuschsaal. Es waren nicht allzu viele Leute da. Wenigstens war Dr. Noll nicht mit dem Besuche zufrieden und sagte dies auch Dr. Steiner. Das Thema lautete: „Der Ursprung des Bösen." Eine Fragenbeantwortung fand nicht statt. Vater und Mutter waren auch im Vortrage. Rudolf Steiner begrüßte sie sehr freundlich und meldete sich gleich zu einem Besuche an.

Ein Bekannter gab mir eine Nummer des „Deutschen Volksfreundes", eines katholischen Blattes für „Wahrheit, Freiheit und Recht", das einen Artikel über die Theosophische Gesellschaft brachte. Der Titel lautete: „Ein gigantischer Welthumbug." Mit vielem Vergnügen las ich ihn und zeigte ihn auch Rudolf Steiner, welcher nichts anderes sagte als: „Das ist ja nicht einmal in den Tatsachen richtig." Späterhin, beim Mittagessen, als eine Pastete herumgereicht wurde, fragte er, was sie in ihrem geheimnisvollen Innern berge — wegen seines Magens —, es müsse jemand in letzter Zeit furchtbar über ihn geschimpft haben. Er bestätigte mir jedoch, daß das, was ich ihm vorgelesen hatte, ganz unschuldig daran wäre. Rudolf Steiner entschuldigte sich also, daß er von dem Gericht nicht äße, und gab die Schüssel (Pilze?) an Dr. Noll weiter. Dieser aber wollte nun offenbar auch nicht davon nehmen und reichte die Schüssel mir. Ich wiederum bat ihn, vor mir sich zu bedienen, und da konnte er nicht anders. — Für den Nachmittag dieses Tages, 21. Februar, war Rudolf Steiner zu Mörsbergers gebeten worden. Frau Mörsberger „interessierte" sich für Theosophie, aber nur so lange, als keine Unbequemlichkeiten mit diesem Interesse verbunden waren. Es entwickelte sich folgendes Gespräch: Rudolf Steiner fragte: „Nun, wird Frau Mörsberger auch Mitglied der Loge?" — Dr. Noll: „Nein, sie ist allerdings nicht Mitglied. Sie meint es mit ihrer und ihres Mannes Stellung nicht vereinigen zu können. Aber sie fragte mich, ob man ein guter Theosoph sein könne, ohne einer Loge anzugehören. Wir wollen ja unter keinen Umständen jemanden zur Mitgliedschaft zwingen." — „Natürlich kann man das, ein guter Theosoph sein, ohne gerade Mitglied einer Loge zu sein. Aber sehen Sie: wenn ein jeder so dächte, dann gäbe es keine Theosophische Gesellschaft, dann würden keine Vorträge gehalten und keine Bücher geschrieben werden. Sie beraubt sich ja des schönsten Vorrechtes, selbst mitzuarbeiten. Aber was hat sie denn für Gründe?" — „Sie müßte so vieles aufgeben." „Aber das klingt ja, als ob wir anderen auch viel aufgegeben hätten", warf ich dazwischen. „Aha, sie denkt, sie dürfe keinen Wein mehr trinken", fuhr Rudolf Steiner in der Examination fort. — „Nein, das nicht —", antwortete Dr. Noll. — „Oder sie glaubt, sie würde nicht mehr solche Gedanken finden, wenn sie sich tiefer einließe in die Theosophie. Ich weiß ja nicht, was sie schreibt." — „Ja, das auch — sie schreibt Humoresken." — „Nun, ich kenne Leute, die sehr tief veranlagt sind und doch für Witzblätter, wie die ‚Jugend', schreiben. Das findet sich öfter." — „Wie z. B. Wilhelm Busch", sagte ich. — „Ja, der ist typisch." — „Oder auch Juvenal, der sehr bissige Satiren schrieb und eine sehr sanfte Natur gewesen ist." — „Ganz gewiß! Aber sehen Sie, die Menschen wollen sich immer mit Gründen entschuldigen und binden sich die Masken von Gründen vor. Die wahren Gründe liegen viel tiefer. So streuen sich die Leute selbst Sand in die Augen. Ich glaube, sie hat noch andere Gründe." — „Ja, das mag sein. Ihr Mann hält sich schon für einen halben Märtyrer der Theosophie." — „Aber er kennt sie doch noch gar nicht." — „Allerdings nicht. Aber es ist höheren Ortes schon übel bemerkt worden, daß er sich von dem gesellschaftlichen Leben zu sehr fern hält. Denn Krätke *) hält sehr darauf, daß die höheren Beamten freundschaftlich miteinander verkehren." —

Das Gespräch ruhte eine Weile, bis ich fragte: „Herr Doktor, ist eigentlich Ihre ‚Theosophie' ins Englische übertragen?" — „O ja, man ist fest daran. Die Aufsätze ‚Wie erlangt man Erkenntnisse der höheren Welten?' wurden im ‚*Theosophist*' veröffentlicht. Übrigens ist die ‚Theosophie' ins Russische am besten zu übersetzen, und am schlechtesten ins Englische." — „Das ist sehr interessant. Professor Geldner sagte mir auch, Hegel sei vorzüglich ins Sanskrit zu übersetzen." — „Das mag ich gern glauben. Jedenfalls ist er nicht ins Englische zu übersetzen. Als wir das Kongreßprogramm machten, wollten wir die Worte ‚Weltanschauung' und ‚Weltansicht', also mehr das Subjektive bzw. Objektive bezeichnend, übersetzen. Und ich schlug vor: *world conception* und *world aspect.* Aber Mead wollte durchaus ‚*philosophy*' dafür setzen: jene Wörter existierten im Englischen nicht, sagte er; und Neubildungen duldet es nicht, ausgenommen in Handelsausdrücken. Denn die Sprache ist ganz materialistisch und enthält lauter sinnliche Ausdrücke. Die westeuropäischen Sprachen sind ja im Niedergange, dagegen ist in den osteuropäischen noch alles flüssig, die bilden noch neue Worte. Das Hegelsche ‚Sein' ist nicht das französische ‚*l'être*'. Oder wie würden Sie es im Englischen wiedergeben?" „‚*The being*', aber das ist auch sehr schlecht." — „Nein, nein, das ist auch nichts. Es läßt sich eben nicht übersetzen. Die Sprache ist immer mehr verdorrt. Das sehen Sie auch an den Bibelübersetzungen. Die vorlutherischen, dialektisch geschriebenen, waren noch ganz gut." — „So? Wer hat denn solche gemacht?", fragte Dr. Noll. — „Das weiß man eigentlich nicht. Ich habe in einigen gelesen. Sie sind noch ganz gut. Aber die Luthersche verdarb schon sehr viel." Rudolf Steiner führte als ein Beispiel das Wort an: „Weib, was habe ich mit dir zu schaffen?" — „Aber dafür gibt es Hunderte von Beispielen, z. B. wenn man von der Herrlichkeit des Reiches Gottes liest, macht man sich gewöhnlich eine total falsche Vorstellung. In der Vulgata steht noch richtig ‚*gloria*'. Das ist auch nicht einfach Ruhm, sondern in Wahrheit ‚die Offenbarung Gottes in der Schönheit'. ‚*Gloria in excelsis Deo*' heißt gar nicht ‚Ehre sei Gott in der Höhe', sondern eigentlich könnte man es so übersetzen: ‚In der Höhe offenbart sich die Gottheit durch Schönheit'. ‚*Gloria*' entspricht genau dem griechischen *exousia.* — Was stellt man sich vor: ‚er kam in sein Eigentum?' Gar nichts kann man sich bei diesen Worten vorstellen. Es

*) Der damalige Staatssekretär für das Postwesen. (Diesen Titel führten die obersten Reichsbeamten — sonst Minister genannt).

scheint überhaupt, als ob die Übersetzungen immer schlechter geworden wären. Heute sind sie geradezu haarsträubend. Aber ebenso ist es auch mit den Übersetzungen aus dem Sanskrit. Deußen übersetzt geradezu Unsinn." — „Ich habe da die *Bṛhadāṇanyaka Upaniṣad* *) und noch etwas darin gelesen. Ich verstehe das Übersetzte auch nicht so ohne weiteres; ich glaube, ich muß den Text daneben legen", sagte ich. — „Von wem übersetzt?", fragte Rudolf Steiner. — „Von Böhtlingk." Ich hatte diese Upanischad soeben aus der Bibliothek geholt, den Urtext trug ich stets in der Tasche bei mir. „Aber Böhtlingk," sagte Rudolf Steiner, „übersetzt noch ganz gut. — Ja, die Übersetzungen sind immer schlechter geworden, die ersten Bibelübersetzungen waren im Dialekt geschrieben, bis Luther den sächsischen Dialekt schrieb, und der hat sich dann mit der Bibel durchgesetzt. Aber auch in Österreich kann man das Luthersche Deutsch nicht verstehen, es ist dort eine fast unverständliche Sprache." — „Aber, Herr Doktor!" sagte ich, „übersetzen Sie doch das Neue Testament!" — „Ja, aber es wird's mir schließlich kein Theologe glauben. Aber das besagt ja auch nichts. Die Lutherische Übersetzung hat sich auch erst durchsetzen müssen." — „Ist nicht die Luthersche Bibel erst gar im 18. Jahrhundert in Bayern eingeführt worden?" fragte ich. — „Ja, aber da spielten noch andere Beweggründe nationaler Art mit. Sie wissen ja, daß, wenn der Bayer den Preußen beleidigen will, sagt er nur: ‚Du bist ein Preuß'; und der Preuße erwidert dann, indem er sagt: ‚Der Bayer ist so ein Mittelding zwischen einem Menschen und einem Österreicher'. Man sollte nicht glauben, wie weit der Haß geht. Ich kam einmal zu Treitschke. Da war er schon ganz taub, und es wurde alles auf einen Zettel geschrieben. Und als ich nun schrieb: ‚Österreicher' — da polterte er heraus: ‚Ein Österreicher? Das sind entweder sehr, sehr gute Menschen oder halbe Verbrecher'. — Es war überhaupt furchtbar, wenn er schimpfte." —

Nach dem Essen begleitete ich Rudolf Steiner zum Hotel. Er fragte, wie es in Marburg ginge. Ich erzählte ihm von meinen Sanskritstudien und Geldners Kolleg und fügte hinzu, ich hätte außerdem gute Chancen im Examen, nämlich durch das Testat der vergleichenden Sprachwissenschaft. „Aber wozu brauchen Sie Chancen zu haben?" sagte er. — „Ich meinte, ich hätte etwas voraus, wenn ich Sanskrit gelernt hätte." — „Aber Chancen brauchen Sie doch nicht. Es geht für Sie auch ohne Chancen." — Als es

*) Dies ist eine der großen Upanishaden des Veda. Eine der bekanntesten Sammlungen war in Übersetzung von Paul Deußen herausgegeben (Sechzig Upanishads des Veda, Leipzig 1897).

darauf ankam, nützten mir diese Kenntnisse so gut wie nichts. Denn auch Professoren können nur abfragen, was sie wissen. — Ich erzählte ihm von meinen Studien in den Missionszeitschriften. „Die Leute meinen es gut und denken, ihre Pflicht zu tun," sagte ich. — „O nein, doch nicht! Wenn sie ihre Pflicht täten, dann müßten sie sich erst über Theosophie unterrichten, ehe sie darüber schimpfen." Ich hatte mich nämlich damit beschäftigt, in den Missionszeitschriften Urteile über Theosophie und Theosophische Gesellschaft zu sammeln, und veröffentlichte das in der damals erscheinenden Zeitschrift „Isis". — Zuletzt zeigte ich ihm die Rezension des Herrn Falke, ich glaube in der „Zeitschrift für Missionswissenschaft" über seine, Rudolf Steiners „Mystik", was ihn sehr belustigte. Ich sagte, der Rezensent sei Militäroberpfarrer und gerate in Schreibkrämpfe, wenn er nur etwas über Buddhismus, Theosophie und Seelenwanderung vor die Augen kriegte. „Ach, das ist ja Falke! Ja, den kenne ich," und er erzählte, wie er eine Zweigveranstaltung in Frankfurt besucht und seinen Namen auf die ausgelegte Liste gesetzt habe. — Dann ging er ins Hotel, und ich überbrachte Fräulein Wollisch, welche im Hotel Schirmer wohnte, eine Einladung zum Abendessen bei Dr. Noll. Dies hatte sie Rudolf Steiner zu verdanken, der bedauerte, daß sie hier einsam sei, und Dr. Noll gefragt hatte, ob er sie denn nicht mal mit einladen könnte.

Daheim konnte ich nicht lange bleiben, denn am Abend mußte ich wieder bei Dr. Noll sein. „Wein und Bier trinken also M.s nicht?" fragte ich. Rudolf Steiner war nämlich am Nachmittag dort gewesen. „Nein," sagte er. — „Es ist auch heute mit keinen Gefahren mehr verknüpft, keinen Alkohol mehr zu trinken. Man wird nicht mehr schief darauf angesehen," sagte ich wieder. — „Ganz richtig! Auch in den Studentenkreisen nimmt das Trinken ab, ausgenommen in den Orten, wo das Trinken bisher blühte, wie in Jena oder Marburg. Aber in Offizierskreisen wird sehr darauf gesehen. Ich kenne einen alten General, der schon zwei Feldzüge mitgemacht hat. Bei dem ist der Antialkoholismus zum Dogma geworden. Wenn eine Schlacht war, dann kriegten die Soldaten ein Fläschchen Rotwein. Aber er brachte es, versiegelt wie es war, immer wieder zurück. Dabei ist dieser Mann durchaus keine sanftmütige Natur. Im Gegenteil, er ist durch und durch Soldat. Neulich erst sagte er: ‚Wenn kein Krieg bald kommt, dann verfallen die Völker der Korruption.' Und ich sagte ihm: ‚Wenn ich mal ein Buch schreiben sollte über die Psychologie der Religion, dann nehme ich Sie als Muster des *homo religiosus,* nämlich dessen Religion der Krieg ist.' Nun hat er einen Sohn, der wurde auch Soldat und kam nun in Konflikt mit dem, was er von Hause her gelernt hatte. Da mußte er einmal an einem Mahle bei seinem Regimente teilnehmen und trank auch Wein.

Als er aber merkte: wenn du jetzt noch ein bißchen trinkst, überschreitest du die Grenze — da machte er sich unbemerkt davon. Es wurde aber doch bemerkt, und am anderen Tage fragte ihn der Kommandeur, warum er heimlich weggegangen sei. Er erklärte ihm nun: ‚ich merkte, wenn ich jetzt noch mehr trinke, werde ich betrunken werden, und deshalb bin ich weggegangen.‘ Darauf entgegnete der Kommandeur: ‚Trinken Sie, bis Sie unter dem Tisch liegen, aber weggehen dürfen Sie unter keinen Umständen.‘ Seine eigene Mutter hat mir diese Sache geklagt.“ — „Darin besteht ja die ganze Erziehung, mit Grazie zu trinken, d. h. so, daß niemand Betrunkenheit bemerkt,“ sagte ich.

Dr. Noll hatte einen Besuch zu machen und mußte früher fort. „Sie kennen also Militärpfarrer Falke auch, Herr Doktor?“ begann ich wieder. — „O ja, er war einmal Gast in der Frankfurter Loge und schrieb sich selbst in die Besucherliste ein. Er war sehr ruhig. Nicht wahr, es kann jemand ganz ruhig sein, aber wenn er die Feder in die Hand nimmt, fängt er an zu zittern. Es gibt ja auch Leute, die können erst grob werden, wenn sie einen Brief schreiben.“ — „Wir haben auch jetzt in Marburg einen neuen Professor für Philosophie, Prof. X“ *), begann ich anderswoher ausholend. „Woher er ist, weiß ich im Augenblick nicht.“ — „Von Berlin. Er ist ein Lieblingsschüler Diltheys. Übrigens ist er, mit Verlaub zu sagen, ein Schaf.“ Die Damen mußten lachen. „O, das soll keine Kritik sein, das ist nur ein *terminus technicus.* Er kam einmal zu mir in Berlin, als ich das „Magazin“ hatte, und brachte mir einen Aufsatz. Dazu machte ich nun einige Bemerkungen, und das konnte er mir nicht wieder vergessen.“ — „Ich habe ihn kaum einmal gehört, nur in einer Vorlesung über Probleme der neueren Philosophie. Aber Ziegler (ein theologischer Bekannter von mir, den ich bei Rudolf Steiner eingeführt hatte) ist bei ihm im Seminar und hatte kürzlich ein Referat über Kant.“ — „Aber sagen Sie ja Ziegler nichts von dem! X. ist etwas von sich eingenommen.“ — „Ja, den Eindruck hatte ich auch.“ Eine kleine Episode, die ich mit dem Philosophen Hermann Schwarz im Sommer 1909 erlebte, möge als Gegenstück hier Platz finden. Prof. Schwarz hatte zum Schlusse einer Vorlesung ausgeführt, daß der Mensch nicht fähig sei, das Wesen der Dinge wahrzunehmen, sondern lediglich die Eindrücke oder Wirkungen empfinge und empfinde, welche die Dinge auf seine Sinne machen; wie das Goethe ausdrücke in dem Worte: „Ins Inn're der Natur dringt kein erschaffner Geist.“ Das schockierte mich, aus dem Munde eines Professors zu hören. Denn ich wußte, von Rudolf Steiner, wie jenes Wort zu verstehen, und vor allem, in welchem Zusammen-

*) Der Name ist bei dem Verf. zu erfragen.

hang es stehe. So schrieb ich dem Herrn Professor eine einfache Postkarte und bat ihn in aller Bescheidenheit, das Gedicht „Allerdings — Dem Physiker“ (gemeint war der Schweizer von Haller) in der Sammlung „Gott und Welt“ aufmerksam durchzulesen. Dort seien erstens die von ihm zitierten vermeintlichen Originalworte Goethes in sog. Gänsefüßchen gesetzt und zweitens zwischen sie hineingeschoben der Anruf „O du Philister!“ Sie seien somit selbst ein Zitat und Goethe erkläre sich strikte gegen solche Anschauung. — Der Herr Professor nahm mir diese Aufmerksamkeit bzw. Aufmerksammachung keineswegs übel, sondern sandte mir bald darauf eine freundliche Einladung zum Abendessen. — Von dem Marburger Philosophen Hermann Cohen sprach Rudolf Steiner mit größter Hochachtung. Er hat ihn in seinen „Weltanschauungen des 19. Jahrhunderts“ erwähnt. Wenn er dieses Buch, sagte er, noch einmal schreibe, würde er Cohen (1842—1918) ein ganzes Kapitel widmen *).

„Nicht wahr, Sie arbeiten immer noch an der Parenthese?“ fragte er wieder. — „Jawohl, immer noch. Es ist eine Sache, woran man nicht immer sitzen kann.“ — „Ja, was nicht alles für Themata gegeben werden! Habe ich Ihnen mal die Geschichte von dem Rigorosum erzählt?“ — „Ach, die mit dem Brett vor dem Kopf, die kenne ich wohl,“ sagte ich, denn er hatte mir sie schon einmal erzählt. Rudolf Steiner erzählte sie also noch einmal den beiden Damen und trug sie ganz charakteristisch im österreichischen Dialekt vor. „Also die Geschichte ist richtig in Wien bei einer Promotion passiert. Da war ein Doktor-Examen, und der Professor Sittel (?) prüfte einen Kandidaten, der sein Lieblingsschüler war. Und zugleich prüfte der Prof. Lorenz (?) in allgemeiner Weltgeschichte. Der war bei den Professoren sehr gefürchtet und etwa das, was man ein *enfant terrible* nennen könnte. Also Prof. Sittel fragte: ‚Herr Kandidat, können Sie mir sagen, in welchen Urkunden kommt zum ersten Male der i-Punkt vor?‘ — ‚In Urkunden des Papstes Innozenz III.‘ ‚Sehr richtig, Herr Kandidat!‘ Hier fing nun Prof. Lorenz an zu fragen: „Nun, Herr Kandidat, können Sie mir auch sagen, wann dieser Innozenz III., in dessen Urkunden der i-Punkt zum ersten Male vorkommt, gelebt hat?‘ Der Examinand schwieg. ‚Nun, können Sie mir sagen, wann Innozenz III. den päpstlichen Stuhl bestieg?‘ Der Examinand schwieg wieder. Prof. Lorenz fragte weiter: ‚Aber, Herr Kandidat, wissen Sie nicht mehr von Innozenz III., als daß in seinen Urkunden der i-Punkt zum ersten Male vorkommt?‘ Der Examinand schwieg weiter. Das war natürlich dem Prof. Sittel sehr unangenehm, und er sagte deshalb: ‚Es ist, als ob der Herr Kandidat heute ein Brett

*) S. „Rätsel der Philosophie“, Aufl. 1955, S. 473, 580, 582 f., 589, 594.

vor dem Kopf hätte.‘ Und da sagte der Prof. Lorenz, der ganz breit österreichisch sprach: ‚Wer hat ihm denn das Brett vor den Kopf genagelt, Herr Kollega?“ Das war die Geschichte von jener Doktorpromotion. Dabei erklärte Rudolf Steiner die Kenntnis vom i-Punkt nicht einmal für unwichtig; so, wie man auch am Vorkommen von Wasserzeichen Briefe datieren könne.

Nach einiger Zeit sagte Rudolf Steiner unvermittelt zu mir: „Leider habe ich Sie neulich nach der Generalversammlung in Berlin kaum mal gesehen und gar nicht einmal sprechen können (es war vier Monate zuvor: am 21./22. 10. 1907). Sie waren auch so schnell verschwunden.“ — „Ja, es tat mir sehr leid,“ antwortete ich in einiger Verlegenheit. „Ich mußte damals sehr bald nach Marburg zurück, und als ich hinkam, stand da auf einem Zettel: ‚Bedaure sehr, daß ich erst nächste Woche das Seminar eröffnen kann.‘ Wenn ich das gewußt hätte, wäre ich noch geblieben.“ — Nun fragte ich ihn, wie sich der Nationalgeist eines Volkes zum Monarchen verhalte, ob sie sich deckten oder ob sie in einer bestimmten Beziehung zueinander ständen. „Bei den alten Goten,“ sagte er, „war das wirklich auch der Fall, da verkörperte der König die Volksseele. Aber in unseren heutigen Staaten ist es immer weniger der Fall. Es gibt sogar einen Staat (den Namen will ich nicht nennen), in dem der Herrscher sogar der Feind der Volksseele ist. Allerdings kommt es vor, daß die Regenten in einer bestimmten Beziehung stehen zu den Geistern der Zeit, den sogenannten Geistern des Umlaufes, wie z. B. Friedrich der Große.“ — „Also kommt es überhaupt nicht mehr vor?“ — „Nein, keinesfalls.“

Ich gestehe, daß ich einigermaßen enttäuscht war, hatte ich doch mit meiner Frage an den Kaiser gedacht, an den ich damals glaubte. Mir war gewiß, wie wohl auch den anderen, die zugegen waren, daß von Rudolf Steiner niemand anders gemeint war als er. Es kam mir nicht der Gedanke, daß Rudolf Steiners Auskunft auf den russischen Zaren zielen könne*). Freilich war der hohe mystische Glaube an den geborenen König und Fürsten, wie ihn bekanntlich auch Novalis hegte, damit entthront und sinnlos, wenn der König aufgehört hatte, der Mittler von Volk und dessen Genius zu sein — vollends wenn er dessen Feind war. Gab es überhaupt in

*) Herr Dr. Karl Heyer hält die erste Auffassung für die gewissere, ohne die letzte völlig auszuschließen. Er habe selbst 1914 einen Ausspruch Rudolf Steiners über den Zaren Nikolaus mit Bezug auf ein (angebliches) Wort gehört, welches der Zar zu ausmarschierenden Truppen sprach: „Der Gott Rußlands ist groß!“ Der Zar, so habe Rudolf Steiner damals gesagt, wisse nicht, welches Wesen er damit angerufen habe. — Hiermit konnte an nichts als ein dämonisches Wesen gedacht sein — eine Art Volksdämon als Gegenbild der wahren russischen Volksseele. Wer diesen anrufe, sei der Volksseele fremd und feind. (Brief vom 27. Oktober 1960.)

unserer Gegenwart wahre Könige? Ich selbst habe später, wenn ich in meinem Unterricht auf diese Frage kam, stets den „Alten Kaiser" (Wilhelm I.) als den letzten König bezeichnet, indem mir dabei der Essay Herman Grimms über jenen und seine Gemahlin Augusta vorschwebte. —

Inzwischen war es Zeit zum Aufbruch geworden, und wir verfügten uns in den Hanuschsaal. Rudolf Steiner sprach über den „Geist der Wahrheit" im Anschluß an das Johannes-Evangelium. Es war eine Predigt! Hier sprach in überwältigender Weise ein Mann, der „dabei gewesen" war. Ich empfand das Glück von neuem, welches mir zuteil wurde — dadurch, daß mein Weg mich zu diesem Manne führte. Aber furchtbar grausam empfand ich auch die Ironie, wenn diejenigen, welche den Namen Christen tragen, diesen Mann als Gegner des Christentums bezeichneten. Jene fürwahr hatten auch Christum selbst gekreuzigt und gerufen: „Kreuzige ihn." — — — Rudolf Steiner sagte sich bei uns auf Sonnabend nachmittag 16.30 Uhr an und bestimmte mir selbst eine Stunde für den Morgen. Ich saß noch bis tief in die Nacht hinein und schrieb die mit Rudolf Steiner geführten Gespräche nieder. In der Hauptsache und in bezeichnenden Wendungen hatte ich sie im Gedächtnis behalten.

Am Morgen des 22. Februar (Sonnabend) war ich erstaunt, eine Karte von Annie Besant vorzufinden. Ich hatte an den Manager des *Central Hindu College Magazine* geschrieben — wegen eines Werkes über indische Musik, und nun schrieb mir Mrs. Besant selbst von Adyar aus und teilte mir mit, daß *Pandit Viṣnu Digambar* selbst schreiben werde. — Um 11 Uhr war ich im Kasseler Hof, mußte aber noch eine Weile warten, da jemand bei Rudolf Steiner war. Ich wartete also ruhig und war dann bei ihm. Er sagte: „Nun ziehen Sie erst bitte Ihren Mantel aus und nehmen Sie hier Platz!" Er befragte mich zunächst über Dinge persönlicher Entwicklung und sprach sich über diese aus.

In diesem Buche ist einmal erwähnt worden, daß mir S. Stinde und P. v. Kalckreuth ein Stipendium — aus eigenen Mitteln — zugewendet und dadurch die Fortführung des Studiums ermöglicht hatten. Das war 1905 im September*). Damals gab ich auf Befragen an, ich dächte mit acht Semestern oder sieben das Studium hinter mich gebracht zu haben. Hiermit hatten die Münchener Freundinnen gerechnet und auf weite Sicht über die ausgesetzte Summe verfügt. Als nun meine Voraussage nicht erfüllt wurde, waren sie in großer Verlegenheit und schrieben kurzerhand an Dr. Noll. Dieser überraschte mich just an dem Abend des Tages, an welchem Rudolf Steiner nach

*) S. für das folgende auch „Blätter für Anthroposophie" Dez. 1955; S. 449 f. und 1956 März, S. 107 f.

Kassel kam, durch die Mitteilung, daß er die Nachfolge der Münchener Freundinnen übernommen habe und mir vollständig freie Hand ließe. Rudolf Steiner nahm an diesen Dingen Anteil. Deshalb seien sie hier erwähnt, nicht weil sie Persönliches aus dem Leben des Verfassers betreffen. Sie wären sonst besser verschwiegen worden. — Rudolf Steiner fragte, sobald die internen Angelegenheiten besprochen waren, unmittelbar: „Und ist Ihnen Ihr Studium gesichert?" — „Ja, ich persönlich kann mich nicht beklagen, aber zu Hause geht es nicht gut, und darunter leide ich mit, das liegt wie Reif auf, möchte ich sagen." — „So? Geht es bei Ihren Eltern nicht gut?" — „Gott, bis jetzt ist es trotz alledem noch gut gegangen, und in der größten Verlegenheit fand sich oft ein Ausweg, daß meine Mutter sagte, hier sei eine Fügung offenbar." — „Nicht wahr, Frl. Stinde und Gräfin Kalckreuth helfen Ihnen mit Geld?" — „Ja, aber —, ich weiß nicht, ob ich davon sprechen soll." — „O bitte, sprechen Sie sich ruhig aus!„ — „Also, dann will ich es erzählen. Frl. Stinde war durch den Kongreß stark engagiert und schien Schwierigkeiten zu haben. Sie hat dann an Dr. Noll geschrieben, ob dieser einspringen wolle. Und Dr. Noll hat vorgestern abend mit mir über die Sache gesprochen und sich in der liebevollsten Weise bereit erklärt, mir zu helfen. Ich war natürlich mehr wie überrascht. Nachher erst fiel mir ein, daß Frl. Stinde in gewissem Sinne unrecht tat, indem sie Dr. Noll die Sache aufzwang." — „Aufzwang? Das verstehe ich nicht." — „Ich drücke mich vielleicht nicht richtig aus, Aber ich meine es so: Frl. Stinde schrieb an Dr. Noll, und es ist mir ein peinlicher Gedanke, daß Dr. Noll eben nicht gut ‚nein' sagen konnte und gewissermaßen gezwungen war, ‚ja' zu sagen." — „Aber, mein lieber Herr Kleeberg, so dürfen Sie die Sache ja nicht auffassen. Es handelt sich nicht darum, ob Dr. Noll ‚nein' sagen konnte, sondern ob er ‚nein' sagen wollte. Darum handelt es sich. Frl. Stinde hätte auch nicht an ihn geschrieben, wenn Dr. Noll nicht der Mann wäre, der es könnte und der es gerne täte." — „Das ist wohl richtig. Er war sehr liebenswürdig gegen mich. Aber eben, es kommt mir doch vor, als ob Dr. Noll mehr oder minder unfreiwillig handelte." — „Nein, nein! Denken Sie doch, Frl. Stinde und Dr. Noll hätten die Sache unter sich geregelt, und betrachten Sie es so, als wäre Ihnen die Sache eben zugefallen. Ich habe auch mit Frl. Stinde über Sie gesprochen. In welchem Semester stehen Sie jetzt? Im siebenten?" — „Nein, im achten schon. Die Zeit vergeht so schnell." — „Aha, damals in München waren Sie im zweiten Semester." — „Ja, wir fangen zu Ostern an." — „Das ist richtig." — „Das war vor zwei oder drei Jahren. Aber es geht nicht alles so schnell, als man denkt und wünscht. Ich hatte immerhin Frl. Stinde eine Zeit für mein Studium angegeben." Rudolf Steiner lachte: „Ich habe ja damals gleich zu Frl. Stinde gesagt, als sie mir das erzählte: ‚aus der Geschichte wird nichts, so schnell kann es gar nicht gehen.‘ Das ist aber auch natürlich. Denn da kann Unvorhergesehenes zwischenkommen oder irgend etwas anderes. Aber nicht wahr, das sind Frauen, und die kennen das Studium nicht und stellen es sich zu einfach vor. Das ist ja durchaus begreiflich.“ — „Es wäre mir ein unerträglicher Gedanke,“ sagte ich wieder, „wenn meinetwegen Frl. Stinde sich Einschränkungen auferlegen müßte. Das Studieren braucht ja nicht zu sein. Der alte Herr David sagte mir einmal, ich gäbe einen guten Kaufmann ab und er nähme mich gleich in sein Geschäft auf. Ich wäre auch ein Kaufmann geworden.“ Rudolf Steiner schüttelte heftig den Kopf, als sei er unzufrieden, und sagte: „Nein, aber nein, Sie sollen und müssen studieren und werden auch studieren. Die Sache ist ja nur die, daß Frl. Stinde damit gerechnet hatte, daß Sie jetzt fertig wären, und hatte das Geld als ein richtiges Stipendium betrachtet. Sie selbst brauchte es nicht für sich. Und weil sie sich Gedanken über Sie machte, schrieb sie kurzerhand an Dr. Noll. Nicht wahr, Sie werden seine Hilfe doch nicht ablehnen?“ — „Wenn meine Befürchtungen zu unrecht sind?“ — „Aber natürlich! Dr. Noll tut es sehr gern und ist auch dazu in der Lage.“ — „Ja, er war überaus freundlich und bot mir an, ich könnte mein Studium unbekümmert ausdehnen.“ — „Nun also, machen Sie sich weiter keine Gedanken! — Mit Stundengeben sollen Sie sich auch nicht befassen, und von einem Staatsstipendium ist auch abzuraten. Man begibt sich da zu sehr in Abhängigkeit. Wie schön ist es, wenn man sich, wie in der Theosophischen Gesellschaft, untereinander helfen kann.“ — „Das ist richtig. Dr. Noll sagte auch, Theosophie sei nahezu wertlos, wenn nicht das Tätige hinzukäme.“ —

„Und wie geht es Ihren lieben Eltern? Ihre Mutter hat wohl über die Maßen zu tun?“ — „Es geht nicht gerade glänzend zu Hause; ich sagte aber schon, daß es trotz alledem wieder gut gegangen sei. Mit Krankheiten haben wir ja glücklicherweise nicht zu kämpfen.“ — „Ja, Ihre Frau Mutter sieht etwas vergrämt aus. Und was macht Ihr Vater?“ — „Der hat auch viel Sorgen. Er hat zwar zu tun, er verkauft wohl auch mal etwas, aber manchmal geht es doch nicht so, wie es sollte.“ — „Und dann kommt auch dazu, daß er älter wird und nicht mehr so arbeiten kann. Ich habe ihn gesehen; er sah wohl versorgt aus.“ — „Ja; und dazu kommt, daß die Uhrmacherei vom Fabrikgeschäft unterdrückt wird. Das macht sehr viel aus. Es war ihm in jüngeren Jahren angeboten, an die Post zu gehen. Aber was galt damals ein Beamter? Wie sehr sich alles geändert hat! Das war vor 30—40 Jahren. Wer aber kann heute noch eine Uhr machen? Die Uhrmacher von heute reparieren nur, mein Vater hat noch gelernt, selbständig eine Uhr zu machen, wie ein Schuhmacher einen Schuh." — „Es ist also nicht nur, daß er sich sagen muß: es wird dir nicht besser gehen, als daß er sich sagen muß: der ganze Geschäftszweig, dem du angehörst, muß bald zugrunde gehen. Und das bedrückt ihn." — „So ist es." — „Sehen Sie hier meine Taschenuhr, die trage ich jetzt seit wohl zehn Jahren. Sie hat 50 Mark gekostet und ist eine gewöhnliche Fabrikuhr. Ich bin so leichtsinnig, sie lose in der Westentasche zu tragen, und dann schlägt sie oft auf den Boden und weigert sich, eine Weile weiterzugehen. Aber sonst geht sie tadellos. — Und nun grüßen Sie Ihre lieben Eltern recht herzlich von mir. Ich komme heute nachmittag gegen 3/45 Uhr einmal hinunter, nur um wenigstens ‚Guten Tag' zu sagen. Und sagen Sie Ihrer Frau Mutter, daß sie sich meinetwegen nicht in Umstände stürzen sollte. — Und machen Sie Ihre Übungen hübsch weiter! Der Erfolg wird sich auf jeden Fall einstellen." — „Ich habe Geduld." — „Und haben Sie noch irgendwelche Skrupeln oder Zweifel?" — „Gott sei dank, nicht! Es ist alles zur Ruhe gekommen." — „Nun, dann auf Wiedersehen heute nachmittag um 3 Uhr bei Dr. Noll." — „Schon beim Mittagessen werden wir uns sehen." — „Ach so, nachher um 1 Uhr." — Aber da waren immer noch die Parenthesen, die nicht aufhörten, mich mit krummen Zangen zu zwicken. Und schon an der Türe stehend fragte ich ihn über diese Quälgeister: „Herr Doktor! Noch einen Augenblick ich hätte Sie noch gern über die Parenthesen gefragt. Ich habe erkundet, daß im Alten Testament keine vorkommen." — „Das sollte mich wundern," sagte er, „wenn keine vorkommen: Ist es nicht denkbar, daß etwa dastünde: ‚Dein Name (verzeihe, daß ich ihn nicht ausspreche!) ist unendlich heilig?' Dann sind auch Parenthesen möglich, die nur mit e i n e r Klammer geschlossen sind, sozusagen Übersichtsparenthesen. Wenn wir hier lesen: ‚Im Anfang schuf Gott Himmel und Erde', so fängt der Text erst an mit: ‚Und die Erde war wüst und leer'. Es steht da am Rande, etwa wie wir sagen würden: ‚Wie im Anfange Gott Himmel und Erde schuf'. Und im Johannes-Evangelium steht: ‚Im Urbeginne war das Wort, und das Wort war bei Gott'. Hiernach fängt eigentlich erst der Text an. Und am Rande steht: ‚Wie am Anfange Gott die Erde schuf, und wie im Urbeginn das Wort war'. Erst am Ende dieser Sätze müssen Sie sich die Klammer denken." — „Ich verstehe jetzt; etwa wie in unseren Märchenbüchern steht: ‚Wie Klein-Elschen das Christkind suchen ging'." — „Ganz richtig! Aber das werden Sie wohl nicht berücksichtigen dürfen. Die Sache müßte mal historisch verfolgt werden." — „Nun will ich Sie aber nicht weiter aufhalten. Also auf Wiedersehen!" — „Auf Wiedersehen nachher, und grüßen Sie Ihre Eltern!" Draußen warteten bereits andere Besuchende.

Um 13 Uhr kam Rudolf Steiner zu Nolls. Ich zeigte ihm die Karte von Annie Besant. „Ist Dr. Hartmann wieder Mitglied der Gesellschaft?“ fragte ich. — „Leider!“ antwortete er, „aber bei der italienischen Sektion.“ — „Aha, in Mailand wohnt er ja!“ — „Nein, in Florenz.“ — „Aber, warum sagen Sie: leider?“ — „Er ist etwas sprunghaft. — „Was wird aus der Leipziger Gesellschaft, deren Leiter er war?“ — „Er hat sich nie als Leiter der Leipziger Gesellschaft betrachtet.“ — „Mein Freund — dies war ein junger Brahmane aus Madura in Südindien, mit dem ich korrespondierte — schreibt mir, er lese Hartmanns Buch ‚Unter den Rosenkreuzern‘. Ich habe es nicht gelesen, aber Sie werden's wohl kennen?“ — „Nein, noch nicht. Es kommt darauf an, was er unter den Rosenkreuzern versteht. Wohl eine kleine Gemeinde. Das Buch wird mehr belletristisch sein.“ — „Mein Freund schreibt auch, er habe gehört, daß Dr. Franz Hartmann auf mysteriöse Weise verschwunden sei.“ — „Wie Sie sehen, lebt er ganz konkret. Das wird irgend ein Gerücht sein.“ — „Dann schreibt mir mein Freund, daß er ‚Zanoni‘ lese. Aber ich getraue mich nicht daran.“ — „O, ‚Zanoni‘ ist schon ganz gut. Wer das darin Gesagte versteht, wird es sehr nützlich lesen.“ — „Aber natürlich ist es verkehrt, dieses Buch für Anfänger zu empfehlen, wie es die Leipziger tun.“ — „Das ist selbstverständlich verkehrt.“ —

Wir gingen zu Tische. Rudolf Steiner fragte nach Herrn Stange, einem früheren höheren Postbeamten, der als buddhistischer Mönch nach Ceylon gegangen, und von dem wohl schon vor drei Jahren am elterlichen Tisch die Rede gewesen war. Der Fall schien Rudolf Steiner immer noch zu interessieren *). „Der buddhistische Okkultismus“, sagte Rudolf Steiner, „ist nicht falsch, aber der theosophische ist umfassender. Ihn kann man auf der ganzen Erde ausüben. Heutzutage ist auch jeder Mensch auf einen bestimmten Platz gestellt, und es ist verkehrt, sich gewaltsam seinem Karma zu entreißen und einer verflossenen Kultur nachzuleben, und eine solche ist die buddhistische. Man braucht nicht nach Indien zu gehen.“ — „Aber ist es ganz grundlos?“ fragte Dr. Noll. —

*) Nach Mitteilung von Frl. Frieda Noll (Brief vom 1. Februar 1953) gehörte Herr Stange zugleich mit einem Herrn Stahlbusch, beide Postpraktikanten und befreundet, sowie ein Herr Sobschak, der um 1902 in Kassel bestehenden theosophischen Loge (Gruppe) an. „Stange war verheiratet, hatte ein Töchterchen, er verließ Frau und Kind und ging nach Ceylon in ein buddhistisches Kloster. Sobschak ging mit ihm, er hat Stange ... stark beeinflußt mit allerlei dummen Redensarten, z. B.: wenn ich eine Frau hätte, ich würde sie verschenken, und dergleichen mehr. Sobschak war kein sympathischer Mensch. So recht ernst war ihm die Sache wohl auch nicht. Er hat das Kloster bald wieder verlassen, während Stange es ernst nahm, bald aber krank wurde und an Lungentuberkulose starb ...“

„Höchstens wenn man in einer späteren Inkarnation um so stärker wirken will. Aber warum soll man nach Indien gehen? Wer weiter kommen will, trete in ein Dominikanerkloster ein, und noch viel besser in ein griechisches Kloster auf dem Berge Athos." — „In ein griechisch-katholisches Kloster?" fragte ich sehr erstaunt. — „Ja, denn im griechischen Katholizismus liegen die Keime für die Zukunft, und nur hier. Überhaupt wird aus dem östlichen Europa die Rasse der Zukunft kommen. Wir haben in Smolensk eine theosophische Loge, und ihr Vorsitzender ist der dortige Metropolit und hat bei der Eröffnung eine wundervolle Rede gehalten, die ich in Übersetzung gelesen habe." — „In Rußland?" — „In Rußland! Was in Rußland verboten ist, das ist nur das Tragen von Waffen, das Vorbereiten von Attentaten und den Staat stürzen wollen. Sonst aber ist Rußland das freieste Land der Erde. Natürlich, wenn Sie im Verdacht stehen, etwas Gefährliches im Schilde zu führen, kommen Sie nach Sibirien." *) — „Aber man hört bei uns vom griechischen Katholizismus nichts Gutes." — „Ja, man könnte sagen: er taugte nichts. Die untere Schicht der Geistlichkeit ist allerdings korrumpiert, aber die Reisenden, die uns berichten, sehen eben nur die Korruption." — „Aber man könnte wohl auch sagen: der römische Katholizismus ist verknöchert, doch er enthält eine Menge Okkultismus. Warum sollte das in Zukunft nicht anders auch mit ihm werden?" — „Hier liegt die Sache nun wohl auch etwas anders. Für den römischen Katholizismus ist die Theosophie da, wie etwa für die Welt Plato da ist. Der römische Katholizismus ist in einer Sackgasse. Der griechische kennt das Unfehlbarkeitsdogma nicht. Von den existierenden Formen des Christentums: dem Protestantismus, dem römischen und dem griechischen Katholizismus — und auch die englische Kirche dürfen wir als eine besondere Form aufstellen — hat nur der griechische Katholizismus Zukunft. Im Osten, da ist noch alles flüssig. Im griechischen Katholizismus, darin ist alles Theosophie." — „Also wird die griechisch-katholische Kirche ein Christentum sein, das ganz in theosophischem Geiste gestaltet ist?" — „Ja! Die Theosophie ist natürlich umfassender. Aber richtig ist es schon. Es gibt viele Kleriker, die tief eingedrungen sind in die Wahrheiten des Christentums." — Dieses Gespräch über die Zukunft des Christentums als christlicher Kirche war sehr lehrreich und zeigte manche Perspektive.

Rudolf Steiner mußte noch einmal vor 3 Uhr in den Kasseler Hof. Ich konnte bis dahin bei Nolls bleiben, zog es jedoch vor, ihn zu begleiten. Es

*) Man vergleiche H. Lhotzky, Der Planet und ich (Ludwigshafen 1925): „Im zarischen Rußland lebte sichs außerordentlich frei und behaglich. Nirgends fühlte man sich so wenig beengt wie da ... Man durfte (nur) kein Aufsehen erregen."

lag nicht in meiner Absicht, „Gesichtspunkte“ aus Rudolf Steiner herauszupressen, hielt es aber doch wieder für besonders ersprießlich, mit ihm über meine — Parenthesen zu sprechen. — „Ich dachte mir die Sache so: die Schriftsteller darauf zu betrachten, ob sie subjektiv oder objektiv schreiben. Aber die indische Literatur, die keine Parenthesen kennt, ist nicht objektiver und nicht subjektiver als die griechisch-römische, die Parenthesen sehr zahlreich hat. Mit dem Gesichtspunkt ‚objektiv-subjektiv‘ ist nicht viel zu machen.“ — „Nein, damit ist nichts anzufangen. Ich glaube, daß darin etwas Richtiges liegt: wo es sich um Selbsterlebtes oder um Überliefertes handelt. In der Lyrik, bei Pindar, werden Sie nicht so viel Parenthesen finden, dagegen sehr zahlreich im Epos. Hier ist sie oft ein interlinearer Kommentar.“ — „Ja, aber es sind auch oft Ausrufe da.“ — „Sie dürfen die ganze Sache nicht auf ein Schema schlagen wollen. Da spielt manches durcheinander.“ — Wir waren vor dem Hotel angelangt. Mir schwebte immer eine Psychologie der Parenthese vor, als ein Kapitel aus der Geschichte der Formen des menschlichen Denkens. So wurde die Untersuchung über ihren nur stilgeschichtlichen Charakter hinausgeschoben und in einen großen, allgemeinen Zusammenhang gerückt.

Um 3 Uhr mußte ich wieder bei Dr. Noll sein, wo eine interne Zusammenkunft war. Hier traf man auch Herrn Günther Wagner und Dr. Hübbe-Schleiden. Letzterer erzählte von Annie Besant, und wie er mit ihr in Indien gereist war. Nach einer halben Stunde kam Rudolf Steiner und sprach zu uns aus dem Tiefsten seines Wissens. Was da gehört wurde, klang lange nach — bis es in die Schichten des unteren Bewußtseins einging, um dort weiterhin Grundstein zu bleiben. — Nachher ging er mit mir allein nach Hause — zu uns in die Brüderstraße. Ich fiel wieder auf mein Lieblingsthema, die Parenthesen, zurück. „Es ist doch auffällig“, sagte ich, „daß im Sanskrit so gar keine Parenthesen vorkommen.“ — „Sie müssen bedenken, daß die indische Kultur aus einem Geiste geboren wurde, dem das disgressive Denken noch fremd war.“ — „Also ließe sich die Sache etwa so betrachten: deskriptives Denken und kombinierendes Denken.“ — „Das ist schon richtig und wäre ein Gesichtspunkt. Aber nur nicht schematisieren!“ — Wir waren jetzt am Ziele. Zu Hause. Er begrüßte Vater und Mutter auf das herzlichste. Auch mein Freund Rudolf Walkhoff hatte sich eingestellt. Meine Mutter hatte wieder Kakao gekocht. Rudolf Steiner sagte nur: „Aber, Frau Kleeberg, Sie haben sich ja wieder Umstände gemacht.“ Aber sie entgegnete, es sei ja leider so wenig, was wir ihm anbieten könnten. Mein Vater erzählte viel von seinem Geschäft, bis mein Freund Walkhoff die Gelegenheit fand, auf Spinoza zu sprechen zu kommen. Er hatte nämlich eine Arbeit über die Affektenlehre Spinozas. Rudolf Steiner nannte Kuno Fischers Ausführungen über Spinoza schwach; er habe sich selbst ein Bild von Spinoza zurechtgemacht, und das beschreibe er. Auch was Überweg darüber sage, tauge nicht viel. Wie es käme, daß die Unsterblichkeitslehre Spinozas der theosophischen widerspräche, fragte W. „Hier hat sich Spinoza noch nicht zum Richtigen hindurchgerungen. Aber er ist gerade für Theosophen sehr gut zu lesen," sagte er. — „Dr. Hübbe-Schleiden erzählte mir heute," bemerkte ich, „daß Max Müller Kant übersetzt hätte und ihn ganz ins Englische umschreiben müsse. Und es sei leichter und man täte besser, Kant in englischer Übersetzung zu lesen, weil er da viel verständlicher sei." — „O, das ist eine von den Paradoxien, wie sie Dr. Hübbe-Schleiden liebt. Möglich, daß die englische Übersetzung leichter zu verstehen ist, aber das ist eben nicht mehr Kant, die Hauptsache ist ja verloren gegangen. Eine verwässerte Bibelübersetzung ist natürlich auch leichter zu verstehen als eine richtige. Aber besser ist sie darum noch lange nicht." — „Ich kann nicht begreifen, Herr Doktor," fragte meine Mutter, „wie man immer sagen kann, die Theosophie sei unchristlich." — „Das ist immer so gewesen. Vor nahezu 1900 Jahren, da saß im Kolosseum zu Rom die vornehme römische Gesellschaft, und in der Arena wurden wilde Tiere auf gefangene Christen losgelassen, während andere Christen als Fackeln leuchteten, so daß die vornehmen römischen Damen, um den Geruch zu ertragen, Parfüm gebrauchen mußten. Derweilen hielten die Christen unter der Erde ihre Zusammenkünfte und bestatteten dort ihre Märtyrer. Und nach einigen hundert Jahren war alles umgekehrt, da war das Christentum der Sieger, und die römische Welt war vernichtet. In ähnlicher Weise ergeht es uns auch. Aber das wird auch noch mal anders werden." Rudolf Steiner konnte nicht viel länger bleiben, weil ihn jemand zu sprechen wünschte, und so verabschiedete er sich ebenso herzlich wie er gekommen war. Solche Besuche Rudolf Steiners im Hause meiner Eltern sind eine schöne Erinnerung geblieben. Was ihn dahin führte, das zu „erklären" versagt jede Hypothese, die in Rudolf Steiner einen anderen als den Menschen des Herzens sucht. —

Um 19.30 Uhr stellte ich mich wieder bei Nolls ein. Man saß schon beim Essen. Rudolf Steiner erzählte gerade eine Geschichte vom Kronprinzen Friedrich Wilhelm (IV.). „Da war in der Umgebung des Königs ein General namens v. Clewitz. Diesem gab der Kronprinz eines Tages ein Rätsel auf: ‚Das Erste wächst auf dem Felde, das Zweite gibt einen kleinen Schock, und das Ganze ist eine Landplage'. Darauf lief der General zum König und sagte, der Kronprinz habe sich über ihn lustig gemacht, unter diesen Umständen müsse er unbedingt seinen Abschied nehmen. ‚Aber wieso hat er sich denn über Sie lustig gemacht, Exzellenz?', fragte der

König. ‚Ja, er hat mir ein Rätsel aufgegeben: Das Erste wächst auf dem Felde usw. Das kann ich nicht auf mir sitzen lassen. Denn das bin ich doch: Klee — Witz — Clewitz.‘ Der König ließ den Kronprinzen kommen und fragte ihn wegen des Rätsels. ‚Ja‘, sagte der Kronprinz, ‚ich habe Exzellenz ein Rätsel aufgegeben: Das Erste wächst auf dem Felde usw. Das ist doch richtig: Heu wächst auf dem Felde, ein Schreck gibt einen kleinen Schock, und Heuschrecken sind eine Landplage. Wie hat es denn Exzellenz aufgefaßt?‘ Das ist doch eine kleine nette Geschichte.“ Die Rede stand bei Friedrich Wilhelm IV., dem die Geschichte so wenig gerecht wurde. Rudolf Steiner erzählte eine weitere lustige Episode: „Friedrich Wilhelm hatte die Gewohnheit, seinen Besuchern ein Rätsel aufzugeben: ‚Was würden Sie tun, wenn Sie ein Seemann wären?‘ ‚Sie würden ins Meer der Ewigkeit tauchen‘, lautete die Lösung. ‚Und was würden Sie tun, wenn Sie ein Zahnarzt wären? Sie würden den Zahn der Zeit ausziehen.‘ — Das war einem Herrn gesteckt worden und als der König anfing: ‚Was würden Sie tun, wenn ...‘, da fiel der Besucher gleich ein: ‚Wenn ich ein Seemann wäre, würde ich den Zahn der Zeit ausziehen; und wenn ich ein Zahnarzt wäre, würde ich ins Meer der Ewigkeit tauchen.‘“ —

Nach und nach versammelten sich die eingeladenen Gäste. Es war ein großer Kreis versammelt, so daß Dr. Nolls Sprechzimmer hinzugenommen werden mußte. Rudolf Steiner sprach über Goethes Dichtung „Die Geheimnisse“. Jede philologische Interpretation erschien einem da wertlos, dürftig und trivial. Wie erschien doch jetzt Goethe groß und wissend — und bedauernswert als Kommentationsobjekt germanistischer Philologen! Er las erst das Gedicht vor, und dann erläuterte er die Idee des Ganzen, die Gedanken und die Symbole im Fortgange der Erlebnisse, in ihrer Mitte das Rosenkreuz. (Ein Bericht erübrigt sich, da Dr. Steiner mehrmals über dieses Thema sprach und seine Ausführungen gedruckt vorliegen.) — Nach diesem Vortrage wurde von Frl. Ilse Mörsberger eine Frage gestellt, die aber nicht diesen selbst, sondern das Johannes-Evangelium betraf: wer hat es geschrieben? Rudolf Steiner antwortete etwa folgendes: „Nicht darauf kommt es an, wer das Johannes-Evangelium geschrieben hat, sondern wer es verfaßt hat. Sie müssen bedenken, daß die Gedächtnisverhältnisse in früheren Zeiten ganz anders waren als heute, so was kann sich auf 100 Jahre verändern. Wer das Johannes-Evangelium ‚schrieb‘, ist der Jünger, ‚den der Herr lieb hatte‘. Er ist niemand anders als Lazarus, von dem auch gesagt wurde, daß ihn der Herr lieb hatte. Erst mit der Szene der Auferweckung des Lazarus, die eine Einweihung ist, wird der Jünger mit Namen genannt. Das ist schon sehr auffällig. Es gibt aber noch andere Momente, die dieses bestätigen. Also von Lazarus stammt das Johannes-

Evangelium, niedergeschrieben ist es erst später. Ich habe da einmal ein Erlebnis gehabt, welches für diese Dinge recht lehrreich ist. Sie wissen vielleicht, daß es einen Prosahymnus Goethes an die Natur gibt, der so etwa anfängt: ‚Natur! wir sind von ihr umgeben und umschlungen' usw., und dann kommen die schönen Sätze: ‚Die Natur hat den Tod erfunden, um viel Leben zu haben, Gegenwart ist ihre Ewigkeit...' — Dieser Hymnus wurde nach dem Tode der Herzogin Amalia in deren Nachlaß gefunden. Es war nicht Goethes Schrift, und er erinnerte sich auch nicht, einmal etwas Derartiges geschrieben zu haben. Gleichwohl schrieb er einen Kommentar zu diesem Hymnus und veröffentlichte ihn in einem Bande seiner Werke. Als ich nun in Weimar arbeitete, untersuchte ich die Sache mit allen Mitteln der philologischen Wissenschaft. Denn allgemein zu sagen, der Hymnus enthielte Goethesche Gedanken, würde nicht viel Eindruck auf die Gelehrten gemacht haben. Ich fand also heraus, daß Goethe in den dreißiger Jahren seines Lebens oft mit einem jungen Mann namens Tobler spazieren ging, etwa an der Ilm. Und inmitten der schönen Natur sprach Goethe diesen Hymnus. Tobler aber, der ein ausgezeichnetes Gedächtnis hatte, schrieb diesen Hymnus nachher zu Hause auf. Auf diese Weise haben wir einen richtigen Hymnus Goethes. Die Sache machte auch Aufsehen. Da kommt eines Tages ein namhafter Goetheforscher zu mir — den Namen will ich aus begreiflichen Gründen nicht nennen —, der sagte mir: ‚Wir müssen Ihnen recht dankbar sein, weil Sie endlich nachgewiesen haben, daß in Wirklichkeit Tobler den Aufsatz geschrieben hat.' Da war ich perplex und sagte nur: ‚Aber hierauf kam es mir wirklich nicht an.' Dieses Beispiel ist sehr bezeichnend. Die Philologen fragen nur, wer zuletzt die Feder in die Tinte getaucht hat; oder wie es eben damals war. Ebenso verhält es sich mit dem Johannes-Evangelium, das in Wirklichkeit von Lazarus verfaßt ist. — Dies etwa wäre es, was ich in Kürze zu der Frage sagen könnte."

Dann gab es eine allgemeine Unterhaltung. Ich sprach mit meinem Freunde Thilo Ziegler über den Vortrag und sagte: „... und wenn wir weiter nichts gelernt hätten, als daß Götz von Berlichingens Hand ein Ausläufer der Sage vom nordischen Tyr ist, dann hätten wir genug gelernt." Das hörte Rudolf Steiner, der in unserer Nähe stand und fragte: „Wie meinten Sie eben?" Ich wiederholte. „So? Ist Ihnen das das Wichtigste gewesen?" Ich hatte damit sagen wollen, wie interessant und wichtig dieser Vortrag selbst in Dingen 3. und 4. Grades gewesen war. Das war oft, was Rudolf Steiners Vorträge auszeichnete, daß die Aufklärung, die er zu verbreiten wußte, sich oft bis auf Nebenumstände und selbst Entferntes erstreckte. So sagte ich ihm denn, wie meine Worte gemeint waren. Denn, ungeschickt freilich, wollte ich ausdrücken, wie eine Einzelheit dieses Vortrages schon wissenerweiternd war; um wieviel mehr das Ganze! „Aber Sie entschuldigen doch, was ich über Ihre Kollegen, die Philologen, gesagt habe?“, sagte er wieder. „Es war die volle Wahrheit. Ich weiß wohl, wie ich über die Philologen zu denken habe.“ Wir sprachen dann über ein Buch von Welzhofer „Buddha, Christus und Mohammed“, welches an Unverstand und Unverständnis Unübertroffenes leistet, und ich berichtete ihm, was da über Jesu Leben und Tod gesagt ist. Der Verfasser rechnete sich selbst zu den gemäßigt-liberalen Theologen. — Rudolf Steiner wurde nun von jemand nach einem guten Buch über Mythologie gefragt und empfahl die Mythologie in Webers Katechismen. Für ein tieferes Eindringen sei zu empfehlen das Buch von Czobel „Die Entwicklung des religiösen Denkens“. Der Verfasser sei ein Ungar und sein Deutsch etwas schwer. Aber wenn man diese Schwierigkeit überwunden habe, könnte man sehr viel aus dem Buche lernen. Von Laistners „Rätsel der Sphinx“ sagte er, daß es für den Theosophen von größter Wichtigkeit sei, aber sehr gelehrt und auf lange Partien nicht kurzweilig zu lesen.

Es war schon spät geworden, und wir brachen allesamt auf. Mein Freund Walkhoff und ich begleiteten Rudolf Steiner an den Kasseler Hof. Es regnete und stürmte, was vom Himmel herunter wollte. Noch fragte ich Rudolf Steiner, ob Frau Mörsberger, die auch mit ihren Töchtern den Vortrag gehört hatte, Mitglied der Loge würde. „Nein, niemals“, sagte er, „sie hat an irgend etwas Anstoß genommen.“ Wir empfanden es immer als ein Unrecht, daß sie uns Rudolf Steiners Gegenwart entzog und sich einen separaten Vortrag leisten wollte. — Sonntag, den 23. Februar, um 11.45 Uhr, fuhr Rudolf Steiner nach Bielefeld ab. Wir — Eisenbergs und Nolls — und auch Frau Mörsberger gaben Rudolf Steiner, dem Doktor, das Geleite. Er verabschiedete sich herzlich und bestellte noch einmal Grüße nach Hause. Wir gingen nun jeder heim. Es ist nicht zu viel gesagt: wie ausgestorben kam uns jetzt die Stadt vor, leer, verlassen. Dies Gefühl des Alleinseins wurde gemildert dadurch, daß ich am Abend bei Dr. Noll sein konnte. Ich hörte, daß Rudolf Steiner voraussichtlich im Herbst nach Kassel komme und hier einen Zyklus über das Johannes-Evangelium halten werde. Dieser konnte aber erst im Sommer des nächsten Jahres stattfinden.

*

Im März kam der Leipziger Theosoph Jaskowski nach Kassel. Wir trafen uns bei einem Kaffee bei Schusters, die im stadtwärts liegenden Flügel des Orangerieschlosses (Karlsaue) wohnten. In diesem Hause trafen sich die theosophischen Freunde oft und gern. Schusters waren nicht nur gastliche Menschen, bei ihnen herrschte auch ein fröhlicher, zu mancherlei Unfug aufgelegter Ton vor, obwohl diese Familie viel Schweres im Laufe der Jahre hatte mitmachen müssen. Ich habe viele schöne Stunden bei ihnen verlebt und lernte auch dort meine spätere Frau kennen, eine Kusine des Herrn Schuster. Wie ich diese liebenswerten Menschen einige Jahre vorher kennenlernte, war auch ein köstliches Spiel des Zufalls. Hier also war jetzt Jaskowski aus Leipzig von der dortigen Gesellschaft, der sich Schusters vor einigen Jahren angeschlossen hatten und wohin sie noch die ehemaligen Beziehungen gelegentlich pflegten. Über Rudolf Steiner sprach er sehr von oben herab, tat es ihm aber zu meinem stillen Vergnügen *mutatis mutandis* darin gleich (s. o. 21. Febr. bei Dr. Noll), daß er Kaffee ablehnte und Milch wünschte, worauf seine Begleiterin dem erhabenen Beispiel ihres Lehrers folgte. —

An einem Zweigabend erzählte ein Mitglied, in Hannover sei folgende Frage an Rudolf Steiner gestellt worden: „Welchen Einfluß hat der Alkohol auf den Geheimschüler?" Worauf Rudolf Steiner antwortete, diese Frage könne überhaupt nicht beantwortet werden, denn ein Geheimschüler trinke keinen Alkohol.

Zu Herrn Schuster, der Gärtner war, sagte Rudolf Steiner: Postrat könnte jeder werden, aber Gärtner nicht, der sei ein Künstler; Kultusminister könnte auch jeder werden, aber Lehrer nicht, der müsse geboren werden. —

Es war im Michaelismonat, als Herr Dr. Noll in einem Gespräch den überraschenden Gedanken äußerte, die Begründung eines theosophischen Bayreuth anzuregen; Johanneum sollte dieser Bau heißen. Ich weiß nicht, wann die ersten Pläne des späteren Goetheanum auftauchten. Ist meine Erinnerung richtig, dachte Dr. Noll an die Höhe des Habichtswaldes oder einen anderen Berghügel der hessischen Landschaft in der Nähe Kassels. Dr. Noll hatte immer etwas Überlegt-Großzügiges. Materielle Hindernisse und Schwierigkeiten sah er wohl, aber er war immer der Überzeugung, daß sie überwunden werden müßten und könnten, wenn nur der ernste Wille dazu vorhanden sei.

*

Es war im Herbst, als ich wiederum Dr. Nolls Freigebigkeit eine Reise nach Berlin zur Generalversammlung verdankte. Ich fuhr am 23. Oktober nachts allein voraus, Dr. Noll kam nach. Da viel Zeit war, sah ich mir Berlin an. Am Abend des 24. war ein Vortrag Rudolf Steiners im großen Saale des Architektenhauses über „Goethes geheime Offenbarung" *). Der

*) 24. 10. 1908. Phil. Anthr. Verlag Dornach 1932.

Andrang war unerhört, der große Saal A bis auf den letzten Platz mit Menschen angefüllt. Er sprach über Goethes Märchen von der grünen Schlange und der weißen Lilie. Wie wenig kannte doch die Universitätsphilologie Goethe, und wie wenig war sie befugt, Goethe zu interpretieren! — Rudolf Steiner war sehr umschwärmt. Doch ergab sich für mich Provinzler wirklich Gelegenheit, ein paar Worte mit ihm zu sprechen. Ich erzählte ihm von meiner Yājñavalkya-Arbeit*) ganz kurz und bat ihn, mir doch ein paar Bücher zu nennen, deren Studium für die Sache ersprießlich wäre. Ich möchte ihn doch morgen mal daran erinnern, meinte er. Meine Hoffnung war aber sehr gering.

Am 25. wurde die Generalversammlung im Lettehaus (am Luisenplatz) eröffnet. Dr. Steiner hielt eine Begrüßungsansprache und stellte im Namen des Vorstandes den Antrag, daß ein Vorstandsmitglied, welches sieben Jahre lang dem Vorstand angehört hätte, in diesem auf Lebenszeit Sitz haben sollte. Denn ein Mitglied, welches sieben Jahre lang im Vorstand gearbeitet hätte, habe eine ganz andere Bedeutung als ein jüngeres. Ferner sollte der Vorstand, dem wachsenden Mitgliederstand entsprechend, erweitert werden. Die zunehmende Mitgliederzahl bilde in gewisser Weise eine Gefahr; es könne sich eine Mehrheit bilden, welche die Arbeit langer Jahre einfach zerstöre, und dem solle die Stabilität des Vorstandes entgegengesetzt werden. Um aber auch den Rechten der Mitglieder zu entsprechen, solle ein Areopag aus den Erwählten der einzelnen Zweige errichtet werden. — Rudolf Steiner befürwortete diesen Antrag mit warmen Worten. In der Debatte erfolgte sonst kein Widerspruch, nur Herr Dr. Fränkl machte Einwände geltend. Mit allen gegen eine Stimme, des Herrn Lauwericks, wurde der Antrag angenommen. Auch mir erschien dieser „Hohe Rat“ als eine mit Freuden zu begrüßende Einrichtung — wenn er tatsächlich im Sinne der „großen Meister“ die Gesellschaft leitete. Da verlor freilich die formale Demokratie jeden Sinn. Hier lag ein soziales, politisches Problem ersten Ranges — übertragen in eine Menschengemeinschaft, die geistige Güter pflegte. Das Problem „Autorität und freies Urteil“ tauchte auf. Aber vielleicht lag in diesem Gegensatz nicht einmal das Problem, sondern einfach in dem: warum ist Majorität auch Meliorität? Ist Minorität auch Pejorität? Hatte Schiller recht: Mehrheit ist der Unsinn? Ich selbst war überzeugt, daß Rudolf Steiner aus Wahr- und Weisheit sprach und ent-

*) Yajnavalkya ist einer der großen Weisen der Upanishaden. Upanishad bedeutet Geheimsitzung, Geheimlehre, Geheimwissenschaft; Zeit: vor Buddha, um 700 v. Chr. Rudolf Steiner erwähnt Y. in einem Briefe an W. Kirchbach vom 2. Oktober 1902; s. Briefe II, S. 307. Er war ihm somit seit langem bekannt.

schied, und wäre — paradoxerweise — bereit gewesen, unbesehen jedes Wort von ihm zu unterschreiben. Aber — Autorität durfte nicht von der Pflicht eigenen Nachdenkens entbinden. Verzicht, selbst freudiger, auf solches ist stets die Kehr- und Fehlseite aller Autorität.

Die 15 Mitglieder des Vorstandes mußten gewählt werden. Die 98 Stimmeninhaber schrieben jeder die 15 Namen auf Zettel, und diese Zettel wurden verlesen. — Am Nachmittag Fortsetzung. Ein sehr ernster Fall wurde verhandelt. Die Ausschließung Dr. Vollraths. In längerer Rede legte Rudolf Steiner die Gründe dar; er war sehr zornig, wie ich ihn noch nicht gesehen. Die Dinge, welche er allerdings zur Sprache brachte, waren, um an den Wänden hinaufzulaufen. Vollrath hatte dem Leipziger Zweige das Leben derart erschwert, daß es gerade christliche Nächstenliebe war, dem Zweige wieder freie Luft zu schaffen. Er (V.) drückte ihm geradezu die Kehle zu. Rudolf Steiner betonte wiederholt und eindringlich, es solle durch den Beschluß des Ausschlusses nicht über Vollrath zu Gericht gesessen werden, sondern nur gesagt werden, daß eine gemeinsame Weiterarbeit nicht möglich sei. „Wenn in einem Verein von Dummen", sagte Rudolf Steiner, „sich ein Kluger befindet, so besteht das Recht, ihn auszuschließen, wiewohl seine Klugheit dadurch dokumentiert wird." Rudolf Steiner sprach mit großer Entschiedenheit und sehr entrüstet über die großen Dummheiten und Geschmacklosigkeiten, welche Vollrath begangen hatte. In der Debatte traten zwei Damen für diesen ein, schließlich suchte er sich selbst zu verteidigen, er überschlug sich förmlich in seiner Rede. Ihm entgegnete Frau Wolfram, welche die Leiden des Leipziger Zweiges lebhaft schilderte. Dann wurde Schluß der Debatte beantragt.

Nach einer Pause, in welcher Vollrath das allgemeine Gespräch bildete, wurde in den sachlich-theosophischen Teil eingetreten. Nach dem Vortrage einiger Lieder hielt Dr. Unger einen Vortrag über einen philosophischen Gegenstand. Anknüpfend sprach Rudolf Steiner selbst, aber kürzer, über das große philosophische Dreigestirn am Anfang des 19. Jahrhunderts: Fichte, Schelling, Hegel — welches er in begeisterten und begeisternden Worten vor den Seelen aufleuchten ließ, und ermunterte zum intensiven Studium ihrer Schriften. Wenn diese drei, sagte er, auf uns herabblickten, dann würde es sie mit tiefer Befriedigung erfüllen, daß durch die Theosophische Gesellschaft ihre Arbeit wieder verstanden und zu Ehren gebracht würde.

Am Morgen des Montag (26. Okt.) mußten wir schon um 10 Uhr im Architektenhause sein. Etwas ganz Neues, Großartiges stand uns bevor. Nach einigen musikalischen Vorträgen des Herrn v. Papoff hielt Rudolf Steiner einen Vortrag über Novalis, innerhalb welches Vortrages M. v.

Sivers die Hymnen an die Nacht rezitierte. Mir war Novalis nur so obenhin bekannt. Der Name des Dichters, der einer der allerbedeutendsten und — man könnte sagen: deshalb — in der Literaturgeschichte still versteckt ist, wird in dem Literaturunterricht unserer Schulen nur vorübergehend erwähnt. Man weiß von ihm, daß er einige, allerdings sehr tiefempfundene Kirchenlieder gedichtet hat. Aber sonst —? Heinrich Heine spricht von ihm als einem ätherischen Wesen wie von einem Paradiesvogel, der in den Lüften schwebt, von Sonnenstrahlen lebt und keine Füße hat, auf der Erde zu stehen. Eine ähnliche oder verwandte Anschauung ist auch in die Literaturbücher übergegangen. Sie verkennt Novalis' Wesen vollkommen.

Rudolf Steiner begann: Niemand solle, wenn er nach Weimar komme, versäumen, die Büste von Novalis in der Bibliothek der Stadt anzuschauen. Sie gehöre zu den klassischen Dokumenten Weimars. Aus diesen Zügen, aus dieser über die Sphären der Menschlichkeit hinausgehobenen Physiognomie spreche das, was sie ausdrücke: eine Seele, die ganz gegründet sei im Okkulten. Novalis sei eine der Persönlichkeiten, die ein lebendiger Beweis seien für das Erheben zum Höchsten. Im Grunde sei Novalis niemals in arge Konflikte gekommen mit den konservativen Traditionen seiner Familie. Das Verhalten des Vaters zeige, daß in der Familie auch eine freie Empfänglichkeit vorhanden gewesen sei für alles Hohe. Die Biographie Novalis' sei ein kleines Kunstwerk. Der Vater erscheine uns als eine Kraft. Der junge Novalis sei dem bürgerlichen Leben nach einem praktischen Berufe zugeführt worden, der gemischt gewesen sei aus Jura und Bergingenieur. Er sei das Entzücken derjenigen gewesen, bei denen er seinen Beruf ausübte. Die mathematisch-physikalischen Wissenschaften seien nicht nur von ihm beherrscht worden in Praxis und Theorie: ihm sei die Mathematik zum Gedicht geworden, es habe sich ihm das Gefühl für die Größe der Zahlen entfaltet. Mathematik sei für ihn der Weg zum Spirituellen geworden, während sie für die Menschen, die sie nur von außen kennen, als etwas Kaltes wirke. Novalis ließe sich mit Goethe nicht vergleichen oder auf eine Höhe stellen. Goethe habe einen höheren Gang aus höheren Welten, einen Initiationsgang genossen. Novalis aber, der mit 29 Jahren den physischen Plan verlassen mußte, habe an Spiritualität mehr gegeben als tausend andere Menschen. Ihm hätten sich die spirituellen Erlebnisse vor die Seele gestellt, und sie seien ausgeflossen in rhythmischen Versen in die Welt. Er sei fähig gewesen, zu empfinden die höheren spirituellen Welten; und das Sternenlicht der Nacht und das Licht des Tages, sie seien ihm wie Erinnerungen erschienen. Die wahren spirituellen Erfahrungen der Nacht seien ihm aufgegangen.

Man müsse das Ereignis, das diese spirituellen Intuitionen herausgeholt habe aus Novalis' Seele, ganz in Spiritualität rücken, wenn man es verstehen wolle. Während seiner Einführung in die Praxis habe auf einem Schlosse Novalis ein 13jähriges Kind kennengelernt. Ein geheimes Mysterium habe sich abgespielt, welches man, ohne zu verletzen, nicht ein Liebesverhältnis nennen dürfe. Dies Kind sei ein hinsterbendes Wesen gewesen, und indem sich sein Geist losgerungen vom physischen Körper, habe sich in Novalis das Losringen der inneren spirituellen Fähigkeit entwickelt. Bei nichts zeige sich die Unfähigkeit der an die äußeren Erfahrungen gebundenen Denkweise mehr als bei dem, was wir hätten erleben müssen in unserer materialistischen Zeit bei der Beurteilung dieses Verhältnisses, welches man nur verstehen könne, wenn man es ganz in Spiritualität betrachte. Wir hätten es sogar erleben müssen, daß die Wissenschaft bei der Betrachtung dieses Verhältnisses sich auf Dokumente stützte. Solche Literaturwisssdiaft stelle oft eine Farce dar, und die positive Wissenschaft habe darlegen wollen, daß Novalis mit diesem Verhältnis einen illusionären Gang genommen habe. Man fand, daß die Briefe der Sophie v. Kühn nicht nur in jeder Zeile, sondern fast in jedem Worte einen orthographischen Fehler hätten; Novalis sei also einer furchtbaren Täuschung unterworfen gewesen *). In Weimar, wo auch Goethe sie gesehen, habe sie auch auf ihn einen tiefen Eindruck gemacht. Die paar Worte, welche Goethe über sie gesagt, seien mehr wert als alle Dokumente; das sei alles spirituelle Kraft, welche aus ihnen spreche. Was nun sei dieses ganze Ereignis für Novalis geworden? Sophie sei gestorben, und Novalis habe sich in die Stimmung hineingelebt: ich sterbe ihr nach. — Noch einmal sei ihm ein weibliches Wesen entgegengetreten, die Tochter des Berghauptmanns Charpentier. Diese sei für Novalis die irdische Wiederverkörperung der Seele der Sophie geworden.

Die Zuhörer wüßten, daß dieser Aufstieg in die höheren Welten verknüpft sei mit dem Hineinblicken in die Geheimnisse der höheren Welten. Und so sei Novalis ein Entzifferer der Akashachronik geworden: Er habe die Seele gesehen, wie sie noch nicht inkarniert gewesen und im Schoße der Gottheit gelegen, als sie selbst noch nichts gewußt vom Tode, als sie noch nicht im Leibe, der irdischen Materie, gewesen. Da habe sich zugetragen, daß sich Novalis, dem Seher, ein Einblick gewährt habe in Urzeiten, als die Seelen der Steine, der Pflanzen und Tiere, noch nicht innerhalb der Steine,

*) Besonders hat sich in dieser Richtung E. Heilborn in seinem Buche „Novalis der Romantiker", Berlin 1910, durch Mißverstehen hervorgetan; s. daselbst 3. 53 ff. Ich vermute, daß Dr. Steiner auf Heilborn anspielte.

Pflanzen und Tiere und als die irdische Welt noch mit der Gottheit verbunden gewesen. Nichts sei vorhanden gewesen von jener Unterbrechung — durch Geburt und Tod —, und diese Worte hätten noch keinen Sinn gehabt; ebenso nicht der Gedanke, was totschlagen ist. Danach seien die Götter verborgen worden und eingeschlossen die Geister in die irdischen Leiber. Aber der, welcher fähig sei, zurückzugehen in die spirituelle Welt, finde die Götter und lerne erkennen, was der Seele eigentlichstes Wesen sei. Dieses überdauere alles irdische Bewußtsein.

Was sei nun in Novalis' Seele gewesen? Als er verbunden gewesen mit Sophiens Seele, und als er ihr nachgestorben, sei mit dem Nachsterben ein magisches Licht in ihm aufgegangen. — So komme Novalis in seinem Schauen in Zeiten, wo die Geister noch nicht hinuntergestiegen gewesen ins Irdische — so habe er sehen können, wie der Übergang gewesen und der Geist gesunken in die Materie. So habe er sehen können, wie der Tod sich dargestellt — auch wie er sich verschönern könne. Novalis habe sehen können das universelle Bedeuten der Vorgänge. Als mit dem Mysterium von Palästina der Christus erschienen, da habe man empfunden, daß das Licht eingezogen sei in die Menschheitsentwicklung. Ein sinnender Jüngling sei dem griechischen Geiste als Rätsel des Todes auf dem Grabe erschienen. Aber der Grieche habe erkannt, daß das Rätsel eine Lösung gefunden habe mit dem Ereignis von Golgatha. Da sei ein neuer Einschlag gegeben worden in die Menschheitsentwicklung. Novalis erhebe das mysteriöse Wissen über das magische Wissen der Alten. So löse er das Rätsel des Lebens im Hinweis auf das Mysterium von Golgatha. — — —

Das hier Wiedergegebene sind nur Notizen. Ich bin durch diesen Vortrag Rudolf Steiners zu langjährigem Studium von Novalis angeregt worden. Das für die Staatsprüfung mir gegebene Thema aus der deutschen Literatur behandelte Novalis („Novalis der Mystiker"). Meine Arbeit fand damals sogar den bewundernden Beifall des allgemein gefürchteten Vorsitzenden der Marburger Prüfungskommission Aly. Mehreres über Novalis wurde von mir in Zeitschriften veröffentlicht: in den Historisch-politischen Blättern Bd. 163 „Novalis' Religion" — ebenda Bd. 167 „Romantik und Persönlichkeit"; im Eichendorff-Kalender (Romantisches Jahrbuch) 1920 „Das romantische Lebensideal" — ebenda 1923 „Dante und Novalis". In dem vorgenannten Aufsatz sollte gezeigt werden, wie wirklichkeitsdurchdrungen und wirklichkeitsdurchdringend gerade Novalis war; im letzteren ist, wie bereits in der Prüfungsarbeit geschehen, zum ersten Male auf Rudolf Steiners sinnvolle Erklärung der geheimniserfüllten Strophe „Wen ich sah und wen an seiner Hand erblickte..." hingewiesen. Novalis schaute — nicht Sophie an Marias Hand, wie zumeist erklärt wird, sondern:

— den Johannesknaben an der Hand des Jesuskindes, wie es Raffael so oft, in „tausend Bildern", dargestellt hat — sich selbst. Genannt seien auch „Studien zu Novalis (Novalis und Eckartshausen)" im „Euphorion" (Zeitschrift für Literaturgeschichte, 23. Bd.). Eckartshausens Schriften studierte ich vor denen von Novalis. Eckartshausen spricht bereits um 1790 von Anthroposophie im Gegensatz zu Theosophie in besonderem Verständnis dieser Termini. Doch gelang es mir nicht, in anthroposophischen Zeitschriften eine Solches nachweisende Veröffentlichung zur Aufnahme zu bringen. Doch!!! 1950 erschien in der Zeitschrift „Die Drei" (20. Jg. H. I, S. 1 ff.) meine Arbeit „Zur Vorgeschichte der Anthroposophie in Deutschland". —

Es war unmöglich, an Rudolf Steiner heranzukommen: es war um ihn eine undurchdringliche Mauer von Elite und Prominenten. Unvermerkt aber stand er beim Vorübergehen neben mir, klopfte mir, freundlich wie er war, auf die Schulter und fragte mich, ob ich noch hier bliebe usw. — Nachmittags hielt er einen Vortrag über die drei Welten. Er hatte diesen geendet und forderte uns alle in launiger Weise auf, uns nun auf den physischen Plan zu begeben, welcher sich draußen befinde. In dem Vorsaale nämlich, wohin wir alle strömten, gab es Tee, Brötchen und Kuchen, welchen die Gräfin von Moltke selbst gebacken und in liebenswürdiger Weise austeilte. Wir waren ihre Gäste. Sie war die Gattin des Generals Helmuth von Moltke d. J., von dem Rudolf Steiner bei einem seiner ersten Besuche in Kassel im Elternhaus den staunenden Zuhörern erzählte, er habe zu ihm geäußert: alle Weltanschauungen und Philosophien hätten irgendwo eine Lücke; die Theosophie allein sei überall in ihrem System geschlossen und lückenlos. War es nun Sophie Stinde oder Rudolf Steiner selbst, der einmal zu mir bemerkte, der Kaiser habe einen mystischen Glauben an den Namen Moltke.

Die oben erwähnte Mauer blieb auch diesen Abend undurchdringlich. Am letzten Tage (27. Oktober) sprach Rudolf Steiner im internen Kreise und noch einmal nachmittags über Savonarola (Die Mission des Savonarola) und ein weiteres Thema: über das Wesen der Askese, durch welche Erkenntniskräfte entwickelt werden könnten. Im Vorübergehen konnte ich mich von Rudolf Steiner verabschieden — nicht so „französisch" wie damals — und fuhr noch am Abend heim. Als ich nach Kassel kam, lag die Stadt im Dornröschenschlaf.

1909

Mehrere Monate waren vergangen. Am 24. Februar fuhr ich nach Kassel. Rudolf Steiner sollte kommen. Von seiner Ankunft war nichts bekannt. Als ich am nächsten Nachmittag bei Dr. Noll anfragte, erfuhr ich, daß Rudolf Steiner bereits aus dem „Kasseler Hof“ telephoniert habe. Bald nachdem Dr. Noll von seinen Besuchen zurückgekehrt war, kam auch Rudolf Steiner. Ich war wieder zum Essen eingeladen. Es wurde viel über medizinische Dinge gesprochen, von denen ich nichts verstand. Ich begleitete Rudolf Steiner danach in den Kasseler Hof und erzählte ihm von meiner indologischen Preisschrift, die ich gerade in Angriff genommen. Diese hatte zum Gegenstand die Lehre des Yājñavalkya, eines vorbuddhistischen Philosophen von bedeutendem Range. Die Aufgabe war zu Kaisers Geburtstag, wie üblich, bei Gelegenheit der akademischen Feier gestellt worden. Indessen schien ihn die Sache nicht sonderlich zu interessieren, und so verfiel ich denn auf die — Parenthesen, deren „Gedankenform“ ich gern gewußt hätte. Es seien wolkenartige Ausstürzungen, sagte er. Er brauche Parenthesen, wenn er etwas einfüge, was eigentlich der Zuhörer bei vollständiger Aufmerksamkeit selbst merken würde. Deshalb würden die Parenthesen als selbständige Sätze und nicht als Nebensätze eingeführt. — Um 7 Uhr war ich wieder bei Nolls. Es waren noch zwei auswärtige Damen eingeladen. Um 8 Uhr hielt Rudolf Steiner einen Vortrag über Avatare in Indien, den Manu, die sieben Rishis, Zarathustra, Moses, Hermes und die Avatare des deutschen Volkstums. Wieder neue, bis dahin nicht geahnte Perspektiven! — Auch meine Mutter war anwesend. — Am nächsten Morgen war wiederum bei Dr. Noll eine interne Aussprache. Als ich dann Rudolf Steiner wie sonst begleitete und mit ihm über indische Götter sprach (die *Vasu's* und die *Rudra's;* gerade wollte ich mir Aufklärung über den *Adhyardhadeva,* den „anderthalben“ Gott, erbitten), kam die eine der beiden auswärtigen Damen, Frau v. Tschirschky, welche sich als Kapitolswächterin fühlte, auf einmal an meine Seite und zupfte mich am Rock, woran ich mich nicht viel kehrte. Bis sie endlich sagte, ich sollte doch nicht mit Dr. Steiner sprechen, weil dieser sich sonst erkälten würde. Sie zog mich also zurück und erzählte mir von München manches, was ich nicht hörte, denn ich sah in die Luft. — Rudolf Steiner hatte zu meiner Mutter gesagt, daß er dieses Mal uns leider nicht besuchen könnte, aber im Juni bestimmt. Mich fragte er, ob sie ihm übel genommen habe, daß er diesmal nicht käme. Sie erzählte mir, daß er sehr freundlich zu ihr gewesen sei. Es lag in seinem Wesen eine tiefe Bescheidenheit.

Beim Mittagbrot wurde über Dinge gesprochen, die meinem Kreis näher lagen. Etwa über Paul Deußen, den Kieler Philosophen und Übersetzer der Upanishaden. Rudolf Steiner sagte, daß Paul Deußen wohl genau Wort für Wort übersetze, daß aber am Schluß Unsinn herauskäme. Und Garbe, der die Bhagavadgita z. B. übersetzt hatte, nehme alles materiell und halte dieses für sein großes Verdienst, daß er das materielle Korrelat für das diesem entsprechende Geistige nehme. In diesem Augenblicke lenkte Frau von Tschirschky, die gelangweilt zuhörte, das Gespräch ab. In dessen späterem Verlaufe erzählte Rudolf Steiner mit plastischem Humor einige amüsante Geschichten von dem Goetheforscher Michael Bernays: „Dieser, der ein unglaubliches Selbstbewußtsein besaß, sollte in Weimar in der Goethegesellschaft einen Vortrag halten. Am Morgen ging er bei den Bekannten herum und sagte da: ‚O, ich weiß gar nicht, was ich heute abend reden soll. Aber ich werde erwarten, was mir der Genius eingibt.‘ Als er nun in dem mit heißer Luft erfüllten Saale auf der Rednertribühne stand, wurden erst die Fenster geöffnet. Bernays stützte tiefsinnig die Hand gegen die Stirne. Alles wußte jetzt, daß er auf den Genius wartete. Plötzlich erscholl es durch das Fenster, welches sich im Hintergrunde der Bühne befand, von einem Hühnerstall her: „Kikeriki!“ Die ganze Stimmung war vorbei. — Als er in Stuttgart war, vernahm er die Kunde, daß Erdmannsdörffer, den er aus einer Fotografie kannte, in die Stadt käme, und erwartete, daß dieser selbstverständlich auch Michael Bernays aufsuchen würde. Aber Erdmannsdörffer kam nicht. Es fügte sich indessen, daß Bernays ihm auf der Straße begegnete. Sofort ging er auf ihn zu und sagte: ‚Guten Tag, mein lieber Erdmannsdörffer, wie geht es Ihnen denn? Nicht wahr, Sie kommen jetzt ein wenig mit zu mir?‘ Der andere tat das auch. ‚Es ist mir, als ob wir uns schon Jahre kennten. Nicht wahr, du gestattest, daß ich dich ‚du‘ nenne? Es ist mir, als ob wir uns schon Jahre lang kennten. Und hier darfst du auch mein Tagebuch lesen, hier die letzte Eintragung.‘ Und da stand: Heute morgen 9 Uhr mit Lolo gekost. — In München wollte er gern den Grafen Leiningen, einen unserer ältesten Theosophen kennenlernen. Schließlich fand er ihn in einem Buchladen und redete ihn gleich an: ‚Guten Tag, lieber Graf, schön, daß ich Sie treffe. Aber leider haben Sie Pech gehabt. Ich gebe heute eine Abendgesellschaft, da lese ich den ‚Don Carlos‘ vor. Vielleicht darf ich Sie einladen. Aber nein, ich denke daran, daß alle Stühle besetzt sind. Da haben Sie Pech gehabt. Vielleicht ein andermal.‘ So verabschiedete er sich. Nachmittags kommt ein Diener des Professor Bernays zum Grafen Leiningen und bringt eine Einladung. — Professor Bernays empfängt ihn selbst mit den Worten: ‚Sie haben Glück gehabt, lieber Graf! Es hat jemand absagen müssen, das tat mir zwar sehr leid, aber es ist so ein Stuhl freigeworden, und so konnte ich Sie einladen.' Wenn der König mal abwesend war, soll er immer gesagt haben: ,Wie mir der Mann abgeht!' Übrigens erregte es Aufsehen seiner Zeit, daß er für die Festrede bei der Einweihung eines Denkmals für Scheffel das Komturkreuz desselben Ordens erhielt, von dem Scheffel nur das Ritterkreuz besaß." — Noch ein anderes Beispiel dieser Art der Gelehrteneitelkeit erzählte Rudolf Steiner von dem Chemiker Pohl, der zu sagen pflegte: „Es gibt drei bedeutende Chemiker: Der erste ist Liebig, der zweite ist X.Y.Z., den dritten zu nennen verbietet mir die Bescheidenheit!" — Rudolf Steiner fragte mich unter diesem auch, ob ich philosophische Kollegs höre, was ich verneinen mußte. Dafür nannte ich ihm Lothar Schücking, den freiheitlich gesinnten Staatsrechtslehrer, der just damals in einem offen entbrannten Kampfe gegen die preußische Reaktion stand. Rudolf Steiner kannte die Geschichte dieses Streites auch, besser als ich.

Die Tafel wurde aufgehoben. Ich verabschiedete mich an der Haustüre. Rudolf Steiner hoffte mich im Juni wiederzusehen. Ich sah aber gar nicht freudig diesem schönen Monat entgegen. Ich sah schon die Scharen der reisenden Theosophinnen heranströmen. Sie begannen mir die Zugehörigkeit zu verleiden. Ihre Anwesenheit schien mir dem inneren Wert und dem äußeren Ansehen der Gesellschaft Abbruch zu tun. Da hörten sie in einem einzigen Vortrag Rudolf Steiners Wahrheiten und Dinge, worum ein ernster Geistesarbeiter viele Jahre lang strebte und sich mühte — und dann womöglich vergebens. Das wurde ihnen in einer Stunde gegeben! Und man hörte sie davon sprechen, als hätten sie Geld auf der Straße gefunden. Vor allem aber fühlten sie sich berufen, über „die" „Wissenschaft„ ein sehr absprechendes Urteil zu fällen. Übrigens betrifft diese Anmerkung nicht nur Frauen.

Mein Gast war in diesen Tagen Gerhard Ryll, ein Marburger Student, der gekommen war, Rudolf Steiner zu hören. Er war bei Rudolf Steiner persönlich gewesen und recht befriedigt. Rudolf Steiner hatte ihm geraten, Mitglied zu werden und womöglich einen Kursus zu hören, dann werde er auch mit ihm, Rudolf Steiner, in Verbindung bleiben; das Nähere werde er von mir erfahren können. — Am 26. abends sprach Rudolf Steiner im Hanuschsaal über „Die zehn Gebote". Welche Interpretation! Er gab auch eine Übersetzung, welche mehr dem inneren Sinne als der philologischen *word-for-word translation* entsprach. Diese Übersetzung findet sich in meinen Aufzeichnungen. — Es knüpfte sich eine Fragenbeantwortung an, die sehr eingehend war. Besonders interessant war eine Frage nach den damals vielerörterten Embryonenbildern, die Ernst Haeckel nach der Behauptung des Keplerbundes gefälscht haben sollte. Rudolf Steiner wies darauf hin, wie sehr er Haeckel verehre, denn auf seinem Gebiete habe er recht, soweit es eben das materielle Geschehen angehe. Alles das leugne die wahre Geisteswissenschaft nicht. Rudolf Steiner charakterisierte zum Verständnis das biogenetische Grundgesetz und nannte hierbei Haeckels „Natürliche Schöpfungsgeschichte" und seine ersten Werke mit die bedeutendsten Bücher des 19. Jahrhunderts. „Sie wissen auch," fuhr er fort, „daß Haeckel mit großem Eifer und mit Begeisterung für seine Lehren eintrat und auf der Grundlage der Naturwissenschaft eine Religion gründen will, was nicht möglich ist. Es handelte sich nun darum, daß in einem bestimmten Entwicklungsstadium die Embryonen von Mensch, Hund und Affe, oder was es für Tiere waren, sich sehr gleichen; dies wird sogar von den Gegnern Haeckels zugegeben. Haeckel beging nun in seinem Feuereifer allerdings die Torheit, daß er für die drei Embryonenabbildungen der Bequemlichkeit halber dasselbe Klischee benutzte. Aber in der zweiten Auflage machte er diesen Fehler wieder gut und druckte die richtigen Embryonenbilder. Die Leute, die also moralisieren, hätten auch bemerken müssen, daß er sich gebessert und seinen Fehler gutgemacht hatte. So verhält es sich mit den angeblichen Fälschungen Haeckels. Die Sache ist, wie Sie sehen, schon sehr alt und wird von Zeit zu Zeit wieder einmal aufgewärmt. Sie hängt einem — verzeihen Sie den Ausdruck — zum Halse heraus." Dies war also Rudolf Steiners Erklärung in der damals größtes Aufsehen erregenden Angelegenheit der „Fälschungen". Noch einige andere Fragen wurden gestellt und der Abend beschlossen.

Meine Eltern waren auch in dem Vortrage. Bei der Verabschiedung sagte Dr. Noll zu mir: wir würden uns heute Abend wohl nicht mehr sehen. Die anderen und Rudolf Steiner gingen noch zu einem Imbiß bei Dr. Noll. Auch die beiden auswärtigen Theosophinnen. Ich aber nannte mich einen Dummkopf, daß ich mich vorgedrängt. —

*

Es war eine Überraschung ersten Grades, als Dr. Noll mich einlud, zu Ostern mit ihm und seiner Schwester nach Köln und Düsseldorf zu fahren. Das war am 7. April, als wir gemeinsam ins heilige Köln reisten. Ich kam in eine ganz neue Welt. Am Abend jenes Tages, als wir vor einem Hotel, dem Domhotel, ausstiegen, sah ich hinter mir eine große Masse in den dunklen Himmel aufragen. Ich fragte, was das sei. Es war der Kölner Dom. Am Morgen hatte ich nicht geglaubt, daß ich am Abend in seinem Schatten schlafen würde. Wieviel ändert sich an einem einzigen Tage! Ich hatte viel Zeit zuerst und sah mir Stadt und Rheinufer gut an. An den mehreren

Veranstaltungen, die stattfanden, nahm ich nicht teil, und ich begann auf meinen Spaziergängen mich über aristokratische und nicht-aristokratische Theosophie zu zergrübeln. Solche Sentiments legten sich schwer auf die schönen Frühlingstage am Rhein. Tatsache war, daß Rudolf Steiner auch hier seinen Plan in bezug auf mich hatte. Es sollte alles seine Zeit haben. Die verstattete Muße ließ mir jedoch Zeit, auch dem Dom einen Besuch zu machen. Am Sonntag wohnte ich dem feierlichen Pontifikalamt bei. Der Ritus der Kirche in seiner Pracht und Würde war überwältigend. Den Kölner Aufenthalt in seinem Ablauf, wie ebenso den Düsseldorfer zu schildern — dieses würde lediglich persönlichen Bezug haben, aber kein weiterreichendes Interesse beanspruchen können.

Am 10. April, Sonnabend, fand der erste Vortrag Rudolf Steiners in dem prächtigen Rokoko-Saale des Hotels Disch statt. Er wurde eingeleitet durch einen wunderbaren Orgelvortrag des Herrn Arenson. Es folgte die melodramatisch deklamierte Anfangsszene des „Faust", auch der Beginn des zweiten Teiles — sehr schön, aber zuerst ungewohnt. Dann hielt Rudolf Steiner den ersten Ostervortrag *). Er sprach von dem Gott, der im Feuer dem Moses sich offenbarte und der dann in Jesus von Nazareth Gestalt annahm. Der Gott im Feuer, dem makrokosmischen Element, und der Logos; jetzt begann mir aufzudämmern, weshalb die Weisheit der Upanishaden immer *agni* und *vāc*, Feuer und Stimme oder Wort, identifizierte, und immer diese beiden. — Der zweite Vortrag fand dann am Abend des Ostersonntages statt. Schon tags zuvor war ich Rudolf Steiner geflissentlich aus dem Weg gegangen. Auch diesmal entging ich ihm. Kurz vor Beginn des Vortrages stand er vor der zahlreichen Versammlung und ließ seinen Blick darüber schweifen. Mein Platz war ganz weit hinten. Er mußte mich gesehen haben. Denn plötzlich kam er den langen Gang herunter, gerade auf mich zu und begrüßte mich herzlich — gab seiner Freude Ausdruck, daß ich gekommen sei, und fragte, ob ich auch nach Düsseldorf fahre. Er fragte mich weiter, ob mir alles, auch die Legende von *Kaśyapa*, deutlich gewesen sei. Diese herzgewinnende Freundlichkeit war mir wie ein Sonnenstrahl. Ich konnte versichert sein, daß Rudolf Steiner *semper idem* — immer derselbe — war. — Wieder ein musikalischer und deklamatorischer Vortrag, „Parsifal" und Schluß des „Faust", dann Vortrag Rudolf Steiners. Er zeigte in großartiger Weise, wie das Christentum die Erfüllung morgenländischer Weisheit ist. Er sprach von dem Wunder der „Avatare" Jesu: Augustinus, Franziskus, Elisabeth. Wie wurde da die Geschichte der Menschheit leuchtend, die in Wahrheit eine Geschichte des Reiches Gottes

*) „Geistige Osterglocken" Dornach 1930.

ist. — Ich war noch ganz erfüllt von dem Gehörten, als mir auf dem Heimwege im Vertrauen durch Frieda Noll mitgeteilt wurde, Novalis sei in einem früheren Leben Raffael und Johannes der Täufer gewesen. Wer anders konnte diese große Offenbarung geschenkt haben als Rudolf Steiner? An jene Gestalten schließt sich rückwärts diejenige des Propheten Elias, auf welche Tatsache das Evangelium selbst hindeutet. — Indessen vermag ich mich nicht mehr zu entsinnen, wann ich zum ersten Male jene zutiefst ergreifende Interpretation vernommen habe, welche Rudolf Steiner von Novalis' echt visionär-mystischen Gedichten „Unter tausend frohen Stunden“, „Wer einmal, Mutter, dich erblickt“ und „Ich sehe dich in tausend Bildern“ in Hinsicht auf Gemälde Raffaels gegeben hat. Mir war diese so umfassende wie abschließende Deutung jedenfalls bekannt, als ich einige Jahre später meine bereits erwähnte Marburger Staatsexamensarbeit „Novalis der Mystiker“ schrieb, abgeschlossen am 12. April 1912, und gegenüber herkömmlichen Erklärungen diejenige meines großen Lehrers Rudolf Steiner setzte, wonach Novalis visionell sich selbst als den mit dem Jesusknaben spielenden Knaben Johannes geschaut habe. Hierzu bekannte ich in einer Anmerkung, daß ich diese schöne, sinnreiche Erklärung Herrn Dr. Rudolf Steiner verdankte, dem ich überhaupt für manche früher empfangene Einblicke in Novalis' Welt und Dichtung unvergänglichen Dank schuldete *). So schrieb ich auf dem Höhepunkte meiner katholischen Lebensepoche, von deren vollem Aus- und Durchbruch in Bälde die Rede sein wird. Ihre sich andeutenden Anfänge wurden bereits vorbereitend berichtet.

Nach dem Vortrag waren wir mit Herrn Hubo, einem alten Mitgliede, zusammen, der uns vieles von Rudolf Steiner erzählte — von der erstaunlichen Art, wie er alles und alles durchdringt bis in die verborgensten Feinheiten. So erzählte Herr Hubo, daß Rudolf Steiner einmal gesprächsweise die Annexion Bosniens durch Österreich mit dem nie gehörten Grunde gerechtfertigt habe, daß die Türkei eine Verfassung erhalten hätte, in welche sie die jetzt annektierten Länder einbezogen haben würde. Von dem deutschen Kaiser, dem „Novembersturm“, sagte er, daß er sich doch nicht ändern würde, es sei alles vergeblich. Dr. Noll äußerte die Überzeugung, daß Rudolf Steiners Persönlichkeit mächtig genug sei, die Geschicke Deutschlands zu leiten. Rudolf Steiner erschien nun als der einzige repräsentative Mensch,

*) Nach Günther Wachsmuths Steiner-Biographie S. 195 hat Rudolf Steiner erst 1912 von den Beziehungen Elias—Johannes—Raffael—Novalis in mehreren Städten gesprochen. — Die oben erwähnte Erklärung habe ich dann in meinem Aufsatz „Dante und Novalis“, Eichendorff-Kalender 1923, übernommen und daselbst ihrer Herkunft, Rudolf Steiner, gedacht, auch den schuldigen Dank angeschlossen.

der in Deutschland lebte — der einzige, der universal genug war, die tausendfachen Erscheinungen und Vorgänge des geistigen, politischen und wirtschaftlichen Lebens einheitlich zu begreifen — und vor allem derjenige Mensch, dessen Urteilskraft wieder *simplex* — einfach — geworden war, nicht zersplittert durch Neigungen, Interessen oder getrübt durch Phantasien. Sein Denken hatte auch in praktischen Dingen eine erfreulich klare und einfache Bestimmtheit, die aus seinem grundmathematischen Gedankenleben kam. Er war durch und durch ein mathematischer Mensch und für unsere Zeit ein lebendiger Beweis für das Recht der höchsten Wertschätzung, welche im Altertum bereits der Mathematik zugeschrieben wurde. Dieser hohe Wert besteht unvermindert fort. Rudolf Steiner hatte ihn in vollkommenem Maße verwirklicht. Kein Wunder, wenn man in seinem Kreise das Vertrauen zu ihm hatte, daß er auf die politische Gestaltung Deutschlands segensreichen Einfluß haben könnte. Aber die Deutschen wollten es anders. —

Am Montag Morgen ging es nach Düsseldorf, wo Rudolf Steiners Vortragszyklus über „Die Hierarchien der geistigen Welt"*) stattfinden sollte. Um 2 Uhr bereits begann der erste Vortrag. Rudolf Steiner beschloß ihn mit einem merkwürdigen Worte der Bhagavadgita (8, 23), das er im Abendvortrag erklärte. Es heißt da, daß die Erlösten gehen aus der Flamme in den Tag, aus dem Tag in die helle Monatshälfte usw. Solche Stellen waren mir bisher rätselhaft. Sie kamen auch in den Upanishaden vor, z. B. *Chānd.* Up. 5, 10, und nun sollte ich von einem, der es wußte, die Deutung dieser für den philologischen Sanskritisten unerklärlichen „Phantasmen" hören. — Am Dienstag waren wieder zwei Vorträge, dann jeden Tag einer.

Am Donnerstag war eine interne Ansprache. — Im Abendvortrage behandelte Rudolf Steiner die Engel, Erzengel und Urbeginne und das ptolemäische Weltbild. Man glaubte Zarathustra selbst sprechen zu hören, so unmittelbar redete Rudolf Steiner aus der Sternenweisheit. Nach dem Vortrage erklärte er bereitwillig einer großen Menge Umstehender die Zeichnungen an der Tafel, insbesondere das Verhältnis des ptolemäischen zum kopernikanischen System. Nun gibt es ohne Zweifel Leute, welche eine schwierige Sache nicht auf den ersten Anhieb erfaßt haben. Ich beobachtete im Hintergrunde, wie Rudolf Steiner auf dem Wege aus dem Saale in einem der Zwischengänge einen Zuhörer traf, der aus der Stuhlreihe an ihn herantrat, und dem er noch einmal mit der ihm eigenen unermüdlichen Freundlichkeit die Sache zu erklären anfing. Aber

*) Zykl. 7: „Geistige Hierarchien ..." Neuauflage Verlag der Rudolf Steiner Nachlaßverwaltung, Dornach 1960.

da bahnte schon jemand aus Rudolf Steiners Umgebung — nämlich Marie v. Sivers selbst — sich zu ihm den Weg durch all das Volk, um ihn „vor Belästigungen zu schützen“, und schob ihn sanft vorwärts, während er nicht abließ, jenem Zuhörer die Sterne zu erklären. Dieser gehörte aber gewiß nicht zu denjenigen, welche den Doktor zu jedem Zyklus verfolgten. Man erzählte uns, wie sehr man ihm zusetze und ihm keine Ruhe ließe, so daß man ihn beinahe mit Gewalt aus dem Saale trennen müsse. Nur traf man damit nicht diejenigen, welche es eigentlich betraf. „Man!“

Sonntag den 18. April war der letzte Vortrag nachmittags um 3 Uhr, nachdem schon um 11 Uhr ein anderer vorausging. Es war sehr anstrengend mitzuschreiben, zumal die Hitze unerträglich wurde. Als Rudolf Steiner geschlossen, hielt Herr Sellin eine von Herzen kommende Ansprache, in welcher er Dr. Steiner unser aller Dank aussprach und ihn unserer Treue versicherte. Damit war der Kursus geschlossen. Er hatte neue und große Perspektiven des Weltbildes eröffnet. Aber das große Gemeinschaftsgefühl, das über dem ganzen schweben sollte, hatte mich nicht berührt. Die Toilettenpracht, die hier zur Schau getragen wurde, war dem Geiste dieser Vorträge fremd. Die Arbeiterviertel Düsseldorfs riefen. War Theosophie nur etwas für die „höheren Stände“ geworden?

Wir, Dr. Noll und ich, verwandten unsere freie Zeit größtenteils auf die Ausarbeit unserer Nachschriften An einem besonders schönen Tage aber ließ er sich durch Herrn Sellin bereden, mit hinaus nach Grafenberg zu fahren. Herr Sellin erzählte uns da aus seinem Leben; er erzählte auch von Professor Zöllners Tod, über den eine gehässige Legende verbreitet war. — Am Abend dieses Tages (19.) war ein öffentlicher Vortrag: „Der Eintritt des Christus in den Occident.“

Nach Abschluß des Kursus trat auch der eigentlich gemütliche Teil der Tagung in seine Rechte. Donnerstag den 20. nachmittags sprach Rudolf Steiner über Novalis. Dazu wurden die Hymnen an die Nacht vorgetragen. Danach allgemeine gesellige Unterhaltung. Prächtige Toiletten — Esoterik in violetten und roten Kleidern. Ich stellte mich an ein Fenster und las Upanishaden. Weitere Vorträge folgten, sogar Beethovens Kreutzersonate wurde — übrigens mustergültig — von Mitgliedern, Dr. Unger und Arenson, vorgetragen. Nun betrat Rudolf Steiner wieder das Podium. Er kündigte an, daß Gedichte vorgelesen würden — von einem jetzt ganz unbekannten Dichter, dessen Namen er später auch verriet: es war Professor Bürgi aus Bern, der dort als Pharmakologe wirkte. Er halte es für seine Pflicht, sagte Rudolf Steiner, für die Verbreitung dieser Gedichte zu sorgen, weil sie von einem warmen theosophischen Empfinden getragen seien. Es sei nur gut, wenn wir uns ein festes Urteil bildeten an einem bisher unbekannten Dichter. Aber es gelte auch, an diesem Urteile festzuhalten. Draußen könne man da allerdings Wunder erleben. Wie lange dauere es, bis das wirkliche Talent anerkannt werde! Wir wollten einmal annehmen, daß „Hamlet“ in diesen Tagen erst entdeckt werde: wie würden die Theaterkritiker da von zerfahrener Komposition, dem vielen Sterben reden! Laube habe gewußt, was Kritik sei; er setzte seine Talente durch und sagte immer: „sie werden schon fressen.“ Auch unser Dichter hier werde noch seine Anerkennung finden. Besonders gerne lasse er, Rudolf Steiner, seine Gedichte hier vorlesen, weil der Verfasser eine überaus sympathische Persönlichkeit sei. Professor Bürgi als Mann der Wissenschaft sei davon überzeugt, daß wahre Wissenschaft und Theosophie eins seien, und daß die Wissenschaft wieder zur Theosophie erhoben werden müßte. Und gerade darum gefielen ihm diese Gedichte so sehr, weil in ihnen von Theosophie gar nicht die Rede sei. Es ist leider viel Unfug gemacht worden, daß Leute die theosophischen Dogmen in hölzerne Verse gebracht hätten. Und weiter sei in den Gedichten eine gesunde Ironie. Auch hohe Dinge könnten manchmal Ironie vertragen. Heute glaubten viele Leute, die Theosophen seien Menschen, welche immer eine Leichenbittermiene aufsetzten. Auch viele Theosophen glaubten, sie müßten immer mit einer wahren Leichenbittermiene einherschreiten und würden dadurch hellsehend. Aber damit eroberten sie den Himmel nicht. Auch die Geister da oben könnten lachen *). Und manchmal geschehe es, daß im Himmel ein wahres „Höllengelächter“ losbräche. — Und nun wurden einige der Gedichte vorgetragen. Rudolf Steiners warmherzige Empfehlung war für viele männliche und weibliche Gemüter der Befehl, Bürgis Gedichte sich sofort anzuschaffen. Ja, sogar telegraphisch hat man sie bestellt.

Die Damen! Ihr Bild kann nun einmal nicht vermißt werden in diesen „Erinnerungen an Rudolf Steiner“. Eine besondere Machtstellung nahm Frl. Marie v. Sivers ein und beherrschte diese zugleich mit viel Grazie wie Energie; sie glich derjenigen des allmächtigen Herrn v. Lucanus (damaligen Kabinettchefs des Kaisers. Marie v. Sivers war nicht nur Rudolf Steiners erste, ausgezeichnete Mitarbeiterin und Helferin, sondern auch — was notwendig genug — eine tatkräftige, durchgreifende und scharfsichtige

*) Man denke an die schöne „Geschichte vom dreimaligen Lachen“ in M. Bubers Baalschemlegenden. Auch Plato sagt im „Symposion“, die Götter seien philopaismones, sie liebten den Scherz. Vor allem auch denke man an jenes berühmte „unauslöschliche, unermeßliche Gelächter“, das aus Homers Ilias, I, V. 597 ff., wo der lahme Schmiedegott Hephaistos durch den olympischen Saal humpelt, und Odyssee, VIII, V. 343 ff., bekannt und in den Schatz der sog. Geflügelten Worte eingegangen ist.

Wächterin. Doch konnte bei ihr in gar keiner Weise von Ehrgeiz gesprochen werden. Der Außenstehende ahnte nicht, welche Rivalitäten unter den prominenten Damen — oder welche sich dafür hielten — herrschten, etwa wenn Rudolf Steiner reiste. Die eine, etwa Frau v. T., hatte irgendwie bei Frl. v. Sivers Erlaubnis und Vorrecht erreicht, die Fahrt in Rudolf Steiners Abteil machen zu dürfen, während dasselbe einer anderen nicht minder prominenten Theosophin, Frl. Mathilde Scholl, versagt wurde, und auch Frau Künstler in einem anderen Wagen reisen mußte. Ganz anders, still, bescheiden und von gutem Geschmack war Frl. Frieda Noll, meines Freundes Dr. Ludwig Nolls Schwester, die ich hoch verehrte. Wenn sie so unter anderen Damen stand, kam sie mir vor wie ein bescheidenes Aschenbrödel auf dem Hühnerhofe zwischen stolzen Pfauen und Puten (21. 4. 1909). Es ist kein Zweifel, daß Rudolf Steiner diesen grotesken Wettstreit nur mit Unbehagen ansah. Was konnte er anders tun, als den Unfug dulden? Mitunter fand sein ironischer Sinn die rechte Wendung. Ich hörte folgendes, von Frl. Toni Völker an Frl. Luise Maschmeier, meine spätere Frau, mitgeteilt: Fräulein Boesé habe dem in der theosophischen Bewegung damals bekannten Herrn Lévy vorgegeben, Rudolf Steiner wünsche, daß er sich mit ihr verlobe. Herr Lévy sprach mit Rudolf Steiner über die Angelegenheit, erfuhr aber, daß hieran nichts Wahres sei. Darauf wurde Herr Lévy böse und äußerte zu Rudolf Steiner, wenn er heim käme, würde er Fräulein Boesé die Treppe runterwerfen. Worauf Rudolf Steiner sagte: das könne Fräulein Boesé sehr unangenehm werden, denn Herr Lévy wohne doch vier Treppen hoch. — — —

Nachdem bereits am 21. eine Fragestunde gewesen, fand am 22., Donnerstag, eine weitere statt. Ich hatte drei Fragen gestellt: 1. warum die Lehre von der Wiederverkörperung so urplötzlich in der indischen Philosophie auftrete, und wie sich der Ausdruck „Wiedertod“, *punarmṛtyu*, erkläre, 2. über die dort vorkommenden Entsprechungen von Mikro- und Makrokosmos, besonders der von *vāc* und *agni*, Stimme und Feuer — *manas* und Mond. Ob damit zusammenzustellen sei das feurige Schwert der Apokalypse, das aus dem Munde kommt, und die Offenbarung des Logos in der Feuersäule, dem brennenden Dornbusch und den Sinaiblitzen, und 3. wie es komme, daß die Reihenfolge der Elemente in den Upanishaden durchgehends Erde, Wasser, Feuer und Luft sei. — Noch vorher, draußen im Vorsaale, an einem abgesonderten Tische sitzend, erklärte mir Rudolf Steiner das erste: „Tod“ sei nicht in dem heutigen Sinne gebraucht, er habe in der Zeit der Upanishaden eine Verdunkelung des Bewußtseins überhaupt bedeutet. Das wurde nachher noch ausführlicher erklärt. Rudolf Steiner hielt einen Packen Fragezettel in der Hand, welchen er ordnete.

Es überraschte mich, wie Rudolf Steiner meine drei Fragen als erste behandelte.

Zu der ersten Frage führte er aus: „Sie werden, wenn mein Buch ‚Geheimwissenschaft‘ erscheint, einige Angaben finden über die Entwicklung der Reinkarnationslehre.“ Als Geheimlehre sei sie natürlich uralt. Was in den Geheimschulen als uralte Lehre bewahrt sei, sei nach und nach exoterische Lehre geworden *). Sehr spät sei sie dann dem Schrifttum anvertraut worden. Heute könne es so scheinen, als ob die Reinkarnationslehre die elementarste Lehre der Welt sei. So einfach lägen die Dinge nicht. Es habe z. B. große Eingeweihte gegeben, deren Ätherleib in den Rishis wiederverkörpert worden sei. Man habe also selbständige Wiederverkörperungen der Ätherleiber, ebenso der Astralleiber. Alle Glieder der Menschennatur könnten eine selbständige Wiederverkörperung erfahren. In der nachatlantischen Kultur habe ein dämmerhaftes Hellsehen geherrscht, das sich nach und nach verloren. Da hätte man noch zurückgesehen in eine weit verflossene Zeit, auf das, was nur im Äther- und Astralleib erlebt worden war, man habe eine sehr verworrene Idee über Wiederverkörperung gehabt. Was man da so genannt, sei nicht gewesen, was wir Wiederverkörperung des Ich nennten. Dies Geheimnis sei sorgsam gehütet worden. Hierfür habe es auch Gründe gegeben. „Erinnern Sie sich an die Kindheitsjahre der theosophischen Bewegung!“ Da hätten Leute zusammengesessen, die waren Verkörperungen der Marie Antoinette, Napoleons, Senekas usw. Und es habe Kaffeehausgesellschaften gegeben, da hätten beieinander gesessen: die Pompadour, Karl der Große, Marie Antoinette, Seneka usw. Diese Dinge hatten auch eine tragische Seite, sie wirkten verwirrend. Aber es gab noch tiefere Gründe, die Lehre von der Wiederverkörperung nicht allgemein zu machen. Als die Zeit gekommen, Begriffe zu fassen — in der nachatlantischen Zeit —, sei der Begriff der Wiederverkörperung sorgsam gehütet worden. Man müsse den Begriffen eine zarte, keusche Empfindung entgegenbringen. Alle diese Dinge seien zu berücksichtigen. Vor allen Dingen sei notwendig, daß der Theosoph sich das Gefühl anerziehe: ich soll so die Gesinnung haben, daß ich besser und besser verstehen muß, was ich aufgenommen habe; — das Gefühl, man kann nie tief genug schöpfen; am besten aber dieses: ich habe schon viele Ideen aufgenommen, aber ich verstehe noch gar nichts. Das sei der beste Schlüssel. — Es beginne durchzusickern, was wir als Reinkarnation erforschten, mit dem 9. Jahrhundert vor Christus. Vorher

*) Daß Dr. Steiner die Worte des großen Yajnavalkya in Brhadar. Up. 3, 2, 13, welche Stelle als die älteste Erwähnung der Wiederverkörperungslehre gilt (sie ist hier noch eine esoterische Lehre!) kannte, ergibt sich aus dem bereits erwähnten Briefe Rudolf Steiners aus 1902, Briefe II, S. 307.

sei kaum viel davon zu merken. Nun sei es ganz richtig, daß manche Worte ganz verschiedene Gefühlswerte hätten. Z. B. werde man *„manas“* falsch übersetzen, wenn man das Lexikon nehme. Das sei der Grund, weshalb aus der Substanz der mitteleuropäischen Sprache das Wort „Geistselbst“ geprägt worden sei. Allen diesen Terminis liege eine Geschichte zugrunde. Man müsse nicht nur ein Wort kennen, sondern auch seinen Gefühlswert. Über den Worten „Tod, Sterben“ könne einem eine ganze Welt aufgehen. Rudolf Steiner führte Stellen an (z. B. Hiob 2, 9 und eine andere Stelle über das Verhältnis von „Gesetz und Tod“), die darauf hinweisen, daß mit „sterben“ kein materieller, sondern ein spiritueller Vorgang gemeint sei. So sei „Tod“ nicht Leibesauflösung, sondern ein Untertauchen des Bewußtseins in das Unterbewußtsein. Aber die Seele lebe. Wenn sie durch die Verkörperung in den Körper eintauche, tauche sie unter in den Strom, das sei also eine Verfinsterung. Und eine Seele könne so leben, daß sie nicht in das Leben hineinsteige; eine Seele aber, die für sich tue, was die Wissenden anempfehlen, würde nicht ihr Bewußtsein heruntertöten. Die Seele, die nichts tue, müsse zur Verdunkelung kommen. Das seien die Seelen, die das *pitṛyāna* durchmachten. Daher dürfe man „Wiedertod“ sagen, wenn man das berücksichtige. Wenn man einer materialistischen Auffassung folge, werde man mit der Übersetzung „Wiedertod“ Mißverständnis hervorrufen. Die morgenländischen Schriften seien viel tiefer, als die Abendländer glaubten. Aber es käme da auf das Verständnis an, nicht auf Anhängerschaft.

Zur zweiten Frage führte Rudolf Steiner aus: diese Dinge hingen in der Tat zusammen, wie der Fragesteller ahne. In ihnen läge eine so tiefe Weisheit, daß, was abendländische Erkenntnistheorie sei, ein rechtes Kinderspiel wäre. Was habe solch ein Satz angerichtet: „Die Welt ist eine Vorstellung!“ Solch ein Satz habe die verschiedensten Färbungen erhalten. Wir hätten in der Gegenwart von höchster Stelle die Mission, daß die Punkte genau herausgestellt würden, wo das moderne Denken in tiefe Dekadenz verfallen müsse. Das sei der Wille der Meister. — In der orientalischen Weisheit seien so tiefe erkenntnistheoretische Wahrheiten verborgen, daß unser kantischer Materialismus nicht standhielte. Das sei wesentlich, daß der Kantianismus Materialismus sei. Die ganze kantische Erkenntnistheorie habe ihre Konfiguration daher, daß Kant nicht anders als materialistisch habe denken können. Gewiß, das Licht wäre nicht vorhanden ohne das Auge, wie ohne Subjekt kein Objekt. Dieser Satz aber habe eine andere Seite: ohne Licht gebe es kein Auge. Das Auge sei aus dem Organismus vom Licht geboren. Das Auge sei nicht der Schöpfer des Lichtes, sondern umgekehrt. Die Verobjektivierung des Lichtes sei die

Sonne. Auge und Sonne entsprächen sich; ebenso Stimme und Feuer. Die Entstehung der geformten Materie sei zu vergleichen mit den Formen auf der Chladnischen Platte. Die Formen seien starrgewordener Ton. Das seien nachbildliche Vorgänge der Urvorgänge. In der Urzeit nun habe der Ton durch das Urfeuer gehen müssen, dadurch hätten die Töne in Menschen und Tieren entstehen können. Der Ton sei im Feuer durchgeschlagen. Das Feuer habe einen Ausdruck im Blut. Der Ton erklinge von innen *). — Auch das Verhältnis von *manas* und Mond entspräche voll den Tatsachen. Den Dingen um uns sei die Weisheit eingeprägt worden in der Mondenentwicklung. Deshalb sei der Mond der Kosmos der Weisheit. Die Erdenentwicklung sei notwendig, daß auf dem Jupiter die Welt durchsetzt sei von der göttlichen Liebe. Die Weisheit sei auf dem Monde von außen den Dingen eingeprägt worden.

Zur dritten Frage erklärte er, es liege nicht an der Reihenfolge, sondern am Wesen der Sache. Wir hätten die vier Zustände von Saturn, Sonne, Mond und Erde und den aufeinanderfolgenden Prozeß der Elemente Feuer, Luft, Wasser und Erde. Während das sich entwickle, gehe noch anderes vor: erst trennte sich die Sonne von der Erde, dann Erde und Mond. Durch das seien die Elemente in ein verschiedenes Verhältnis zueinander gekommen. So z. B. seien Wasser und Luft selbständig zueinander während der Erdenentwicklung. In der Atlantischen Zeit sei ein Anziehungsband gewesen zwischen den Pflanzen und der Wasserluft. Nun hätten die Atlantier die Fähigkeit gehabt, mit den Pflanzensamen zu hantieren, während der Mensch unseres Zeitalters nur die Fähigkeit habe, unorganische Kräfte in den Dienst der Technik zu setzen. Wie wir Kohlenmagazine hätten, so habe es in der Atlantis Pflanzenmagazine gegeben. Ein Pflanzensame enthalte Kraft, der Atlantier habe damit seine kleinen Fahrzeuge bewegt. Diese Kraft sei geboren worden aus Luft und Wasser, womit ein geheimer Zusammenhang beider gegeben sei. Setze der Mensch nun diese Kräfte in guter Weise in Szene, entstehe Gutes, und ebenso Böses. Dann seien auch oben Wind und Wetter gut gewesen. Als die Samenkraft im Dienste des Bösen angewendet worden sei, seien Katastrophen durch Wind

*) Aus einem früheren Vortrag Rudolf Steiners (München 1906?) war mir der Hinweis bekannt, daß im Tierreich bei den kaltblütigen Tieren der Ton, wie bei den Fröschen unter Witterungseinflüssen, nicht gefühlshaft, durch Häute hervorgebracht werde und daß erst bei warmblütigen Tieren von einer Stimme die Rede sein könne. So bestehe ein Zusammenhang von Blutwärme und Stimme. — Auf dieses ohnehin wenig bekannte Phänomen hat auch Jacob Grimm aufmerksam gemacht in seiner Abhandlung „Über den Ursprung der Sprache", 1851; Berlin 1852, S. 14 f. (Insel Nr. 120).

und Wetter hervorgerufen worden. — So ständen Wind und Wasser im Zusammenhang, in gewissen anderen Zeiten Feuer und Erde, so daß man fühlte, die Elemente könnten sich in verschiedenster Weise verschlingen. Auf ähnliche Weise sei auch das Feuer von den Indern in die Mitte gestellt worden. — Hier läge die Richtung, in der die Frage zu lösen sei. Wie Rudolf Steiner hervorhob, könne er höchstens etwas auf den Weg mitgeben, manchmal solle die Antwort nur ein Wegweiser sein.

Weitere Fragen und Antworten

Viele Fragen, außerordentlich interessante, wurden gestellt, aus deren Beantwortung einiges erwähnt sei. So z. B. über die Räumlichkeit der Hierarchien. — Räumlichkeit heiße Herrschaftsgebiet, Wirkungsfeld. Den Raum selber müsse sich der, der durch die okkulte Wissenschaft einschaue in das geistige Dasein, als Wirkungsgebiet vorstellen. Aber eine falsche Voraussetzung mache man, wenn man die Trinität räumlich vorstelle. Denn das Erzeugnis dieser Trinität sei der Raum. —

*

Geistige Vorgänge könnten zeitlos sein. Der Begriff der Zeitbildung sei schwer, dies sei eine Tautologie. Es gäbe keine Zeit, wenn alle Wesen auf gleicher Stufe ständen. Sie entstehe dadurch, daß Wesen auf ungleicher Stufe ständen, durch das Zusammenwirken dieser Grade. Diese Frage nach der Zeit, sagte Rudolf Steiner, sei aus den höchsten Gebieten des Okkultismus genommen.

*

Falsch sei es, den Begriff der Entwicklung auf die Gottheit anzuwenden. Es gäbe da wohl eine „Entwicklung“, aber erst müßten wir einen anderen Begriff der Entwicklung schaffen.

*

Bei anderer Gelegenheit verwahrte sich Rudolf Steiner, daß von „indischer Theosophie“ gesprochen werde. „Was ich sagte, ist Eigentum aller Geheimlehren. Man geht fehl, wenn man die Geheimlehre unserer Blavatsky indische Theosophie nennt. In der Lehre der Rishis würde man nie von dem Ätherleib anders gesprochen haben als ich.“

*

Daß eine Frage, wie Goethe, der „stark sinnlich" gewesen, zu beurteilen sei, „im Namen vieler" gestellt werden könnte, darüber erklärte Rudolf Steiner eine nicht geringe Verwunderung. Das Wesentliche für den, der Goethe erforsche, sei: die Stufen zur Höhe zu erkennen. Wenn einer im Gebirge Steine suche, so nehme er die charakteristischen mit; diejenigen, welche er nicht brauche, lasse er liegen. Gut sei ja nicht, die Dinge zum Vorbild zu nehmen, die nicht zum Ziele führten. Man suche das Positive zu nehmen, und nicht das, was einem solchen Geiste sonst anhafte. Die Dinge würden viel zu oberflächlich genommen. Wenn man sich eingehend mit ihnen befasse, stelle sich vieles ganz anders dar. Goethe habe auch schwere Leiden erfahren, und das sei eine ungeheure Erkenntnisquelle. Sonst könnte es passieren, daß man den Spruch verwirklicht: „Du gleichst dem Geist, den du begreifst, nicht mir." Man solle auf das Positive schauen; auf das, was er erreicht hat, nicht auf das, was er nicht erreicht hat. — Weiter müsse man auf das Karma sehen. Da kämen sehr verwickelte karmische Fragen in Betracht. Es sei so viel Positives an Goethe, daß man das Negative weglassen könne. Es käme nicht auf die Fehler, sondern auf die Vorzüge an.

*

Die Wiederkunft Christi werde real geschehen, wann ein großer Teil der Menschheit fähig sein werde, Christus in seiner Gestalt zu erkennen, sonst würde es nichts helfen.

*

Die Asuras, die bösen Geister der indischen Lehre, seien um einen Grad höher im Willen zum Bösen als die ahrimanischen Mächte.

*

Vor schwarzer Magie glaube man viel häufiger Schutz zu brauchen, als nötig ist. Solange man innere Selbständigkeit, Urteilskraft habe, werde man nicht viel auszustehen haben. Schutz aber sei notwendig, wenn man eintrete in die okkulte Entwicklung. Jetzt, wo der Autoritätsglauben solche Macht habe, und dann die Sucht vorhanden sei, allerlei Dinge zu erkennen in dämmerhaften Zuständen, seien schwarzmagische Einwirkungen leicht möglich. Schutz bei guten Mächten enthielte und bringe die Schutzmittel mit. Äußere Schutzmittel würden wieder oft schädlich angewendet. Regeln könnten nur für den Einzelnen gegeben werden.

*

Die Seele des Bienenstocks sei ganz eigenartig, nicht einmal zu vergleichen mit den Ameisen. Die Seele des Bienenstocks sei so hoch, daß man es nennen könnte: kosmisch früh-reif. Die Menschenseele werde diesen Standpunkt auf der Venus erreichen. Andererseits sei die Bienenseele zu früh da. Ähnlich die Ameisenseele — nur niedriger. Die Korallenseele sei auch frühreif. Es gebe Wesenheiten verschiedener Höhe. Eine erschöpfende Darlegung sei unmöglich, wenn nicht zugleich eine okkulte Zoologie gegeben werde, „die zu geben ein großes Ideal von mir ist", sagte Rudolf Steiner.

*

Germanische und griechische Götter hingen zusammen mit den Hierarchien der Engel. Wesen, die in der Atlantischen Zeit in nahem Zusammenhang mit den Menschen gestanden, hätten sich später zurückgezogen und seien da eigentlich erst Götter geworden. Natürlich gebe es zahllose Abstufungen.

*

Die Gruppenseelen der Tiere entwickelten sich hinauf, sie würden jedoch nicht Menschen im Sinne der heutigen Menschen. Sie erreichten allerdings die Menschenstufe auf dem Jupiter. Das einzelne Tier verhalte sich zur Gruppenseele wie die Baumrinde zum frischen Baumtrieb.

*

Die Frage der vorgeburtlichen Erziehung sei eine solche von ungeheurer Bedeutung. — Die Götter hätten wohl gewußt, was sie tun, wenn sie der menschlichen Macht eine gewisse Zeit der menschlichen Entwicklung entziehen. In der Zeit vor der Geburt geschähen wichtigste Maßnahmen. Aus höchster Weisheit hätten die Götter die ersten zehn Mondenmonate den Menschen entrissen, sonst würde etwas Schönes herauskommen. Die Menschen würden aber immer mehr und mehr dazu fortschreiten, Richtiges zu tun. Was heute die Götter täten, würde den Göttern wieder entnommen werden. Heute aber solle man froh sein, daß alles so ist, und nicht eingreifen. Die Sache habe ihre gefährliche Seite. Sei das Leben der Mutter so geordnet, daß es einem gewissen Ideal entspricht, so werde solches durch entsprechende Zusammenhänge das Beste sein.

*

Was nach dem „Vulkan" sei und ob die Entwicklung nie zum Abschluß komme? — Wir müßten zufrieden sein, wenn wir beschreiben, wie es mit dem Vulkan zugehe. Es sei besser, erreichbare Kenntnisse zu nehmen. Sogar der Begriff der Entwicklung entwickle sich.

*

Rudolf Steiner brachte dann einen seitenlangen Brief zur Verlesung, der die theosophische Bewegung betraf. Hierzu führte er aus: Wir sollten weniger kritisieren als so sein, wie wir uns selbst vorstellten. Das Kleinliche werde nur noch Bedeutung für die physische Welt haben, die guten Dinge würden ewig sein. — Wenn der Okkultismus gedacht hätte: ich ziehe mich von der Menge zurück, wäre nichts aus dem Christentum geworden. Er hätte — trivial gesprochen — so gedacht, daß er sich richte nach dem Gesetz, nach dem sich im Meere die Heringe fortpflanzen. Wie viele Eier müßten erst vernichtet werden, ehe ein solches Tier geboren werde! Das Negative sei Beigabe des Positiven. Nietzsche habe richtig erkannt: es komme nicht darauf an, ob eine Sache war, sondern ob sie lebenfördernd war. Möge eine Sache in tausend Köpfen zur Karikatur werden, wenn es nur e i n e m Kopfe ernst mit ihr sei. — Man beteilige sich am Logenleben und lasse sich gar nicht zurückhalten. —

*

Jemand fragte, ob das Leiden auch eine Begleiterscheinung der höheren Entwicklung sei. Rudolf Steiner: Die Leiden könne man nicht entbehren. So schlimm augenblicklich Leiden sei, es kämen Augenblicke, wo man es nicht entbehren möchte und könne. Das Problem des Leidens sei in seiner „Philosophie der Freiheit" dargestellt worden, wie es dargestellt werden müsse. Gewöhnlich stelle man Leid und Freude gegenüber. Das Leiden sei ein Ingrediens der Entwicklung, es verhalte sich damit wie mit dem Bösen. — Wenn einmal der Christuseinklang erreicht sei, dann sei selbst in diesem Einklang vorausgegangenes Leid notwendig — Menschenleid ein Faktor der Entwicklung. Deshalb sei auch die Frage nicht richtig gestellt, ob der Christ für Leid eine Entschädigung erhalte.

*

Eine andere Frage betraf die Märtyrer: weshalb sie sich so scheußlich opfern ließen. Die Märtyrer, sagte Rudolf Steiner, seien gar nicht vor die Wahl gestellt gewesen. Wo aber die Wahl war, ließen sie sich in der Regel nicht hinschlachten. Das Beispiel des Polykarp von Smyrna! Er fand die Möglichkeit, sich zu retten in dem Kampfe, und nun überlieferte er sich selber. Die Frage sei nicht richtig gestellt. Gerade die Intelligentesten hätten es nicht so gemacht, daß sie zum Scheiterhaufen rannten. Doch habe es auch Ausnahmen gegeben, wenn jemand ein gewisses Beispiel habe geben wollen. Überall da, wo e i n e r etwas tue, täten ja sehr viele dann dasselbe.

*

An die Spitze einer weiteren Frage stellte Rudolf Steiner den Lehrsatz der platonischen Schule: Gott geometrisiert. Es sei zwar nicht zu verlangen, daß ein Mensch so tief eindringe in diese Dinge, als es nötig wäre, aber doch einige einfache geometrische Grundbegriffe seien eine gute Einführung. — Er zeichnete einen kleinen Kreis an, den er immer größer werden ließ, bis nur Stücke des Kreisumfanges erschienen. Ein Kreis kehre stets zu einem Punkt zurück. Nun könne man die Stücke immer größer machen, dann gehe die Kreislinie in eine gerade Linie über. Das könne für einen Studenten ein ungeheures Erlebnis sein, wenn bewiesen werde, daß die unendlich fernen Punkte auf beiden Seiten dieselben sind. Das heiße: letzten Endes sei die Welt eine Kugel. Solcher Dinge gebe es viele. Alle zeigten, daß der Mensch mit dem geometrischen Denken an e i n e Grenze komme. Rudolf Steiner sprach nun über den vierdimensionalen Raum. Wenn man sich diesen als verdünnte physische Materie vorstelle, führe man den Materialismus in die Theosophie ein. Rudolf Steiner zeigte, wie Dinge den dreidimensionalen Raum verlassen und im vierdimensionalen Raum auftauchen können.

*

Eine Frage: was die Zahl 40 im Alten Testament bedeute. — Man solle sich denken, daß ein Zyklus abgeschlossen sei, dann sei er zum „Ei" geworden. Aus dem Monde heraus habe sich, nachdem er wieder zum Ei geworden, die Erde entwickelt, in deren Zyklus, was Mensch werden solle, sich neu herausentwickle. Die Erdentwicklung mache kleinere Unterzyklen, in denen wieder sieben kleinere enthalten seien. Wenn der 7. komme, sei alles wieder ins Ei gekommen. — Wir können auch schreiben: 4 321 000, was wir aber nicht dekadisch nehmen dürften. Die Zahl bezeichne ein kosmisches Jahrtausend: 1—2 und 3 sei ins Ei gegangen, und mit 4 beginne ein neuer Zyklus. — Alles was nun im Kosmos sei, spiegele sich auch im geistigen Leben auf der Erde. Man unterscheide einen polarischen, hyperboräischen, lemurischen, atlantischen und nachatlantischen Zyklus, jeder habe sieben Unterteile, deren 4. im Erdenzyklus die griechisch-lateinische

Epoche ist. Wenn der 4. Zyklus auftrete, sei immer etwas Besonderes da. Jetzt gehe der Mensch über zur Anschauung der physischen Welt. Daher habe man gesagt: Māyā trete im 4. Zyklus auf. Bei allen Vorgängen, wo in der Bibel eine 4 auftrete, sei etwas, wo Māyā überwunden werde, im Fasten, in der Wanderung durch die Wüste. Deshalb aber, weil nicht gewöhnliche Māyā gemeint sei, müßten wir sagen: die 4 „aus dem Ei". Einer, der faste, müsse schon einen okkulten Zyklus abgeschlossen haben, um etwas zu erreichen. — Durch Fasten allein werde sich einer nicht zum Hellseher, sondern eher zum Narren machen. —

*

„Ob sich denn die Wärmeeier auf dem Saturn nicht gelangweilt hätten?" Der Betreffende nehme den Begriff der Langeweile aus dem menschlichen Leben. Er könnte auch fragen, ob eine Eiche sich nicht langweile. Die „Langeweile" ändere sich mit dem Bewußtsein. —

*

„Kommt die Entwicklung zu einem Abschluß?" Rudolf Steiner erklärte: eigentlich setze der Begriff der Entwicklung nicht Anfang und Ende voraus. Die Entwicklung im Weltall verlaufe nicht aus dem Anfangslosen ins Endlose. Sie verlaufe in Zyklen. „So werden Sie finden, daß Sie sich aus der Zukunft entgegenkommen." Eine Wiederholung jedoch sei das nicht. —

*

Das sind einige Notizen, die zwar deren Merkmal an sich tragen, aber doch in sich dem aufmerksamen und verstehenden Leser einiges zur Vervollständigung darbieten.

Rudolf Steiner sprach noch einige Schlußworte, und die Versammlung ging auseinander. Es kostete einigen Mut, mich von ihm zu verabschieden. Seine herzgewinnende Freundlichkeit begeisterte mich noch einmal und verschönte mir den Abschied aus Düsseldorf. Was mich besonders erfreute, war die Herzlichkeit, mit der er mir viele Grüße an die Eltern auftrug. Dies hat er ja nie vergessen.

Das letzte Erlebnis des letzten Tages (22. April) war ein Gemälde im Kunsthause: Christus auf dem Schiffe, schlafend. Ich betrachtete dieses Bild, als es mir schien, daß es Leben gewinne — alles bewegte sich. Ich schaute weg und wieder hin: das Meer wogte, das Schiff schwankte nach wie vor. Ich fragte Frl. Frieda Noll, welche bei mir war, ob sie etwas beim

Anschauen dieses Bildes bemerke, und sie bestätigte meine Ansicht. Es war keine Täuschung. Aber was war es dann?

Die Reise nach Köln und Düsseldorf und die späte Rückkehr war die Veranlassung, daß sich meine Abreise nach Marburg verschob. Wenn ich nicht dorthin gefahren wäre, würde ich, wie sonst, schon in den letzten Tagen des April ins Studium zurückgekehrt sein. Wenn ich dann von Kassel abwesend gewesen wäre..., hätte ich nicht..., wäre nicht...

Wenn — — —!!!

Denn durch die merkwürdigste Verknüpfung dieser und anderer Umstände machte ich noch in Kassel die Bekanntschaft eines um mehrere Jahre jüngeren Studenten, welche in der Folge schicksalsbestimmend für mich sein sollte und darum im folgenden berichtet werden muß, so weit es zum Verständnis der kommenden Ent- und mehr noch Verwicklungen notwendig ist. Es war um die Mittagszeit des 28. April, als Herr Schuster zu uns ins Haus kam und mir eine Einladung seiner Frau zum Kaffee überbrachte. Herr Schuster war Obergärtner der Karlsaue und zugleich Verwalter oder Kastellan des berühmten Marmorbades. In diesem war seine Frau tätig als Führerin der zahlreichen Fremden, welche in Kassel Station machten, um das äußerlich wohl unansehnliche herrliche Werk — nach Art eines römischen Bades erbaut — mit seinen Skulpturen und Reliefs zu besichtigen. Schusters wohnten in dem geräumigen Flügelgebäude des Orangerieschlosses, dem Marmorbad gegenüber. Als ich nach dem Anlaß der unvermittelten Einladung fragte, lächelte Herr Schuster und ließ mich wissen, daß am Morgen ein junger Student, der von Berlin kommend auf der Durchreise nach Freiburg war, das Marmorbad besuchte, und Frau Schuster mit ihm ins Gespräch gekommen war. Sie fand Gefallen an ihm, seinem sympathischen und offen-interessierten Wesen und hatte ihn, ganz gegen ihre sonstige Gewohnheit, auf den Nachmittag eingeladen. Doch ist schließlich einmal immer das erste Mal. Außerdem schickte sie nun zu mir.

Ich ging am Nachmittag hinunter in die Orangerie. Der Erwartete traf bald ein und bestätigte durchaus den günstigen Eindruck, den mir Frau Schuster bereits geschildert hatte. Hans Hoese — so war sein Name — studierte Germanistik, kam aus Berlin, wo sein Vater Magistratsbaurat war, und strebte nun nach Süddeutschland (Freiburg). Sein Alter war 19 Jahre, er war somit dreieinhalb Jahre jünger als ich. Wir verbrachten einen sehr schönen, angenehmen Nachmittag, in angeregten Gesprächen, belebt und beflügelt durch Musik, welche ich beisteuerte. Im übrigen konnte dem jungen Gast nicht entgehen, daß er hier in einen Kreis eingetreten war, der innerhalb des Alltäglichen ausgesondert stand, denn noch war ich erfüllt von den Eindrücken in Köln und Düsseldorf und erzählte von den gehabten Erlebnissen. Hans Hoese mochte zum ersten Male unter Theosophen weilen und von deren Geisteswelt berührt werden. — Für den Abend war ich zu Dr. Noll verabredet, mit dem ich die gehörten Vorträge auszuarbeiten fortfuhr. Dies war ja auch mit der Grund, weshalb ich mich noch in Kassel aufhielt; der andere, daß der Maler Karl Geist ein Bild von mir malte, welches vor der Vollendung stand. Am folgenden Morgen führte ich den Berliner in die Bildergalerie und das Museum Fridericianum mit der Landesbibliothek, zeigte ihm auch das Wohnhaus der Brüder Grimm in der Marktgasse, wonach wir uns am Altarmarkt, meiner Wohnstätte, in herzlicher Weise verabschiedeten. Zuletzt bat er um die Gunst, mir schreiben zu dürfen, wenn er irgendwelche Fragen habe, was ich ihm gern zusagte.

Ich blieb noch über den Sonntag in Kassel und fuhr am folgenden Montag, 3. Mai, gegen 11 Uhr nach Marburg. Bereits um 3 Uhr ging ich selbigen Nachmittags in das Geldnersche Sanskritkolleg. Was sehe ich? Auf dem großen Gang begegnet mir zu meinem höchsten Erstaunen mein Berliner Freund, den ich längst in Freiburg glaubte. Er war in Marburg ausgestiegen, hatte sich die Stadt angesehen und sich ohne weiteres entschlossen, hier zu bleiben, wobei er ganz besonders an mich gedacht habe. Auch ein nettes Zimmer im Wehrdaer Weg Nr. 16 hatte er sich gemietet, und so war er, der vor einer Woche diesen Wechsel nicht ahnte, Student in Marburg geworden. Nicht ahnte? Wohl nicht — oder doch in seinen tiefsten Träumen. Sicher und gewiß war mir, daß hier wieder einmal die unbekannten, geheimnisvollen Mächte gewaltet hatten, welche gemeinhin ganz unpersönlich Schicksal genannt werden und sich, um zu wirken, jenes unvermittelten Geschehens bedienen, das wir als Zufall zu bezeichnen gewohnt sind. Wo denn sein Wirken um so wunderbarer hervortritt, je folgenreicher und bedeutsamer sein Eingreifen in das einzelne Leben sich in der Folge offenbart. Wo der Fortgang des Lebens undenkbar erscheint, ohne daß dieses oder jenes Ereignis, dieser oder jener Mensch in das Leben eingetreten und bestimmend geworden wäre, ist das verborgene sinnvolle Dasein des sog. Zufalls erwiesene Tatsache. Halten wir das unverkennbare Wirken des Schicksals nicht für ein bloß mechanisches und sozusagen abstraktes, sondern glauben an höhere, weisheitsvolle Mächte, persönliche Göttermächte, so wird unser Zusammenhang und Einverwobensein mit einer geistigen Welt fühlbar wie sonst kaum eine andere Sicher- oder Gewißheit unseres irdischen Lebens. Wir geben uns jenen Mächten gläubig hin und tauchen zugleich ein in eine unsere Existenz einhüllende Welt der Romantik und der Poesie. Freilich ist die Gefahr der Schwärmerei nicht von der Hand zu weisen, welche dadurch wächst, daß das Geschehen sich im Geheimnis verbirgt und wir nur seiner Fingerspitzen gewahr werden, vergleichbar im Wasser lebender Wesen, die von außerhalb, aus dem Luftbereich eingreifenden Menschen berührt und bewegt werden. —

Fortan war ich fast an jedem Tage mit meinem Freund zusammen, führte ihn außerdem ein in den Philologisch-Historischen Verein, dessen Mitglied ich war (heute Burschenschaft „Rheinfranken").

Die Freundschaft mit ihm war die Zeit und die Quelle reinsten und edelsten, aber auch mystisch gesteigerten Erlebens. Es war Religion darin. Durch ihn erschloß sich mir die Seele zu Schönerem, und entzündete sich das Gefühl für das Ideale in bisher nicht erfahrener Weise. Dieser Einfluß, der von ihm ausging, war ein ihm durchaus unbewußter. Das machte ihn um so reizvoller und geheimnisreicher. Denn — wie aus tiefen Gründen der Seele kam es herauf und wurde mir zur klaren Gewißheit, daß ein Schicksal uns verband und mit den Mitteln, die der Alltag bietet, uns wieder zusammengeführt hatte.

Ein Traum ließ mich erleben, wie wir beide uns mit anderen in einem griechischen Tempel befanden, als die Feinde einbrachen. Das berühmte Gedicht Hegels „Eleusis" (an Hölderlin) kannte ich damals noch nicht und war somit nicht in Versuchung, Einbildungen zu erborgen. Allzu natürlich war, daß sich das überschwengliche Erleben zu Versen formte, zu deutschen und sogar der Sanskritsprache. Eines zu Weihnachten 1909 möge in Übersetzung folgen:

„Den mit des Herzens ganzer Macht ich liebe,
Den Freund, mir teurer als das eig'ne Leben,
Dich haben ja die Götter, die uns schirmen,
Der Vorzeit Bruder, wieder mir gegeben.
Nimm jetzo, die ich sandte, diese Gaben
Am Tage, da der höchste Gott der Liebe
Hernieder ist gestiegen auf die Erde,
Daß vor dem Licht die Dämmerung zerstiebe."

Es war eine Stimmung höchster Erhobenheit und Gläubigkeit. Es waren unbeschreiblich schöne Tage, Wochen und Monate, die wir allein, auf der Bude, auf Spaziergängen und Wanderungen, aber auch in der Gemeinschaft unseres Vereins erlebten. Er war hochbegabt. Viel lernte ich von ihm, viel mehr glaubte er von mir zu lernen — wie es ja wohl auch war.

Dieses zu sagen mag und muß genügen. Die Erinnerung jener Zeit ruht wie ein wunderbarer Traum in dem unendlichen Innern der Vergangenheit. Es war einmal. Aber das Verhältnis zu eben diesem Freunde barg die Ursache eines schweren Konfliktes mit mir selbst, meiner Vergangenheit und, wenn nicht mit Rudolf Steiner, so doch mit seiner Lehre. Er brach im nächsten Jahre schon hervor. Jetzt ruhte das Verhängnis fern wie unter dem Horizonte einer scheinbar ewigen Glückseligkeit. Sollte eine Schuld erwogen werden, so lag sie nicht bei dem Freunde.

Hans Hoese zeigte bald eine freie Empfänglichkeit für spirituelle Weisheit. Es war erfreulich zu sehen, wie er auf das hörte, was ich ihm mitteilte. Er sah in mir so etwas wie seinen Führer und Lehrer; ich fühlte mich als beides. Der Ring unserer Freundschaft war auch von der Seite gemeinsamer Interessen her geschlossen. Es gibt kaum, was mehr eigenes Leben belebt, als einen geliebten Menschen, zumal einen jüngeren, an dem teilnehmen zu lassen, was einem selbst höchster Wert ist. Von Rudolf Steiner hatte ich ihm viel erzählt.

Dieser kam im Sommer 1909 nach Kassel, um dort einen Zyklus von Vorträgen über das Johannes-Evangelium *) zu halten. Diese konnte ich nicht ganz hören, fuhr aber doch auf einige Tage nach Kassel. Mein Freund begleitete mich. Es sollte mir die größte Freude sein, daß er Rudolf Steiner sah und hörte, und womöglich dieser mit ihm einige Worte sprach. Wir fuhren also am 24. Juni nach Kassel. An der Bahn war meine Mutter. Wir gingen gleich zum Murhardsaal, wo schon alle versammelt waren. Dr. Noll trafen wir im Aufgang: man hatte auf uns gewartet. Gleich vorn im Halbdunkel des Saales sahen wir Rudolf Steiner, der uns beide, meinen Freund und mich begrüßte. — Der Saal! Dr. Noll konnte sich seines Werkes freuen, das ihm hier gelungen. Prof. Bernewitz, der Bildhauer der Akademie, hatte eine überlebensgroße Michaelstatue geschaffen: den siegenden, auf dem Drachen stehenden Michael, auf das Kreuz sich stützend, welches mit roten Rosen umwunden war. Leise erklang das Lied „Es ist ein Ros entsprungen", unter diesen Tönen wurde es licht im Saal. Jetzt erst wurde vorne hinter dem Stande Dr. Steiners der Erzengel Michael sichtbar, der in seinen Händen das Rosenkreuz mit sieben leuchtenden Rosen hielt. Und über dem Torbogen, der sich über ihm wölbte, und dessen Säulen die beiden Bäume des Paradieses waren, erglänzten sieben Leuchter mit je sieben Lichtern. Ganz hell leuchteten sie bis zum fünften des fünften Leuchters, die folgenden mit gedämpftem Lichte.

Vor diesem Monument stehend, hielt Rudolf Steiner seinen ersten Vortrag. Er sprach von der Vorbereitung der Geburt des Weltheilandes, in dem Gott selbst Fleisch wurde. — Nach dem Vortrage ging ich nach vorne, wo ich Hans Hoese alles erklärte. Hier hat auch Rudolf Steiner, der zu uns trat, einige Worte mit ihm gesprochen. — Am Abend des nächsten Tages fand der zweite Vortrag statt. Ein paar Worte konnte ich wieder mit

*) „Das Johannes-Evangelium im Verhältnis zu den drei anderen Evangelien, besonders zu dem Lukas-Evangelium", 14 Vortr. 24. 6.—7. 7. 1909.

Rudolf Steiner sprechen, auch meinem Freunde hat er die Hand gereicht. Wir sprachen über die *charis* (Luk. 2, 52), welche er in so schöner und lichtvoller Weise mit „Anmut" übersetzt hatte. Schon am Abend vorher wurde unser sowieso nur kurzes Gespräch durch eine Dame unterbrochen, welche unmittelbar, ohne eine Entschuldigung, Rudolf Steiner anredete, um ihn etwas zu fragen. Ebenso heute. Auch da mischte sich eine *hamsī* (Sanskrit = Schwänin oder Gans) in unser Gespräch. Aber diesmal bat Rudolf Steiner sie, noch einen Augenblick zu warten, was sie freundlich genug war zu gewähren. Rudolf Steiner hatte mir versprochen, daß ich ihn besuchen dürfe, indes war mein Aufenthalt in Kassel nur kurz diesmal. Mir war auch ein unbehaglicher Gedanke, seine kostbare Zeit den zahlreichen auswärtigen Besuchern entziehen zu müssen, unter denen wieder die Damen überwogen. Täuscht mich die Erinnerung nicht, so war es diesmal, daß der Hofrat Seiling anwesend war. Seine Visitenkarte lag auf einem Stuhle der ersten Reihe. Er konnte Rudolf Steiner nicht nahe genug sein. Später ist er zur Katholischen Kirche übergetreten und hat eine giftige Schrift gegen den einmal Verehrten losgelassen *). — Es war ein großer Schaden und nachgerade ein Ärgernis, wie viele Frauen alles im Stich ließen und hinter Rudolf Steiner herreisten, als würden sie am Jüngsten Tage nach der Zahl der Zyklen gefragt, die sie gehört hätten. — Es traf sich, daß Rudolf Steiner von den „Heimatlosen" sprach. Wie viele hierbei wohl an sich dachten? Zu schnell! Denn er fuhr fort, daß Pietät gegen Vaterland und Heimat nicht verschwinde und ertötet, sondern nur noch edler und leuchtender werde, und dies gilt auch von Haus und Familie. Hiergegen ist aber um der Theosophie willen viel gesündigt worden, und Rudolf Steiner gab man die Schuld. — Am 26., abends, war wieder Vortrag. Lächelnde Damen drängten sich zu ihm. Ich stand mit Hans Hoese im Saale und machte Beobachtungen. Ich wollte unbemerkt an Rudolf Steiner vorbei und zur Türe hinaus, da trat er auf mich zu und machte mir eine persönliche Mitteilung.

Der letzte Vortrag für uns war am 27. abends. Rudolf Steiner selbst sprach ich nicht mehr. Wir waren in Kassel gewesen. Mein Freund hatte

*) Max Seiling, Die anthroposophische Bewegung und ihr Prophet (Dr. Rudolf Steiner), Lorch 1920, 2. stark vermehrte Auflage 1921. Angezeigt wird als in Vorbereitung: „Wie ich katholisch geworden bin." Vergriffen ist die Schrift Seilings „Theosophie und Christentum". Diese war im Philosophisch-Anthroposophischen Verlag, Berlin, erschienen und mit einem Vorwort Dr. Steiners versehen. Als dieser nach Seilings Verrat gefragt wurde, ob nicht diese Schrift aus dem Verlag herausgezogen werden solle, sagte er: dazu liege kein Grund vor, denn besagte Schrift sei durchaus brauchbar. Ob sie später neu aufgelegt wurde, ist mir unbekannt.

Rudolf Steiner gesehen und gesprochen. Während dieses Vortrages trug eine Dame ein in Tücher gehülltes Paket aus dem Saale, in welchem Paket ich ein kleines, aber schlafendes Kind von höchstens drei Jahren erkannte. Nahmen sie schon die Kinder mit in die Vorträge? — Fast zehn Tage später kam ich unerwartet und allein nach Kassel — in anderen Angelegenheiten —, hörte also Rudolf Steiners Vortrag nicht. Spät abends gegen 22.30 Uhr stand ich mit meinem Vater vor dem Murhardsaal, um meine Mutter abzuholen und zu begrüßen. Die Fenster waren geöffnet. Ich hörte deutlich die Stimme Rudolf Steiners. Ich mußte wieder zur Bahn. Meine Stimmung war eine sehr trübe, betrübte. Als ich dann in die Ferien kam, erzählte mir meine Mutter, sie hätte mich an jenem Abend, als sie etwas seitwärts blickte, zwischen zwei Türen stehen sehen. Dann sei die Erscheinung wie ein Blitz verschwunden gewesen. Sie wußte nicht, daß ich an jenem Abend in Kassel war. Einer Täuschung, sagte sie, sei sie nicht unterlegen; es sei ihr immer gewesen, als ob ich im Saale anwesend sei. Dieses Erlebnis erzählte meine Mutter ganz spontan wieder nach fast genau 18 Jahren — nachdem es seitdem niemals mehr erwähnt worden war. —

Für das Wintersemester 1909/10 ging mein Freund noch einmal nach Berlin zurück. Ich fühlte mich verlassen und vereinsamt. Doch gingen Gedanken und Briefe hin und her. Immerhin schätzte ich ihn glücklich, daß er in Dr. Steiners Nähe war. Von diesem erhielt er noch Ende Oktober des Jahres die Erlaubnis, seine Vorträge über Anthroposophie (sic!) *) zu besuchen; denn noch war er nicht Mitglied der Gesellschaft. Bald danach übersandte er mir den Antrag auf Aufnahme in die Theosophische Gesellschaft, den Herr Alexander Schuster und ich als Bürgen unterzeichneten. Ersterer war zur Generalversammlung 1909 in Berlin gewesen und hatte die Familie Hoese besucht, von der er mir eine erfreuliche Schilderung mitbrachte. Sie lebten in wohlgeordneten, gesicherten Verhältnissen.

Dies traf leider auf mein Elternhaus nicht zu. Über meine Mutter und mich, so erzählte mir Frau Schuster, habe sie manchmal mit Herrn Dr. Steiner gesprochen; sie tue ihm sehr leid. Sie hatte eine schweres Lebenslos zu tragen. Was Rudolf Steiner über mich gesagt, weigerte sich Frau Schuster begreiflicherweise mitzuteilen; es sei jedoch „nichts Böses“ gewesen. Wieder auch wurde über unser Verhältnis gesprochen: Dr. Noll, Schusters, ich, Hans Hoese. Dr. Noll habe einmal gesagt, daß die Schüler, welche Dr. Steiner damals hatte — es waren 150 —, bei einer großen Katastrophe mit ihm selbst ums Leben gekommen seien und seitdem mit ihm verbunden wären.

*) Günther Wachsmuth, Steiner-Biographie S. 144 f.

1910

Am 5. Februar 1910 hielt Rudolf Steiner in Kassel einen öffentlichen Vortrag über „Erkenntnis und Unsterblichkeit" im Murhardsaal. Ich war mit meiner Mutter dort und erinnerte mich des vergangenen Sommers, da ich zuletzt hier war. Der ganze Saal — ein wahrhaft erfreulicher Anblick — war dicht besetzt, ja hinten stand man. Gleichwohl kam ich in die erste Reihe zu sitzen. Als ich da nach vorne ging, kam mir auch Dr. Steiner entgegen und begrüßte mich sehr freundlich. Ich konnte ihm noch erzählen, daß ich eine Preisarbeit mit Erfolg geschrieben habe. Aber zu meinem nicht geringen Schmerze schien Rudolf Steiner dieses Ereignis nicht zu werten, denn er sagte kaum etwas darauf. Das machte mich bestürzt, ich verabschiedete mich alsbald und ging auf meinen Platz. Meiner Mutter dagegen hatte er, als sie am vorhergehenden Abend ihm als letzte Adieu sagte, seine lebhafte Freude über diesen schönen Erfolg ausgesprochen, den nicht jeder erringen könne, und der Bedeutung für das ganze Leben haben werde. So sagte er. — Was sollte ich nun sagen?

Am nächsten Morgen, Sonntag, sprach Rudolf Steiner in interner Zusammenkunft. Ich litt damals an einer schmerzhaften, nicht ungefährlichen Sache, die mich in diesen Tagen stark behinderte, weshalb ich auch Rudolf Steiner nicht abholte. Deshalb kam ich zu spät und stand vor verschlossener Türe. Von Dr. Noll hörte ich, daß Rudolf Steiner gewartet habe und gesagt, es seien nicht alle da. Denn eben meine Wenigkeit habe gefehlt. — Am Abend war ein Zweigvortrag im Murhardsaale. Der leitende Gedanke war das „Wiedererscheinen des Christus im Ätherischen" in den Jahren nach 1930, wo viele Menschen ihn übersinnlich erleben würden. Das Kaliyuga, welches im Jahre 3101 vor Christi begonnen, sei 1899 abgelaufen, und wir stünden in einer Zeit, welche derjenigen der Fleischwerdung des Heilandes gleichkäme. — Ich sagte Rudolf Steiner Adieu. Nur wenige Tage darauf sollte ich ihn in Berlin hören.

*

Die Preisarbeit, die oben bereits erwähnt ist — über den altindischen Philosophen Yājñavalkya handelnd —, war, wenn auch nicht ohne jede Einschränkung, mit dem Preise von der philosophischen Fakultät Marburg ausgezeichnet worden. Diese Schrift war bestimmt, den Kern eines größeren Werkes über die Upanishaden zu bilden. Und ich war einmal im besten Zuge des Arbeitens, als das absolute Unverständnis der über mich jetzt verfügenden Unterrichtsbehörde wieder einen Knick in das Wachstum des

Werkes machte, welches nunmehr auf die Vollendung wartet und trotz vielfacher Ungunst herausgegeben werden möchte. — Damals also erhielt ich den Preis in Gestalt von 150 Mark puren Goldes. Ich benutzte einen Teil dieses kleinen Vermögens, von welchem ich den andern meinen Eltern überließ, um meinen Freund Hans Hoese in Berlin zu besuchen. In seiner Familie und mit ihm verlebte ich einige schöne Tage. Während dieses Aufenthaltes war ich mit ihm nicht nur in Beethovens „Fidelio" sondern auch in einem Vortrage Rudolf Steiners über „Das Wesen der Mystik" *). Rudolf Steiner selbst sprach ich nicht. Hans stellte eine Frage über die anderen Weltsysteme und die Kometen, welche von mir formuliert und von Rudolf Steiner gleich als erste beantwortet wurde. Das war am 10. Februar.

Nach Marburg zurückgekehrt, schrieb ich einen Brief an Rudolf Steiner und bat ihn, doch Hans Hoese, der ihm geschrieben und ohne Antwort geblieben, zu empfangen. Wie ich wußte, hatte Dr. Noll Rudolf Steiner von unserer Freundschaft erzählt. Jetzt bat ich Rudolf Steiner dringend, daß er diese meine Bitte nicht in der Korrespondenzenflut untergehen lassen möge. Ich wünschte für meinen Freund, dem ich etwas wie ein neues Leben verdankte, das Schönste und Beste zu erwirken, das auch mir das Schönste und Beste war. Mit dem Sommersemester 1910 kehrte er nach Marburg zurück, um fortan hier zu bleiben und sein Studium höchst erfolgreich bis zum Ausbruch des Krieges fortzusetzen und schließlich zu vollenden.

*

Das nicht Geglaubte trat ein. Es begann die Krise in meinem Verhältnis zur Theosophie, und sie entwickelte sich gerade an diesem meinem Freunde. Man könnte infolgedessen sagen, die daraus hergeleiteten Motive hätten eines sachlichen Charakters ermangelt und seien also persönlicher Art gewesen. Nun gibt es ja kaum eine Anschauung, ein Urteil, ja ein Interesse, das nicht durch das Medium der Persönlichkeit gegangen ist und durch persönliche Erfahrungen oder Erlebnisse bestimmt wird. Am meisten das Urteil verbindet uns mit den Sachen und mit den Menschen draußen, und es trennt uns von ihnen, wenn unser Wesen durch sie angegriffen oder verletzt wird. Sehr arg ist es dann, wenn nicht das Beste dieses Wesens getroffen wird, sondern nur Nebenseiten oder Vorstellungen, die ein Mensch sich von sich selber macht: das sind Illusionen. Dieses führt zu Gehässigkeit und Verleumdung. Noch ärger, wenn auf das Beste des

*) „Was ist Mystik?" (S. Vortrag VI in „Pfade der Seelenerlebnisse".) Neuauflage im Verlag der Rudolf Steiner Nachlaßverwaltung 1957.

einen nicht das Beste des andern Wesens wirkt. Aber es ereignet sich auch, daß ein wohlgebildetes Urteil, wenn es nach seinem Gegenstand greift, ins Leere stößt, weil dort etwas schwand — oder etwas anderes antrifft, weil sich etwas dort verändert hat oder etwas anderes inzwischen erschienen ist. Solches bringt den Glauben des Menschen an sich selbst ins Wanken und stürzt ihn zuletzt selbst. Er ist sich nicht gewiß: wo ist die Wahrheit, wo war die Wahrheit, und wo wird sie sein?

Man hat einmal gesagt: wenn eine Person A und eine Person B in einem Verhältnis zueinander ständen, so seien es eigentlich nicht zwei, sondern sechs Personen. Nämlich jede Person bestehe aus dreien: A wie sie wirklich ist, A^1 wie sie sich selbst vorstellt, A^2 wie sie in der Vorstellung der andern erscheint. Aber auch diese ist B, B^1 und B^2. Nun kann A sich zu B^1 äußern, und B^1 wiederum entgegnet A^2. Oder es antwortet statt B^1 die „Person" B^2. Das gibt die mannigfaltigsten Komplikationen und Konflikte. Es ist nicht selten, daß ein Mensch sich selbst über sich selbst und über andere täuscht. Ja, es kommt vor, daß er sich in der Täuschung befindet, er täusche sich. Dann verliert er seinen Halt und glaubt zu versinken im Meere. Erscheint Jesus Christus nicht mehr auf den stürmischen Wogen?

Da greift der versinkende Odysseus nach einem Felsen, der im Grunde der Erde feststeht: es ist die Katholische Kirche. Er verunglückte just in des Felsens Nähe. Hier herum auch mußte zu seinem Glück und zur rechten Zeit der Schiffbrüchige sich befinden. Dorthin rettet er sich. Hat man nicht auch gelesen oder davon gehört, daß unglücklich Liebende sich von der schnöden Welt, anstatt „sich das Leben zu nehmen", in ein Kloster zurückzogen? Konnte das nur wegen eines hübschen Mädchens oder einer holden Dame sein?, ja sogar wegen entgleisten Berufes?, nicht auch wegen eines Freundes?

Ich will keinen Bekenntnisroman schreiben. Es hieße den Versuch machen, das Gewirr der Fäden auf der Rückseite eines kunstvoll gewebten Teppichs, aus welchen doch die Figuren der Vorderseite geknüpft wurden, in ihrem Verlauf aufzulösen, ohne ihn gewendet zu haben. Wir können auch schwer das Wesen der Ereignisse und Geschehnisse schildern, sondern nur Ereignisse und Geschehnisse nach Folgen und Ergebnissen beschreiben. Wir sehen und erblicken und erfahren nur die Enden. Sie selbst reichen hinab in die Tiefen des Lebens oder entschwinden unserm kurzen, myopen Auge in den Höhen des Lichtes.

„Was wir hier sind, kann dort ein Gott ergänzen.
Mit Harmonien und ewigem Lohn und Frieden."

Und hier kann ich nur berichten, daß die große Enttäuschung sich auf das wie neu emporgehobene Paradies herniederzusenken begann. Es entwickelten sich an meinem Freunde die lebhaftesten Zweifel. Einem anderen als mir mochte dies als Anlaß unwichtig und sogar unwürdig erscheinen. Unsere erste Begegnung vor einem Jahre war in der Tat nicht ein triviales Vonungefähr. Von seiner tiefen Wirkung auf mich ist gesprochen. Sie entging auch andern nicht. Er erschien mir als längst verbunden. Das war mir Gewißheit. Und nur wie zur Bestätigung las ich ihm die schönen Worte aus den Baalschemlegenden vor: „Denn jenes Gefühl der Nähe zu wenigen, das unter den Menschen Liebe heißt, ist nichts als Erinnerung aus einem Himmelsleben. ‚Die im Paradies beieinander saßen und Nachbarn und Verwandte waren, die sind einander nahe auch in dieser Welt.'" Die aber, welche dort sich nahe waren, ergänzte ich, waren es bereits in irdischen Tagen. —

Diese Welt wankte und stürzte jetzt. Es folgte eine Zeit schwerster Unruhen und Kämpfe. Mit meinem Freunde, der mich enttäuscht hatte, fiel alles dahin. Daran änderte auch nichts, daß in Marburg, wohin er von Berlin zurückgekehrt war, unser Verkehr als Freunde und Mitglieder eines Bundes äußerlich unverändert war. Es kam keineswegs zu offenem Zerwürfnis, etwa einer schweren Auseinandersetzung, und es war vielleicht das Schlimmste, daß dies nicht der Fall war! Auch tat und sprach er nichts, was offen kränkend gewesen wäre, doch auch wiederum nichts, was meinen Glauben an ihn hätte erheben können, manches vielmehr, was mir mißfiel und auf Gleichgültigkeit deutete. Und dann gab es wieder Tage, an denen das erste ideale Freundschaftsverhältnis nicht nur nicht wiederhergestellt, sondern niemals in Zweifel gestellt erschien, um durch neue Zweifel und Fehlschläge abermals entwertet zu werden. Mit Mißfallen bemerkte ich mehr und mehr, daß er einer sinnenfreudigen Lebensauffassung zuneigte, während meine eigene rigorose, asketische, fast mönchische ihm immer weniger behagen mochte. Auch die moralisierende, romantisierende und zuletzt theologisierende Denk- und Redeweise, welche zunehmend meine Eigenart ausmachte, gestaltete den Verkehr nicht erfreulich und anziehend, ja mußte ihm — populär gesprochen — auf die Nerven fallen. Gleichwohl gab es helle, lichte, frohe Tage. Aber der dauernde Wechsel zwischen Hoch und Tief, Hell und Dunkel, Warm und Kalt bewirkte schließlich einen Zustand, der — für mich — ungesund und krankmachend war. Plötzlich meldeten sich, zufolge seelischer Zermürbung und monatelanger Überarbeitung, heftige, stechende Schmerzen in der Region des Herzens an. Der Arzt stellte eine Herzneurose fest, jedoch keine unmittelbare Lebensgefahr, indes ich mit dieser — nach Leibniz — „besten aller Welten" abgeschlossen hatte. Noch einmal erwies Hans Hoese treueste Fürsorglichkeit und begleitete mich nach Kassel in das Elternhaus (Mitte Juni). Nach 14 Tagen konnte ich für den Rest des Sommersemesters nach Marburg zurückkehren. Wahn und Traum!

Als ich im Juni 1910 in Kassel war, suchte ich wie immer Dr. Noll auf. Ich hatte ihn gebeten, Rudolf Steiner zu fragen, ob mein Glaube hinsichtlich des Verhältnisses zu meinem Freunde, Wahrheit sei und Überzeugung sein dürfe. Nun fragte ich Dr. Noll, was Rudolf Steiner damals, also vor einem Jahre, über Hans und mich gesagt habe. Dr. Noll erwiderte, er habe Rudolf Steiner „etwas" gefragt, worauf dieser genickt und „Ja, ja!" gesagt habe, wie es seine Art war; es beständen hier Zusammenhänge. Was aber gesprochen sei, darüber bewahrte Dr. Noll Schweigen; er wolle es mir später sagen, wenn ich „ein Bestimmtes" umgearbeitet hätte. Was aber Rudolf Steiner gesagt, kläre meine Frage auf. Hiermit gab ich mich zufrieden, ohne Frieden zu haben.

*

Ich war mit allen meinen Büchern nach Kassel übergesiedelt — dieweil die erwähnte Erkrankung nachwirkte — und um mich in häuslicher Klause auf das unumgänglich-notwendige Staatsexamen vorzubereiten. Dies mußte unter leider aus materieller Veranlassung nicht immer friedvollen Verhältnissen vor sich gehen. Deshalb war es mir hochwillkommen, als mir, drittens, durch Fürsprache von Prof. Birt eine Stelle als Hauslehrer in dem Schlosse einer hessischen Adelsfamilie angeboten wurde. — Hier, in ländlicher Umgebung und Ruhe, inmitten romantischer Wälder und nahe einer Burg, unweit der thüringischen Grenze, hoffte ich und durfte ich erwarten, neben meinen unterrichtlichen und erziehlichen Verpflichtungen ungestört arbeiten und mich erholen zu können. Doch der schöne Plan zerrann, und ich mußte in Kassel bleiben. Hier gab ich Privatstunden und würgte an den Examensvorbereitungen, bei denen ich bei der Stoffülle nicht wußte, wo beginnen.

„O glücklich, wer noch hoffen kann,
Aus diesem Meer des Irrtums aufzutauchen!
Was man nicht weiß, das eben braucht man,
Und was man weiß, kann man nicht brauchen."

„Faust" XX I Vor dem Tore V. 1064/7

Mir war nachgerade klar — erschreckender als jedem andern —, daß die Menge des bereits von der Wissenschaft Erforschten groß, sehr groß sei, jedoch — wie Frau Blavatsky nach einem chinesischen Weisen sagte — weit größer als die Menge des Wißbaren —, ja unendlich groß die Menge dessen, was selbst der Gelehrte nicht wisse; demgemäß was ein armer

Kandidatus wissen könne, quantitativ weit übertroffen werde von dem, was er nicht wisse, und letzteres (was er nicht wisse) durch Fragen leichter festzustellen sei, als was er wisse. Wie später nach langen, bangen, schweren Wehen alles vorüber war, bekannte mir ein Professor, Historiker, es sei eine Qual, mich zu prüfen; was ich ihm ohne weiteres glaubte.

Daß Examina in dieser Welt sein müßten — in Deutschland so gut wie in China —, sah ich wohl ein. Doch weit in der Kunst ihrer richtigen Handhabung vorgeschritten, wie Rudolfus Magnus einmal sagte, waren wir längst nicht. Wie glücklich erschienen mir die mit solcher Tortur nicht geplagten, noch verschonten „Alten", die an unseren mittleren und hohen Schulen als Vorbilder gepriesen und doch praktisch verschmäht, ja Lügen gestraft wurden!

„Griechentum ist mehr im Munde
Als im Herzen der Verehrer.
Plato, kämest heut du wieder,
Wärest du nicht Oberlehrer." (Von mir selbst)

Denn mir stand fest, daß man ihn, Plato selbst, hätte durch das Examen fallen lassen, weil er entweder die Ideenlehre absolut mißverstanden *) oder auf die Frage nach den verschiedenen Aufenthalten Kants nur mit einem Stillschweigen zu antworten verstanden hätte. Obwohl gerade diese Frage außergewöhnlich einfach gewesen wäre. Aus solchen und ähnlichen Erwägungen war mir das „Pauken" verhaßt. Dinge, die in spätestens sechs Wochen aus dem armen Kopf entleert waren, mußten auch nicht wert sein, daß man sie hineingepreßt. Aber was half es?

Es war Dezember 1910. Am 2. kam Rudolf Steiner nach Kassel. Unser kleiner Raum am Steinweg war nicht nur durch die Mitglieder, sondern durch eine Zahl reisender Theosophen gefüllt. Ich suchte mir einen Platz in den Stuhlreihen ganz nahe der Wand. Dort fühlte ich mich geborgen. Rudolf Steiner kam. Der große Mensch in diesem kleinen und niedrigen Zimmer einer schmalen Straße in Kassels Altstadt! Als wir es später verlassen mußten, fiel uns das nicht leicht. — Rudolf Steiner sprach über praktische Lebensfragen. Aber wie immer stieg er tief hinab. Zunächst sprach er über die Bedeutung von „Furcht" und „Mitleid" in der Lehre des Aristoteles, von der Katharsis, einem Gesundungsprozeß der Seele, dessen Ergebnis ein rechtes Verhältnis zu den Dingen sei. Er kam von da auf das Thema „Lektüre". Er charakterisierte die flüchtige Lektüre mit ihren

*) Friedrich Hebbel deutet, bei der Annahme der „Seelenwanderung", diese Möglichkeit einmal an (Tagebücher, Berlin 1905, Bd. 1 S. 416) und Rudolf Steiner erwähnte das gelegentlich.

Erscheinungen: der astrale Leib lege sich da über das Buch, der ätherische bleibe zurück. Lesen mit tiefer Anteilnahme und liebevollem Stehenbleiben ergebe ein anderes Bild: der astrale Leib sei weniger fluktuierend, der ätherische mache die Bewegungen des Astralleibes mit. Mancher verzage leicht, habe keine tiefere Regung — das Sich-nicht-zurechtfinden, Mangel an Sehnsucht sei oft die Folge solchen flüchtigen Lesens. Zugleich stelle sich als physische Wirkung leicht Ermatten ein. Wir würden, sagte er, einem jungen Menschen die größte Wohltat erweisen, wenn wir alles aufwenden, daß er das Tempo mäßigt und liebevoll bei den Einzelheiten verweilt. Manche Menschen hätten Festigkeit, manche schwankten ewig. Jene seien schon als Schulkinder nicht anders gewesen. Sie hätten z. B. Geschichte gelernt, indem sie nicht nur zuhörten, sondern alles andere dazu Gehörige aufsuchten. Solche würden feste Charaktere. Die alles an sich bringen ließen, diese Kinder würden schwach. Solches zu wissen sei wichtiger als Lehrpläne.

Man sollte lernen, über die Lektüre bedeutsam zu denken. Was das Lesen sei? — Der Mensch müsse in 24 Stunden durch den Schlaf. Der Astralleib gehöre der ganzen Welt an, er sei unendlich. Deshalb hätten die Vedantisten gelehrt: „Betrachte, was herum ist, als deine Wesenheit! Das bist du!" Wir müßten uns hineinfühlen in dieses Wort. In der Zeit der Chaldäer sei dann der Schüler tief in folgende Anschauung hineingeführt worden: „Die Sonne geht um die Erde mit großer Geschwindigkeit. Wenn ein gesunder Mensch um die Erde geht, so würde er in einem Jahre den Gang um die Erde machen." Tatsächlich gehe ein Mensch in 365¼ Tagen um die Erde. Deshalb habe man gesagt, die Sonne sei von der Kraft eines Menschen besessen. Auch die früheren Maße hätten tiefere Bedeutung gehabt: Elle, Fuß, Meile. — In der Nacht nun reichten wir wirklich bis zur Sonne. Aus diesem Meere brächten wir unsere Kräfte. Eine Abbildung der inneren Einrichtung unserer Wesenheit sei das Lesen und jede geistige Tätigkeit. Lesen sei selbstvergessenes Versenken. Beim Lesen denke man nicht an sich, wie im Schlafen. Wir verlören uns an eine geistige Umwelt. Wenn wir dann vom Lesen aufschauten, brächten wir etwas in Astral- und Ätherleib hinein. Das bleibe uns. Rudolf Steiner erinnerte an einen Bauernjungen, der irgendwo lateinische Sprüche gehört habe. Da fange er — zum alten Mann geworden — auf dem Totenbette an, sie zu rezitieren. Als ob er sie gestern gelernt hätte*). So lebten ganze Welten in uns. Wie der Mensch sei, hänge von diesen Welten ab. Es sei da etwa einer seelisch nicht zurecht zu bringen: er sei wohl beim Anschauen eines Bilderbuches durch eine schwarze Katze oder einen solchen Hund geschreckt worden. Wenn man das

*) Einen ähnlichen Vorfall — jedoch mit griechischen Versen — erzählt Goethe in den Gesprächen mit Eckermann (17. März 1830). Oder ist der gleiche gemeint?

wisse, könne man Ungeheures zur Heilung tun. So habe die Lektüre weiteste Bedeutung.

Rudolf Steiner ging zu anderem über. Anteillosigkeit, sogar Haßgefühle gegen die Umgebung: träten die auf, so träten sie als Ängstlichkeit später auf. Liebevolles Anteilnehmen: als sicheres Stehen und Hoffen, Neid als Lügenhaftigkeit! Goethe habe mit Bezug auf den ersten und sich gesagt: den Neid kenne er nicht. Und Cellini von der zweiten Untugend: verlogen sei er nie gewesen. Mit Recht seien sie als häßliche Eigenschaften empfunden worden. Sie durchbrächen das Mitfühlen des Allgemein-Menschlichen. Der Neid fühle anderer Vorzüge nicht, ebenso die Lüge. In ihnen wirkten luziferisch-ahrimanische Mächte: der Neid sei eine luziferische, die Lügenhaftigkeit eine ahrimanische Eigenschaft. Luzifer und Ahriman aber seien unter sich Freund. Und wenn einer den Luzifer bekämpfe, so träte Ahriman heran, und der Neid träte dann verwandelt auf. Solche Leute machten dann auf alle schlechten Eigenschaften in der Welt aufmerksam. Dann liege eigentlich Neid vor. Das sei Neid in der Maske der Kritikasterei. Manche Charaktereigenschaften seien nämlich oft umgewandelte andere Eigenschaften. Solche Menschen fänden später kein Verhältnis zu anderen Menschen, sie würden hilflos. Die Lügenhaften würden scheu, sie getrauten sich nicht, vor die Menschen zu treten.

Diese Folge sei in einem Leben mehr seelisch. Im nächsten Leben sei die Wirkung physisch. Ein Mensch, der zu Neid und Tadelsucht geneigt, werde ein hilfloses Kind sein, hinfällig. Ein lügenhafter Mensch werde als Kind keinen Anschluß finden, es werde physisch schwach in seiner Tätigkeit sein. Der Mensch werde in einer entsprechenden Umgebung geboren. Man werde z. B. in einer bestimmten Umgebung geboren, weil man gerade diese Menschen angelogen oder getadelt habe. Der Theosoph aber lerne das Richtige: wenn einer uns beneide oder tadele, so sei nicht Rache das Rechte. Wir hülfen dem andern, zu überwinden, durch Verzeihen. Dann würden wir Karma in Gutes wenden. Wir nützten so ungeheuer, der andere überwinde seine Hilflosigkeit. Werde in unserer Mitte ein schwacher Mensch geboren, sollten wir ihn umgeben mit dem Gefühl des Verzeihens. Es komme aber darauf an, dieses Gefühl zu erfassen und das Kind darin einzuhüllen. Das Kind werde dann gedeihen. So werde der Glaube an Karma und Wiederverkörperung praktisch.

Auf unsern geistigen Ursprung — diesen Gedanken stellte Rudolf Steiner zuletzt vor uns hin — sollten wir uns hinlenken. Aber das Verhältnis zu ihm sei immer ein anderes gewesen. Vor 4—5 Jahrtausenden sei dem Menschen leichter gewesen, sich in ihn zu versenken. Aber im Fortschritt der Zeit hätten die Menschen seiner immer mehr vergessen. Am meisten um Christi Geburt. Das Christusereignis habe ein neues Bild gebracht. Es habe unseren Blick auf die Zukunft gerichtet. Der Mensch müsse Christi Vorbild aufnehmen in sein Inneres. Erst habe der Mensch auf seinen Ursprung geschaut, nach Christus sei er auf das Ziel gelenkt worden. Wie in uns der Christus werde, solle er in jedem Menschen werden. Was wir dem Nächsten täten, täten wir Christus. „Was ihr tut dem Geringsten unter meinen Brüdern, das habt ihr mir getan."

Die Theosophie lehre uns das Vorchristentum verstehen. Sechs Jahrhunderte sei Buddha von Christus entfernt. Er sei der Ausläufer der zurückschauenden Zeit. Buddha habe sein Leben betrachtet: „ich schaue zurück auf meine Inkarnationen und bin nun in meiner letzten Verkörperung." Er habe den Körper einen Tempel genannt, den er verlassen; er würde nicht in ihn zurückkehren. Ergreifend sei auf der anderen Seite wiederum das Christuswort: „Reißet den Tempel nieder, ich will ihn in drei Tagen wieder aufbauen." Das sei ein großer Gegensatz, den müsse man fühlen. Christus habe das Wort gesprochen: „Ich bin bei euch bis ans Ende der Zeiten." Würden die Menschen Christo ähnlicher, so sei dieses höchste Lebenspraxis. ——

Der Vortrag war zu Ende. Dr. Noll sagte mir, ich möge nachher mitkommen zu ihm. Wir hatten unsere Mäntel unten in Rüppels Wohnung abgelegt. Dort erst sprach ich Rudolf Steiner. Er begrüßte meine Mutter und sah dann auf mich, der hinter ihr stand. Er fragte mich, wie es mir ginge usw. Auf dem Wege zu Nolls erzählte ich ihm von meinen Arbeiten und auch von der erwähnten Hauslehrerstelle, die ich beinahe in einem adeligen Hause übernommen hätte. Da meinte er, ob ich nicht doch eine solche übernehmen wollte — es sei außerordentlich nützlich und eine bedeutende Vorübung. — Bei Tische sprach Rudolf Steiner zumeist über Biblisches und Medizinisches. Dann erzählte er von einem Dr. Reichert (?), der ein Gottsched-Wörterbuch herausgebe, wovon der 1. Band bereits heraus sei — aber der Buchstabe A noch nicht fertig! Jener sei von der Notwendigkeit einer solchen Aufgabe durchaus überzeugt. Neulich habe er ihm, Rudolf Steiner, bewiesen, daß Gottsched den „Faust" geschrieben habe, nicht Goethe. Er würde auch noch beweisen, sagte Rudolf Steiner, daß nicht Gott, sondern Gottsched die Welt schuf. Im geheimen glaubte dieser Herr R. allen Ernstes, daß Gottsched in Leipzig den „Faust" in einer Buchhandlung liegen gelassen, wo ihn dann Goethe fand, der ihn später unter seinem Namen herausgab. — Ich sprach ganz wenig; wenn aber etwas herauskam, war es unglücklicher Stil. Nachher kam die Rede auf Upanishaden. Dr. Noll nämlich fragte, an meiner Statt, nach der Welteinteilung des Yājñavalya und holte alsbald das Buch (Deußen) herbei. Rudolf Steiner interpretierte die Stelle. Damit ging parallel eine Kanonade gegen den armen Deußen, dessen Übersetzung allein ein

Gestammel und vollständiger Unsinn sei. Unterdessen schlug er eine andere Stelle auf *(Bṛhadār. Up. 2, 2, 3):* wo unter Deußens Übersetzung sich kein Mensch etwas denken könnte. „Verstehen Sie das?" Ich hatte aber keinen Sanskrittext da, der notwendig gewesen wäre. Noch fragte ich ihn um das Rätselgedicht am Schlusse des 3. Buches, wo es sich um die Stelle handelt: geboren — wird er nicht geboren. Rudolf Steiner sagte, hier komme es einzig auf die Übersetzung an. Ob verschiedene Wörter dastanden? Es gab also keine Klarheit darüber, da uns der Urtext fehlte.

Es war 1/21 und Zeit zum Aufbruch. Rudolf Steiner wohnte diesmal im Hotel Schirmer. Ich begleitete ihn. Er sprach von Deußen, welcher den Indern erzählte, er sei ein Brahmane im Westen, und alles verdrehe. Ich fing nun von den Romantikern an, und er sagte, die Schlegels hätten viel mehr von den Indern gewußt als Deußen. Auch Windischmann (Joseph Hieronymus) d. Ä. („Die Philosophie im Fortgange der Weltgeschichte", Bonn 1827 und 1832) erwähnte ich lobend. Er kannte ihn jedoch nicht; er (sein Buch) sei wohl wie andere in Hegels Religionsphilosophie übergegangen. Zum ersten Mal kam mir vor, daß Rudolf Steiner einen Autor oder ein Buch nicht kannte.

Am andern Morgen sprach Rudolf Steiner intern. Ich dachte mit großer Wehmut der ersten Stunde in Berlin. — Abends war Vortrag im Murhardsaale: „Menschenseele und Tierseele". Ich hatte zwei Plätze in der 3. Reihe erworben für meine Mutter und mich — und hatte die Karte meiner Mutter für diese an der Kasse niedergelegt. Denn ich war um etwas früher gekommen. Wie erstaunte ich, als ich Frau v. Tschirschky auf dem Platze meiner Mutter erblickte! Sie hatte sich „einfach" das Billet meiner Mutter, das sie hatte liegen sehen, fortgenommen. Dr. Noll bemühte sich, die Taktlosigkeit der prominenten Theosophin zu schlichten, mit dem Erfolg, daß meine Mutter nach hinten abschob. Als ich nun meinen Platz einnehmen wollte, war auch dieser besetzt. Das sind so kleine Erlebnisse im *Microcosmus theosophicus* gewesen. — Rudolf Steiner sprach über Menschen- und Tierseele, vollendet und unergründlich. Wie er einmal mit Bezug auf Goethe mit Begeisterung ausrief: „Hätten wir von Goethe kein Drama — nichts — nur seine naturwissenschaftlichen Entdeckungen, die zu begreifen die Gegenwart nicht reif sei, so würden diese hinreichen, ihn den größten Menschen und Entdeckern zuzurechnen", ergriff mich dieser Satz mächtig und tief. Denn er bedeutete etwas für Goethe, das Genie, seine Wirkung in der Welt der Gegenwart und der Zukunft; aber mehr noch für Rudolf Steiner, der einen solchen Satz wohlerwogen ausgesprochen.

Dr. Noll lud mich nicht ein mitzugehen. War dieses der Beginn der Abhalfterung? Das Pferd hatte den Wagen nach Kassel gezogen. Nun hatte es seinen Dienst getan. Ich verabschiedete mich bei Rudolf Steiner. Er rief mir noch nach, daß er mir viel Glück wünsche. Aber ich fühlte einen Riß heftig bluten. Was war das? Und alles, was gewesen, wirbelte um. Und was ich gewußt, war wie verweht. Und was ich gewollt, war nun ein Wahn. Nach Rudolf Steiners Abreise hörte ich, daß er aus dem Grunde vermieden habe, mich zu sprechen, weil er eine ungünstige Einwirkung auf mein Studium befürchtet habe.

Am nächsten Sonntag darauf suchte ich einen Dom der Una Sancta auf. Die Unruhen und Enttäuschungen, welche in der Seele aufgerührt und aufgewühlt waren, konnten dort beschwichtigt werden. Das Wort des Thomas von Kempen, dessen „Imitatio Christi“ ich stets bei mir trug, gewann seine ernste Wahrheit: „Noli confidere super amicos!“ Doch löste es das Rätsel nicht. Sollte ich das Wort des Thomas als ein Orakel aufnehmen und meine Enttäuschungen als Sonderfall für die salomonische Weisheit, daß alles eitel ist? Denn ein Rätsel lösen, dessen bedurfte es nicht mehr, weil es für die Kirche kein Rätsel war. Innerhalb ihrer Raumesdimension ließ sie der Möglichkeit keinen Raum, Geschehnisse und Erlebnisse, gleich welcher Art und Wirkung, an frühere Erdenleben anzuknüpfen und deren Folgen sein zu lassen. Schicksalsschläge waren Lehre und Prüfung, für die es nur Ergebung gab und gibt in die unerforschliche Weisheit Gottes — nicht mehr der Götter —, die Erkenntnis und Einsicht auch, daß höchstes Vertrauen in Menschen, und seien es die liebsten, ein hinfälliges Ding und täuschend sein kann und zumeist ist.

Wieder wenige Tage hernach suchte ich ratsuchend den Kaplan der Kirche St. Elisabeth zu Kassel auf, in deren Bezirk ich wohnte, den ersten Spiritualen und Theologen der Kirche, dem ich gegenüberstand, einen so gütigen wie gelehrten jüngeren Priester. Seit vielen Jahren sah ich ihn nicht wieder, da er bald versetzt und Professor wurde, sein Andenken blieb mir immer liebenswert. Er führte mich in den katholischen Glauben ein. Doch zeigte es sich, daß ich bereits vortrefflich unterrichtet war; denn ich hatte viel gelesen und stand nach dem Urteil meines Lehrers einem studierten Theologen nicht nach. Es begann eine Zeit, von der ich sagen darf: sie war die glücklichste meines Lebens; worin ich kein Unrecht gegen die gewesene Ära sehe, war sie doch innerhalb ihrer nicht weniger die glücklichste.

Fürwahr ein Lebensverlauf und eine Lebenserkenntnis, auf welche beide die Außenwelt nur mit Kopfschütteln hinschauen kann und welche auch dem Wohlmeinenden rätselhaft und unverständlich-unverständig blieb, zumal der Anlaß völlig abrupt, d. h. abgebrochen und zusammenhangslos erschien. Mir selbst war dieser Aus- und Übergang ein unwahrscheinlicher und unglaublicher, unglaubhafter, wenn ich ihn an den geistigen Vorstellungen und seelischen Stimmungen der Jugendjahre messe. Diese waren ja, wie schon erwähnt, durch die entschiedenste Abneigung wider und die schärfste Ablehnung alles Katholischen bezeichnet. Niemals hätte ich vorausgeahnt, daß ich dermaleinst mit Inbrunst anerkennen und bekennen würde, was ich zur Zeit mit der gleichen verwarf. Den Anschein des Willkürlichen, Launischen und Sinnwidrigen, der sich wie ein Nebelschleier um manche Lebensentscheidungen legt, vermag freilich nur der zu durchdringen, der befähigt ist, die Gespinste der Lebensverläufe mit seinem hellen Blicke zu durchdringen und zu durchschauen: der Seher, der Prophet, der Dichter, dem solches gegeben ist. Erst nach Jahren wurde mir klar, daß für mich ein Etwas nachzuholen, d. h. eine mitgebrachte Lücke auszufüllen war, etwa Unfertiges fertig zu machen war. Alles Spintisieren über die Unter- und Hintergründe jener rätselhaften wunderbaren Lebensbegegnung, welche in der Nacherinnerung wunderbar stehenblieb und die offenbarlich in der Folge eines nicht weniger merkwürdigen Zufalles eingetreten war, allem Spintisieren darüber hatte ich wohlweislich entsagt und mich mit der allgemeinen gläubigen Überzeugung von ihrem verborgenen, geheimen Sinn begnügt, wie es von vornherein das Beste und Vernünftige gewesen wäre. Als dann — was für unmöglich gehalten — der Glaube beseligender Gewißheit durch schmerzliche Enttäuschung entkräftet worden war, fiel auch der Glaube an den „tieferen Sinn“ des Geschehens zusammen und trat Wirrnis an die Stelle geschenkter Lebensgewißheit und Lebensklarheit. Jene löste sich und diese wurde wie durch einen zugeworfenen Rettungsanker gewonnen — in der Kirche, in der ich nicht geboren war. Denn nur derjenige, der in ihr geboren ist und von Anfang an in ihr auferzogen wird, kennt das völlige Glück, ihr anzugehören — nicht jedoch hörig zu sein, wie der Außenstehende es sieht. Mußte es sein, daß ich sie suchte? War ein Rest von Schicksal auszufüllen, wie ich oben andeutete? Nach vielen Jahren — fast 40 Jahre waren es — wurde mir eine Erklärung zuteil, welche in jenen entscheidenden Tagen unzeitgemäß gewesen wäre. Sie geschah durch meine ältere Freundin Mathilde Redenbacher*), welche sie mir ausdrücklich gab, um meine mannigfachen, auch in der Nachkriegsaera (1945 ff.) nicht aussetzenden Lebensschwierigkeiten zu beleuchten und mir eine Hilfe zu bieten — nicht irgendeiner interessanten Sensation wegen. Niemals in der Zwischenzeit hatte Mathilde Redenbacher von dem gesprochen, was

*) Mathilde Redenbacher lernte ich im Sommer 1919 in Weilburg (Lahn) kennen, wo ich am Gymnasium tätig war. Ihre Lebenszeit war von Weihnachten 1877 bis Weihnachten 1950. Sie wohnte dann in dem Pfarrhause des Weilburg nahegelegene Allendorf und zuletzt in Mengerskirchen (Westerwald). Über diese stille, hochbedeutende Persönlichkeit s. „Mitteilungen aus der Anthroposophischen Arbeit in Deutschland“ Nr. 18 Weihnachten 1951, S. 37 f. (Dorothea Klein). Die zu erwähnenden Briefe sind vom 28. Januar und 20. Februar 1949.

ihr bekannt war, und was hier trotz Bedenken mitgeteilt sei. Es war in Allendorf bei Weilburg, daß ich sie Mitte der zwanziger Jahre dort besuchte, und gerade auch der russische Pianist von Papoff eben daselbst weilte, den ich einmal bei einer Berliner Generalversammlung gehört hatte. Malthilde Redenbacher selbst kannte ihn von Berlin her, als sie im dortigen Fontane-Verlag arbeitete. Herr von Papoff hatte die Begabung blitzartiger Intuitionen. Er habe sich, so berichtete mir Mathilde Redenbacher 1949, bei ihr in der Stube befunden, als ich eintrat, etwas zu holen, worauf ich das Zimmer sogleich wieder verließ. Unmittelbar danach habe Herr von Papoff nichts gesagt als: „Ein gelehrter Ritter und entlaufener Mönch — und dadurch ein schwieriges Karma!" Das habe er gesagt — mehr nicht. In welchem Sinne und in welcher Absicht mir Mathilde Redenbacher eine intime Intuiton mitgeteilt habe, keinem anderen. Da auch verstand ich oder glaubte ich eine Bemerkung Rudolf Steiners (Januar 1907) zu verstehen, daß er sich sehr wohl von mir eine Vorstellung als Mönch machen könne. Dieweil ich annoch unter die Lebenden zähle, ist es freilich mißlich, die Impression des russischen Pianisten hier gewissermaßen preiszugeben, und geschieht es in der Voraussetzung, daß sie mit Ernst und Sachlichkeit aufgenommen werde, wie auch die zahlreichen okkult-biographischen Tatsachen, dichterische Persönlichkeiten betreffend, welche Rudolf Steiner offenbar gemacht, bei denen jedoch immer die Gefahr im Hintergrunde stand und ständig steht, daß sie unter geheimnisvollem Geflüster als okkulte Sensationen kolportiert und bei anthroposophischen Kränzchen herumgereicht werden. Es wäre gar oft zu wünschen, daß er von diesen Geheimnissen geschwiegen hätte. Doch er übernahm die Verantwortung.

1911

Die Theosophia trat wie hinter einen Schleier. Ich sagte nicht, daß sie Unrichtiges lehre — gar eine Irrlehre sei, welchen Vorwurf fanatische „Christen" gegen sie erheben. Sie sollte mich nur nicht stören. So dachte ich sie einfach fort — weg. Die Kernlehre von der Wiederkehr des Ich oder der Entelechie von Zeit zu Zeit und Raum zu Raum trat mit dem System zurück hinter jenen Schleier. Gerade sie hatte mich aus allen Himmeln gestürzt. Hätte ich sie nicht gekannt — wobei ich vergaß, daß ich sie vor der Theosophie kannte —, wäre ich glücklicher gewesen, ruhiger und wäre in Frieden geblieben. Aber da war nun nichts zu ändern. Doch! Daß ich vergaß! Ich machte es wie ein Kind, welches das unbequeme Rechenbuch oder die strenge Grammatik zu unterst im Schranke versteckt. Oder wie ein Kind, welches ein Gedicht, das es zu lernen vergessen, aus dem Lesebuch reißt, als hätte es nie darin gestanden.

Rudolf Steiner! Ich bewunderte ihn nach wie vor und verehrte ihn. Aber ich hielt zurück, über ihn zu sprechen oder zu denken. Mochte er seine Gründe gehabt haben, sich zu verhalten, wie er sich verhielt: sie waren sicherlich klug und gut, doch er hatte sie nun bei sich allein und zu verantworten. Mochten sie in seinem Innern beruhen und nie wieder Bezug auf mich erhalten! Wenn er mich je fragte, wollte ich keine Auskunft geben — um meiner Ruhe willen.

Um ungestört und in äußerer Ruhe arbeiten zu können, entschloß ich mich, für das Letzte noch einmal nach Marburg zu gehen; denn es sollte jetzt „Ernst werden". Repetendo hörte ich mehrere Kollegs, wie das vor dem Examen beliebt ist, nahm jedoch auch am gesellschaftlichen Leben meines studentischen Bundes gerne regen Anteil, und zwar von nun an zur nicht geringen Verwunderung der Kameraden, die sich den jähen Wandel kaum erklären konnten, konvertiert zu dem üblichen Stoff Marburger Bieres. Im übrigen wurden neue katholisch-kirchliche Beziehungen aufgenommen, die sich bis in die Dörfer jenseits des Waldes in den Amöneburger Grund erstreckten, wo einst Bonifatius und Elisabeth gewirkt hatten. Und verwunderlich genug: ich nahm ein frei gewordenes Zimmer unmittelbar neben dem Quartier meines Freundes Hans Hoese. Wohn- und Arbeitsraum waren gemeinsam. Es leitete mich wohl ein Rest von Hoffnung und Glaube, es könne eine Art Apokatastasis pantôn eintreten, eine Wiederherstellung aller Dinge im ehemaligen idealen Zustand. Im Herbst zog ich jedoch in einen anderen Stadtteil Marburgs um, wo ich an den zwei mir gestellten Prüfungsaufgaben arbeitete: die lateinische verwendete den in früheren Blättern oft erwähnten Komplex der Parenthese, die deutsche handelte von Novalis, dem Mystiker. Beide waren um Ostern 1912 vollendet und wurden eingereicht. —

Zu Ende April 1911, ehe ich mich abermals von Kassel löste und nach Marburg zurückkehrte, mehrere Monate nach Rudolf Steiners Anwesenheit in Kassel, war ich wieder einmal bei Dr. Noll. Er fürchtete, daß ich der Theosophie untreu werde, und sagte mir, man blicke mit dem gleichen Interesse nach mir; ich dürfe mich nicht vernachlässigt fühlen, das sei in diesem Falle unrecht; es solle nur nicht in mein Leben eingegriffen werden. Weiter sagte Dr. Noll, er habe sehr wohl beobachtet, wie seit der Bekanntschaft mit meinem Freunde mein Wesen gänzlich verwandelt worden — wie ich ein anderer geworden sei —, wärmer in meinem Fühlen, viel erhobener — wie eine hohe Begeisterung über mich gekommen —, da sei etwas ausgelöst worden, das die Sprache der Divination gewesen. Es würde mir einst viel klarer noch werden, und diese Umwerdung sei bedeutender als mir bewußt. Damals habe er zu Dr. Steiner „etwas" gesagt, was dieser bestätigt habe.

Ein Lichtstrahl — aber gebessert war nichts, und ich forschte ihm nicht nach. Als ich einige Tage später nach Marburg kam, begegnete mir auf dem Marktplatz Prof. Ernst Maass, der mir zuvor einmal Zeichen seines Wohlwollens gab, und las mir einen Gruß, welcher nicht der englische war. Hätte sich hier auf dem Marburger Forum ein Abgrund aufgetan wie einst auf dem römischen, so wäre ich unbesonnen-besonnen hineingesprungen. Jener Zeus Bromios (Donnerer) der Universität ließ ein Gewitter unter blauem Himmel über mein armes Haupt niedergehen, das niemand mir abnahm. Die Quintessenz seiner nicht sehr langen Rede war: ich solle endlich wieder Vernunft annehmen. Es war nicht daran zu zweifeln, daß einiges über meine Wanderungen und Wandlungen, die von draußen gesehen Extravaganzen waren, durchgesickert war. Vom Standpunkt des gestrengen Professors aus und von demjenigen der praktischen Lebensklugheit hatte er nicht unrecht. Wie irrsinnig muß ja ein Orchester mitsamt dem Chor, wenn die „Neunte" aufgeführt wird, einem völlig Tauben erscheinen! Oder dem Straßenpassanten eine Musikkapelle hinter dem riesigen Glasfenster eines Kaffeehauses — vorausgesetzt, daß es bestens gegen Schall abgedichtet ist.

Am 22. September 1911 meldete ich meinen Austritt aus der Theosophischen Gesellschaft an — nicht aus Gegner- oder gar Feindschaft, sondern „um der Ruhe willen". Ich habe hernach niemals etwas Häßliches, Bösartiges wider sie gesagt, wie es die Art von Renegaten ist. Das Mitgliedsdiplom vom 5. Juni 1905, dessen Rückgabe gewünscht wurde, behielt ich. Daß meine Mutter betrübt war, traf mich tief. Als Rudolf Steiner mein Austritt gemeldet wurde, tat er, wie mein Freund Dr. Heino Simmenroth mir nach einigen Jahren berichtete, die kurze und orakelhafte Äußerung zum alten Herrn Sellin: „Der Kleeberg!" und meinte zu Dr. Noll, wie ich von diesem später hörte, in wohl ähnlicher Tonart: „Echt Kleeberg!" — fügte aber auch hinzu, daß ich schon wiederkommen würde, woran ich freilich damals nicht glaubte. Und Herr Dr. Friedrich Husemann berichtete mir aus guter Erinnerung nach vielen Jahren (Februar 1956): als mein Übertritt zur Katholischen Kirche bekannt geworden sei, habe er — ein klein wenig naseweis — das Rudolf Steiner gegenüber erwähnt, um zu hören, was dieser dazu äußere. Rudolf Steiner aber habe nur gesagt: „Ja, er macht eine sehr eigentümliche Entwicklung durch!" — weiter nichts. Ein Vierteljahr später (13. Dezember 1911) legte ich in der Kirche St. Johannis zu Marburg die feierliche confessio ab und wurde in die Kirche aufgenommen, der Augustinus und Thomas, Eichendorff und Görres, aber auch meine Vorfahren um 1520 noch angehörten. Ein neuer Lebensabschnitt sollte beginnen.

Bisherige persönliche Bindungen und Verbindungen wurden, wie natürlich war, nicht aufgegeben, sie bestanden auch nach der theosophischen Seite und zu den bisherigen Freunden weiter. Sogar der Verkehr mit Hans Hoese erlitt keinen sichtbaren Abbruch, wenngleich es gelegentlich heftige Ausbrüche gab. Derjenige, der die ursprüngliche Ursache des Geschehenen und der vorangegangenen Erschütterung gewesen, trat gegenüber den veränderten Verhältnissen zurück, wenigstens aus dem Tagesbewußtsein. Ich lebte in meiner neuen Welt mit meinem ganzen Wesen wie in einer längst vertrauten, der ich niemals entfremdet gewesen, obwohl sie mir und ich ihr $2^1/_2$ Jahrzehnte des Lebens fern gewesen. Theosophie galt mir fortan gleich einer Wissenschaft wie Mathematik, Zoologie, Geographie und Astronomie — mit Inhalten wie wissenschaftliche Tatsachen, jedoch nicht mehr wie Heilswahrheiten. Die Inhalte standen nunmehr außerhalb der eigenen Existenzsphäre. Sie berührten mich und mein Dasein nicht mehr. Freilich vermochte der neu gewonnene Heilszustand mich nicht zu bewahren vor jenem Ungemach, das mit den materiellen Nöten meiner Lebenslage zusammenhing, auch nicht die häusliche Not abzuwehren, noch meine Tage abzuschirmen vor den nicht ausbleibenden Verdächtigungen meines einstigen Freundes und anderer. Wohl hätte mich das alles vollends erdrückt, wenn nicht die religiöse Welt mich gestützt hätte.

1912

Zu Anfang Januar 1912 hatte ich ein langes Gespräch mit Dr. Noll. Ich hatte ihn, um mein Verbleiben zu retten und ehe ich Abschied nähme von unserer, der Theosophischen Gesellschaft, aufs dringendste gebeten, noch einmal mit Rudolf Steiner über meinen Kasus zu sprechen oder doch ihm zu schreiben und besser noch: von mir einen besonderen, für Dr. Steiner bestimmten Brief diesem persönlich abzugeben; denn ich wählte diesen Weg, weil ich vermutete, daß in Rudolf Steiners Sekretariat oder Vorzimmer die Briefe aussortiert würden nach solchen, die je nach den Schreibern für geeignet und solchen, die für ungeeignet erachtet würden, ihm vorgelegt zu werden. Just diesen Brief, auf den es ankam, hatte Dr. Noll vergessen dem eigentlichen Adressaten zu überreichen. Unterdessen hatte mir das Wasser nahe dem Munde gestanden. Dr. Noll stürzte mich aus allen Wolken, als er sagte, weder er noch Rudolf Steiner hätten je etwas geäußert, was mich in meinen Ideologien (wohl richtiger: Idio-logien) hätte bestärken können.

Die Quelle der Enttäuschungen liege lediglich in mir. Schon damals, als sie meinen Freund Hoese zum ersten Mal gesehen, wären sie verwundert gewesen, wie ich mich hätte für ihn erwärmen können. Was hatte ich denn damals herausgehört? War denn alles, alles Täuschung? So sprach ich nur noch von Exaltation — nicht von Begeisterung — und fing an, das Erlebnis wie eine schillernde Seifenblase zu behandeln, in der sich eine Fata Morgana spiegelte, mein eigener Wunschtraum. Machte freilich damit nichts besser. — Dr. Noll sagte weiter, er habe einmal Dr. Steiner einen Brief von mir an ihn gezeigt; Rudolf Steiner habe mit Bezug auf einen Satz („... ich sei nicht würdig, solche Dinge zu hören, wie Theosophie sie lehre") gesagt, ich sei wohl in jesuitische Hände gefallen; sonst nichts. Davon erklärte ich nichts zu wissen, außer daß ich einmal in Marburg mit einem Pater S. J. (Societatis Jesu), der trotz dem formell noch bestehenden, jedoch stark gelockerten Jesuitengesetz dort predigte, Unverfängliches, wie ich wenigstens meinte, gesprochen. Diese Einflüsse seien sehr fein, meinte Dr. Noll, und man brauche selbst nichts von ihnen zu wissen. Ja, sie könnten aus der Ferne von gewissen Klöstern in Frankreich, etwa der Bretagne, ausgesandt werden und auf empfängliche Seelen in Deutschland einwirken. Das war nochmal eine E. T. A. Hoffmannsche okkulte Kanonade und sehr interessant. Gewiß war solches nicht unmöglich; ein Dr. Noll sagte derartiges nicht leichtfertig aus. Wir hatten dann ein langes Gespräch über Theosophie und Katholizismus. Ich sagte, zurück könne ich nicht mehr, die Türe ginge nur von außen auf.

Ich hörte, in wenigen Wochen sollte Rudolf Steiner kommen. Dr. Noll stellte mir in Aussicht, daß ich ungehindert bei ihm mit Rudolf Steiner sprechen könnte. Sollte ich? Ich mochte nichts versprechen. Wie auch sollte ein Gespräch verlaufen?

Zu spät! — — —

Einige Wochen später fand ich in Marburg, wo ich noch einmal weilte und feilte, einen Brief von Dr. Noll vor, worin er mir nahelegte, nach Kassel herüberzukommen. Mir waren neue Stürme keineswegs erwünscht. Ich suchte Ruhe und Gleichgewicht. Doch — stellte sich etwas Gutes heraus — so nahm ich an und fuhr. Das einzige, was ich mitnahm, war Mut zu meinem ersten Wiedersehen mit Rudolf Steiner Ein Zurück aber konnte es nicht mehr geben, sagte ich mir. Hatte man das Unheil kommen sehen, warum versagte man die Hilfe in der Not? — Am Morgen des 27. Januar fuhr ich also nach Kassel und war am Abend im Saale der Murhardbibliothek, wo Rudolf Steiner auch diesmal sprach. Es waren wieder viele Fremde da. Meine alten Bekannten freuten sich, mich wiederzusehen. Aber ich stieß auch auf Kombinationen, welche unzutreffend waren. So hatte einer der ältesten Freunde (Herr Karl Schultz) in Berlin gehört, ich wolle Jesuit werden, und bat mich inständig, doch die alte Sache nicht zu verlassen. Dasselbe hörte ich nach 15 Jahren, als alles vorüber war, aus dem Munde des immer sachlichen Herrn Otto Kiem. Danach sei ich sogar ab 1911 bereits in den Orden eingetreten gewesen.

Alle waren versammelt, als Rudolf Steiner hereinkam. *Semper idem* — immer derselbe, wie ich ihn zuerst gesehen habe. Die Zeit ging an ihm vorüber. Und nun sprach er — über Christian Rosenkreuz *) und dessen Wirken bis in die Tage der Gegenwart. Dabei flocht er Sätze ein über die Stellung der Theosophie zu der katholischen Religion. Gerade von jener Seite werde die Theosophie angefeindet, da sie doch wahres Licht über Christus verbreite. Ja, ich glaubte, nicht ein „trotzdem", sondern ein „weil" herauszuhören. Gerade vom kirchlich-christlichen Standpunkte sei die Theosophie bedeutenden Mißverständnissen ausgesetzt. — Nach dem Vortrage bildeten sich kleine Kreise, und man verblieb im Gespräche zusammen. Bei dieser Gelegenheit war es, daß er mich begrüßte. Er werde mir, sagte er, noch eine Stunde nennen, zu der wir uns sprechen würden. Er hatte auch meine Mutter gesprochen und sie gefragt, warum ich denn ausgetreten sei. Sie wußte es allerdings nicht. Er sagte ihr, wir würden schon zusammen reden. Mir war es sehr wehleidig im Gemüte, als ich mit Rudolf Steiner sprach und der Vergangenheit gedachte, die jetzt hinter mir lag. Zumal in diesem Saale, wo einmal symbolhaft das Rosenkreuz in den Händen des Erzengels Michael gehalten wurde...

Am nächsten Tag, Sonntagabend, hielt Dr. Steiner den Vortrag: „Tod und Unsterblichkeit im Lichte der Geisteswissenschaft". Er begrüßte mich im Vorbeigehen. Noch als ich im Begriffe war, wegzugehen, wurde mir von ihm eine Zeit zur Unterredung genannt. Ich wußte nicht, womit ich diese erste beginnen würde, und vertraute der Gunst der Stunde. Abends um 18.45 Uhr am 29. Januar sollte ich ihn sprechen, all den grämigen Kram aufwühlen, den ich in die Rumpelkammer geworfen, und an dem ich doch heimlich hing, alle diese Phantasien zu repetieren, die mir einmal so heilig waren als aus der Höhe geschenkt und die mir jetzt so unsäglich komisch vorkamen. Wie konnte ich auch nur solche Phantastereien ausmalen mit dieser unglückseligen Bekanntschaft, an der doch nichts war als ein von mir aufgebauschter Zufall und ein Student, der vom Durchschnitt der vielen war! An das alles hatte ich Gefühle und selbst mystische Poesie verpufft. Ich wurde nie klug. Das wußte ich. Aber gewesene Torheiten waren gewesen. Und Tore zur Weisheit waren sie nicht. Nur zu neuen Torheiten Tore.

*) „Über Rosenkreuzertum. Die Mission des Christian Rosenkreutz, deren Charakter und Aufgabe." Esot. Betrachtung. Privatdruck Dornach, 1947.

Ich ging also mit dem Gefühle zu Rudolf Steiner, daß Dr. Noll am besten getan, diese Verlegenheit zu ersparen und mich nicht aus Marburg herzurufen. Sollte nicht schon einmal vermieden werden, „in mein Leben einzugreifen?". Meine eigene Losung war: Mut, Standhaftigkeit, Abwarten. Um die festgesetzte Zeit stieg ich die wohlbekannte Treppe im Kasseler Hof empor und wartete vor Zimmer 5. Bald darauf entließ er einen Besuch, und er selbst kam mir gleich entgegen. Nun lud er mich zum Sitzen ein, während er auf dem Sofa seitwärts Platz nahm. „Es hat sich in der Zwischenzeit manches verändert", so nahm er selbst das Wort und bat mich, ihm zu erzählen. Mir ging die Sprache aus, und ich brachte nur hervor: das sei so kurz nicht zu erzählen. Doch wich allmählich die Befangenheit. Er sagte nun, es handle sich jetzt für mich darum, meinen Weg weiterzugehen. Mein Austritt aus der Gesellschaft sei ihm völlig überraschend gekommen. Ich hätte sozusagen „schlafendes" Mitglied bleiben und die Entwicklung der Dinge abwarten können. Das sagte er hinzusetzend, daß er keinen Einfluß auf mich ausüben wolle, und wiederholte späterhin noch einmal, daß es nicht seine Absicht sei, mich zu „keilen" *). Es wurde nun über die Gründe gesprochen, und ich verstand ihn zunächst dahin, daß er aus meinem Briefe an Dr. Noll die Auffassung gelesen hatte, daß man an die Lehren der Theosophie schwer durch eigene Erfahrung herankommen könne; doch glaubte ich gesagt zu haben, die Theosophie biete solche Erkenntnisse dar, deren man sich nicht würdig fühlen könne. Indes wären weniger theoretische Erfahrungen oder Erwägungen maßgebend gewesen als persönliche Erlebnisse. Er wisse wohl, daß ich einen Freund hatte, dessen Bekanntschaft mich in eine nie dagewesene Exaltation versetzte, und die in der Folge den höchsten Einfluß auf mich gewann. Für manchen bemerkbar seien Veränderungen mit mir vorgegangen. Und wenn ich ganz stille war und auf mich selbst lauschte, dann hätte ich Stimmen zu vernehmen geglaubt wie aus einer fernen Vergangenheit. Dann sei die große Enttäuschung gekommen, und mit ihr fiel alles; jene meine Träume hätte ich als Täuschung erkannt und mir nun gesagt: ohne die Theosophie würdest du nie auf solche Gedanken gekommen sein, und so sei sie mir mitschuldig geworden.

Er verstehe das sehr wohl, versicherte er mir. Aber sei mir denn nicht der Gedanke gekommen, daß ich im Irrtum gewesen sei mit besagten Zweifeln, und daß meine Erinnerungen an Erlebnisse aus vergangenen Lebenszeiten doch keine Täuschung seien — daß also mein verändertes Urteil über sie ein Irrtum sei? Ich könnte ihm glauben, sagte er sehr bestimmt, daß er die Dinge durchschaue. Es sei wohl möglich, daß ich mit jemand aus einem früheren Leben her verbunden sei; der Betreffende aber könne

*) Ausdruck der Studentensprache = für eine Verbindung einen Fuxen werben.

sich jetzt nicht schön benehmen (er, Rudolf Steiner, wisse nicht, was jener mir getan habe), er habe Prüfungen durchzumachen und das löse sich vielleicht erst im späteren Leben oder einem kommenden aus. — Es war eine nachdenkliche Aufklärung, die mir Rudolf Steiner gab. Also nicht meine „Erinnerungen" waren Irrtum; Irrtum war das veränderte Urteil über sie, daß sie Selbsttäuschung gewesen! Vor einem Rudolf Steiner lag Menschenschicksal wie in einem Buche aufgeschlagen. Auch wenn man das wußte, drückte einen nicht das Gefühl von Befangenheit, erhob vielmehr das Gefühl herzlichen Vertrauens in seine wissende Weisheit.

Nun hätte ich weiter in jenem Briefe an Dr. Noll wohl gesagt, der Katholizismus habe auch die gnostischen Bestrebungen, denen die theosophischen zu vergleichen seien, überwunden. Hierbei sei ich nicht logisch gewesen. Denn damals habe sich der Katholizismus, klein an Zahl, durchsetzen müssen; und in eben dieser Lage sei die Theosophie. Das sei offenbar. — Ich habe, sagte ich nunmehr, um auf den eigentlichen Kern durchzustoßen, wiederholt Dr. Noll um einige Zeilen gebeten, wäre aber stets ohne Antwort geblieben, was freilich durch viele Arbeit zu erklären sei. Warum, fragte Rudolf Steiner, ich nicht an ihn, Rudolf Steiner, geschrieben hätte? Ich sagte, eben dies hätte ich getan, und zwar einen Briefe für ihn Herrn Dr. Noll übergeben, damit er ganz sicher und unmittelbar an ihn gelange. Unglücklicherweise habe Herr Dr. Noll die Sache vergessen. Außerdem hätte ich nicht mehr geglaubt, eine Antwort erwarten zu dürfen. So habe man mich seelisch verbluten lassen. — Er erhalte zwar jeden Tag Briefe, erwiderte Rudolf Steiner, worin ihm Träume und dergleichen erzählt würden. (Demnach gelangten alle Briefe an Dr. Steiner und wurden auch von ihm gelesen.) Hier aber handle es sich um ernste, tiefgehende Dinge, und da würde er schon geantwortet haben. Er verstehe aber das Geschehene sehr wohl. — Rudolf Steiner war nun der Einzige, der um die Dinge wußte und sie verstand. Der große edle und wahrhaft gerechte Mensch.

Er fragte mich nun, ob ich „übergetreten" sei, was ich bejahte. Dann fühlte ich mich gewiß wohl innerhalb der katholischen Kirche und nehme an ihren Segnungen teil, sagte er. Nur möge ich persönlichen Einflüssen, etwa der Beichtväter, nicht nachgeben. Denn auch diese seien Menschen. Aber das Wunderbare in der Katholischen Kirche sei eben, daß ein Priester persönlich ein schlechter Mensch sein könne; sobald er aber die Stola antue und vor der Brust kreuze, wäre er ein Werkzeug Gottes. Man könne wohl unterscheiden zwischen Katholizismus und Katholischer Kirche. Deshalb solle ich nicht persönlichen Einflüssen nachgeben. — Er fragte mich nun, ob ich denn einen Widerspruch sähe zwischen Theosophie und Katholizismus. Darauf wußte ich keine Antwort, die ihn und mich befriedigte, zu geben. Ob es mir denn nicht aufgefallen sei, meinte er, daß nicht ein Protestant die Theosophie verkündige, sondern ein Katholik — nämlich er selbst —, und er kenne gewiß den Katholizismus wie wenige. Wenn man allerdings die Theosophie nehme, die Annie Besant verkündige, so sei sie nach katholischen Begriffen häretisch und könne dies nicht anders sein. Dagegen wäre in der letzten Enzyklika kein einziger Satz enthalten, unter den seine Lehre oder die von ihm vertretene Lehre fiele. Als er in Rom Vorträge gehalten habe, seien aus diesen vier (3?) Vorträgen nur drei (4?) Sätze verurteilt worden, und das sei doch sehr wenig. Der Thomismus, so fuhr er fort, sei mit der Theosophie die einzig mögliche Weltanschauung; auch ihn würde ich wohl kennen gelernt haben, und er führe zur Theosophie. Die Wiederverkörperung werde die Kirche wohl jetzt nicht annehmen, aber es gebe noch außer der Schrift die Tradition: Origenes lehre die Präexistenz, und von dieser zur Reinkarnationslehre sei es nicht mehr weit.

Ich mußte ihm also beipflichten, daß man als Katholikus wohl in der Theosophischen Gesellschaft bestehen könne. Er betonte auch, wie er solchen, die ihn um Rat fragten wegen ihres Austrittes aus der Kirche, immer erklärt habe: als Katholik könne man nicht aus der Kirche austreten, denn das sei unmöglich. Man könne nur exkommuniziert werden, der Austritt aber sei nach der Verfassung der Kirche unmöglich. Und ein Widerspruch zwischen Katholizismus und Theosophie bestehe also nicht. Damit aber, sagte er, wollte er mich nicht etwa keilen. Ich unterließ jedoch nicht, zu fragen, ob mir denn ein Rücktritt zur Gesellschaft nicht offen stände, worauf er antwortete, daß dem nichts im Wege sei; ich sollte also — so hörte ich aus dem Gespräche — die gegenwärtige Entwicklung sich vollenden lassen.

Weiter war nun nichts zu fragen. Es wurde noch einiges Persönliche behandelt. Dann versicherte er mir, daß er mich genauso gern habe wie vordem. Dreimal sagte er mir das. Zum letzten Male in der Türe. Nachdem er sich noch einmal nach denen zu Hause erkundigte, war das letzte von ihm jenes Wort, das mir so sichere Wahrheit galt wie nur eine Wahrheit.

Ich ging. Das Gehörte und die Eindrücke der vergangenen Stunde wollte ich sich tief und still eingraben lassen. Dann mochten sie einmal aufgehen. Irgend einmal.

Abends war wieder Vortrag. Er sprach über „Schicksal und Zufall"; insbesondere von der lebenrettenden Stimme des Genius, die im Augenblicke höchster Gefahr dem Unheil Einhalt tue. Das folgende Leben sei dann ein Geschenk, das als solches zu werten sei. Der Zufall sei in einer früheren Inkarnation gewollt, und die denkende und fühlende Erkenntnis seiner Natur offenbare zuletzt die Tatsache der Wiederverkörperung. Ein Erlebnis, wie jenes mit der Stimme, habe ein jeder der in diesem Saale Anwesenden erlebt, er möge nur sein Leben richtig erforschen! — Es kam vor, daß einem Antworten auf Fragen, die man hatte, aus einem Vortrage Rudolf Steiners entgegenkamen. Das Erlebnis, von dem er sprach, aber hatte ich selbst in einer jede Täuschung ausschließenden Weise gehabt. — Schön war auch der Lobpreis der Jugend, die in weißen Haaren noch bestehen könne.

Nach dem Vortrag sagte er mir freundlich Lebewohl.

Auf mich hatte dieser Vortrag, wie selten einer, bedeutende Wirkung. Gerade jenes Erlebnis, das ich im letzten Winter gehabt, stand mir vor Augen. Und ich verdankte ihm mein Leben. Es sei hier berichtet. Im vergangenen Winter, 1911/12, hatte ich in einer schweren Influenza, wie damals die Grippe genannt wurde, in meiner Stube des elterlichen Hauses krank gelegen. Im Ofen hinter dem Bett brannte Feuer. Wie ich so allein und für mich da lag, um- und überschwebte mich das unendlich wohlige Gefühl seligen Einschlafens. Mit einem Male rief eine Stimme, indes ich mich zugleich an den Arm gegriffen fühlte: „Steh auf! Es ist höchste Zeit!“ Mit aller Kraft raffte ich mich zusammen und riß die Augen auf. Aus der Kachel des Ofens schlug Feuer — von Holz, welches meine Mutter, wie üblich, zum Trocknen hineingelegt. Das Zimmer war erfüllt von einem bläulichen, säuerlich riechenden Dunst: Kohlenoxydgase. Mit aller Anstrengungung sprang ich auf, wankte zum Fenster und riß es auf. Dr. Noll, der bald darauf eintrat und dem ich den Vorgang berichtete — außer ihm erzählte ich ihn nur meiner Mutter — sagte, ohne die rechtzeitige Erweckung wäre ich ein Kind des Todes gewesen. Die Wirklichkeit dieses Erlebnisses war für mich allzeit die gewisseste und sicherste, die es gibt. —

1914/15

Mehr als zwei Jahre vergingen. Es war Mai 1914, da kam Rudolf Steiner wieder nach Kassel. Was weckte sein Name für Erinnerungen auf! Vor neun Jahren war er zuerst hier in Kassel. Als junger Student hatte ich ihn darum gebeten, und er kam.

Am 8. Mai, abends, sprach er im Murhardsaal. Es waren keine Karten mehr zu haben. Ich sah ihn nur von weitem. Er sprach über das Thema: „Wie findet die Seele ihre wahre Wesenheit?“ *) — über des Menschen wahre Seele, und trug vortreffliche und erleuchtende Gedanken vor. Was er sagte, war die beste Methode, das Leben einzurichten. — Ich wußte nicht, ob ich

*) S. „Goetheanum“, 24. Jg. 1945 Nr. 16—22.

zu ihm gehen sollte; denn wieder war er dicht umlagert. Doch wollte ich ihm wenigstens „Guten Abend“ gesagt haben, und ging noch einmal wieder zurück in die Bibliothek. Die Begegnung war auf diese Weise nur kurz und flüchtig. Er erkundigte sich aber nach meinem Ergehen — ich war jetzt Lehramtskandidat an meiner alten Schule, dem Kgl. Friedrichsgymnasium in Kassel — und nach den Eltern. Dann sah ich ihn nicht mehr. Nach seiner Abreise kam Dr. Noll zu uns und fragte nach mir: sie hätten unbegreiflicherweise vergessen, mich einzuladen.

Mit mir im Vortrage war Oskar Klische, ein junger Wandervogel und werdender Schauspieler, der nun einen Vortrag des berühmten Dr. Rudolf Steiner gehört hatte. Ein halbes Jahr später war der Junge tot. Er fiel im Kriege bei Hollebeke.

In den Sommerferien (Juli 1914) unternahm ich gemeinsam mit einem werten Studienkameraden, der vor Reims fiel, eine Fußwanderung, die in Marburg endigte, wo das Stiftungsfest meines Bundes festlich begangen wurde. Auch mein Freund Hans Hoese nahm teil. Er weilte noch in Marburg und stand unmittelbar vor dem Abschluß seines Studiums. Ich wohnte über mehrere Tage bei ihm, finde aber in meinem damaligen Tagebuche keine bemerkenswerte Aufzeichnung über ihn. Seit unserer ersten Begegnung und jenem Sommer der Hochblüte (1909) waren nur fünf Jahre verflossen. Weit schien diese schöne Zeit hinter mir zu liegen — unvergessen und leuchtend. Ich sollte ihn nicht wiedersehen. Am 1. August 1914 brach der Krieg aus. Er meldete sich alsbald als Freiwilliger und schickte mir sein Bild als stattlicher Soldat eines Berliner Garderegimentes. Ich dagegen war Landsturm und konnte von meinen Angehörigen nur mit Mühe zurückgehalten werden, mich als Freiwilliger zu melden; ich befürchtete, zu spät zum Einzug in Paris zu kommen. Man glaubte allgemein, zu Weihnachten sei der Krieg zu Ende. Alle waren auch von echter, wahrer, heiliger Begeisterung ergriffen.

Im März 1915, da der Krieg fortdauerte, wurde ich zum Württembergischen Inf.-Reg. 125 in Stuttgart eingezogen. Als ich mich im Mai auf dem Truppenübungsplatz Münsingen befand, bekam ich die Nachricht von meinen Eltern, daß Hans Hoese in Galizien gefallen sei, wenige Tage vor seinem 26. Geburtstag. Wie nicht anders denkbar, bewegte mich diese Nachricht zutiefst. Hiermit brach jede Verbindung mit der Familie meines Freundes ab. Und doch sollte ich nach vielen Jahren wieder von ihr hören und sogar seine beiden Geschwister in dem völlig durcheinander geworfenen Berlin wieder entdecken.

Es war nach dem Weltkrieg, um 1950, als ich in Korbach, Waldeck, wo ich mit meiner Familie nach mancherlei Fährlichkeiten gelandet und am dortigen Landesgymnasium tätig war, einen ehemaligen Berliner Oberbaurat und geborenen Waldecker, kennenlernte. Diesen fragte ich eines Tages auf gut Glück, ob er in Berlin einen Magistratsbaurat Hoese gekannt habe. Zu meinem größten Erstaunen und meiner größten Freude vernahm ich, daß er nicht nur die Familie Hoese sehr gut gekannt habe, sondern auch der Mitarbeiter und später der Nachfolger von Vater Hoese gewesen sei. Dazu fügte er bei — ohne um mein Verhältnis zu wissen —, daß Herr Hoese ein begeisterter Schüler von Dr. Rudolf Steiner gewesen sei, von welchem er viele Bücher besessen habe. Er berichtete mir auch, wie und wo Hans Hoese fiel, und daß dem Vater, als der Sohn in Galizien starb, während der Mittagsruhe die Kunde zugerufen worden sei. Welch eine Fügung! Wie zweckhaft liefen die Beziehungsfäden in dieser weiten Welt! Als ich 1910 in Berlin war, um die Familie Hoese kennenzulernen, war es nur Hans, der durch mich in Verbindung mit Anthroposophie gekommen war. Nach seinem Hingang in die geistige Welt, wohin ihm die Mutter bald folgte, haben der Vater und die Schwester im Gedenken an Hans die Vorträge Rudolf Steiners gelesen. Dies erfuhr ich zu Beginn des Jahres 1959, nachdem es mir gelungen war, auf merkwürdigerweise nicht allzu schwierigen Wegen die noch in Berlin lebenden Geschwister meines Freundes ausfindig zu machen.

1916

Ich war Soldat und aus Serbien zurück nach Stuttgart gekommen, der Garnison meines Regiments, I. R. 125, in das ich aus Hessen verschlagen war. Ich hörte von meiner Mutter, daß Rudolf Steiner Mitte Februar in Kassel gewesen. Bei dieser Gelegenheit hatte er sich angelegentlich nach mir und meinem Ergehen erkundigt. Immer — Rudolf Steiner.

Soviel ich ermitteln konnte, fand dieser überhaupt letzte Vortrag Rudolf Steiners in Kassel über „Das Verhältnis Deutschlands zu den europäischen Völkern" am Sonnabend, dem 19. Februar 1916, im Murhardsaal statt. Auch im Zweig sprach er am vorhergehenden Freitag, von welchem Vortrag eine von meiner Frau, Luise Maschmeier, gefertigte Nachschrift sich in deren Nachlaß befindet. —

Da kam Dr. Steiner im März nach Stuttgart und hielt am 14. d. Mts. im Bürgermuseum einen Vortrag: „Wie werden die unsterblichen Kräfte der Menschenseele entwickelt?" — Ich erwirkte mir in der Kaserne einen Abendurlaub, was für einen Soldaten immerhin eine Vergünstigung, aber keineswegs ein Anrecht war. Nun sah ich den lang Erwarteten, dem ich treuer war, als er vielleicht wußte. O, er wußte es doch. Denn er wußte alles. Er sprach so, wie ich ihn immer kannte. Nachher ging ich vor und wartete, bis er „frei" war. Die Begrüßung war kurz, aber herzlich. Er sagte einiges zu mir über den Vortrag, dann Persönliches, und zuletzt die alle Zeit in mir nachklingenden Worte:

„Bleiben wir auch fernerhin in Gedanken treu miteinander verbunden!"

NACHWORT UND AUSGANG

Es war dies das letzte Mal, daß ich ihn sah.

In Dornach, wo er das Goetheanum erbaut hatte, bin ich nie gewesen, solange er lebte. Und auch nach seinem Tode nicht — bis erst im Sommer 1955.

Ich schickte ihm die Anzeige meiner Verlobung mit Luise Maschmeier im Juni 1919, und schrieb ihm die kurze Nachricht vom Tode meines Vaters, Februar 1924, mit der Bitte um ein freundliches Gedenken. Ich hoffte, daß er beide Briefe erhalten habe. —

Im Sommer 1917 wurde ich vorzeitig, wegen starker Kurzsichtigkeit, vom Militär entlassen und kehrte nach Kassel zurück, wo ich alsbald wieder in den Schuldienst eintrat. Und die Theosophie — nunmehr Anthroposophie? Sie war für eine Reihe bedeutungsvoller Jahre non-existent, latent. Ein Gefühl der Gegensätzlichkeit war mir ferngeblieben. Ich traf und begrüßte die alten Freunde wieder, zu deren Kreise immer noch meine Mutter in stiller, schlichter Treue zählte. Ich sah auch nach drei Jahren in den Weihnachtstagen Dr. Noll wieder, mit dem ich ein langes Gespräch führte. Er stand selbst als Arzt im Felde und war nach dem Krieg zumeist in Stuttgart und in Dornach. Ergebnis: mir wurde nahegelegt, wieder in die Gesellschaft einzutreten. Indes geschah dies nicht sogleich und unverzüglich. Einer Rechtfertigung bedarf es nicht. Das katholische Element war aufgenommen und angeglichen worden. Eine wesentliche Lücke in meinem inneren Entwicklungsgang war ausgefüllt. Ein Austritt aus der Kirche war — wie Rudolf Steiner in unserem letzten Gespräch festgestellt hatte — als solcher schlechterdings unvollziehbar — wie es unmöglich ist, aus einem Volke oder einer Rasse auszutreten — wohl aus einem Staate. Ein formaler, juristischer war von anderer Bedeutung und Wirkung. Hinsichtlich der Kirche, ihrem autoritativen Anspruch und ihrer Lehre gegenüber hatte ich eine selbständige Stellung gewonnen, beurteilte aber auch die evangelische

Reformation und deren Kirche(n) gerechterweise nach ihren geschichtlichen Errungenschaften und Mängeln, deren beträchtlichster die bis in die Gegenwart nachwirkende Auslieferung von Religion, Kirche, Wissenschaft und Kunst, d. h. alles geistigen Lebens samt der Erziehung an die staatlichen Gewalten wurde. Damit Hand in Hand ging entweder eine zunehmende Verflachung und Versandung der religiösen Vorstellungswelt, entweder orthodox-dogmatische Erstarrung oder rationalistische Verflüchtigung und Verdünnung oder eine pietistische Verdickung seelischen Lebens — je nach der Richtung. Im Pietismus war viel Herz und viel Wärme, aber zu wenig an geistiger Klarheit. Der evangelische Protestantismus konnte mir keine Heimat sein. Die Kirche — katexochen die Katholische — war die ideale Stätte der Heimat für den Menschen, der nach einer beseligenden Welt des Glaubens und nach reichen Schätzen gewissen Wissens begehrt, nach Geborgenheit und Sicherheit, Trost im Leben und im Sterben — der ihr aber für solche Gewähr seine eigene höchste und zugleich gefährlichste Bestimmung und Aufgabe überlassen hat, um sie aufzugeben: die souveräne, autonome Freiheit. Wohl erkennt auch die Kirche „Freiheit" an, jedoch lediglich als den verhältnismäßig geringen, eingeschränkten Bezirk innerhalb des unbegrenzt weiten Raumes ihrer göttlichen Autorität. Es mag ein Mensch für Zeit auf Freiheit verzichten, gleich dem Kinde und zu seinem Heile, niemals auf Dauer und Ewigkeit und aus Grundsatz. Dies hatte bereits der 30jährige Schiller erwiesen in seinem Aufsatz „Über die erste Menschengesellschaft", 1789, in welchem er — zum Entsetzen aller Theologen — den biblischen Sündenfall als die größte und glücklichste Begebenheit in der Menschengeschichte bezeichnete: „Von diesem Augenblick her schreibt sich seine Freiheit, hier wurde zu seiner Moralität der erste entfernte Grundstein gelegt." Und doch: pries nicht auch die Kirche den Sündenfall als das *dulce peccatum*, „holde Sünde", weil durch dieses das himmlisch-irdische Erlösungswerk Christi notwendig wurde? Inwiefern das Mysterium von Golgatha der Mittelpunkt der Weltgeschichte sei, zu dem und von dem sie, nach Hegel, geht, hat erst Rudolf Steiner in aller Fülle und Klarheit dargetan. Er schrieb mit 33 Jahren seine „Philosophie der Freiheit", 1894, welche in ihren beiden Teilen — von der Erkenntnis und von der Freiheit — die Ausführung ist zu dem Christusworte Ev. Joh. 8, 32: „Ihr werdet die Wahrheit erkennen, und die Wahrheit wird euch frei machen."

Mehr als je erkannte ich als Zukunftsziel das, was Novalis in seinem Europa-Aufsatz mit einem von den zünftigen Literatur-Gelehrten niemals bemerkten Ausdruck die „universelle Individualität" benannte, d. h. die Synthese des universellen Elementes der Katholischen Kirche und des individuellen der Protestantischen Gemeinschaften — dort Einheit ohne Freiheit, hier Freiheit ohne Einheit —, damit eine kommende Kirche echter Freiheit werde, die Johanneische, deren Vorverkünder Rudolf Steiner war, aufnehmend in sich die Kirchen des Petrus und des Paulus und beide überhöhend. Ich konnte nicht ahnen, daß Rudolf Steiner dereinst eine Bewegung für religiöse Erneuerung in diesem Sinne begründen half, wie sie um Michaeli 1921 tatsächlich eingeleitet wurde. Möglicherweise wäre mir, hätte es diese Bewegung in meiner Jugend gegeben, der schwierige Lebensweg erleichtert worden. Doch es gab sie nicht. Es schien mir, als solle mir bestimmt sein, auf langem und beschwerlichem Wege zu erringen und zu erwerben, was mir einmal geschenkweise zugefallen war. So kam ich auf langer, umwegiger Wanderung wiederum an die Anthroposophie als die universalste Welt- und Lebensanschauung heran und durfte mir eingestehen, daß sie mir neu gewonnen worden sei. Am 15. November 1918 — nach sieben Jahren — war ich bei einem Zweigabend in den mir so wohlvertrauten Räumen des Hauses im Steinweg gegenwärtig, in welchen fortan Rudolf Steiner nicht mehr sprach, da er Kassel zufolge seiner weit ausgreifenden Tätigkeit und seinen vielfachen Aufgaben nicht mehr berührte. Ich traf die alten Freunde und war wieder einer der ihren; neue waren inzwischen hinzugekommen.

In diesen Jahren ließ ich — außer zahlreichen Zeitungsartikeln, welche sich auf die Zeitereignisse bezogen — mehrere Abhandlungen hinausgehen, auf welche hinzuweisen gestattet sein möge, weil sie dem Geistesboden der Anthroposophie entwachsen sind. Sie stellen die neugewonnene Gedanken- und Tatsachengrundlage dar: 1921 „Romantik und Persönlichkeit" in den „Historisch-Politischen Blättern für das katholische Deutschland" Bd. 167; 1921 „Eine Reform des Stundenplanes" in Ilbergs „Neuen Jahrbüchern für Philologie und Pädagogik" Abt. II; 1922 „Ein Programm Fichtes für die deutsche Jugend", ebda; 1922 „Deutschtum und Christentum — Mit einem Anhang Jugend und Politik", Breslau bei Preuss und Jünger. Die 1. Abhandlung legt in Novalis' Lehre die romantische Anthropologie und Philosophie (Anthropo-sophie) dar, welche in der Ausbildung der Individualität des Ich zur freien, bewußten, selbständigen Persönlichkeit gipfelt. Diese Gipfelsetzung ist zugleich diejenige eines weder dogmatisch noch kirchlich bestimmten Christentums: Ev. Joh. 8, 32 Freiheit kommt nur aus Erkenntnis der Wahrheit; 2. Kor. 3, 17 Freiheit wohnt dort, wo der Geist Gottes; Eph. 4, 13 ff. Das Ziel des Menschen ist nicht, ein unmündiges Kind zu bleiben, sondern zu Erkenntnis der Wahrheit zu gelangen, und „wahr zu sein in Liebe". „Freiheit und Liebe ist eins", Novalis. — Die 2. Abhandlung stellt nach Rudolf Steiners Vorträgen über Volkspädagogik, 1919 *), die von ihm vorgeschlagene so rationale wie praktische Reform des bisherigen von mir als organisierte Planlosigkeit bezeichneten Stundenplans mit ihrer Begründung einer breiteren Öffentlichkeit dar. — Die 3. Abhandlung stellt an den Ausgang eine Bestimmung des Deutschseins, welche Fichte als einer der Ersten philologisch-historisch gewonnen hat, vor ihm freilich Novalis: „Der eigene und selbständige Grundmensch ist ein Deutscher; der als Nachbild eines anderen lebendigen Seins in der Mit- oder Vorwelt Gebildete ist ein Fremder." Fichtes Jugendideal steht in entschiedenstem Gegensatz zu dem jesuitisch-kirchlichen, wie es in den Jahren 1920 ein Jugendlicher selbst aussprach: daß im Zweifel an gesetzter geistlicher Führerschaft die Stimme der inneren Wahrhaftigkeit zu schweigen habe; denn der Angelpunkt der katholischen Jugendbewegung ist die Autorität der Kirche, und der Präses ist der Vertreter der Autorität der Kirche." **) Ein Notschrei der seelischen und geistigen Bedrängnis wie dieser war für mich ein Fanal, welches die Lage und den Weg in die Zukunft bei solchen Anzeichen der Menschenführung grell und weithin beleuchtete. Der mit theologischer Dialektik geführte Nachweis, daß die Kirche niemals einen Menschen durch Feuer oder Schwert getötet habe, stieß mich vollends ab.

Die vierte, oben erwähnte Schrift „Deutschtum und Christentum" wies auf dem Grunde eines weitschichtigen historischen Quellenmateriales die universal-nationalen Primärtendenzen des Deutschtums einerseits und die universal-religiösen des Christentums andererseits nach, welche beide vom Menschlichen und vom Göttlichen her, von oben wie von unten her zum Gleichen streben: zu einer freiheitlichen, gerechten und brüderlichen Menschengesellschaft. Es wird aber nunmehr auch dargetan, daß die Römische Kirche römische Rechts- und Staatsdoktrinen sowie deren Praktiken auf das religiöse Gebiet übertragen hat, demzufolge sie geradezu als geistliche Fortsetzung des Imperium Romanum bezeichnet werden muß. Deutschtum und Christentum fanden beide in Rudolf Steiner den Mann und Menschen, der in unserem Zeitalter ihr Grundwesen nach Weite, Höhe und Tiefe mit größter Vollkommenheit erkannt und zur Darstellung gebracht hat. Nur er, der Begründer der Anthroposophie, konnte gemeint sein, wenn zeitgenössische Stimmen nach dem Führergeist riefen, dessen die Gegenwart bedurfte. Wohl das Erschütterndste war der Notschrei des jungen, genialen

*) „Drei Vorträge über Volkspädagogik", gehalten in Stuttgart, 11./18. Mai und 1. Juni 1919. (Päd. Arbeitsgruppen am Goetheanum Dornach, 1944.)

**) Noppel, Die katholische Jungmännerbewegung in „Stimmen der Zeit" Bd. 101 (1921), S. 172. — („Ist da noch Bewegung?")

Otto Braun gewesen, den der Frühvollendete für viele tausend ausstieß in den leeren Äther:

„Ein Mann muß doch in Deutschland sein, der die Stunde zutiefst fühlt und faßt und überwältigt?!" (10. Juli 1917.) *)

Eine Zeitung schrieb 1922:

„Wenn Politik Magie ist, wie Hoffmannsthal sagt, so ist es an der Zeit, den großen Magier zu suchen, der die politischen Kräfte gegen die Danaiden-Arbeit des Parlaments aufzurufen vermag." **)

Und Oswald Spengler, der Philosoph des abendländischen Untergangs, erhob damals bewegte Klage, daß er vergebens Umschau halte nach einem Manne, der auch nur durch ein tiefes und vorauseilendes Urteil in einer entscheidenden Zeitfrage sich einen Namen gemacht hätte. Er vermöge, sagt Spengler, in der Gegenwart keinen Mann zu entdecken, der einem Aristoteles oder einem Leibniz gleichzustellen sei. „Ich finde nichts als Provinzmeinungen, wie sie jeder hat." ***) Was bedeuteten schon um und nach 1920 zeitgenössische Koryphäen in Politik und Kultur! Spenglers herbe, strenge Beurteilung gilt ebenso 40 Jahre später. Denn was bedeuten in unseren Tagen ernstlich Heidegger und Jaspers? Was auch Max Planck, dessen Großtat war, Politiker und Militärs mit der Atomenergie begabt zu haben? Was selbst der verehrungswürdige Albert Schweitzer, der Arzt im afrikanischen Urwald, Theologe, Philosoph und Musiker, den eine haltlose Welt gegen seinen Willen zum modischen Kultur-Idol abstempelte? Es war eine welthistorische Tragik ohnegleichen, daß Spengler den Mann übersehen konnte, der nicht nur Aristoteles und Leibniz innerhalb unseres Zeitalters in einem war, sondern mehr noch — und daß das deutsche Volk aus Nichtwissen und Nichterkenntnis seines Wesens und seiner Aufgabe sich für deren Aufgabe und zur Entscheidung für Adolf Hitler vorbereitete. Schon einmal hatte ein ganzes Volk anstatt für die Mission des Messias sich für einen Barabbas entschieden.

Besagte Schrift „Deutschtum und Christentum" bedeutete für mich sowohl Ergebnis und Abschluß als auch Neubeginn. Mein Verhältnis zum kirchlich-katholischen Christentum oder christlich-katholischen Kirchentum war ein unbedingt freiheitliches geworden. Was Rudolf Steiner in unserer letzten Aussprache, Januar 1912, über Christentum und Kirche gesagt, war

*) Otto Braun, Aus nachgelassenen Schriften eines Frühvollendeten (Berlin 1920), S. 195.

**) Deutschtum und Christentum, S. 124.

***) Oswald Spengler, Der Untergang des Abendlandes, 23.—32. (München 1920), S. 59 ff. — Deutschtum und Christentum, S. 124 f.

eigene Erkenntnis und zum Bekenntnis geprägt. Die großen Werte, welche die Katholische Kirche und welche innerhalb ihrer geschaffen waren, behielten ihren Wert für Gegenwart und Zukunft. Der reformatorische Protestantismus wurde in seiner historischen, vorübergehenden Bedeutung verstanden. Novalis erschien mir als der „Prophet des Christentums" überhaupt und sollte von mir als solcher in einer Sonderschrift gewürdigt werden. Dieser Plan gelangte nicht zur Ausführung. An der Hand Goethes ging mir zum ersten Male das Wesen eines allgemeinen Christentums und einer Allgemeinen Christlichen Kirche auf — dort, wo er, „Aus meinem Leben" VII. Buch, ohne Verwendung des Wortes „katholisch" aus dem künstlerisch-religiösen Erfassen von menschlichem Leben und kultischer Handlung sieben Sakramente entwickelt. Daher auch wird ein echter Kultus, der aus intuitivem Genie geschöpft und geschaffen ist, zwar von außen betrachtet und aufgenommen, stets an denjenigen der katholischen Kirche erinnern, doch wird ein erneuerter — während jener der Wesenhaftigkeit des 12. Jahrhunderts verhaftet ist — die Wesensart des Menschen der Gegenwart und der Zukunft an- und aussprechen. Rudolf Steiner war sich, wie er in unserem letzten Gespräche betonte, sehr wohl bewußt, ein Sohn der alten Kirche zu sein, doch war er sich zugleich seiner Sendung bewußt, ihre Philosophie und Theologie fortzuführen in die Zukunft hinein — und ihren traditionellen Kultus aus der bloßen Tradition zu erlösen. So wurde er der geistige Vater der „Christengemeinschaft", die bald nach Neujahr 1924 eine ihrer ersten Tagungen in Kassel veranstaltete. Über sie schrieb ich in einer Kasseler Zeitung, „Tagblatt", ausführliche Berichte und verstehende Würdigungen. Ich glaubte damit, Rudolf Steiners Lebenswerk wertvolle Hilfe zu leisten.

„Deutschtum und Christentum" sollte innerhalb der rat- und trostlosen Nachkriegszeit für den Mann eintreten, wirken und werben, der bestimmt war, die Hoffnung eines neuen Deutschland zu sein, und sie gewesen ist *).

So war mir manche Möglichkeit gegeben, im Sinne Rudolf Steiners durch Wort und Schrift zu wirken.

Von 1923 auf 1924 hielt ich in Kassel eine Reihe von öffentlichen Vorträgen über Rudolf Steiners Anthroposophie und ihre Bedeutung für die mannigfachen Zweige der Kultur. Ich erinnerte mich dabei einer Erwartung, die Rudolf Steiner einmal zu mir ausgesprochen hatte.

Meine schriftstellerische Tätigkeit fand weiterhin ihr Feld in wissenschaftlichen und pädagogischen Zeitschriften sowie in der politischen

*) S. „Vom Lebenswerk Rudolf Steiners — eine Hoffnung deutscher Kultur", hgb. von Friedrich Rittelmeyer (Stuttgart 1921).

Presse — nur außerhalb der anthroposophischen Zeitschriften mit wenigen Ausnahmen. In der Zeitschrift „Die Drei", im 12. Hefte des 1. Jahrganges, März 1922, erschien mein Aufsatz: „Eduard von Hartmann und der dreigliedrige Sozialorganismus", der von dem damaligen Herausgeber Dr. Kolisko angenommen wurde. Seitdem erschien nichts mehr — bis 1950 im 20. Jahrgang, Heft 1, Seite 1: „Zur Vorgeschichte der Anthroposophie in Deutschland." Dieser Aufsatz trug mir eine mich ehrende Zuschrift von Herrn Lic. Emil Bock ein.

Aufgefallen mag es dem Leser sein, daß der Schreiber dieses nicht von Rudolf Steiner zur Mitarbeit und Mitwirkung an einer der bedeutenden Aufgaben berufen worden ist, zu deren Durchführung und Erfüllung er seiner Schüler bedurfte. Er wird gewißlich seine Gründe gehabt haben. Für ebensowohl möglich halte ich es, daß seinem Wunsch aus dem Kreise seiner damaligen Umgebung nicht Genüge getan wurde. Freilich auch habe ich kein entsprechendes Gesuch an ihn gerichtet. Vielleicht aber wußte er — und ich nehme dies bei ihm als sicher an — um meine auch nach der von ihm vorausgesagten Rückkehr in seine Gesellschaft nie abreißenden Lebens- und Berufsschwierigkeit mit ihren Mehrfrontenkämpfen und hielt es für besser, mich mit denen außerhalb seines Arbeitsfeldes fertig werden zu lassen. Außerdem lernte ich meine Bestimmung darin erkennen: ein guter, wohlunterrichteter Lehrer zu sein für Schüler, welche sich nicht des Vorzugs erfreuten, eine Waldorfschule zu besuchen. Dafür war ich jedoch selber durch Rudolf Steiners persönliche Schule gegangen.

So habe ich nicht wieder von mir hören lassen. Und doch durfte ich allzeit sicher sein, daß mir eine Stelle in seiner Erinnerung gewährt war. Eine Bürgschaft dessen waren mir seine letzten Worte. Aber auch meinerseits pflegte ich das Andenken des unvergeßlichen Mannes, dessen Bild in persönlicher Lebendigkeit heute und allezeit vor der Seele stehen kann und konnte, und dessen aus mitfühlendem Herzen gesprochene Worte immer und immer nachklingen.

Gar oft, wenn im Kreise der Familie, aus welchem der Vater und früher noch der brave Tell ausschied, von Rudolf Steiner gesprochen und seiner Anwesenheit im elterlichen Hause gedacht wurde — war er uns in seiner Liebenswürdigkeit gegenwärtig. Es wurde einem warm ums Herz, wenn man von ihm sprach.

Rudolf Steiner gehört bereits der Geschichte an. Aber seine Gedanken sind nicht Literatur in Büchern begraben. Ihnen gehören die künftigen Jahrhunderte — sie gehören den kommenden Jahrhunderten.

Weil Rudolf Steiner eine geschichtliche Persönlichkeit ist, konnte dieses Buch schon wenige Jahre nach seinem irdischen Abscheiden geschrieben werden. Es ist möglich, daß auch die es zur Hand nehmen, die ihn besser gekannt haben und die längere Zeit mit ihm lebten als der Verfasser. Es wird aber eine Zeit kommen, wo keiner mehr von denen auf Erden ist, die ihn noch persönlich gekannt haben.

Gewiß sind derer nicht viele, die ihn so kannten, wie ich ihn gekannt habe. So wird in diesen Aufzeichnungen ein Bild von Rudolf Steiner gezeichnet, das — wie gesagt werden darf — ein höchst lebendiges und unmittelbar anschauliches ist, kurz gesagt: ein im weitesten Sinne menschliches — nicht bloß dasjenige des überragenden Gelehrten und Weisen, das er beides war. Zahlreiche kleine, scheinbar unscheinbare Züge wurden berichtet, zahlreiche ebensolche Äußerungen, die ich schriftlich und mitunter in der bloßen Erinnerung festhielt. Jedes Wort ist wichtig, das er sprach, betraf es gleich Nebensächliches. Immer lag sein Wesen darin.

Es ist in diesem Buche auch das Kleinliche nicht verschont worden, das um ihn war. Nicht an ihm. Es mag nicht gerne gehört werden, doch gehört es zum Bilde, in dessen Vordergrund er steht. Es berührt nicht seine Persönlichkeit. Diese steht rein und klar über allem, wie die Sonne über dem Dunst.

Es ist auch möglich, von ihm ohne Überschwang zu reden, doch nur mit Begeisterung und Liebe. In solcher Art zu wirken sei Dank an Rudolf Steiners Menschentum.

Der Wunsch aber, den er mit letzten Abschiedsworten vor 44 Jahren zu mir aussprach, mag auch — und zumal für jene Gebiete des Daseins gelten, die durch Gedanken zu erreichen den auf der Erde lebenden Menschen gegeben ist.

Die Liebe zum Übersinnlichen wandelt
das Erz der Wissenschaft in das Gold der Weisheit

Dem Kämpfer der Theosophie in den Kreisen
der Studierenden, Herrn stud. phil. Ludwig Kleeberg

10. Januar 1905

Dr. Rudolf Steiner

Von der Gewalt, die alle Wesen bindet
Befreit der Mensch sich, der sich überwindet (Goethe)

Von deiner Freundin

Sophie Stinde

München Adalbertstrasse 55.

Juni 1906.

Den Sinn der Welt verwirklicht die von Weisheit erleuchtete und von Liebe durchwärmte That des Menschen.

Bayreuth, August 1906 Dr. Rudolf Steiner

Die Lehrer aber werden leuchten wie des Himmels Glanz, und wie die Sterne immer und ewiglich

Bayreuth, August 1906 M. v. Sivers

AUSKLANG

Ludwig Kleeberg hat die Niederschrift seiner Erinnerungen nach Tagebuchnotizen bis auf den heutigen Tag fortgesetzt. Er macht darin u. a. seine eigenen kritischen Anmerkungen über Dessoir, schildert viele interessante Begegnungen mit namhaften Persönlichkeiten und energische Auseinandersetzungen mit Zeitgenossen, von denen das Bild Rudolf Steiners entstellt oder falsch gezeichnet wurde, wie z. B. von Paul Fechter. — Aus diesem großen Erinnerungsschatz Ludwig Kleebergs, der ein zweites Buch füllen würde, sei als Ausklang im folgenden noch ein kleiner Ausschnitt wiedergegeben, der für den Leser im Zusammenhang mit diesem Buch von Bedeutung sein kann.

(Der Verlag)

Es ist bereits erwähnt und berichtet worden, daß ich im Sommer des Jahres 1917 vom Militärdienst entlassen wurde und zunächst nach Kassel zurückkehrte, um wieder in den Schuldienst einzutreten, daß ich auch den Anschluß an die Anthroposophische Gesellschaft wiederfand.

Noch lebte Rudolf Steiner, arbeitete und schaffte und lehrte in fast übermenschlicher Weise — um die Seele des deutschen Volkes ringend. Seit unserem letzten Zusammentreffen im März 1916 sah ich ihn nicht wieder. Aber über mir stand der Stern seiner leuchtenden Persönlichkeit und Menschlichkeit. Er leitete mich fortan im Bewußtsein ununterbrochener Verbundenheit. — Und dann kam der Morgen des 31. März 1925, als mir im Lehrerzimmer der v. Hartburgschen Höheren Privatschule, an der ich s. Z. unterrichtete, ein Kollege die neueste Nummer der „Kasseler Post" zeigte — mit der Nachricht, daß am Tage zuvor in Dornach Dr. Rudolf Steiner gestorben sei. Daß er schwer krank war, wußte ich, ebenso daß unser Dr. Noll ständig bei ihm weilte.

„Sein Tod macht eine Fülle von Gedanken und Dankbarkeit wach, von Ausblicken der Zukunft und einer Aufgabe größter Weite. Er hat der Welt Arbeit für Jahrhunderte hinterlassen. Sein Werk lebt fort — wie er selbst als ewiger Geist. Er wird einmal als Wohltäter der Menschheit gepriesen werden, wie schon heute viele in ihm einen der Größten erkannt haben. Daran ändern auch Haß, Neid und das Unverständnis aller Verstehensollenden nichts. Ich aber will in Liebe an ihn denken und in dieser Liebe an seinem großen Werke arbeiten." (Tagebuch 31. 3. 1925.)

Es waren jetzt nahezu 20 Jahre verflossen, seitdem der Dahingeschiedene nach Kassel kam und mir der Auftrag wurde, ihm hier den Weg zu bereiten, und 9 Jahre, daß ich zum letzten Male ihn von Angesicht sehen durfte und er mir sein Wort gab, daß wir fortan in Gedanken treu allezeit miteinander verbunden sein wollten. — So ist kein Tag vergangen, wo ich nicht lebendig seiner gedachte und mir sein Bild vergegenwärtigte, auch die Verpflichtung als heiliges Vermächtnis empfand, in seinem Geist zu wirken und sein Werk an der Stelle, an welche ich jeweils gestellt war, und nach meinem besten Können weiterzuführen. Ich war mir bewußt, von Rudolf Steiner unendliche Anregungen empfangen zu haben, insbesondere die Anleitung, die verschiedensten Wissensgebiete zu durchdringen. Er freilich war in dieser Kunst unerreichter Meister. — Ich bewegte mich auf den Gebieten der Religions- und Sprachwissenschaft, der Musik, der deutschen Geschichte, später auch der älteren Geschichte Hessens von der Römerzeit bis in diejenige der iroschottischen Mission. Hauptarbeitsgebiet war natürlicherweise die Pädagogik. Zahlreiche Aufsätze erschienen in Zeitungen und Zeitschriften, das meiste jedoch blieb unveröffentlicht.

Bei einer Vernehmung durch die Gestapo Oktober 1941 wegen meiner Zugehörigkeit zur Anthroposophischen Gesellschaft und Christengemeinschaft in Rotenburg und anschließenden Beschlagnahme von Büchern, händigte ich dem Beamten, der glücklicherweise noch fragte, was ich ihm freiwillig geben könne oder wolle, mein Handexemplar der „Kernpunkte der sozialen Frage" aus, dann einige kleine Schriften wie „Blut ist ein ganz besonderer Saft" und Rudolf Steiners „Theosophie", welche meiner Frau gehörte, um das wertvolle Exemplar zu behalten, in welches er mir am 9. Januar 1905 das Wort von der Liebe zum Übersinnlichen und dem Erz der Wissenschaft als Widmung geschrieben.

Nach 1945 ergab sich mir eine besondere Aufgabe, die mir zuzufallen schien: von dem Lehrer und Menschen Rudolf Steiner hier und dort in Vorträgen zu sprechen, zu welchen ich dank persönlicher Bekanntschaften eingeladen wurde.

Zu Himmelfahrt 1947 fand in Marburg eine große anthroposophische Jugendtagung statt, zu der ich eigens eingeladen war, um als einziger Zeuge darüber zu berichten, wie Rudolf Steiner am 20. Januar 1906 hierher kam und wie es damals gewesen war. Als ich in den Tagungssaal eintrat, bemerkte ich viel, viel Jugend, die von weither — und unter welchen erschwerten Umständen! — gekommen war. Ich empfand eine hohe heilige Freude: wie viele junge Menschen, so alt und so jung wie ich seinerzeit, waren hier versammelt, und damals (1905) war ich hier allein. Ein schon würdiger Herr (Dr. Max Christlieb) und ich empfingen Dr. Rudolf Steiner auf dem Bahnhof. Abends nach seinem Vortrag in der Aula der Mädchenschule, den er vor kaum 20 — jedoch immerhin erschienenen — Zuhörern gehalten, ging ich mit Rudolf Steiner durch die Stadt den Pilgrimstein entlang zu seinem Hotel, und er meinte nicht ohne etwas sauren Humor, es sei uns (uns!) nicht gelungen, Marburg mit Theosophie zu infizieren, und es liege etwas wie eine trübe Wolke über dieser Universitätsstadt. — Ich erzählte von damals und wie Rudolf Steiner nach Marburg kam, und was sich hier an dem Tage begeben hatte. Eine helle Begeisterung entfachte sich, als ich einen Brief entfaltete. Viele umstanden mich nachher, um den Brief zu sehen und in der Hand zu halten. Es war ein Brief von vier Seiten und endigte mit den Worten, daß ich den Schreiber, Rudolf Steiner, meinen Kommilitonen solle sein lassen — wo er mich noch gar nicht kannte und kein Wort zuvor mit mir gesprochen, geschweige denn mich gesehen hatte.

Am Geburtstage Dr. Steiners im nächsten Jahr (1948) wurde ich von dem Marburger Zweige der Anthroposophischen Gesellschaft zu einem Vortrage eingeladen — natürlich über meine Erlebnisse mit Rudolf Steiner. 1951 geschah dasselbe in Giessen und Wetzlar (hätte ich doch 1942 gewußt, daß es hier Freunde gab!), 1952 wurde ich durch Vermittlung eines früheren Kasseler Schülers (Horst von Hatzbach) nach Krefeld gerufen, und im Spätherbst 1953 reiste ich auf einen ganzen Monat nach Holland. Hier hatte Frau Anna Loudon, geb. Gräfin Solms, die in Zeist bei Utrecht wohnte und mein Buch „Wege und Worte" gelesen hatte, in den vergangenen Jahren vergeblich versucht, in Dornach und sonstwo in Deutschland den Aufenthalt des Verfassers zu ermitteln, bis ein merkwürdiger Zufall ihr den Ort meines Verbleibens in die Hand spielte. So kam ich nach Holland und besuchte — von Zeist als Standquartier aus — mehrere größere und kleinere Städte: Amsterdam, Den Haag, Hilversum, Rotterdam und Schoorl. Überall wurden meine persönlich gehaltenen Schilderungen mit herzlicher Anteilnahme aufgenommen. —

Noch hatte ich Dornach nicht gesehen. Erst August 1955 fuhr ich dorthin. Kein Wagnerfreund kann mit größerer, ihn ganz erfüllender Ehrfurcht den Hügel zum Festspielhaus zu Bayreuth hinaufpilgern, als ich den Hügel am Goetheanum — diesem in der gesamten Welt einzig dastehenden Bauwerk — hinauf zur Höhe wanderte. — Am letzten Tage meines Besuches in Dornach stand ich vor der großen Statue des Menschheitsrepräsentanten, die von Rudolf Steiner geschaffen war.

Ein bedeutendes Ereignis sollte mir im Jahre 1958 bevorstehen: die Generalversammlung der Deutschen Landesgesellschaft in Berlin. Ich war zuletzt im Jahre 1908 — um die selbige Zeit im Oktober — bei einer Generalversammlung zugegen gewesen, worüber in diesem Buche berichtet wurde. Der Eindruck der überaus stattlichen und frohgestimmten Versammlung, welche die geräumige Kongreßhalle bis in die letzten Reihen füllte, war ein gewaltiger und erhebender. Im Vergleich zu diesen modernen Räumen war die Erinnerung an die Zeit vor 50 Jahren rührend: zwei oder drei ausgeräumte, größere Zimmer in dem Gartenhaus der Motzstraße 17, zu dem man durch einen Torweg gelangte, hatten genügt. Zu meinem Leidwesen konnte ich aus Zeitgründen dieses merkwürdige Haus jetzt nicht aufsuchen, in dem damals Dr. Steiner und Marie v. Sivers wohnten. -- Das andere Hauptziel meiner Reise war das Wiedersehen mit dem Freunde meiner Jugend und zugleich Verbündeten gemeinsamer Ideale, Dr. Hans Bunge. Sein Name und sein Andenken ist auf den ersten Seiten dieses Buches aufgezeichnet. Wir verlebten schöne Stunden der Erinnerung gemeinsam in diesen Tagen und gedachten in ihnen nicht zuletzt Rudolf Steiners, des Großen, Herrlichen. Ein Jahr später, am 14. November 1959, ging Hans Bunge in die geistige Welt. Ich habe ihm viel, viel zu verdanken.

Das Jahr 1959 bescherte mir nach langem Wünschen und Hoffen ein Wiedersehen mit München. Es war gewünscht worden, daß ich über den damaligen Zweig (1904/5/6) spräche. Es war auch hier niemand mehr anwesend, der alles das, was ich zu erzählen hatte, miterlebt hätte. Noch ausgiebiger, als es in dem Buche „Wege und Worte“ geschehen konnte, waren Tagebücher und Briefe — u. a. die zahlreichen Briefe Sophie Stindes — herangezogen worden. Mir waren Personen, Örtlichkeiten, Vorgänge, Worte und Gespräche voll gegenwärtig und lebendig, so daß ich überzeugt war, daß sich meinen zahlreichen Zuhörern das Element der Anschaulichkeit mitteilte.

Bei der Eröffnung der Generalversammlung im Gustav-Siegle-Haus in Stuttgart, Oktober 1959, wurden ganz besonders als älteste bzw. langjährige Mitglieder der über 90jährige Herr Selling aus Berlin, den ich schon 1906 in Berlin, wo er zu Dr. Steiners „Hauswesen“ gehörte, als noch jungen Mann kennengelernt, sodann Frau Lore Maier-Smits und ich selbst durch Herrn J. v. Grone mit Herzlichkeit begrüßt. Anwesend war in diesem Augenblick nur ich von diesen dreien. Diese Begrüßung empfand ich als einen neuen Höhepunkt meines Lebens.

So konnte ich auch an der Generalversammlung 1960 in Hannover teilnehmen. Ein wirklich schönes und erfreuliches Erlebnis war in Hannover für mich das In-Erscheinung-Treten von Jüngeren, deren unbefangene und offene, zugleich ernsthafte Art für die Zukunft Bestes erwarten läßt. Ich fühlte mich in die eigene Jugend zurückversetzt und an die Bestrebungen erinnert, die mich erfüllten, als ich 1904 mit 18 Jahren nach München ging. Diese Jungen sind mir weit voraus — an Reife und Vorbereitung — ich schätze sie glücklich. Junge anthroposophisch gesinnte und strebende Studenten, von denen Gruppen an deutschen Universitäten sich vereinigten — wie ich vor bald 60 Jahren in Gemeinschaft mit Marie v. Sivers und Rudolf Steiner sie ins Leben zu rufen beabsichtigte — arbeiten an sich und ihrer Umwelt in selbständiger, klarbewußter, an der Geisteswissenschaft geschulter Weise. Es ist eine Freude! Schon seit einigen Jahren geben sie einen Rundbrief heraus, der neuerdings als „Beiträge zur anthrop. Studentenarbeit" erscheint. Als Motto ist dem 1. Heft (Tübingen Mai 1960) jenes Wort vorangesetzt, welches mir Rudolf Steiner vor 56 Jahren widmete:

„Die Liebe zum Übersinnlichen
wandelt das Erz der Wissenschaft
in das Gold der Weisheit."

Aufs schönste beginnt sich zu erfüllen, was mir früh als Ideal vorschwebte. Wohl ist es weit bis zur vollkommenen Erfüllung. Doch der Jugend bleiben die Ideale. Sie sind die Kräfte, welche dem jungen Menschen zeigen, was noch ist, was aber da werden soll. Die Zukunft bedarf der Vortrupps und Pioniere des echten geistigen Strebens der Jugend. Sie bahnen und führen den Weg voran, dem viele andere folgen werden — die guten Götter mögen ihnen beistehen! — während jene voraus sind. Widmete ich mein Buch „Wege und Worte" eingangs lieben Toten, so dieses neuerstandene am Ende:

Der Jugend!